JN080982

JIA

第17回 JIA 関東甲信越支部
大学院修士設計展

EXHIBITION OF STUDENT WORKS FOR MASTER'S DEGREE 2019

はじめに

　第17回大学院修士設計展が、皆様のご協力により今年も開催の運びとなりました。出展された院生諸君は勿論のこと、大学院専攻の関係各位および展覧会の会場構成に当たった学生諸君、また会場を提供していただいた大学関係者に対し、厚く御礼を申し上げます。

　17回目を迎えたこの修士設計展も参加作品数47となり、定着してきており、一人でも多くの大学院建築系専攻の院生諸君が、この修士設計展を自身の成長の機会とし、また新しい提案の発想の源として、大学院修了後のご活躍につなげていただくことを期待しております。

　今年は山本理顕氏を審査員に迎え、第7回修士設計公開審査会を開催致しましたが、参加人数も多く、大変盛況であったことをご報告致します。

　また今年も、本展覧会の参加作品や審査過程と講評、大学研究室紹介を網羅した「2019大学院修士設計展　作品集」を刊行することができました。本作品集の出版を無償で引き受けご尽力いただきました、総合資格学院　岸隆司学院長および同学院出版局の皆様に深く感謝致します。

　今後ともより充実した展覧会としていくつもりですので、関係各位のより一層のご協力をお願い申し上げます。

大学院修士設計展実行委員会 委員長
佐藤　光彦

JIA関東甲信越支部大学院修士設計展への
協賛および作品集発行にあたって

　建築士をはじめとする、有資格者の育成を通して、建築・建設業界に貢献する—、それを企業理念として、私たち総合資格学院は創業以来、建築関係を中心とした資格スクールを運営してきました。そして、この事業を通じ、安心・安全な社会づくりに寄与していくことが当社の使命であると考え、有資格者をはじめとした建築に関わる人々の育成に日々努めております。

　その一環として、建築に関係する仕事を目指している学生の方々が、夢をあきらめることなく、建築の世界に進むことができるよう、さまざまな支援を全国で行っております。卒業設計展への協賛やその作品集の発行、就職セミナーなどは代表的な例です。

　JIA関東甲信越支部大学院修士設計展は、2012年の第10回大会まで各大学院の代表を募り、WEB上にて展覧会を行っておりました。卒業設計に比べ、作品を公にさらす場が少ない修士設計において本設計展の意義を強く感じ、当学院は2013年から協賛させていただいております。協賛して7年目となる2019年の第17回は、審査員に山本理顕氏をお招きし、審査会を開きました。そして、その記録や出展作品をまとめた本作品集を発行することで、設計展のさらなる発展を図っております。

　また本作品集では、2019年度に本設計展に応募された大学から18の研究室を取材し、各研究室のプロジェクトや取り組みを掲載しております。近年の建築・建設業界は人材不足が大きな問題となっており、国を挙げて問題解決に取り組んでおります。しかし一方で、建築を志す若い人々が漸減傾向にあることも見逃せません。そのような状況を踏まえ、研究室の活動を紹介した本作品集が、高校生をはじめとした、建築に興味を持ち始めた若い人々の道標の一つとなることを願っております。

　近年、人口減少時代に入った影響が顕著に表れ始め、人の生き方や社会の在り方が大きな転換期を迎えていると実感します。建築業界においても、建築家をはじめとした技術者の役割が見直される時期を迎えています。そのようななか、本設計展に出展された修士学生の方々、また本作品集をご覧になった若い方々が、時代の変化を捉えて新しい建築の在り方を構築し、高い倫理観と実務能力を持った建築家そして技術者となって、将来、家づくり、都市づくり、国づくりに貢献されることを期待しております。

総合資格学院 学院長

岸　隆司

CONTENTS

1 展示会場には多くの学生が足を運んだ　2 ポスターセッション形式の一次審査　3 限られた時間で自身の設計提案を説明する　4 熱量のある提案を受け、審査にも力が入る　5 迫力のある模型が並ぶ

CONTENTS

第17回 JIA関東甲信越支部 大学院修士設計展

[主 催]

JIA関東甲信越支部大学院修士設計展実行委員会

委員長： 佐藤光彦（日本大学 教授／佐藤光彦建築設計事務所 主宰）

委 員： 赤松佳珠子（法政大学 教授／シーラカンスアンドアソシエイツ パートナー）

今村創平（千葉工業大学 教授／アトリエ・イマムー級建築士事務所 主宰）

佐藤誠司（バハティー級建築士事務所 代表パートナー）

鈴木弘樹（千葉大学 准教授）

日野雅司（東京電機大学 准教授／SALHAUS一級建築士事務所 共同主宰）

岡野道子（芝浦工業大学 特任准教授／岡野道子建築設計事務所 主宰）

[協 賛]

株式会社 総合資格　総合資格学院

[参加大学院]

宇都宮大学大学院、神奈川大学大学院、関東学院大学大学院、工学院大学大学院、芝浦工業大学大学院、
首都大学東京大学院、昭和女子大学大学院、千葉大学大学院、千葉工業大学大学院、筑波大学大学院、
東京藝術大学大学院、東京工業大学大学院、東京電機大学大学院、東京都市大学大学院、東京理科大学大学院、
東洋大学大学院、日本大学大学院、日本工業大学大学院、日本女子大学大学院、法政大学大学院、
前橋工科大学大学院、武蔵野美術大学大学院、明治大学大学院、明星大学大学院、早稲田大学大学院

[応募作品]

47作品

[展示日程]

2019年 3月 7日（木）～ 10日（日）

[公開審査日程]

2019年3月9日（土）
12:30～15:30／1次審査
16:00～18:00／2次審査
18:15～20:00／表彰・総評・懇親会

[審査員]

山本理顕
建築家　名古屋造形大学 学長

[会場]

日本大学理工学部 駿河台キャンパス
タワー・スコラ

[受賞作品]

最優秀賞

Merging the Gap
—Ecologic Revitalization for Public Spaces and
Facilities of Baierhe River in Shiyan, China—
（東京工業大学大学院・王西）

優秀賞

妖怪建築
—存在しないもののための建築—
（東京藝術大学大学院・國清尚之）

市民力がもたらす新しい公共性
—自発的労働がつくる町—
（法政大学大学院・中島滉平）

奨励賞

裏小路の工藝舎
—地域に開かれた段階的施工プロセスによる改修方法の設計提案—
（日本大学大学院・横山大貴）

アドホックの蓄積
生きられた場所の研究を通した集落移住促進計画
（前橋工科大学大学院・久保田祐基）

ARCHIVE
［アーカイブ］

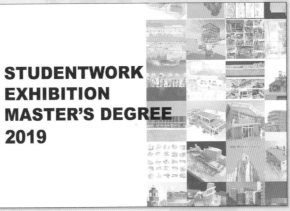

STUDENTWORK
EXHIBITION
MASTER'S DEGREE
2019

01

JIA EXHIBITION
OF STUDENT
WORKS FOR
MASTER'S
DEGREE
2014

伊東豊雄
「修士設計の位置」
37作品掲載
17研究室紹介

第12回 JIA 関東甲信越支部
大学院修士設計展

02

JIA EXHIBITION
OF STUDENT
WORKS FOR
MASTER'S
DEGREE
2015

坂本一成
41作品掲載
17研究室紹介

第13回 JIA 関東甲信越支部
大学院修士設計展

03

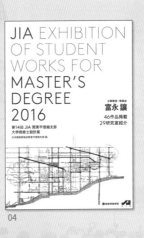

JIA EXHIBITION
OF STUDENT
WORKS FOR
MASTER'S
DEGREE
2016

富永 讓
46作品掲載
29研究室紹介

第14回 JIA 関東甲信越支部
大学院修士設計展

04

JIA EXHIBITION
OF STUDENT
WORKS FOR
MASTER'S
DEGREE
2017

長谷川 逸子
45作品掲載
24研究室紹介

第15回 JIA 関東甲信越支部
大学院修士設計展

05

JIA
EXHIBITION
OF STUDENT
WORKS FOR
MASTER'S
DEGREE
2018

難波和彦

06

01

WEB版

JIA関東甲信越支部 大学院
修士設計展は、「新しい提案
の発想の場」としてより多くの
建築学生に活用されるべく、
WEBでの作品展示を行って
います。WEB版では、今年度
の全出展作品を閲覧できるの
はもちろん、過去の出展作品
なども閲覧できます。
WEB版URL ⇒
https://www.jia-kanto.
org/shushiten/

02

**JIA EXHIBITION OF
STUDENT WORKS FOR
MASTER'S DEGREE
2014
第12回JIA 関東甲信越支部
大学院修士設計展**

審査員:伊東豊雄
37作品掲載／17研究室紹介
編著:日本建築家協会
　　　関東甲信越支部
定価:1,800円+税

03

**JIA EXHIBITION OF
STUDENT WORKS FOR
MASTER'S DEGREE
2015
第13回JIA 関東甲信越支部
大学院修士設計展**

審査員:坂本一成
41作品掲載／17研究室紹介
編著:日本建築家協会
　　　関東甲信越支部
定価:1,800円+税

04

**JIA EXHIBITION OF
STUDENT WORKS FOR
MASTER'S DEGREE
2016
第14回JIA 関東甲信越支部
大学院修士設計展**

審査員:富永 讓
46作品掲載／29研究室紹介
編著:日本建築家協会
　　　関東甲信越支部
定価:1,800円+税

05

**JIA EXHIBITION OF
STUDENT WORKS FOR
MASTER'S DEGREE
2017
第15回JIA 関東甲信越支部
大学院修士設計展**

審査員:長谷川逸子
45作品掲載／24研究室紹介
編著:日本建築家協会
　　　関東甲信越支部
定価:1,800円+税

06

**JIA EXHIBITION OF
STUDENT WORKS FOR
MASTER'S DEGREE
2018
第16回JIA 関東甲信越支部
大学院修士設計展**

審査員:難波和彦
41作品掲載／15研究室紹介
編著:日本建築家協会
　　　関東甲信越支部
定価:1,800円+税

Chapter 1 公開審査・懇親会(総評)

2019年3月9日に公開審査と懇親会が行われた。
公開審査における審査員・山本理顕氏と実行委員、出展者の議論と、
懇親会での総評を紹介する。

— Judges Document —

JIA
EXHIBITION
OF STUDENT
WORKS FOR
**MASTER'S
DEGREE
2019**

公開審査
（質疑応答）

一人の審査員に、審査方法から選出まで委ねるのが、JIA修士設計展の特徴だ。2019年の審査員は、「地域社会圏」という考えのもと、施主のためだけではない建築のあり方を提案してきた山本理顕氏。ポスターセッション形式による出展者全員のプレゼンテーション後、公開審査に進む作品を発表した。ファイナリストに選出されたのは7作品。公開審査では、ここから受賞5作品を絞り込むための議論が交わされる。

審査員

山本理顕 Riken Yamamoto
建築家／名古屋造形大学 学長

1988年、第39回日本建築学会賞作品賞「雑居ビルの上の住居（GAZEBO/ROTUNDA）」。2002年、第54回日本建築学会賞作品賞「公立はこだて未来大学」。2010年、日本建築家協会賞「横須賀美術館」。

奨励賞「裏小路の工藝舎」
日本大学大学院・横山 大貴　▶▶▶ 36ページ

山本 実際に地域の人と話をして、設計をしているのですか？

横山 はい。個人的に依頼を受けて、まず小規模なA棟の改修が始まりました。A棟の改修を進めていく中で、近所の方と交流が生まれていきました。また、以前から行われていたまちづくり協議会での活用方法の提案も視野に入れていました。

山本 A棟はもう完成したのですか？

横山 ガレージの床と外壁は完成していて、居間は日本舞踊を披露する舞台とアトリエとして使われています。2階は、セルフリノベーションで施工を進める予定です。

山本 劇団黒テントの創立メンバーで演出家の佐藤信さんもまた、1階を稽古場に、2階を一泊3000円程度の仮住まいとして役者さんたちに提供している事例があります。

横山 まさにそのような状況になっていて、施工プロセスの中で得た人脈や収益で改修を進めています。

山本 収益はどのように得るのですか。

横山 週末に1階の舞台で講演を開いたり、自主制作映画を上映したりして、若干では

日本大学大学院・横山大輔さん

ありますが収益を得ています。改修自体は、施主と僕自身で進めていますが、地域のシェアハウスの住民もセメントを運ぶなどして協力してくれます。他にも、喫茶店のオーナーと顔見知りになったり、隣の老夫婦が覗きにきたり、施工段階が竣工後の運用と一体化されているようなコミュニティ形成が行われていると感じています。この手法を街区単位で取り入れたら、周囲の中規模マンション開発に勝てるのではないか、と思っています。

日野 すべての棟で自主施工を適用しようという話ですか？

横山 今回は、この地区のみでセルフリノベーションを適用していますが、減築や増築はそれぞれの立地に応じて行っています。例えばG棟は、路地の拡幅計画によって取り壊しになってしまうので、そこでは新築を選択しています。新築工事に着手するまでの間は資材を置いたり、地域に開かれたポケットパークとしてワークショップを開催するなど、銀座ソニービルのような役割を担うと考えています。

日野 僕が質問したかったのは、4m幅の道路ができてしまうと、この場所の良さがなくなってしまうという話に対して、今回の計画では4m幅がとれていないのか、とい

奨励賞に選ばれた日本大学
大学院・横山大貴さん「裏
小路の工藝舎」の模型

うことでした。

横山 現在は2・2m幅ですが、計画では4mをとっています。新宿区の方針に基づいて拡幅計画がいたる場所で進められているため、その計画に乗っかりながら、どう神楽坂らしいスケールを残すかということが僕の提案です。

日野 そういう意味ではレギュレーションなどを提案しているのではなく、あくまでも現状できることとして提案しているのでしょうか?

横山 そうですね。トップダウンではなくボトムアップ型の手法で、今できることから始める計画となっています。

山本 ということは、道幅がだんだん4m幅になっていくわけですね。

横山 はい。ただ、もともと袋小路であった空間や制作物が溢れだすような場所は残して、神楽坂らしい営みは担保しようとしています。この計画を受けて、実際に参画してくれたり、通りに面した縁側をつくってみようとか、そういった波及効果があるといいなと期待もしています。

岡野 いわゆる二項道路をつくるときは、通常はこのようなボトムアップ的な方法は難しいんですよね。そこを丁寧に、建物の前面一つひとつに手を加えているなど工夫している点はとても良いと思います。でもそれはあくまで、あなたが考えている計画であって、B棟以降の住民はどのように考えているのか。合意形成の仕方をどのように考えていますか?

横山 このエリアは、塗装職人が一部を使って住んでいる以外、開発のために空き家となっています。住宅として住んでいるJ棟は再建築不可となっていますが、持ち主が同じである手前のI棟を解体すれば再建築不可が是正されます。このようにメリットがあれば、合意形成、解体につながると考えています。

日野 地域をよく見て、とても丁寧にやっていることは分かりますし、この取り組みを継続していけば次につながっていく

のかもしれません。しかし、他の場所にも波及していくためには、あなたが提案した中にあるどの方法論が適用できるのでしょうか。現状この提案は、とても私的に見えます。公共性を持つためのヒントは何か発見しましたか?

横山 段階的な施工をする上での資材置き場の確保や、セルフリノベーション道具の調達といったリアルな話のほか、住みながら施工する際の増築のタイミングなどがフォーマット化できればと思っています。

奨励賞「アドホックの蓄積」

前橋工科大学大学院・久保田 祐基　　▶▶▶40ページ

山本 この建物は、もともとお母さんが住んでおられたのですか?

久保田 はい、母が住んでいた実家です。一時期は空き家となっていて、今は花屋さんが入っています。ですが来年、花屋さんが引っ越してしまうので、また空き家化するという状況にあります。

山本 村全体で10人しか住んでいないのですか? そこであなたが設計事務所を開くということですが、経営は大丈夫なの(笑)?

久保田 桐生市では移住促進計画を実施しています。実際、新たに4軒の建物が建ちました。市の計画と連携して、私がここで建築家として活動し、人が住むことで変化する"生きられた集落"をつくっていく。

山本 食べていけるわけだ、それだけでもすごいね。このタバ柱とハサミ梁の構造がとても面白いので、もっとデザインへ明確に反映した方がいい。あと、増築や改修ではなく新築でこの構造を採用したら、どういうデザインになるのか見てみたいようにも思います。

久保田　私がやりたかったのは、多木浩二氏が述べているような「どんな古く醜い家でも、人が住む限りは不思議な鼓動を失わないものである」という言葉にあるように、空き家をそのまま手放していくのではなくて、移築して新たな構造でつくり直して、また人が住めるようにすることです。

前橋工科大学大学院・久保田祐基さん

山本　この構造を用いてつくられた新築の家と、もともとあった家を、どんなふうに組み合わせていくかということを考えると、もっと面白い村ができるような気がするんですよね。

久保田　今回のプロジェクトではそこまでつくれなかったのですが、空き家が移築されていけば、ストックがどんどんなくなっていきます。そのとき、タバ柱などを用いてつくられた新築が独立して存在すると想定できます。

山本　そうですね。この構造はどなたのアイディアですか？　構造家の方と相談する機会はありましたか？

久保田　私のアイディアです。アドホックの類型からいくつかを配合したハイブリッドが、このタバ柱です。大学の先生にも相談しました。

岡野　基本的には靱性を生かして、在来工法ではなく伝統工法的な構造の考え方なんですよね。

久保田　はい。

岡野　空き家を移築するときは、既存を構造補強するようなアイディアで、タバ柱を生かすのですか？

久保田　そうです。タバ柱やハサミ梁は隙間を持った架構なので、いろいろなモジュールの既存構造を挟むことで、移築部分を補強しています。

今村　タバ柱は、素人では難しいと思いますが、プロがつくるのですか？　アドホックということなので、皆が自由につくるのが狙いなのでしょうが、柱といった部分はやはり工務店などに依頼した方がよさそうです。

久保田　はい。柱と梁は建築家が用意して、俗なるものがそこへ蓄積されていきます。

今村　構法が明快な点はいいですが、反面、フレームにかなり存在感があります。そこへ取り付けるものとのヒエラルキーはどうですか。主と従になりすぎていないか。建具などにヒエラルキーがなく、さまざまなものが混在しているのが、昔ながらの家の面白いところでしょう。主と従の関係があると、久保田君のいうアドホックになるのかどうか。

会場となった日本大学理工学部駿河台キャンパスのタワー・スコラはオーディエンスでいっぱいに

奨励賞に選ばれた前橋工科大学大学院・久保田祐基さん「アドホックの蓄積」の模型

久保田 空間を構成するストラクチャー自体が家具的なスケールになることで、人がどんどんその場所を更新して、自分なりの空間をつくっていくことができます。つくる喜びを現代の人に取り戻せないか、ということが僕の提案です。

佐藤(光) 地元に帰って、この計画を実行するつもりですか？

久保田 卒業後はまずアトリエで2年間修業して、2020年から計画をスタートさせます。頑張ります。

優秀賞「妖怪建築」
東京藝術大学大学院・國清 尚之　▶▶▶ 28ページ

山本 「妖怪」とあなたが名付けたものを、もっと具体的に説明してもらえますか。妖怪とは何を指しているのか。虚像のようなものが見えてしまったときに妖怪と言っているのか、今までにない体験をしたときに妖怪と言っているのか。

國清 ここで言う「妖怪」は、人間の仕業であるのに人間がそこにいない、痕跡の状態として発見したものを、こいつの仕業だっていうふうに置き換えたものが妖怪です。

山本 もともと人間の仕業なのに、人間の仕業じゃないように見えるということですか。

國清 人によって受け取り方が違うと思いますが、例えばゴミ箱がないところにゴミが捨ててあったら、それは人間がやっているけれども、そういう行為が起きた原因は何かを理解するための手立てとして、妖怪文化があると僕は考えています。

山本 妖怪文化？

國清 はい。物語をつくる、名前を付ける、性質を決定する、造形化するという4つのプロセスによって、どんな不満からその

東京藝術大学大学院・國清尚之さん

事実が発生しているのか。例えばゴミ箱がそもそも少ないのではないかとか、表層的には扱えないレベルのものに対する示唆を僕なりにするためのメタファーが妖怪です。

山本 妖怪が文化だとしたら、多くの人たちがそれを妖怪と認めない限り、妖怪にならない。あなたにとっては妖怪かもしれませんが、第三者が納得する説明はできるのでしょうか？

國清 それに関しては、おそらく僕が妖怪を信じていないことがとても重要で、というのは妖怪はいるかもしれないので、見えた瞬間あるいは見えないと分かった瞬間に妖怪はいなくなるんですよね。ただその妖怪がいるかもしれないという状況に対してできた建築や造形そのものを、どう現代に解釈すると、扱えなかったことが扱えるようになるかということが僕の制作です。

山本 あなたがつくった建築を具体的に説明してください。

國清 はい。例えば、鶯谷のラブホテル街で、女性のパンツが上に引っかかってブラジャーが下に落ちていた状況に対し、逆立ちをして脱衣した人、あるいは妖怪がいるのではないかということが僕の発見です。では、逆立ちで動く妖怪のための建築はどういうものかというと、例えば階段が反転してしまうだとか、人間にとっては梁でも逆立女にとってはベンチで、そこに逆立女が座ると、下にある部材が屋根として機能する。この屋根は、室内へどのように光を運ぶかなど、妖怪によって建築言語が生まれていきます。

佐藤(光) 本人はとても楽しんで設計していて、かつ一つ一つの造形力が非常に高く、素晴らしいと思います。ですが、妖怪というフィルターを通して人間の痕跡のようなものを顕在化させていき、それによって何を達成するのかがあいまいだから共有されに

くいのではないでしょうか。妖怪はいろいろな解釈の仕方があると思います。民俗学者らによると、妖怪は共同体の記憶を共有し伝承するための機能があったと言われています。そのように、共有される記憶として最終的に建築を提示していくということがあれば、もっと皆に理解されると思いますが、非常に特殊な用途としての提案に限られている気がします。どういった意図があるのでしょうか？

國清 さまざまな現象に対して僕自身が妖怪というフレームを与えることが、吉本隆明の『共同幻想論』が刊行されて約50年経った今、果たしてふさわしいのかと悩みました。個人個人が都市の中で妖怪を探すこと自体、とても価値があると思います。だから今日の場のように、僕が見つけた妖怪をみんなの前

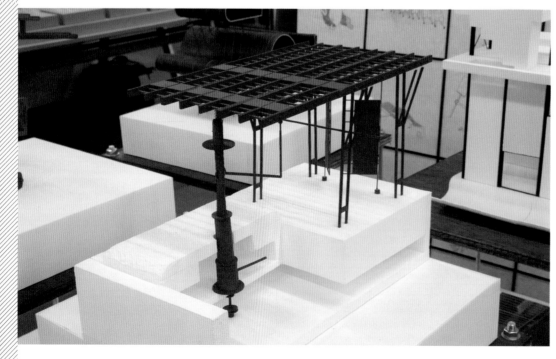

優秀賞に選ばれた東京藝術大学大学院・國清尚之さん「妖怪建築」の模型

「まちが抱える問題を真剣に考えているから、説得力のある提案になる」

審査員の山本理顕氏のほか、実行委員も審査に参加。審査に臨むファイナリストと、その様子を見つめるオーディエンス

で話して、それに対して共感を得られた途端、矛盾が発生してしまう気がしています。

今村　なぜこの形なのかと、かならず問われますよね。昔は、妖怪を想像して絵に描いていましたが、近代以降得体のしれないものを形にすることは、否定されてしまう。それゆえ、國清君の今日の現象の中から形をつくる試みの過程は、とてもおもしろいと思って聞いています。

山本　改めて言いますが僕はあまり賛成ではありません。話が矛盾していると思います。妖怪と呼ぶものがリアルに感じられるためには、その妖怪をリアルだと感じる共同体がなくてはならないのです。柳田国男のように言うのだとしたら、共同体の中でしか妖怪はあり得ない。共同社会が失われていく時代に、共同体の中でしか認識できない妖怪の話をしようとすること自体に矛盾があると思います。先程言っていた共同幻想論や柳田国男が言った「共同感覚」という言葉があります。そうした言葉に注目したのならとても面白いと思いますが、現在の共同体論にそれは結びつきますか。

國清　それは・・・枠組みとは常に利那的で移ろうものだというのが僕の定義です。

山本　それはあなたが勝手に言っているだけであって、妖怪がリアルなものとして感じられるためには、何らかの共同体を仮定しない限り説明できないと思うんですよ。

國清　それはたぶん場所ですね。

山本　場所もファクターのひとつでしょうが、そこをまず説明した上で、だからこれは妖怪に見えますという説明をするなら分かります。でもそれを飛ばして、あなた個人のことだけを言っているので、実は誰にも伝わっていない。

優秀賞「市民力がもたらす新しい公共性」

法政大学大学院・中島滉平

▶▶▶ 32ページ

山本　1階が働く場所となっているのですか？

中島　はい。1階が働く場所、中2階が住民たちの踊り場的な空間、かつミーティングスペースとなっています。

山本　何を話し合うのですか？

中島　もともとワーカーズコレクティブ、自発的労働は、野菜を栽培することを趣味とする人たちと、それを調理したい人たちが話し合うことによって生まれてくると考えて

法政大学大学院・中島滉平さん

優秀賞に選ばれた法政
大学大学院・中島滉平さん
「市民力がもたらす新しい
公共性」の模型

います。そういった小さな生活者の目線を共有し、労働を生み出していくためのミーティング空間です。

山本 自発的労働に参加する人は、どこから来るのですか?

中島 この商店街の住民や、周辺地域の住民を想定しています。

山本 2、3階に住む人がワーカーズコレクティブの当事者と思えばいいでしょうか。

中島 そうです。加えて、働きたいと思っている高齢者の方も住むことができます。

山本 その人たちも1階の働く場所をシェアするということですね。中2階も同じように捉えていいのですか。

中島 中2階で労働をしても大丈夫ですが、メインはミーティングスペースとして・・・

赤松 話し合いもある意味労働の一環では?

山本 設計者が空間を分けすぎている気もします。各階がもっと一体化していたら、例えば高齢の住人の見守りもできます。もうひとつ、横の住宅との関係が気になります。既存住宅との間に対して、意識が希薄になっているように感じます。

中島 既存建物をセットバックさせ、ところどころに表れた隙間を利用して、広場を設けたりしています。

山本 住宅間はどれくらいありますか?

中島 1750mmです。

山本 結構狭いですね。

中島 そうですね。でも隙間を設けて、ここでの活動が垣間見えることで、周辺地域の人々が参加するきっかけを生み出したいと考えています。

山本 模型を見ると内部に小さな広場があって感じがいいのですが、平面図を見るとその広場が出っ張っているんですね。

中島 行政の窓口業務を担うところは、あえて出っ張らせてエントランスとしています。反対側は、現地を歩いてみると見栄えがいいポイントだということが分かったので、外部に開いた開放的なミーティングスペースを設けました。

山本 今この模型は住居の層を持ち上げた状態だけど、普通につくった方がずっときれいだと思いますよ。

佐藤(光) 内部が見やすいように親切でやったのだと思いますが、プロにとってはかえって分かりづらい。

山本 あとで直しておいてくれますか(笑)。

佐藤(光) こういう働き方や住まい方の設定は、かなりリアリティを感じます。言い換えれば、すでに実現した例もあるでしょうし、来月あたり『新建築』に載っているかもしれない。だからこそ、どういうデザインを与えられるのか、もっと設計上の提案がほしいです。

中島 僕はこれを、完全な新築とは思っていなくて、新しい労働のあり方と下駄履き住戸群の新しい可能性を提示しようとしています。そのために、上下で階層が分かれているところに中2階を挿入して・・・

佐藤(光) でも完全に上下で分かれているデザインにしか見えないのですが。

中島 いや、住みこもってしまうのは、1階に下りてくるきっかけがないからだと思っているんですよ。キッチンなど住戸の機能を下の層に持ってきて、きっかけづくりをするということは提案したいです。

山本 やはり模型の完成形を見せてほしいですね。

中島 はい。このあとやっておきます。

最優秀賞「Merging the Gap」
東京工業大学大学院・王 西
▶▶▶ **24**ページ

山本 スライドが大変わかりやすいです。日本の学生よりもはるかに、リアリティという意味では説得力があると思いまし

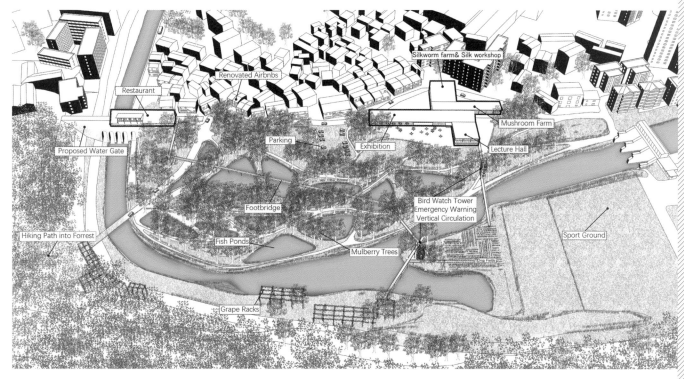

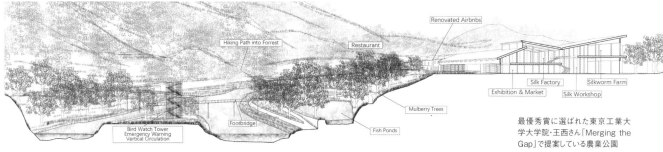

最優秀賞に選ばれた東京工業大学大学院・王西さん「Merging the Gap」で提案している農業公園

た。きっと、実際にあなたがこのまちに住んでいて、まちが抱える問題を解決するにはどうしたらいいかを真剣に考えているから、このように説得力があるのでしょう。最近の日本の学生を見ていると、個人的な問題をどう表現しようかとする提案が多いように感じます。王さんのような都市問題の解決を目指した提案は、60年代には日本にもありました。丹下健三の1960年東京計画のようなものです。でも、そのような計画自体がユートピアのような、「できっこない」と言われるようになっていったんですね。だから、王さんのような提案は非常に重要で、大切だと僕は思います。一方で、彼の提案する建築のかたちがどうあるかという話ですが、提案内容が非常にクリアに見えるというのが最初の印象です。「妖怪建築」の國清さんと、ちょうど反対側にあるような提案ですね。

今村 確かに今日の日本では、大規模なインフラは政治家が考えることとし、建築家は踏み入らない、踏み入ることができない状況にありますが、修士設計ではこうした大胆な提案もできる。一方では、エンジニアリング的な裏付けはとても難しい。さま

東京工業大学大学院・王 西さん

ざまな分野の技術を複合的に組み込む必要があり、中途半端な提案では、やはりわかっていないと言われてしまう。ひとつ質問ですが、川上には農業公園が自然と一体となって提案されていますが、川下も含めて水をどのようにコントロールするかは大切な問題です。川下にもダムをつくるのか、降雨時に水が下流に流れ込むのを遅らせるような仕組みがあるのか、何か提案がされていますか？

王 私は今回、既存のダムの上流に新しいダムを提案しました。単に洪水を受け止めるだけではない、従来のインフラとは異なるものをつくろうと、ダムと公園を一体化させています。貯水能力としては既存と比較して高くはないですが、ここは常に洪水の受け皿として存在しているわけではありません。地域住民のことを考慮したプログラムを取り入れた、インフラとしての新しい運河を構築しています。土木技術は確かに私の専門外で、私は合理的なダムの設計手法を学んできたわけではありませんが、治水システムとして設計者もこのような案を提示する必要があると考えています。

懇親会

総評 山本理顕（審査員）

　受賞作品は、その建築と同時にその周辺環境との関係を特に考慮しているものを選びました。建築は誰のためにつくられるのでしょうか。発注者のため、その建築を使う人たちのためでしょうか。さらにその建築の周辺にはそれぞれに固有の地域社会があります。私たち建築家はそのそれぞれの立場の人たちに配慮する必要がありますが、中でもその建築の周辺の人たち、周辺地域社会の人たちに対する配慮は極めて重要だと思います。発注者との関係、実際にその建築を使う利用者と建築家との関係は分かり易いですよね。金銭的利害が直接的に関係するからです。私的な利害に関係するからです。

　でも、周辺地域社会の人たちとの関係はどうでしょう。それはときには私的な利害と矛盾します。たとえばマンションをつくるとき、周辺の人たちや、周辺環境を大切にしようとした途端に、それが私的な利害と対立することがあります。それは何故なのでしょうか。周辺地域社会との関係は単なる金銭的利害の問題ではないからです。周辺との関係とは何か。その周辺との関係を問うことこそが、建築の公共性の問題につながるのです。

　そして、その建築がどのような公共性を担っているか、それはその都度決められるのです。つくられる建築によって、そして周辺環境との関係によって建築家は、自分の設計するこの建築はどのような公共性を担っているか、その都度判断しなくてはならないのです。

　最優秀賞となった東京工業大学の王西さんは、彼の生まれた場所、生きてきた場所を大切にしながら、そこでどのような提案ができるのかを非常に緻密に考え、分かり易く丁寧にそれを説明しました。王さんの提案は、彼の考える公共性についての提案でした。その考え方を説明する能力が光っていたのです。プレゼンテーションもきれいでした。修士設計では、このような考え方を求めたいと思い、最優秀賞に選びました。おめでとうございます。

　ファイナリストに残った皆さんもそれぞれに良く頑張ったと思います。胸を張ってください。

　現在の建築家を取り巻く社会状況はかなりひどい状況であると皆さんも感じていると思います。何が問題かと言うと、何をもって"公共性"とするか、その判断が一方的に上から与えられるような状況になってしまっているのです。上という意味はときには国家の官僚機関であったり、あるいは私的にその場所を占有しているに過ぎない人たちであったり、"公共性"という言葉自体が危機に瀕しているということなのだと思います。だからこそ、むしろ建築家の役割がより重要だと私は考えます。"公共性"は建築家自らが、専門家としての自らの責任において提案し、つくりだして行くものなのです。

1: 総評を述べる山本氏

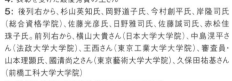

2: ファイナリストたちに言葉をかける山本氏

3: 協賛する総合資格学院からは副賞が授与された

4: 表彰を受けた最優秀賞の王さん

5: 後列右から、杉山英知氏、岡野道子氏、今村創平氏、岸隆司氏（総合資格学院）、佐藤光彦氏、日野雅司氏、佐藤誠司氏、赤松佳珠子氏。前列右から、横山大貴さん（日本大学大学院）、中島滉平さん（法政大学大学院）、王西さん（東京工業大学大学院）、審査員・山本理顕氏、國清尚之さん（東京藝術大学大学院）、久保田祐基さん（前橋工科大学大学院）

6: 乾杯の挨拶は総合資格学院の岸隆司学院長

7: 懇親会は建築家と学生の交流の場に

8·9: にぎわう懇親会会場

Chapter 2 出展作品

本設計展の出展者は、
各大学院の専攻における代表者となる（各専攻2作品まで）。
受賞作品を含む47作品を紹介する。

— Exhibitors Works —

JIA
EXHIBITION
OF STUDENT
WORKS FOR
MASTER'S
DEGREE
2019

Merging the Gap

─Ecologic Revitalization for Public Spaces and Facilities of Baierhe River in Shiyan, China─

王 西
WANG Xi

東京工業大学大学院
環境・社会理工学院
建築学コース
安田幸一研究室

百二河は、中国・十堰市の中央部を流れる川である。急速な都市化の中で川の形は直線状に成形され、コンクリートで舗装され、洪水対策としてだけの排水インフラとなった。しかし川幅を考慮すると、味気ない景観は人々と自然との関係を完全に遮断し、物理的にも社会的にも十堰市の空隙となってしまう。

そのため、百二河の活性化に向け、より即応的で生態学的戦略に基づいた提案を行う。

上流に公園を設けて、現在の排水機能を維持するための代替アプローチとするとともに、下流では新たな事業可能性を創出する。まちの空隙を、よりよい品質の公共空間・公共施設に切り替えることを目指す。

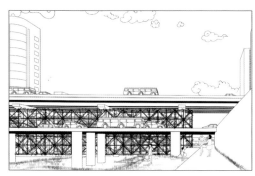

対象敷地について

十堰市は中国湖北省に位置する都市で、豊富な水資源を持つ。そこを流れる百二河周辺には多くの住民が住んでいる。

shi yan city
十 堰 市

1960年代以降、急速な工業化と都市化に伴い、主要な都市機能は川沿いに計画され、川は直線状に成形された。1990年代初頭には、洪水対策として河川をコンクリート整備することが、地方自治体によって決定した。

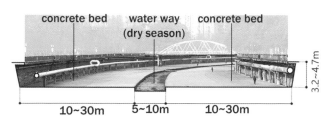

代表的な河川の断面

concrete bed — water way (dry season) — concrete bed
10~30m — 5~10m — 10~30m — 3.2~4.7m

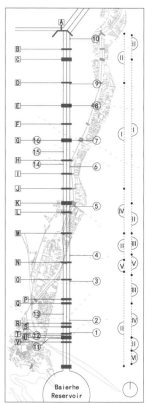

図1　河川の概況

Baierhe Reservoir

表1 排水支流について

DisC	CA	FC
1	0.89	24.09
2	0.18	20
3	0.41	18.95
4	0.25	13.3
5	0.11	7
6	0.31	15.48
7	3.06	77.58
8	0.24	12.7
9	0.78	29
10	0.3	15.2
11	1.12	40
12	0.09	6.05
13	0.33	16.17
14	0.18	10.45
15	0.14	8.6

CA:Collecting Area (km²)

Note: Upstream reservoir collecting area is 39.5 km², and the design outflow of the reservoir is 425m³/s for 2% flood.

表2 橋について

FA:Flow Allowance
TP:Type　Pe:Pedestrain
Au: Automobile　Tr:Train

Br	FA(m³/s)		TP
A	865		Pe
B	675		Pe
C	461	*	Au+Pe
D	512		Pe
E	435	*	Au+Pe
F	438	*	Pe
G	447	*	Au+Pe
H	605		Pe
I	398	*	Pe
J	342	*	Pe
K	613		Au+Pe
L	213	*	Pe
M	324	*	Pe
N	354	*	Pe
O	495		Au+Pe
P	522		Pe
Q	275	*	Pe
R	289	*	Au+Pe
S	373	*	Tr

表3 ピーク流量推定方法

$$Qcanal = Qup + Qbranch$$

Qup: outflow from reservoir
Qbranch: discharge branch flow
Since CA of branches are <2km², the rational method could be used to estimate the flood peak.

$$Q = 0.278\ C*I*A$$

Q : Quantity of storm water, m3/s
C : Coefficient of runoff (by surface type)
I : intensity of rainfall, mm/h
A : Drainage collecting area, km2

as result, with 2% flood situation, at Bridge A point, the whole Qbranch≈120m³/s <<Qup=425m³/s

敷地の分析

水理学から見た構成

173万㎡の貯水池が川の上流部に建設され、流量を調節している。河川流域では、50年に1度の洪水を想定し16の放水路を合流させるとともに、まち自体が洪水対策となるよう整備されることになっていた。（図1、表1）。

しかし、計算によると15の橋が50年に1度の洪水レベルに対応することができず、洪水の少なくとも78％は都市南部の上流の貯水池地域から発生している。コンクリート表面の高い流出係数のために、ピークシフトは困難である。したがって、上流から水の流れを減速させることが洪水対策の重要なポイントとなる。

都市の文脈

川沿いの両側に2本の幹線道路が通り、川を横切る21本の橋が市の主要な交通機関として建設されている（図1、表2）。土手の一部では、歩行者用の散歩道や緑地公園が設けられている。しかしスペースが限られている上に、ほとんどの施設は川に対して閉じられており、水辺空間を生かしきれていない。

都市の課題

・川幅が広すぎるために市内の空隙を生み、大規模な洪水が発生した場合は十分に機能できない可能性がある
・生態系の破壊が、水質と都市環境を悪化させている
・コンクリートで整備された面とアクセスの悪さにより、発展可能性のある公共スペースを提供することができていない

設計手法

このプロジェクトの目的は、まちの空隙を埋めることである。コンセプトは、その空隙をまちに広がる新しい河川システムに変えることであり、3つの側面から構築した戦略の組み合わせにより、それぞれの状況に基づいて実現される。

X 即応的な洪水防止システムを確保する
Y 川の生態系を取り戻す
Z ネガティブで排水機能を果たすだけのインフラを、ポジティブな公共スペースとして活性化する

治水

即応性のある方法で治水機能を強化するための主なアイディア（図2）。4タイプの戦略は、スケールと敷地状況に応じて適用される。X1・X2は上流エリアに適しているが多くのスペースが必要となる。その点、X3・X4はX1・X2よりも省スペースで対策ができる。

生態系

生態系の構築にあたっては、植生と水の関係に焦点を当てている。水の状態に応じて適切な種を選択する（図3）。Y1は異なる洪水ラインに基づく植生選択を、Y2は排水路のろ過システムを示している。またY3・Y4は、X1・X2と併せて適用することもできる、上流のより広いスペースに対しての戦略である。

都市空間・都市施設の介入

治水とよりよい生態系の構築により、歩行者用と自転車用の道路を備えた河川システム（図4）。必要な補助施設を設けた、楽しく弾力的な都市空間をつくり直す。建物と川との境界に対する改革によって、河川側にも開かれた魅力的な都市空間となる。

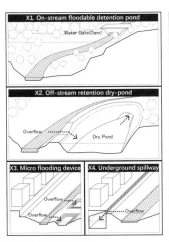

図2　FLOOD CONTROL

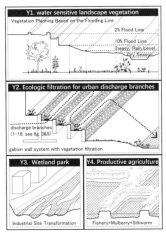

図3　ECOSYSTEM

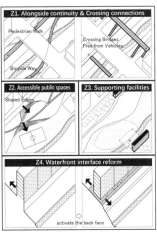

図4　URBAN SPACES & FACILITIES

Master Plan ▶

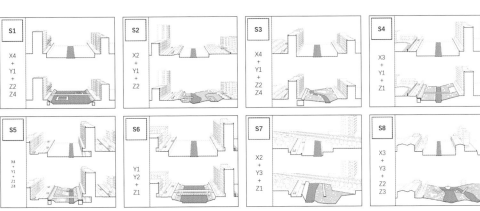

Cross section prototypes

P1　フリーマーケットの復活

　橋の下の歩行者・自転車用道路を使えば、人々は60m幅の道路を今よりもずっと便利に渡ることができる。さらに、橋の下の空間を活用して、屋根のある場所でフリーマーケットを開く。この空間では、垂直植生フレーム構造を提案している。

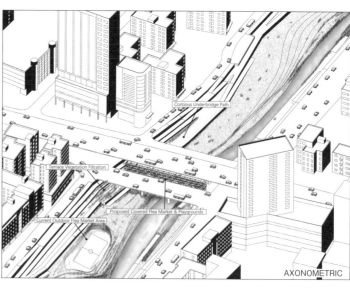

AXONOMETRIC

Under-bridge Flea Market ROAD LEVEL PLAN

X3：小さな窪地のような遊び場
Y2：段々になった植生ろ過排水路
Z1：歩行者・自転車用道路
Z3：フリーマーケットのための屋根付きスペース

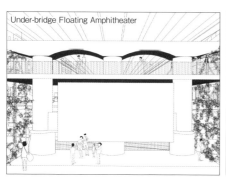

Under-bridge Floating Amphitheater

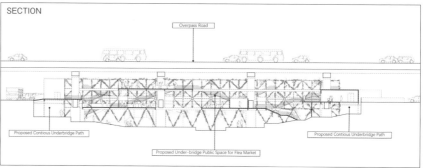

SECTION

P3　総合農業公園

　田園地帯を調節池に変えるための新しい水門を提案する。その水門から見下ろした空間を、生態系の循環に基づいた総合農業公園とする。レストランや、Airbnbを利用して観光客に貸し出す家（改装）、公園の活動をサポートする工場を、安全を考慮した配置計画で提案している。

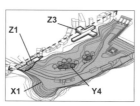

X1：既存の貯水池の4分の1、約40万㎡の収容能力のための水門の追加
Y4：主な生産品目　魚ー桑ー蚕
Z1：水門は橋として、また地域同士を結ぶ役割も果たす
Z3：市民に向けた展示会やシルクのワークショップなど、人々が楽しめるさまざまなシーンが想定される、農業活動や教育のための施設

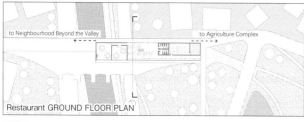

Restaurant GROUND FLOOR PLAN

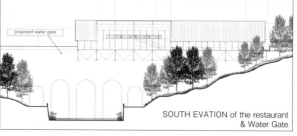

SOUTH EVATION of the restaurant & Water Gate

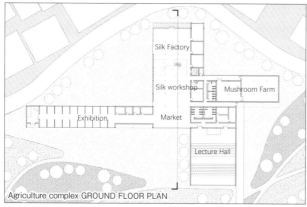

Agriculture complex GROUND FLOOR PLAN

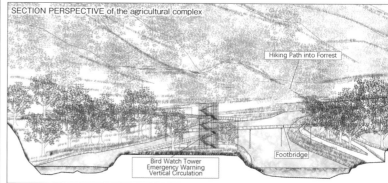

SECTION PERSPECTIVE of the agricultural complex

P2 コミュニティセンター

3つの地域を、交差する歩道橋とコミュニティセンターでつなぐ。デッキを拡張し、1階のレストランからデッキに出ることができる。レストランは、リバーフロントの景観として象徴的な、線形のブロックに面している。また、ゲートのようなボリュームは、都市と川の新しいインタフェイスとして人々を迎える。

Waterfront Terraces
Footbridge
Waterfront Stage   3rd FLOOR PLAN 1/500
Waterfront Terraces
Shared Community Center GROUND FLOOR PLAN

X4: あふれた水を排出する余水路
Z1: 3地域を結ぶ歩道橋
Z3: 屋外イベントにも活用できるフレーム構造
Z4: 川辺空間を有効活用するレストランのテラス

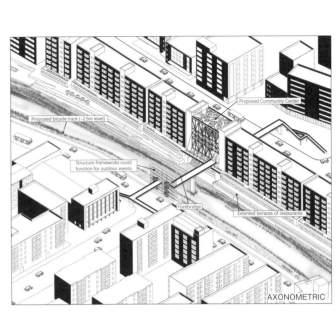

Proposed Community Center
Proposed bicycle track (-2.5m level)
Structure frameworks could function for outdoor events
Footbridge
Extented terraces of restaurants
AXONOMETRIC

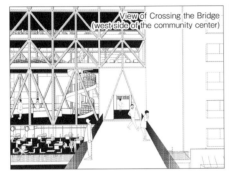

View of Crossing the Bridge
(west side of the community center)

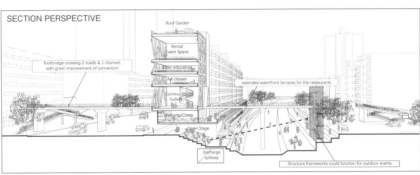

SECTION PERSPECTIVE

Roof Garden
Rental Event Space
footbridge crossing 2 roads & 1 channel, with great improvement of connection
Art classes
extended waterfront terraces for the restaurants
Community Gallery
Mahjong/Chess
Green Stage
discharge spillway
Structure frameworks could function for outdoor events

View from the restaurant on the propsed water gate

View from the restaurant on the propsed water gate

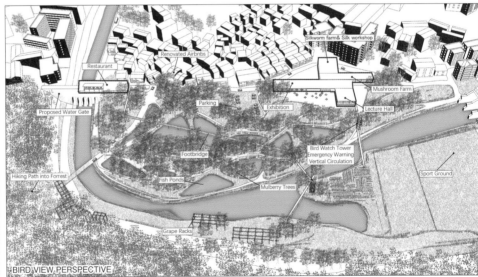

Silkworm farm& Silk workshop
Renovated Airbnbs
Restaurant
Mushroom Farm
Proposed Water Gate
Parking
Exhibition
Lecture Hall
Footbridge
Bird Watch Tower
Emergency Warning
Vertical Circulation
Sport Ground
Hiking Path into Forrest
Fish Ponds
Mulberry Trees
Grape Racks
BIRD VIEW PERSPECTIVE

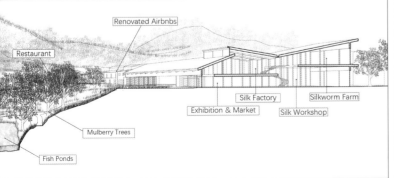

Renovated Airbnbs
Restaurant
Silk Factory
Silkworm Farm
Exhibition & Market
Silk Workshop
Mulberry Trees
Fish Ponds

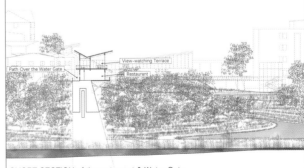

Path Over the Water Gate
View-watching Terrace
Restaurant
SHORT SECTION of the restaurant & Water Gate

妖怪建築

—存在しないもののための建築—

國清 尚之
Naoyuki Kunikiyo

東京藝術大学大学院
美術研究科
建築専攻
トム・ヘネガン研究室

物語の生まれる余地の少ない整えられた都市風景、存在しないものの世界を想像する必要性を感じられない世の風潮、虚と実を横断して捉えられない人々、白黒の二元論にこだわりグレーなものをグレーなままに扱えない世界へ。

現代都市の妖怪が住む場所を収集・調査・分析した結果を、建築計画に適用することで、人の想像により補完されることで成立する空間すなわち実と虚が混在した空間を設計する。妖怪は現代都市に空間的痕跡を残すことで、異界から応答している。この痕跡とは極めて不気味で不思議な状態で発見され、痕跡と妖怪が結びつけられることで不気味で不思議な状態のままに理解し説明することができる。つまり、妖怪とは空間的痕跡のメタファーであり物語の代弁者である。

痕跡と妖怪を結びつけることは、現代都市のなかに物語の定点を生む。そうした定点が増える中で、例えば異なる場所に同じ妖怪が見つかれば、その人にとっての都市のシークエンスが生まれ、また同じ場所に異なる妖怪が見つかれば、その人にとっての定点の深度が変わる。つまり、妖怪とは人間が都市を歩く時に目的とは異なる世界の連続性や連関性を与える存在であり、背反的存在として人間を人間らしくしてくれる。

妖怪建築は、現代都市空間の目的に対する違和感、本来の意味や機能に沿って構成される部分に対する記号性を解体しようとする部分が統合されることで成立する。つまり、妖怪建築とは、人間が空間へ近づく際の主体性を回復するためのきっかけである。

妖怪とは？

「妖怪」

「妖怪」という言葉は、一般の人々にとっても、研究者にとってさえも、意味があやふやである。それは文字通りに理解すれば、神秘的な、奇妙な、不思議な、薄気味悪い、といいた形容詞がつくような現象や存在、生き物を意味している。

『妖怪文化入門』著・小松和彦

「異界」

妖怪の住む世界。日常空間と重なり、あるいはその周辺に広がる日常空間。時空間の向こう側とされる領域。

「アニミズム思想」

すべてのものに霊的なものが宿っているという考え方。生きている人間と同様に感情を持ち、それ故、道義的存在である。

→この日本人思想が妖怪をはじめとする"存在しないもの"の虚構性（でっち上げ）の根本にある。

「付喪神」

"器物は百年経ると化ける"と言う俗信から、かつて日本では古い器物を九十九年で捨てることが多く、多くの古い器物が"あと一年で命を得られたものを"と恨みを抱いて変貌した妖怪。

 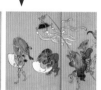

『百鬼夜行絵巻 真珠庵本』より一部抜粋

背景として、中世室町時代の京都での"消費社会が進んだ都会"
→妖怪とはその時代ごとの社会背景の裏返しとして表現されてきた。

妖怪の造られ方

妖怪の見つかる怪異現象は次の三つに分類される。
① 現象　不思議な出来事を説明する妖怪
② 存在　超自然災害の原因とされる神秘的妖怪
③ 造形　霊魂を込め造形化された妖怪

「虚の組立」

見つかった怪異現象は説明のできない実であり、それを理解するための虚を作り上げる。論理が通っている虚の連続が現実と現実を繋いでいる、というのが妖怪の造られ方のお約束事である。

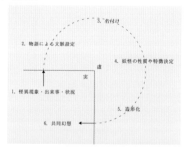

人間をモデルとしその身体の一部を変形する。

非人間であるものを人間的な身体性に近づけ、異なる動物の部分や道具を寄せ集める。

共生の建築言語

自分たちの住む中心から見て周辺部、認識論的に言って暗く曖昧な、それ故危険な空間に妖怪は潜んできた。

例えば、里という中心を人間の住むところと考えるために、沼には河童がいて山には天狗や山姥が棲んでいると見做してきた。

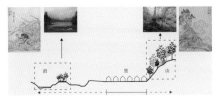

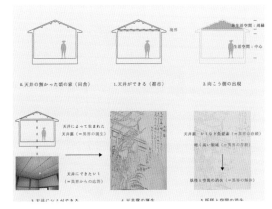

二十一世紀の妖怪

妖怪は通時的な造形や性質を各時代の社会文脈に合わせて変形・位相させることで存命してきた。

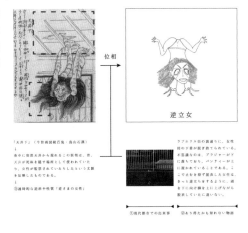

逆立女

「天井下」（今昔画図続百鬼・鳥山石燕）

①通時的な直弟の性質「逆さまの女性」

①現代都市での出来事　②あり得たかも知れない物語

妖怪を探偵する

現代都市のあらゆる場所に表出した不在の痕跡を辿る。現代都市の出来事に対して「虚の組立」を用いることで、妖怪の［物語・名前・性質・造形］を突き止める。

二十一世紀百鬼夜行

21世紀の現代都市で起きている不気味な出来事（不在の痕跡）を辿り、空間的把握を試み続ける。妖怪たちを手掛かりに分類することで、虚を通した連関性が生まれ、現代都市空間の意味を多義的に解釈できる。

怪異現象・出来事・状況				
物語	雨の降り続く夜、傘をさして夜道を歩いていると、何やら鈍い雨音が聞こえてくる。「ボトボトボト」と鳴る音は、明らかにアスファルトの雨音でもトタン屋根の雨音でもない。その音のする方、丁字路に近づくと誰かが倒れている。辺りを警戒しながら足取り重く近づくと、そこにはズタズタに切り裂かれた段ボールが雨に打たれ続けていた。	雨の日になると、いつも渡るのに苦労する歩道橋があるという。歩道橋の階段を登るときも降りるときも問題はないが、踊り場だけはなぜだか雨水が流れずに溜まり続け、思わず足を止めてしまう。上手く水深の浅い端を通りながら階段を進み続けると、たばこの吸い殻が溢れ出て追いかけてくると言う。	建物と建物の間にある石畳の上に光が差し込んできている。その光源の形も石畳にとてもよく似ている。この道を通り抜けるには、この光源が示すように必ず石畳の上を歩かなければならない。石畳から外れて抜けてしまった人は、そのまま光源の下の店へと引きずり込まれていってしまう。	人気のない夜道の角に、ランプのついた誰も居ない部屋がある。中へ入ってみると、電話番号の書かれた書置きがあり、その番号へ電話をかけてみると、中年の男の声で「すぐそこへ向かう」と言われる。すぐに逃げなければ、数時間この部屋に閉じ込められてしまい、身元が照会できるまでここから出られないと言う。
移動経路と遭遇場所				
周辺の空間構成	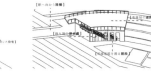			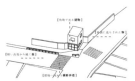
妖怪造形		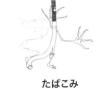		
妖怪名	段ボール辻斬り	たばこみ	手手沼	檻歯

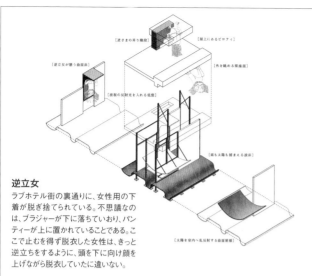

逆立女

ラブホテル街の裏通りに、女性用の下着が脱ぎ捨てられている。不思議なのは、ブラジャーが下に落ちていおり、パンティーが上に置かれていることである。ここで止むを得ず脱衣した女性は、きっと逆立ちをするように、頭を下に向け顔を上げながら脱衣していたに違いない。

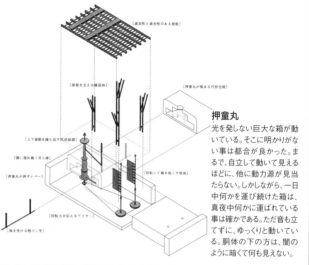

押童丸

光を発しない巨大な箱が動いている。そこに明かりがない事は都合が良かった。まるで、自立して動いて見えるほどに、他に動力源が見当たらない。しかしながら、一日中何かを運び続けた箱は、真夜中何かに運ばれている事は確かである。ただ音も立てずに、ゆっくりと動いている。胴体の下の方は、闇のように暗くて何も見えない。

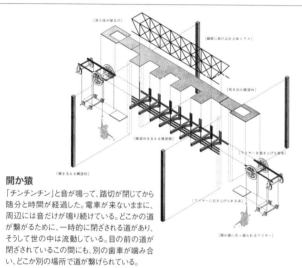

開か猿

「チンチンチン」と音が鳴って、踏切が閉じてから随分と時間が経過した。電車が来ないままに、周辺には音だけが鳴り続けている。どこかの道が繋がるために、一時的に閉ざされる道があり、そうして世の中は流動している。目の前の道が閉ざされているこの間にも、別の歯車が噛み合い、どこか別の場所で道が繋げられている。

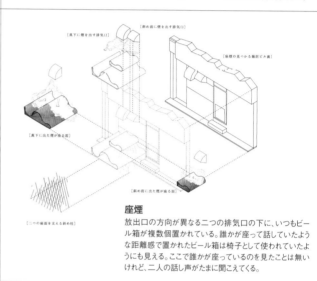

座煙

放出口の方向が異なる二つの排気口の下に、いつもビール箱が複数個置かれている。誰かが座って話していたような距離感で置かれたビール箱は椅子として使われていたようにも見える。ここで誰かが座っているのを見たことは無いけれど、二人の話し声がたまに聞こえてくる。

妖怪たちの家

　一年間を通して見つけた妖怪の痕跡から、妖怪たちが帰っていく建築を設計する。
青姦できる建築　鶯谷ラブホテル街　改修

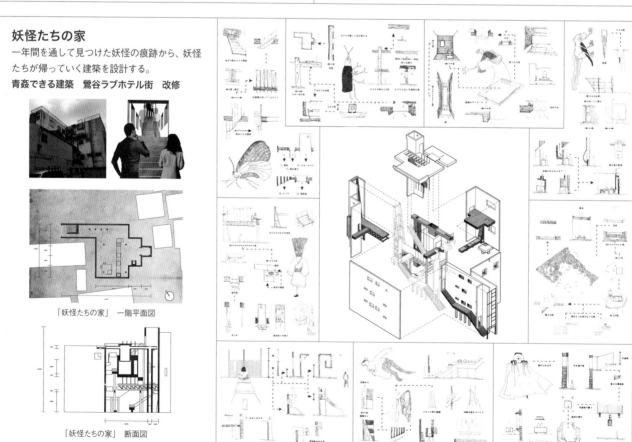

「妖怪たちの家」　一階平面図

「妖怪たちの家」　断面図

妖怪の潜む門

現代の門の周辺で見られる妖怪の痕跡から、
妖怪が滞在できる幅狭の建築を設計する。

通り抜けできる建築　造園会社入口　建替

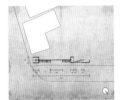

「妖怪の潜む門」立面図

「妖怪の潜む門」
一階平面図

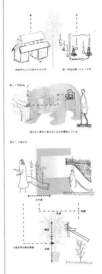

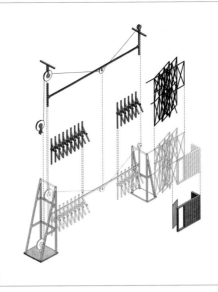

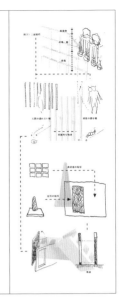

凪の養生倉庫

現代都市を移動する妖怪建築が育つまで保管さ
れ続けている建築を設計する。

外を眺められる建築　根岸住宅街空き地　新築

「凪の養生倉庫」
断面図

「凪の養生倉庫」
一階平面図

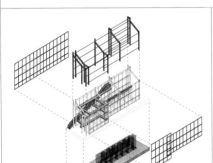

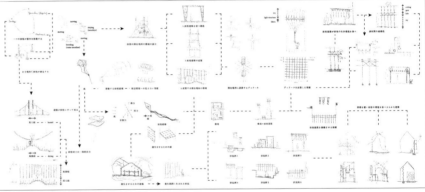

いけずの館

街区の角地で見つけた妖怪の痕跡から、妖怪たち
が角地に居続けられる建築を設計する。

洗濯物を干せる建築　角地の廃墟ビル　改修

「いけずの館」
断面図

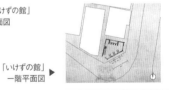

「いけずの館」
一階平面図

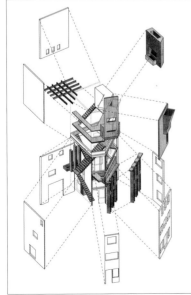

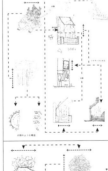

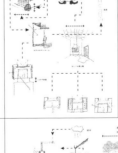

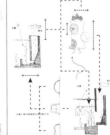

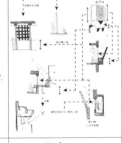

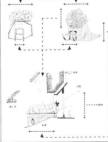

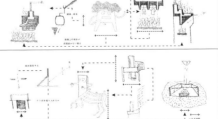

市民力がもたらす新しい公共性

―自発的労働がつくる町―

中島 滉平
Kohei Nakajima

法政大学大学院
デザイン工学研究科
建築学専攻
赤松佳珠子研究室

労働とは朝から晩まで働くこと、ある程度の特異な技術を持つことなどと捉えがちだが、地域での生活で培ったことが地域社会を支えることができるのではないかと考えた。雇用・被雇用の関係ではなく、市民自らが地域社会の課題を発見し、解決していく「自発的労働」を誘発・サポートする建築を設計する。

今日の多様化し高質化した市民の生活に対するニーズは行政が提供するサービスの枠を超えている。しかしその中で溢れたニーズを、市民たち自らが見つけ、解決に向かう「ワーカーズコレクティブ」という活動がある。こういった活動は営利ではなく地域貢献を第一に掲げており、生活して感じた不満や不安をヒントに、市場原理では成立しないことを業務の対象としている。しかし現状はそれぞれが小さくバラバラに活動してしまっているため、参加人数や貢献度に限界がある。

そこで「自発的労働」の拠点及び市民が気軽に労働に参加できる建築を設計し、市民の力によって創られる町を創造する。この建築に関わることで、市民は自分の生活を見直し、それをより良くしていこうとする意識が芽生える。そのニーズを共有し、市民の間で新しい共同体が結成する。

今、一人一人がただ住むのではなく共に生きる活動をするといった意識を持っている市民はどれほどいるのだろうか。市民同士の生活の支え合いは、地域社会を立て直す大きなカギとして見直されるべきであるだろう。

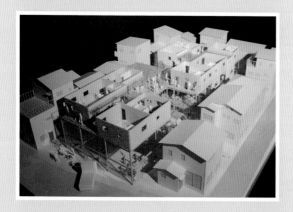

参加型自主管理活動「ワーカーズコレクティブ」

営利を目的とせず、地域貢献を第一目的に事業を行う人たちの協同組合。

特殊な技能がいらない生活者目線の些細な不満やニーズを解決することを生業とする。住民のニーズが多様化・高質化し、必要とされるサービス領域の中で、行政や企業が提供できない「隙間の領域」をカバーし得る、民衆の自発性と自治能力を基礎に置くラジカルな共同体である。

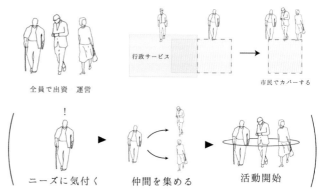

ワーコレの運用（民衆の自発性と自治能力）

```
―――――――――――― ワーコレ理念 ――――――――――――
    「地域で生活することに寄与するものである」
      女性の活動 ――→ 高齢者や弱雇用者の活動
  メンバーも高齢になり、行う事業も地域社会色が強くなっている
```

ワーカーズコレクティブの起源

日本では1982年の神奈川県から始まり、当時は主婦が主体で介護サービスを行っていた。現在では高齢化が進み、ワーコレに参加している者、参加する予定の者、連携者が高齢となっている。

対象敷地：埼玉県越谷市 日の出商店街

最寄駅から徒歩30分の住宅街にある小さな商店街。1960年代の武蔵野線開通による宅地開発の際に、生き辛さを抱えた市民数名の力によって建ち上がった。

キッチンとまと

　2011年、商店街に住む方が参加したことをきっかけにここに移転した。主に定年を迎え職を離れた高齢者が活動している。農家と連携し、越谷産の食材を使った弁当を毎日販売している。

職住を近づけた下駄履き住宅群

　住むことと働くことを近づけた商店群。それは下駄履き住宅群というビルディングタイプとして今も残っている。店を閉めても上に住み続けるため、店舗だけ貸すことが困難であり、徐々にコミュニティは希薄化していく。

ワーカーズコレクティブ（キッチンとまと）が日の出商店街に生んだ関係性

　店を閉め、住民たちは2階にこもるようになってきている。その中でキッチンとまとがやってきて「住み働く人」が誕生し、さらに住民がワーカーズと顔見知りになり「住み手伝う人」が誕生した。

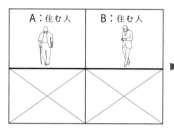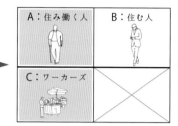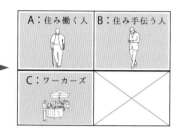

現状の日の出商店街

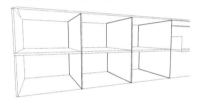

個人棟が連続した下駄履き住宅群
　日の出商店街はすべて下駄履き住宅で構成されている。それぞれは通じることなく、個人棟が連続した形である。

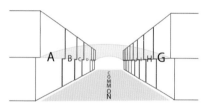

向かい合うことによるスペース
　住宅群が向かい合うことで路地空間が生まれるが、唯一の共有スペースである店舗の閉鎖が続き、入りづらさを感じる。

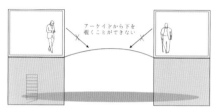

「生きる活動をすること」から「住まうこと」へ
　アーケイドがフタをして、住民は2階にこもる。当初の、共に生活をする意識はただ住むことに変わってしまう。

既存の形態を見直す

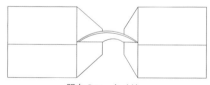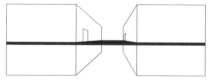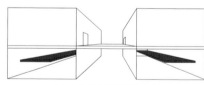

既存のアーケイド　　　　アーケイドをスラブ化する　　　　共用となる中層を挿入する

住居の再編

【既存】整列し、別々の住居群

【提案】ずらし、共用床・吹き抜けを設ける

下駄履き住宅を見直す

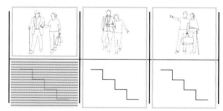

店を閉めると2階に住みこもり、孤立していく

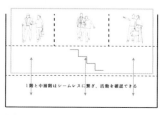

住宅の隔たりを弱め、階段及び中層を共有する

ここに住む人々

Family　1家族1住居で生活する
　もともとの自営業をほかのワーカーと関わりながら営業していく。

Share　単身者同士または意欲的な市民は住居をシェアし生活する
　もともとの自営業を閉め、生きがいを失いかける住民と意欲ある市民が同居し下層のワーカーと知り合うことで、「手伝う」の関係を生む。

ワーカーが語らう場／市民がワーカーになれる場を設計する

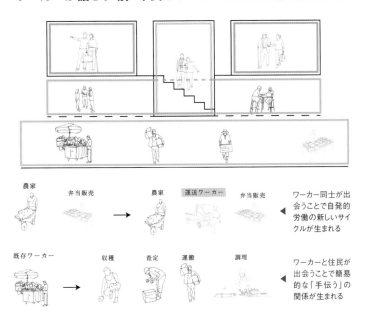

住宅／既存の住民に加え、労働意欲のある市民も住むことができる最低限の生活空間

コモンシャフト／ここの住民が共有する階段室。生活寄りのワーカーもここを利用でき、住民と関わる

レジデンスコモン1／住民の居間的空間。周辺の市民たちも受け入れ、1階のリビングの延長的な空間

レジデンスコモン2／ここの住民同士や既存ワーカーを加えてここでの生活ルールや労働方針を話し合う

ワーカー同士が出会うことで自発的労働の新しいサイクルが生まれる

ワーカーと住民が出会うことで簡易的な「手伝う」の関係が生まれる

自発的労働空間／現在も越谷で展開しているワークも集まりながら、ここの住民・周辺市民と関わる場

中層に繋がるコモンシャフトの役割

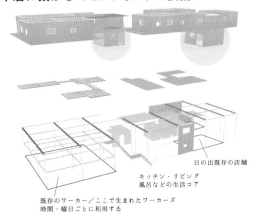

日の出既存の店舗

キッチン・リビング
風呂などの生活コア

既存のワーカー／ここで生まれたワーカーズ
時間・曜日ごとに利用する

コモンシャフト

住居層へ

1階を見下ろす

保育
周辺の子供を預かり子供の活動が見れる

介護
ここの住民の診察をを行い・健康維持する

ここの住民を数名集め、生活寄りのワーカーも利用する

行政が介入することで公共施設に自発的な労働が顔を出せる

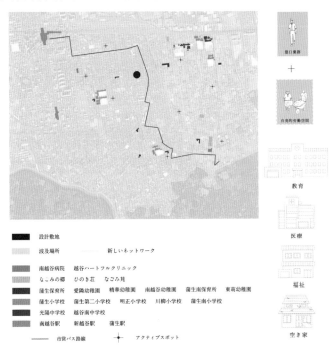

設計敷地
波及場所 　　新しいネットワーク

南越谷病院　越谷ハートフルクリニック
なごみの郷　ひのき荘　なごみ苑
蒲生保育所　愛隣幼稚園　精華幼稚園　南越谷幼稚園　蒲生南保育所　東萌幼稚園
蒲生小学校　蒲生第二小学校　明正小学校　川柳小学校　蒲生南小学校
光陽中学校　越谷南中学校
南越谷駅　新越谷駅　蒲生駅
市営バス路線　　　アクティブスポット

窓口業務

＋

自発的労働空間

教育

医療

福祉

空き家

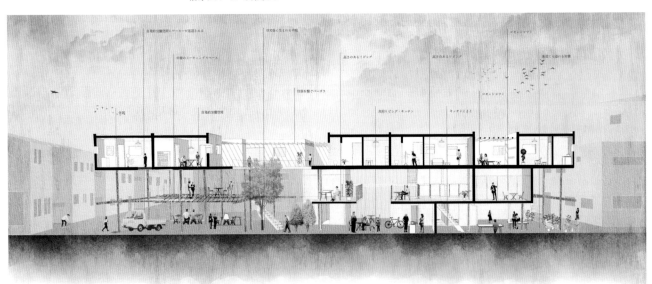

窓口業務は生活コアに近づき、生活者目線で労働をサポートする

裏道にも建築が開き、この道を利用する市民も活動を感じれる

中層は1階の活動を直に感じ「手伝う」の関係を誘発する

高さの違うリビングは多様な活動を同時に感じさせる

コモンシャフトは住民が毎朝晩、顔を合わせるきっかけをつくる

シャフトでは住民数名を集め介護のワーカーなどが利用する

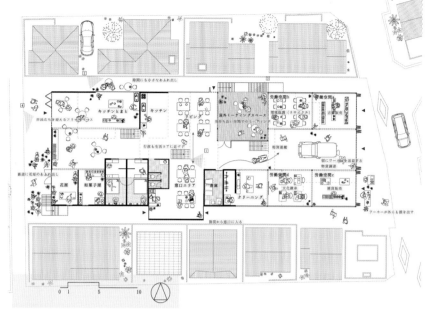

1階平面図

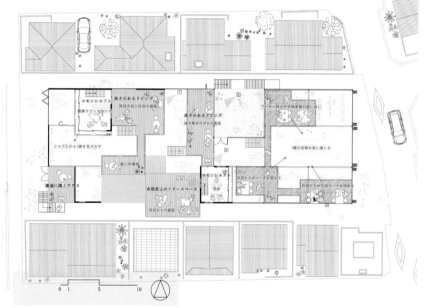

中層平面図

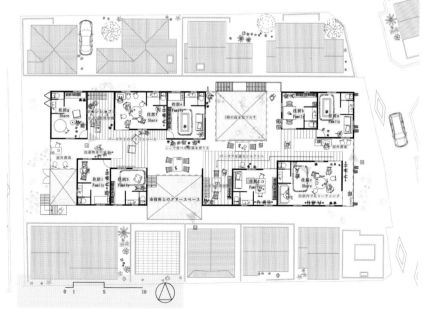

住居平面図

裏小路の工藝舎

―地域に開かれた段階的施工プロセスによる改修方法の設計提案―

横山 大貴
Daiki Yokoyama

日本大学大学院
理工学研究科
建築学専攻
今村雅樹研究室

　建築という行為が閉ざされている。つくるという行為は人間にとって根源的な行為であり、元来人は住環境を自らの手で開拓し、創意工夫をしながら互いに住むための場所を構築してきた。しかし戦後の産業化を経てモノと技術と人の関係性が購入可能なものとなり、ものづくりを介した地域コミュニティは途絶えてしまったのではないだろうか。

　近年のDIYやセルフリノベーションを用いた建築作品の比較分析から得られた知見を「オープン・ビルド」と位置づけ、修士設計では筆者がセルフリノベーションを行った既存建物を含む神楽坂路地裏の空き家改修と路地の拡幅計画を一体的に行う更新計画をケーススタディに、仮囲いの中で人知れず街並みが更新されていくのではなく、DIYやセルフリノベーションを前提とした、その過程が地域の共有風景として開かれる施工を提案した。

　路地に面した街区内の構造形式や立地、築年数、用途など、それぞれが異なる既存建物に対して是正を行いながら路地に対して開くように減築、改築、増築、セルフリノベーションなど既存建物の要素を読み取り工種を掛け合わせながら段階的に建築的操作を加えた。

　住みながら改修を行う設計施工プロセスをソフトとハードの両面から提案することでヒト（地域×アーティスト）とモノ（新旧の部材）がコト（施工プロセス）を通じて連関し、既存ストックが再生されることと地域のコミュニティが同時に進行する更新モデルを構築した。木造密集地域における有用な更新手法となることを目指す。

修士設計の位置付け

　本プロジェクトは筆者の体験的な知見と、改修プロセスを街に開いた空き家改修モデルの提案をセルフリノベーションを行った建物を含む神楽坂の1街区をケーススタディとした修士設計を横断したものである。

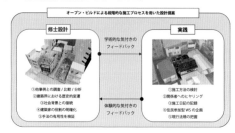

多様化する住宅供給と暮らし

　社会の変化とともに住まい方も多様化し、それにともない建築家の職能も広がっている。本章ではセルフリノベーションやDIYの現代における位置付け、流行している背景、仕組み的側面と建築的な側面の両面からその有用性を考察する。

多様化するリノベーション

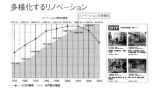

国土交通省が推奨するSR型賃貸化

建築資材や工具の市場への流動化

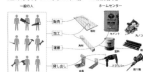

住宅供給における「SR」の位置づけ

先行事例の調査分析と施工プロセスの可視化

　建築専門誌に掲載されている事例の施工過程に着目。【基本情報】・【概要】・【プロセス】と調査項目を整理し、過程に起きた出来事を可視化することで、まちの文化的な活動やイベントと連携、その有用性を検証・考察する。

「オープンビルド」の位置付けと設計への願望

a. 参加型による主体意識の形成

b. ものづくりを通じた地域コミュニティの形成

c. 施工過程と竣工後の運営の一体化

d. サーキュレーションエコノミーとの接続

　これまでの調査結果は改修費用の削減や改修後に住み手がつかないといったリスクの軽減、廃材や地域資源の再利用など、既存ストックの活用で問題とされている項目の解決手段になり、上記の4つに集約できる。「施工過程に厚みを持たせ地域に場を開きながら進行する設計施工プロセス」を「オープン・ビルド」と位置づけ、設計提案に適応させ、その有用性を検証する。

路地空間が広がる神楽坂と
裏路地の中規模開発によるまち並みの喪失

対象敷地は東京都新宿区神楽坂の早稲田通りを挟んで北側に集積している木密地域を設計対象とする。

江戸時代以降、花街として栄えた神楽坂には魅力的な路地空間が網目状に広がっており、江戸の面影を残す料亭や工房、ギャラリーなど文化的な側面を担っている。また路地空間は地域住民の生活圏として利用され、職住一体のまち並みは中間領域である路地空間によって育まれてきた。「裏路地の空き家改修と路地の拡幅計画を一体的に行う更新計画」をケーススタディに、前章で位置付けた「オープン・ビルド」を実践する。

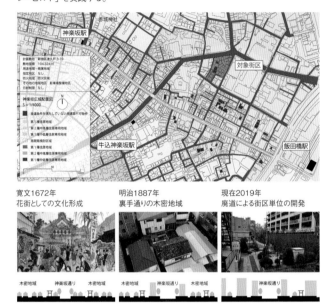

寛文1672年	明治1887年	現在2019年
花街としての文化形成	裏手通りの木密地域	廃道による街区単位の開発

対象敷地　取り残されるように存在する住工一体の痕跡

対象敷地は、筆者がセルフリノベーションの機会を得た既存建物Aを含む1街区内の既存建物である。周囲は高さ30mを超える中規模マンションに囲まれ、取り残されるように存在しており、3年坂と材木通りに挟まれ、中心には袋小路となっている幅員2.2mの2項道路が存在する。現在、私道を廃止にしたのち、容積率最大のボリュームを計画した中規模マンションを建設した場合や、各棟のセットバックを行い幅員を大幅に拡幅する計画案が検討されているが、地域住民の合意形成が得られず更新が進まずにいる。

具体的なヒヤリング調査の実施と人物像調査

対象とする敷地の活用方法の検討として、神楽坂に住む人々や賃貸オーナー、空き家を持て余しているご老人、地域住民、周囲の大学に通う学生などに対し、実際に空き家となっているmodel Aにてヒヤリング調査を行った。人間関係や趣味地域性、些細な住民同士の会話や思い出など地図ではわからない地域像を体験的に発見した。

ものづくりを通じた地域コミュニティの形成

対象とする街区内のmodel Aでセルフリノベーションを行う機会を得た。地域住民や大学生を集めてイベントを企画するなど体験的な調査を行った。小規模な改修だが、プロセスの中で近隣に住む喫茶店のマスターと知り合ったり、近くのシェアハウスの住民が手伝いに来たり、インスタレーションを製作するなど、ものづくりを通じて人間関係が連関していく過程を自身で感じた。

現在も改修工事は進んでいる。

模型と図面を用いたWS　改修工事中は芸大生のアトリエに　住み始め　工事を題材にしたドキュメンタリー作品の撮影　土間打ち

裏路地の空き家を起点としたものづくりネットワークの構築

前項のヒヤリング調査やセルフリノベーションの体験を踏まえ、神楽坂の裏路地で活動するクリエイターのためのシェアハウスを計画。ものづくりに関連する用途を同時に計画し、住民には施工段階から参画してもらう事業スキームを想定することで、施工過程からの交流を図る。更新方法と賃貸方法を一体的に計画した事業スキームを神楽坂の路地裏に増加する空き家を起点として構築することで、ヒト（地域住民×クリエイター）、モノ（資材の循環）コト（神楽坂のイベントとの連携）がものづくりを通じ連関する仕組みづくりを行う。

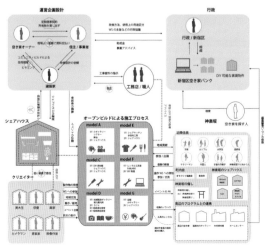
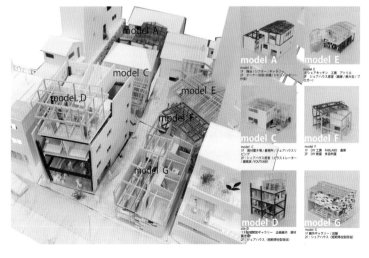

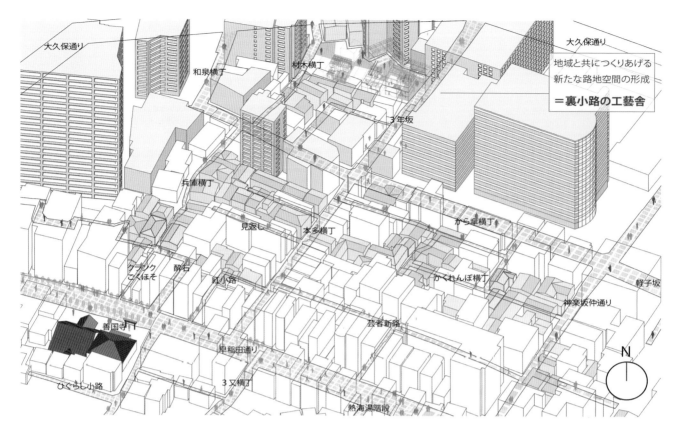

大久保通り
和泉横丁
材木横丁
3年坂
大久保通り
地域と共につくりあげる
新たな路地空間の形成
＝裏小路の工藝舎
兵庫横丁
見返し
本多横丁
から傘横丁
クラシック
こくほそ
酔石
紅小路
かくれんぼ横丁
軽子坂
神楽坂仲通り
善国寺
芸者新路
早稲田通り
N
ひぐらし小路
3又横丁
熱海湯階段

施工と居住者のアクティビティを一体的に計画する工程表

これまで仮囲いの中で施工業者によって短期間で人知れず解体され、まち並みが更新されてきた既存のプロセスを再編集し、最低限の住環境と安全を確保した上で住民による自主施工を開始し、試運転として住み開きながら自らの住まいを創造する。既存ストックが再生され運用されていくまでの過程に厚みを持たせる。

■ 減築　　■ 施工業者による施工箇所　　■ 住民による改修箇所　　■ 増築　　■ 将来的な改修箇所

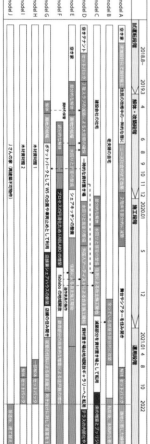

MODEL E,Fの場合

model F
1F DIY工房 FABLABO
2F DIY教室 アトリエ

model E
1F シェアキッチン/工房
2F シェアハウス居室

phase1 -解体期-

現在空き家となっているテナントから小規模な改築やセルフリノベーションを住民とともに行い、環境を整備する。

既存建物は築年数20年、5年前までかつて塗装職人の工房。2項道路への越境部分を含め木造家屋を一部解体。

phase2 運用開始

model Fには造作家具やDIYの円滑化を図るファブラボが増築され、路地に面して部分的に減築されたmodelC は路地に溜まりを生む。

1階を路地と連続した半外部として、最低限の住環境を整えたのち入居開始。住民によるDIYが開始。

phase3 -袋小路の貫通-

袋小路が解消され、裏路地のクリエイターと地域住民が一体となった新たな路地空間が形成される。

竣工後は1階は住民間の共有部として時間帯によって使われ方が変化。2階は住民の創作活動によって彩られる。

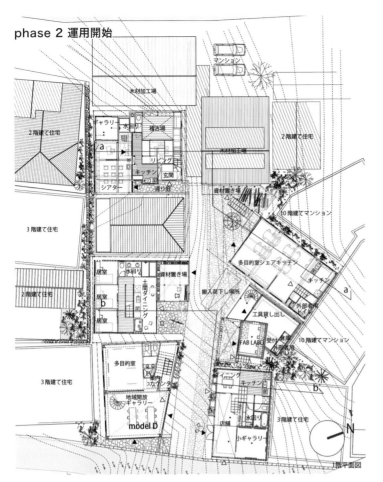

phase 2 運用開始

敷地境界線	——	セルフリノベーション ——
既存	——	古材の再利用箇所 ▓▓
増築・付加	——	一般入り口 ▼
減築・解体	——	住民用入り口 ▽
改築	——	避難出口 ▼
将来的な更新可能箇所	——	

1階平面図

2階平面図

もともとの路地の構成を残しながら4m道路に拡張した路地の入り口は、ものづくりの過程を街に表出させる。店舗とギャラリーに挟まれた神楽坂通りと連続した空間となる

model D
改修中に資材置き場になっていた吹き抜け空間は竣工後、通りに面した地域開放ギャラリーになる

model G
拡張した路地に面した段々上の店舗は、アーティストの製作物を展示販売する。2階の共有部と吹き抜けを介して繋がる

model C
減築により生まれた軒下の資材置き場は近所の人がDIYの材料を選びに来る

model E
既存建物の一部減築によって生まれた空間は神楽坂のイベントを行える一体的な大きな広場になる

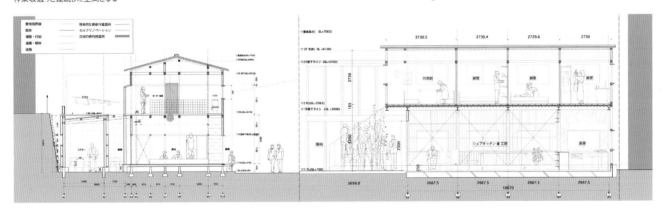

本修士設計の到達点

①研究動機

2018年2月〜2019年3月にかけて空き家セルフリノベーションに取組み、地域のコミュニティが繋がっていく実体験やものづくりの可能性、DIYによる素人施工の潜在的なニーズの高さを感じた。建築家の職能を拡張する空き家の改修手法として、その一助になればという思いで修士設計のテーマに至った。

②先行事例の研究

建築雑誌に記載されている素人施工の事例を収集や、実際に設計者へのヒヤリングから現代におけるものづくりの可能性を明らかにし、有用な更新手法としてオープンビルドを位置付け、その設計への適応提案可能性を示唆した。

③設計への適応

修士設計では、新宿区神楽坂の裏路地に密集する木造家屋群を対象とした。筆者がリノベーションを行った、二項道路に面した既存建物を含む全9棟を対象として、オープンビルドによる更新計画を提案した。

アドホックの蓄積

生きられた場所の研究を通した集落移住促進計画

久保田 祐基
Yuki Kubota

前橋工科大学大学院
工学研究科
建築学専攻
若松均研究室

築家の作品（聖）と生きられた場所（俗）が強調し合いながら一緒くたに存在する場所をつくれないか。建てることと住まうことが分裂した現代に問いたい。

「生きられた場所」とは人が経験することによって空間が変化する、その変化を捉えた言葉だ。私が行ったのは"生きられた場所を収集・解体し、生きられた人の所作を建築へと構築する"というものだ。そこで導き出されたものが「アドホック」（生きられた場所の物事の即興的な読み替えとその可読性）と「タバ柱とハサミ梁」（9本の柱と2本の梁でできた架構）である。

本提案は母の故郷を舞台にした移住促進計画である。私が移住し建築家として主体となり動き、限界集落が抱える空き部屋ストックを活用した場所をつくっていく。構築された場所は隙間のある架構により多義性を帯び、人は創造的に振る舞うことができる。

「タバ柱とハサミ梁」は聖なるものとして存在し、俗なるものは隙間のある架構に絡まりつくように存在する。聖なるものにアドホック（俗）が蓄積していく。建築家だけでなく使い手も建築する主体となり空間をつくることを取り戻せたら、それは生き生きとした建築や都市を実現させていくのではないか。

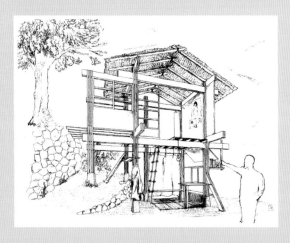

生きられた家

哲学者マルティン・ハイデッガーは建てることと住まうことの一致が我々に欠けていることを述べ、のちに多木浩二によって建築家の作品と「生きられた家」に分類された。

本提案では、「家」と「それを取りまく環境」に焦点をおき、空間を形成する部分的な場所を観察していくことで「生きられた場所」を読み解き、さまざまな「生きられた場所」の質の活用方法の新たな姿を自らの想像力で自由に生み出し、運用してしまうような回路をつくりだすことを目的としている。

荻窪集落と母の家

どんな古く醜い家でも、人が住む限りは不思議な鼓動を失わないものである。
—多木浩二—

母の家は群馬県桐生市の荻窪という人口10人、65歳以上の高齢者が70%を占める限界集落に位置する。荻窪集落の多くは農家であり、「建てること」と「住まうこと」が少なからず関わりを持ち「生きられた場所」と感じる部分の多い魅力のある場所だ。

人口が減り続ける今、生きられた家の「不思議な鼓動」を失わない為にも人が住み継いでいく必要がある。

荻窪集落の課題

①限界集落と移住促進

荻窪集落は高低差50m の傾斜地にある、自然豊かな場所である。

現在では人口10人にまで減少し、このままでは消滅してしまう危機にある。そんな中、桐生市黒保根町では「移住促進」のために新たな住居を建設しようとする行政の流れがある。

②広すぎて手に余る土地

土地の所有関係を見ると、集落を回遊する道路を挟んで飛び地的に所有している。

飛地先では梅や栗などの果実や、山菜・野菜の畑として使用しているが「広すぎるので手に余る」状態である。

③持て余した建物

住人と建物の関係を見ると、農家がほとんどで1世帯が所有する建物が多い。

しかし、人口の減少と高齢化のために「空き家・あき部屋が増え、建物を持て余している」状態である。

母屋

離れ

夫婦2人暮らしの
福田Bさん（70代）

例えば、
福田Bさんの家は70代の夫婦2人が住んでいるが、母屋の一角と離れの居室は使われていない状態である。

離れ2階居室

生きられた場所の塗り分けと「アドホック」

　集落には生きられた場所と感じる魅力的なシーンが数多くあり、そこから結び付きの強いであろう言葉が浮かび上がってきた。それが「アドホック」である。

アドホック　[ad hoc]

　「即興的な」「場当たり的な」といったニュアンスで使われる。生きられた場所の魅力とは、即興的な物事の読み換えと履歴の可読性である。母の家では、住まい手の生活が空間の中に構造化され、建築が家具に近づき、素材が家具に近づくような"身体化"が見られた。

荻窪集落の風景　　　　　　　　　　　　　　母の家の内部

アドホック解体図表

　生きられた場所に現れてくる住まい手によるアドホックな所作を収集し、【0：スケール】【ⅰ：環境の要素】【ⅱ：アドホックな要素】【ⅲ：手段】【Ⅳ：目的】に要素を解体して読み込み、生きられた場所を設計手法へと発展させるために【ⅴ：アドホックの類型化】を行う。

【ⅴ：アドホックの類型化】
アドホックの手法を解体し読み込むことで生まれてきた類型。これを用いて設計を行う　▶

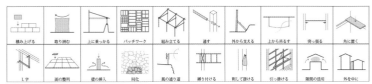

提案①：設計プログラム

　町が進める移住促進事業と連携して、「持て余した土地」や「空き家・空き部屋」「集落に潜在する要素（里山の樹木、野菜など）」を「余ったもの」ではなく「ストック」として捉え直すことで、それらを活用した「移住促進のための場所」を設計していく。

「余ったもの」ではなく「ストック」として捉え直す
"荻窪集落ストック循環型移住促進計画"

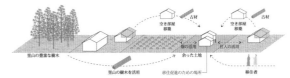

提案②：事業スキーム

　仮定として、私自身が空き家化した母の家に移住し、建築家として本計画の主体となり動いていく。また、地域住人によるマネジメント組織を設立し、各関係者にメリットを生むような長期の事業計画とする。

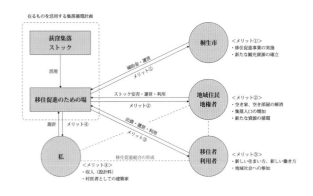

提案③：タバ柱とハサミ梁

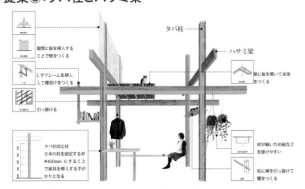

1.類型から導かれた、アドホックの手がかりとなる隙間のある架構

　空間を構成する柱と梁を細分化（柱9本と梁2本）することで、使い手によるアドホック操作の手がかりとなるようにする。材料は移築時にできる"古材"と"里山産の木材"を組み合わせてつくる。

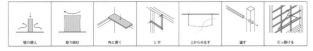

2. 既存の環境に絡まるアドホックな構造

　隙間のある緩い構造が、場当たり的に様々なモジュールの既存の柱や梁を挟むことで、移築部分を補強しながら新たな空間をつくっていく。

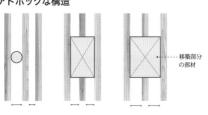

移築部分の部材

荻窪集落　ストック循環型移住促進計画図

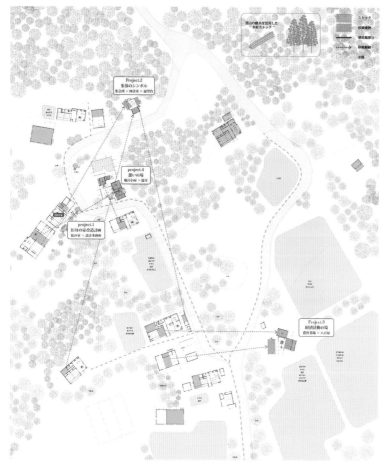

増築の想定

　今回提案した建物は、ディテールの先端が伸びている部分が、その後の増築の補助線となるように計画した。伸びたディテールは増築の手がかりとなるだけでなく、使い手の普段使いのアドホックの手がかりともなる。

　生きられた場所の魅力である即興的な既存環境の読み換えが、家具的なスケールから建築的なスケールまで蓄積される。アドホックな読み替えの履歴は、かつての姿や状況を想像する手がかりともなり、過去と現在が混成する「生きられた空間」となる。

▼ 計画の流れ

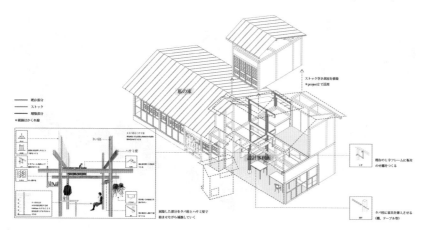

2020.1	2020.4	2020.8	2021.1	2021.4	2021.4	2021.8	2022.4	2023.4	×××
母の家 空き家化	私の移住	行政 事業との連携	移住促進組合 形成	移住促進計画・実施	project.1 旧母の家改造計画	project.2 集落のシンボル	project.3 経済活動の場	project.4 憩いの場	next project
					私の家 × 設計事務所	集会所 × 図書館 × 展望台	農作業場 × 八百屋	風呂小屋 × 温室	

---

project. 1　旧母の家改造計画　　私の家 × 設計事務所

　この家はもともと母が住んでいた家で、2020 年に空き家になることが決まっている。空き家化した後、私が妻と二人で移住し設計事務所を営む。空き部屋ストックを移築することでできた吹き抜けに構造補強のためにタバ柱とハサミ梁を挿入して、アドホックに人がふるまう場所をつくる。

改築によりできた吹き抜け。タバ柱とハサミ梁で補強する

屋外に延長された架構

既存の空間と新たな空間が混在する

project. 2　集落のシンボル　　集会所 × 図書室 × 展望台

　地域交流を促すような、住人が集まる台所付きの集会所。外の大きな縁側から階段を登ると、
町・集落関係の本や農業関係の本を揃えた観光客が立ち寄ることができる図書室と、さらに登ると
展望台があり集落を一望できる

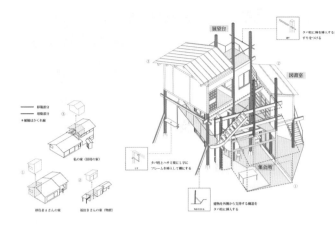

架構を土台に
空き部屋を積
み上げる

タバ柱とハサミ
梁がつくる吹き
抜け。下が集会
場、上が図書室

---

project. 3　経済活動の場　　農作業場 × 八百屋

　住人が収穫した野菜を洗ったり干したりする農作業場所と、収穫した野菜や調理加工した食品
を売る八百屋。農機具庫には、集落の住人と移住者が共有で使う農業用機械を収容する。

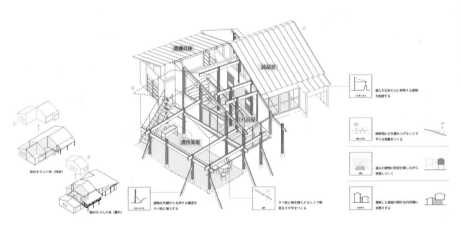

前が農作業場、奥
が八百屋

傾斜地に石を積み
上げ平らな場所を
つくる

タバ柱とハサミ梁
に乗っかる空き部
屋

---

project. 4　憩いの場　　風呂小屋 × 温室

　赤城山の麓から湧く温泉に入ることができる風呂小屋。住人は農作業で疲れた体を洗い流し、
集落の風景を眺めながら湯に浸かる。風呂小屋の北側には温泉の熱を利用した温室。温室がある
ことで、一年を通して野菜を育て収穫することができる。

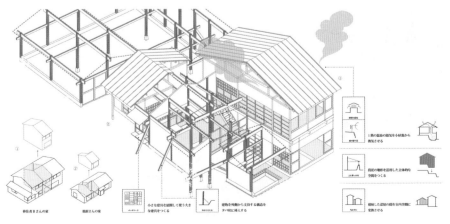

移築した部屋を繋
げるように増築して
いく

タバ柱とハサミ梁
でつくられた、展望
の良いラウンジ

石垣でできた段状
の地形を活用する

建築と家具の関係による
コモンスペースを中心とするワークプレイスの提案

岩渕 達朗
Tatsuro Iwabuchi

宇都宮大学大学院
工学研究科
地球環境デザイン学専攻
安森亮雄研究室

現代日本では、長時間労働や働き方の多様化を背景に、労働環境の改善が課題となっており、近年のオフィス空間では、活発なコミュニケーションがとれるようなコモンスペースの整備が重要視されてきている。こうしたオフィス環境に向けてフリーアドレス方式によるオフィス空間や、家具メーカーによる機能的な家具が出現しているが、建築と家具のデザインは個別に行われることが多いためそれらの融合によるワークプレイスは未だ実現されていない。そこで本計画では、地域に開かれた中小企業支援施設と地域密着型放送局とを含む1街区を対象敷地として一体的に整備し、ワーカーの交流を生むコモンスペースを中心とした、建築と家具が一体的に整備されたワークプレイス拠点を提案する。地域密着型放送局オフィス改修計画では、窓、壁に家具を取りつかせた片側コモンスペース型オフィスを設計し、地域に開かれた中小企業支援施設建替え計画では、建物の内と外にコモンスペースをもち、350mmモジュールの多様な家具が取り付く耐震壁を持った新たなオフィスビルを提案した。建築と家具が一体的に設計されたコモンスペースを中心とするワークプレイスが労働環境改善の一助となると考える。

建築と家具の関係からみたワークプレイスの事例調査

背景

ワークプレイスの変遷と調査対象事例

年代	ワークプレイス	家具	出来事	事例番号
18世紀末	オフィスの始まり		産業革命	
1950	ブルーペンオフィス等	グレースチールデスク		No.1,2
1960	オフィスランドスケープ			No.3～5
1970	オープンプラン	パネルシステム等		
1980	オフィスアーバニズム	人間工学チェア	フレックスタイム制	No.6,7
1990	フリーアドレス		インターネット普及	No.8
2000	モバイルワーク		無線LAN普及	No.9～11
2010			働き方改革	No.12～32

各年のコモンスペース率の推移

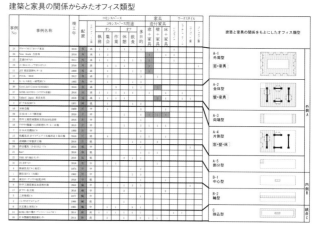

建築空間と家具は個別にデザインされることが多く、それらの融合によるワークプレイスは未だ実現されていない。

生産性・創造性を高める新たなワークプレイスの提案

建築と家具の関係からみたオフィス類型

ワークプレイスとしての宇都宮市中心市街地

宇都宮市中心部の働き方支援施設

宇都宮市内にワーカーを支援する施設はいくつかあるが、中心市街地にはほとんど見られず、中小企業を支援する団体が入居する栃木県産業会館のみが立地している。

対象街区と街区整備計画

本計画ではNHK宇都宮放送局を地域密着型放送局のオフィスとして、栃木県産業会館を地域に開かれた中小企業支援施設として計画する。2つの施設が立地する1街区を対象敷地とし、事例調査でのオフィス類型をもとに

それぞれの新たなオフィスモデルを検討する。街区内の外部空間は、公開空地と駐車場を交互に配置し、遊歩道を通すことで、アプローチのしやすい外部コモンスペースとして整備する。

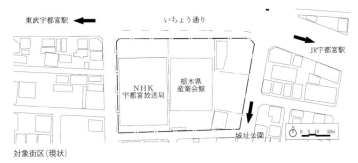

対象街区（現状）

街区整備計画

地域密着型放送局オフィス改修計画

設計趣旨

NHK宇都宮放送局の一部署のオフィス改修計画である。NHKでは働き方改革の一環として、職場環境改善を目指したオフィス内のレイアウト変更を進めており、これに際し宇都宮大学安森研究室では改修提案をし、採択された。既存のオフィス環境は、窓を背にして管理職、その前面に社員、廊下側に書類・文具などを収納する共用家具というヒエラルキーに基づくレイアウトであり、窓がブラインドで締め切られることが多かった。まず書類・キャビネットの集約を行い、新たにスペースを創出した。窓側には打合せ用のミーティングブースのほか、立って作業のできる高さ調整テーブルが設置されたスツールブース、リラックスしてお昼ご飯を食べられるソファーブースなど、多機能な窓辺空間をつくることを試みた。家具の素材は栃木県産の杉集成材を用い、ロールスクリーンには栃木県那須烏山市名産の烏山和紙を使用することで、地域の素材を活用した。地域の放送局として、天気やまちのにぎわいを感じながら働くことのできるオフィス空間を目指した。

NHK宇都宮放送局

竣　工　年：1981年（築37年）
構　　　造：鉄筋コンクリート造
　　　　　　地下1階＋地上8階
建築面積：1088㎡（建ぺい率40.9%）
延床面積：1万0126㎡（容積率380%）

現状

▲オフィス全体
　パース
▶全体平面図

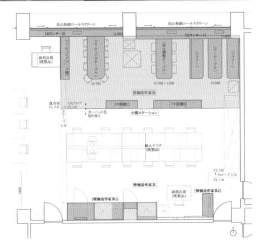

	改修前	改修後
コモンスペース配置	中心型	片側型
コモンスペース率	30.7	50.0
家具が取り付く建築部位	-	窓、壁
収納量	86.5	63.7
オフィスモデル図		

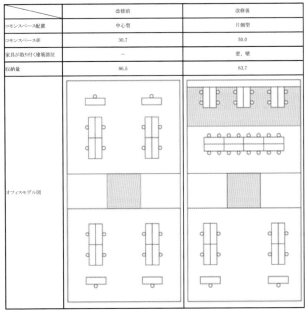

地域密着型放送局　オフィスモデル

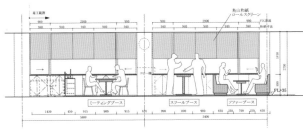

窓側展開図

ミーティングスペース　　スツールブース　　ソファーブース

壁側展開図

45

地域に開かれた中小企業支援施設建替え計画

設計趣旨

　建物の内側と外側にコモンスペース（黄色）を持ち、内壁や窓に家具が取り付けられることで、入居団体（青色）同士が交流できる居場所としてのコモンスペースを持つオフィスビルとした。建物中央には1階から6階まで貫く吹き抜けと踊り場を設け、フロアを超えた交流ができる内側コモンスペースとした。耐震壁の壁面には、収納や展示機能を持つ家具を取り付け、ワーカーの休憩や短時間の打ち合わせ時に使用できる。各事務室には外へ向いた外側コモンスペースをつくり、窓に取り付けた家具により団体内の交流を促す。外部テラスも外側コモンスペースとなり、床にベンチなどの家具を設置することでワーカーの休憩場所になったり地域の人との接点をつくる。必要なオフィス面積は入居団体ごとに異なるため、大空間と中程度の空間をつくることができるように、柱スパンをそれぞれ南側で約20m、北側で約10mとし、各団体の現状面積を満足するよう配置した。また、事業内容が共通する団体は近接配置させ、交流を促す計画とした。

栃木県産業会館

竣 工 年：1981年（築37年）
構　　　造：鉄筋コンクリート造
　　　　　　地下1階＋地上8階
建築面積：1088㎡（建ぺい率40.9%）
延床面積：1万0126㎡（容積率380%）

	現状	建替案
コモンスペース配置	軸	片側型と挟込型の複合
コモンスペース率	27.2	42.7
家具が取り付く建築部位	−	壁、窓
オフィスモデル図		

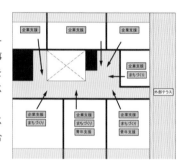

入居団体の配置方針

断面計画

　各入居団体の事業内容は、企業支援・まちづくり・生年支援に大別されているが、同じ事業内容の団体が離れた階に入居してしまっている。また、建物中心には1階から屋上階まで吹き抜け空間とし、各階の中間には踊り場を設けることで、関連事業に取り組む団体同士がフロアを超えて交流できる場所をつくる。

入居階	事業内容					
	現状			建替案		
	企業支援	まちづくり	青年支援	企業支援	まちづくり	青年支援
8F	3	1				
7F	5					
6F	4	1	1	4		
5F	1			3		
4F	2			3		
3F	4			1		
2F	2	3		5	3	2
1F	4	2	1	3	3	

事業内容別入居団体数と入居階

平面計画

　入居団体ごとのプライバシーを保つため壁で区切りつつ、事業内容の関連する団体同士を近接させ、建物中央のコモンスペースでの交流を促す。また、各団体の窓側の空間もコモンスペースとなり、短時間の打ち合わせや休憩に利用される。

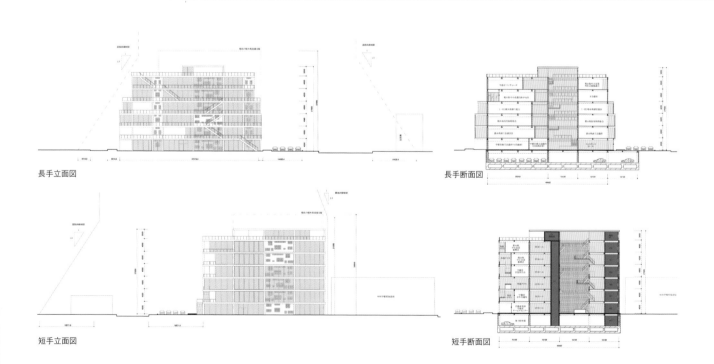

長手立面図

長手断面図

短手立面図

短手断面図

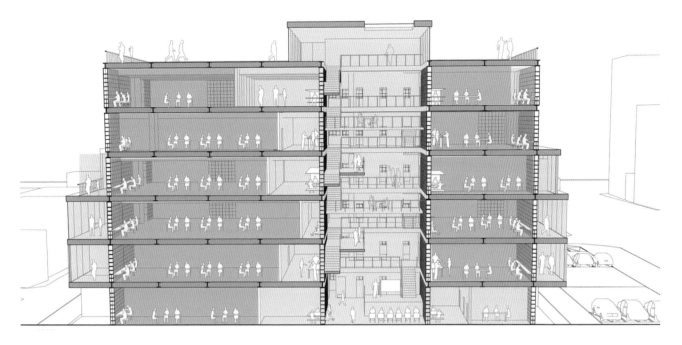

構造計画

　現状の入居団体は、事務室面積が60㎡程度の小規模なものから360㎡程度の大空間が必要なものまである。そこで、小・中規模程度の事務室が収まる約10mスパンと、大規模事務室が収まる20mスパンの2種類の事務室空間を持つ柱割りとし、中心にエレベーターなどの設備コアや建物内側のコモンスペースが収まる計画とする。耐震壁には設備コアが収まる中心の区画と、建物外周部に配置した。

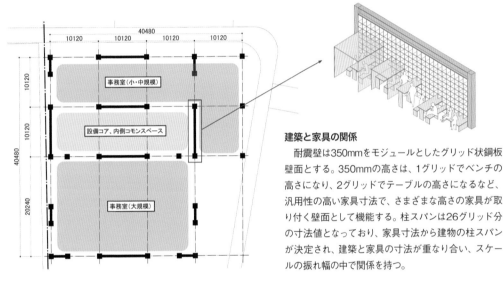

建築と家具の関係

　耐震壁は350mmをモジュールとしたグリッド状鋼板壁面とする。350mmの高さは、1グリッドでベンチの高さになり、2グリッドでテーブルの高さになるなど、汎用性の高い家具寸法で、さまざまな高さの家具が取り付く壁面として機能する。柱スパンは26グリッド分の寸法値となっており、家具寸法から建物の柱スパンが決定され、建築と家具の寸法が重なり合い、スケールの振れ幅の中で関係を持つ。

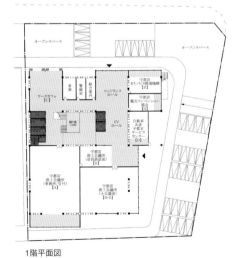

1階平面図

3階平面図

5階平面図

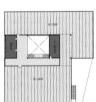

屋上階平面図

2階平面図

4階平面図

6階平面図

6階拡大平面図

まちづくろいのレシピ

日光門前における空間と営みの処方箋による町家・町並みの再生計画

髙橋 広野
Koya Takahashi

宇都宮大学大学院
工学研究科
地球環境デザイン学専攻
安森亮雄研究室

栃木県日光市日光門前は、江戸時代の東照宮造営以来、世界遺産「日光の社寺」の門前町として栄えてきた。現在、長期にわたる街道の道路整備を進めている。一部の区間では整備が完了したものの、東照宮手前の伝統的な町家が残る地区は未整備のままであり、今後の景観形成を考える上で重要な時期を迎えている。街道沿いには、見世蔵や看板建築というように、人々の営みが反映され時代とともに変化してきた多様なタイプの町家が並んでおり、今後の道路整備を踏まえた上で、次世代の町家と、それらの集合によるまち並みを考え直す必要がある。

次世代の町家・まち並みを構想する上で、まち並みを建築などの物理的なものの集合だけでなく、そこに人々が生きること含めたものと解釈し、「空間」と「営み」の二つの視点を重要視した。その上で、日光門前に特有の「日光らしさ」を表す要素を「らしさ要素」として抽出し、町家タイプを明らかにし、修景セットとなる処方箋を考案した。

本計画では、今後整備される鉢石地区の町家を、空間と営みの両側面から分析し、町家タイプと町並みの課題となる症状を明らかにした。さらに、症状に対する修景手法のセットである処方箋を提示し、それらの組み合わせによって新築町家・改修町家・空地デザインを設計することで、町家・まち並みの再生計画を提案した。

こうした症状の分析から導き出される処方箋による設計手法によって、大きく変わりつつあるまち並みにおいて、「らしさ」を失うことなく、これまでのまちを次世代へと繋げていくことができると考えられる

日光門前の概要
道路整備によって崩れゆく世界遺産「日光の社寺」の門前町

栃木県日光市にある日光門前は、日本橋から続く日光街道の終着点にあたる宿場町である。JR日光駅から日光東照宮までの間に位置する7つの町（上鉢石町・中鉢石町・下鉢石町・御幸町・稲荷町・石屋町・松原町）で形成され、世界遺産「日光の社寺」の門前町として多くの観光客で賑わう。街道の道路整備事業が2003年から実施されており、整備完了区間からの経験も踏まえた準備や、整備手法の検討が課題となっている。

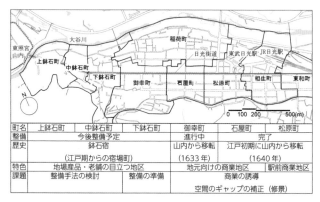

町名	上鉢石町	中鉢石町	下鉢石町	御幸町	石屋町	松原町
整備	今後整備予定			進行中	完了	
歴史	鉢石宿			山内から移転	江戸初期に山内から移転	
	（江戸期からの宿場町）			（1633年）	（1640年）	
特色	地場産品・老舗の目立つ地区			地元向けの商業地区	駅前商業地区	
課題	整備手法の検討		整備の準備	商業の誘致		
				空間のギャップの補正（修景）		

交通の変遷からみた日光門前の歴史
時代とともに移ろうまち並み

街道の道路整備は、江戸時代の東照宮造営によって門前町が形成されて以来、主要交通手段の変遷とともに何度も繰り返されてきた。今回の道路整備は、電柱の地中化と歩道拡幅により、車中心の社会から、再び歩行者中心の街道空間へ戻すためのものとも捉えることができる。「日光の社寺」の門前町として、国内外多くの観光客で賑わう観光地としては変わらずにきたが、道路との関係性の変化とともにさまざまな町家が形成され、現在のまち並みを形成している。

時代が育む日光町家
空間と営みの重ね合わせによる時層の片鱗

現在の日光門前には、見世蔵様式の羊羹屋、看板建築の団子屋、高層RCの物産展などとさまざまなタイプの町家が混在している。このように日光ならではの営みが反映された町家の他にも、現代の営みが反映された新しいタイプの町家が増えてきている。こうした町家の日光「らしさ」を継承しながらも、これからの営みに対応した次世代の町家・まち並みを考えていく必要がある。

光門前の町家における「空間」と「営み」
「らしさ」をあぶり出すフィールドワーク

　鉢石地区の街道沿い123敷地、町家106棟を対象に「空間」と「営み」の要素を抽出するフィールドワークを行なった。「空間」の要素として、屋根形状・付属的要素・規模といった外形構成、外壁素材・開口部・屋根装飾・壁面装飾といった町家要素、看板・日除け・灯りといった設え要素、および敷地構成を抽出した。「営み」の要素として、建物用途、生業、および生活・仕事・祭りの要素を抽出した。

　以上の「空間」と「営み」の要素を、日光門前に特徴的な「らしさ要素」として整理し、日光門前の特徴を「空間」と「営み」の両側面から分析した。

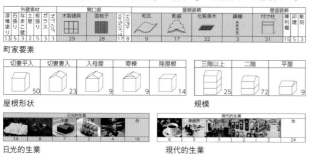

町家要素

屋根形状　　　　　　　　　　　　規模

日光的生業　　　　　　　　　　　現代的生業

「空間」と「営み」からみた日光門前の町家タイプ
日光門前が育む町家のタイポロジー

　「空間」と「営み」の要素から、「空間タイプ」と「営みタイプ」をそれぞれ導き出し、併せて検討することで、日光門前における7つの「町家タイプ」を導いた。

　職住一体の営みがらしさ要素を持つ二層勾配屋根の町家で営まれる日光町家型（Ⅰ）、職住一体の営みでらしさ要素を持つ看板建築の日光看板町家型（Ⅱ）、日光高層町家型（Ⅲ）、看板町家型（Ⅳ）、日光生業町家型（Ⅴ）、高層商業町家型（Ⅵ）、及び専用住宅町家型（Ⅶ）といった日光門前における町家タイプが明らかになった。それぞれの類型の特徴もみることができ、例えば、現在増え続けている専用住宅タイプ（Ⅶ）では、駐車場を設けるためにピロティやセットバックをしているものが多くみられた。

「空間」と「営み」からみた日光門前のまち並み
時層の蓄積がつくり出すシークエンス

　導いた町家タイプをもとに、鉢石地区におけるまち並みの特徴と、課題となる症状を明らかにした。高層の町家が集中する箇所や、連続性のあるまち並みが形成されている箇所、歯抜けのヴォイドを生じている箇所のほか、異なる町家タイプが並ぶ空地（計画地1）、類似する町家に挟まれた空き施設（計画地2）、まち並みを乱す要素を持つ町家（計画地3）、および大きくまち並みが崩れた連担空地（計画地4）を導いた。

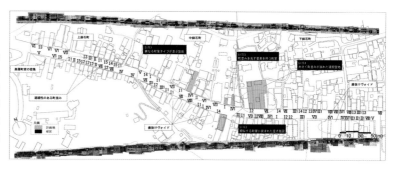

日光門前における町家・まち並みの症状
「空間」と「営み」の課題点

　症状を整理すると、次のように大別できた。敷地単体の症状としては、【空地】、【空き家・空き店舗】および【まち並みを乱す要素】がみられた。また、町家複数の組み合わせによるまち並みの症状としては、【同種のタイプの町家タイプの並び】【異なる町家タイプの並び】【歯抜けのヴォイド】および【大きなヴォイド】がみられた。

まちづくろいのレシピ
「らしく」あるためのまちの処方箋

　課題となる症状を解決するためのアイデアとして「らしく」あるためのまちの処方箋を提案した。これらを敷地の症状に対して組み合わせて処方することで、「日光らしさ」を失わないまちづくりが可能となる。

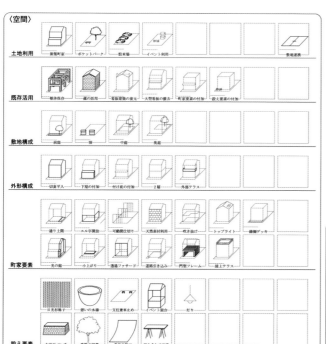

SITE1. 職住一体型次世代町家
余白をつくり、まちを引き込む次世代町家の提案

現在の日光門前には、見世蔵様式の羊羹屋、看板建築の団子屋、高層RCの物産展などとさまざまなタイプの町家が混在している。このように日光ならではの営みが反映された町家の他にも、現代の営みが反映された新しいタイプの町家が増えてきている。こうした町家の日光「らしさ」を継承しながらも、これからの営みに対応した次世代の町家・まち並みを考えていく必要がある。

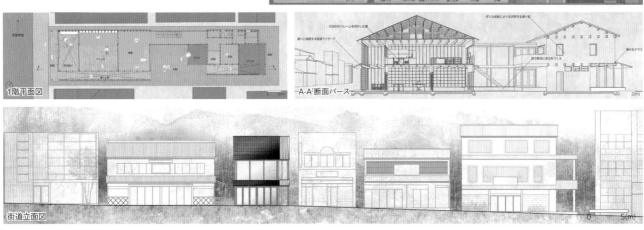

1階平面図

A-A'断面パース

街道立面図

SITE2. 改修型次世代町家
公共空き施設の民間運用と、隣接する
「らしさ要素」を付加した〈大きな〉改修提案

類似したタイプの町家に挟まれた角地の陸屋根型の空き施設（旧日光市福祉事務所）に、飲食店・ゲストハウス・工房といった用途の複合と、元の躯体保存による改修型の次世代町家を計画した。登録有形文化財大名ホテル（旧日光市役所）へと通じる角地であることから、L字型に側面を開放し、ベンチや日除けを設けることで居場所を創出。まち並みの連続性を欠いた陸屋根型の町家を、多様な営みの複合と隣接要素の継承によって、連続性を持つ改修型の次世代町家として再生した。

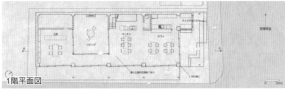

1階平面図

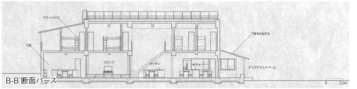

B-B'断面パース

街道立面図

SITE3. 改修型次世代町家
付加要素の除去による〈小さな〉改修提案と、
まち並みに配慮した細やかな設え

　ファサードを覆い隠すほどの大型看板が付加され
た見世蔵様式の商店や、かつての改修により看板建
築となった飲食店に対し、部分的な改修によりオリ
ジナルを復元させるとともに、まち並みに配慮した居
場所を設えた改修型の次世代町家を計画した。過剰
な広告表現によりファサードが覆い隠された見世蔵
町家と、看板建築として簡易的に改修された町家を
復元する。大掛かりな改修をしなくてもまち並みづく
りに貢献する可能性を示した。

旧街道立面図　　　　　　　　　0　5(m)

南側立面パース

街道立面図　　　　　　　　　0　5(m)

SITE4. まち並みと連続する祭りの広場
連担空地の一体的修景デザインと、
ハレとケの活用提案

　連担によってまち並みが大きく崩れた空地に、複数
の敷地の連携による一体的な空地デザインと、祭りの
広場としてのハレとケの空地活用を計画した。

　敷地を有効活用しつつ、周囲のまち並みとフロント
ラインを揃えるため、大谷（だいや）石を用いたベンチ
と、日光杉格子を組み合わせた塀型東屋をデザインす
ることで、崩れたまち並みを修景した。また、収納可能
な仮設家具を提案し、収納庫として敷地内の大谷石蔵
を利活用する。まち並みを崩す大きなヴォイドを、隣接
する土地の一体的デザインによって、まち並みの再生と
新たな居場所を創出する。

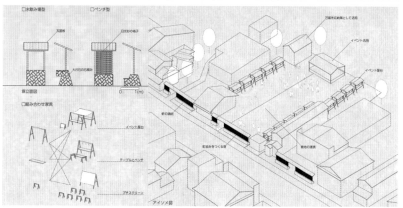

街道立面図　　　　　　　　　0　5(m)

鉄道インフラを含むまちの景観

山手地区における子どもたちの交流拠点の提案

下山 智加
Chika Shimoyama

神奈川大学大学院
工学研究科
建築学専攻
中井邦夫研究室

起 伏の富んだ地形の駅、線路および電車の見え方に興味を持ち、鉄道インフラを含むまちの景観のリサーチを行った。資料は、駅が四方向斜面に囲われ、駅・電車などを観測できる点が多く見られたJR京浜東北根岸線山手駅と京急本線弘明寺駅である。その結果、山手駅は駅が一番低いレベルに位置するすり鉢状の地形と駅を中心とした網状の道により駅や電車が見られる点が周囲に多く存在し、まちの中心的存在である駅としてのランドマーク性は高いと考察できる。しかしながら、山手駅の立面は周囲に対して閉じた印象であり、まちとの関係は希薄であると考える。

そこで、駅を周囲との関係をとりながらデザインし直し、周囲にも駅と接続した建築を計画することで、すり鉢状の地形も生かした山手の景観をつくりだす提案をしたいと考えた。計画敷地はリサーチで使用した駅・線路および電車が見える点の付近の斜面地や空地6つを選定した。山手駅周辺に学校が5つあり、日常的に駅を利用する学生が多いことから計画敷地に交流拠点を配置し、それらを環状につなぐように通路を計画する。囲われた空間を駅が認識できるエリア「エキマチ」と定義し、駅を核とした子どもたちのネットワークを提案する。

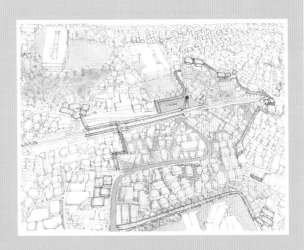

資料と分析

本研究では、地形が特徴的な駅の中でも四方向が斜面に囲われていて、駅周辺で駅や電車が観測できる点が多くみられるJR京浜東北根岸線山手駅と京急本線弘明寺駅を対象に駅および線路、電車が見える、駅周辺の道路から撮影した風景全40事例の分析を行う。

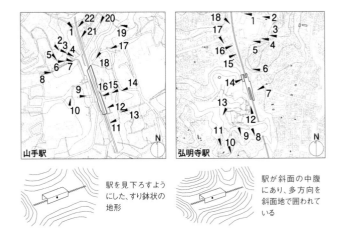

山手駅 / 弘明寺駅

駅を見下ろすようにした、すり鉢状の地形

駅が斜面の中腹にあり、多方向を斜面地で囲われている

駅・電車の見え方

まず、駅・電車の見え方について分類していく。観測点から駅および電車を見る距離や駅タイプ・線路の位置が変わると見る角度や見え方は様々になる。各資料の地点からの駅・電車の見え方、および駅・線路の位置について検討する。結果から、表3を作成した。

表1 駅・電車の見え方
あ：断片的に見える	い：全体が見える

表2 駅・線路の位置
a：土手	b：地上	c：高架

表3 駅と電車の見え方のパターン

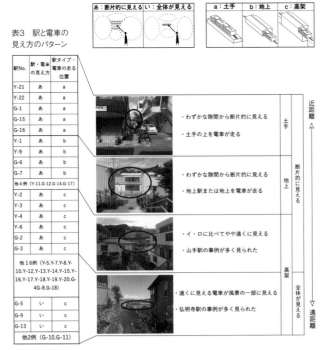

駅No.	駅・電車の見え方	駅タイプ・電車の走る位置
Y-21	あ	a
Y-22	あ	a
G-1	あ	a
G-15	あ	a
G-16	あ	a
Y-1	あ	b
Y-9	あ	b
G-6	あ	b
G-7	あ	b
他4例（Y-11.G-12.G-14.G-17）		
Y-2	あ	c
Y-3	あ	c
Y-4	あ	c
Y-6	あ	c
G-2	あ	c
G-3	あ	c
他16例（Y-5.Y-7.Y-8.Y-10.Y-12.Y-13.Y-14.Y-15.Y-16.Y-17.Y-18.Y-19.Y-20.G-4G-8.G-18）		
G-5	い	c
G-9	い	c
G-13	い	c
他2例（G-10.G-11）		

・わずかな隙間から断片的に見える
・土手の上を電車が走る（土手／近距離）

・わずかな隙間から断片的に見える
・地上駅または地上を電車が走る（地上／断片的に見える）

・イ・ロに比べてやや遠くに見える
・山手駅の事例が多く見られた（高架）

・遠くに見える電車が風景の一部に見える
・弘明寺駅の事例が多く見られた（全体が見える／遠距離）

Y:山手駅（22事例）　G:弘名寺駅（18事例）

周囲の景観要素の構成

続いて、周囲の景観要素についてみていく。下記のような近景・中景・遠景にそれぞれの景観要素（表4）を分け、表5を作成した。

表4　景観要素

建物	建物群	緑	空地	道路
■	▲	★	◎	＊

近景	中景	遠景
全体像が捉えられない程近くにあるもの	視界を遮らず、形や色を認識できる範囲にあるもの	駅や電車よりも後ろにあり、風景の一部に感じるもの

表5　景観要素の構成パターン

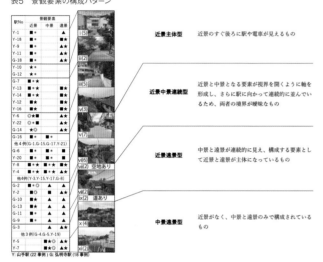

近景主体型　近景のすぐ後ろに駅や電車が見えるもの

近景中景連続型　近景と中景となる要素が視界を開くように軸を形成し、さらに駅に向かって連続的に並んでいるため、両者の境界が曖昧なもの

近景遠景型　中景と遠景が連続的に見え、構成する要素として近景と遠景が主体になっているもの

中景遠景型　近景がなく、中景と遠景のみで構成されているもの

Y: 山手駅（22事例）G: 弘明寺駅（18事例）

鉄道インフラを含むまちの景観

「駅・電車の見え方」を横軸に、「景観要素の構成」を縦軸にした表を作成。該当数の比較的多いマス目を類型とした。

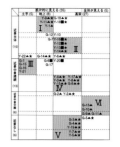

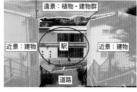

I　近景主体遮蔽型
近景が主体で緑や建物のすぐ後ろに駅や電車が見えるもの

II　近景主体囲われ型
近景が主体だが遠景の緑や建物に駅や電車が囲われて見えるもの

III　近中景連続遠景なし型
遠景が見えず駅や電車で向こう側のまちへの視界は遮蔽されるもの

IV　近中景軸あり囲われ型
駅や電車までを近景中景の要素がまっすぐに軸を成しており、後ろに遠景が見られるもの。山手駅に多く見られた

V　中景建物群埋もれ型
少し離れた場所に見える中景の建物群に埋もれるように駅や電車が見えるもの

VI　中遠同化型
近景の後ろに中景と共に風景の一部として感じられるもの。弘明寺駅に多く見られた

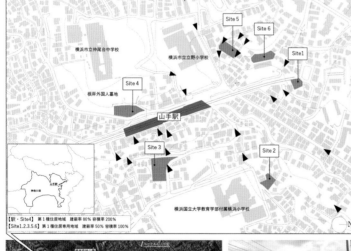

【駅・Site4】第1種住居地域　建蔽率80％容積率200％
【Site1.2.3.5.6】第1種住居専用地域　建蔽率50％容積率100％

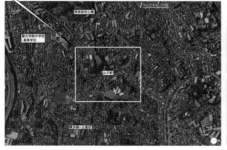

既存の山手駅

駅に隣接する道

計画

計画敷地

前章までで検討した駅周辺の景観の特徴を踏まえ、まちにおけるランドマークをより生かした計画とする。敷地は神奈川県横浜市大和町に位置する山手駅。既存の山手駅の立面は周囲に対して閉じた印象を受け、高架下はコンクリートの壁が続いているため、周囲のまちとの関係は希薄であると言える。駅を周囲との関係がとれるようデザインし直し、周囲にも駅と接続した建築を計画することですり鉢状の地形も生かした山手駅周辺の景観をつくりだす提案をしたいと考えた。

大和町の歴史

山手駅周辺の土地は元々イギリス軍が使用する射撃場だった。建設した当時は、イギリス軍のみが使用するだけであったが、のちに日本人も使用できるようになったという9000坪もの広大な土地が貸付られ、建設された。

その後、太平洋戦争で建物が跡形もなく焼けてしまい、弘明寺の方まで見通すことが出来るほど何もなくなってしまったという。現在の大和町商店街のまっすぐな道は射撃場の名残である。

駅のランドマーク性

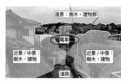
IV　近中景軸あり囲われ型

山手駅の周辺の道は駅を中心に網状に広がっており、地形はすり鉢状の地形で駅が一番低いレベルに位置しているため、駅や電車が見える点が周辺に多く存在し、またまっすぐの軸を成して駅が見える景観が多く見られた。そのため、まちの中心的存在である駅としてのランドマーク性は高いと考える。

全体計画

山手駅周辺には学校が徒歩20分圏内に5つあり、日常的に駅を利用する学生が多くいる。そこで、計画敷地に学生を中心とした地域のための交流拠点（Site1〜Site6）を提案し、それらを駅・電車が見える点を手掛かりに結んでいき、行き来できる通路を計画する。これにより以前とは違った通学路や駅までの帰り道が生まれ、駅を核とした新たな子どもたちのネットワークが生まれる。

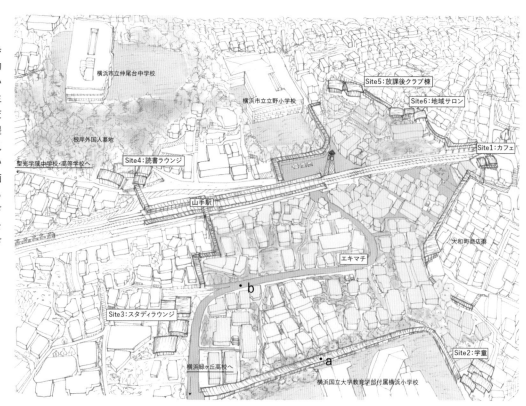

エキマチについて

駅および電車が見える点をプロットする。それらの点をつないでいき、内側の領域をエキマチとする。

プログラムa　豆知識看板

普段よく目にしているまちにあるもの。何気なく目にしているだけで、実は「何であるのか」やそれに関する知識は大人でさえも分からないものばかり・・・
交流拠点をつなぐ通路に普段何気なく目にするものの知識が得られる豆知識看板を設置する。

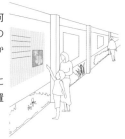

プログラムb　まちにあるものを英語表記した道路イベント

山手駅のある大和町周辺は元々外国人居留地として栄えた場所であった。そのため、現在でも山手イタリア山庭園など歴史ある洋館が多く残り、外国人専用のスポーツクラブも存在するが、昔ほど外国の文化に触れる機会がなくなってしまった。そこで、英語表記の道路ペイントを設置することで、身近な場所から外国語に触れるきっかけをつくる。

Site3　スタディラウンジ

横浜緑ヶ丘高校の生徒と横浜国立大学教育学部付属横浜小学校の児童の通学路に隣接する斜面地に計画し、交流を図る。

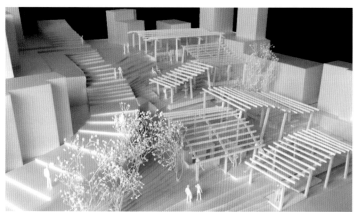

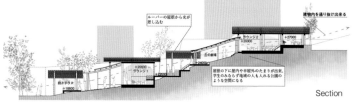

Section

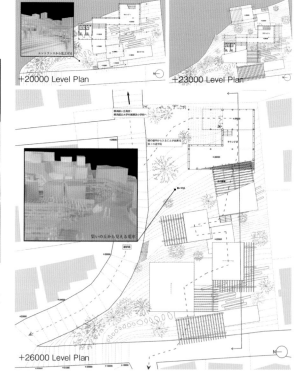

+20000 Level Plan

+23000 Level Plan

+26000 Level Plan

Site4　読書ラウンジ

　地元の人と学生により年1回墓前祭も行われる根岸外国人墓地内に読書ラウンジを兼ねた管理棟を計画する。

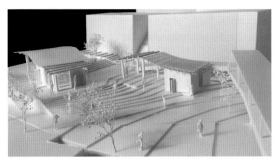

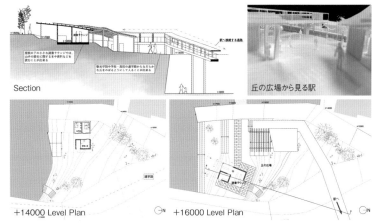

Section

丘の広場から見る駅

+14000 Level Plan　　　+16000 Level Plan

Site5　放課後クラブ棟

　横浜市立立野小学校の校庭からの通路を渡り、児童が放課後のクラブ活動のため使用する。地域の人が管理や運営に携わり、児童の指導にもあたる。

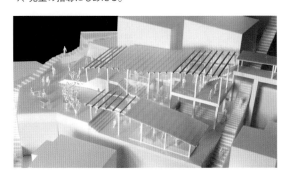

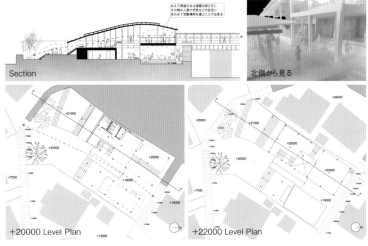

Section

北側から見る

+20000 Level Plan　　　+22000 Level Plan

山手駅

　横浜市立立野小学校の校庭の通路とホームがつながる。屋根の上の通路を渡り、読書ラウンジとスタディラウンジがつながる。交流拠点同士を結ぶ核である。

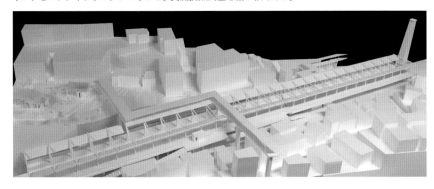

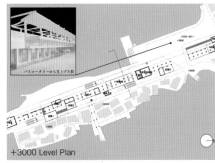

+3000 Level Plan

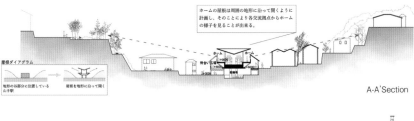

A-A'Section

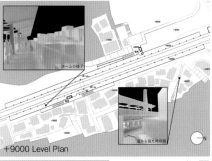

+9000 Level Plan

B-B'Section

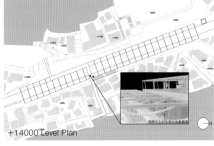

+14000 Level Plan

みんなの家の利活用

熊本震災復興地域における仮設住宅団地の集会所建物再活用の提案

田村 駿介
Shunsuke Tamura

神奈川大学大学院
工学研究科
建築学専攻
曽我部昌史研究室

成28年、熊本県熊本地方を震源とする「平成28年熊本地震」が発生した。被災地では2019年現在も約38,000人が応急仮設住宅等の仮住まいで避難生活を強いられている。この震災を受け、県は災害救助法を適用し応急仮設住宅及び、「みんなの家」とよばれる木造の集会所施設を整備した。震災から約2年が経過し、「みんなの家」は使用期限を終えつつある中、その新たな形での活用の可能性について検討を行う。元来の「みんなの家」とは設計者が仮設住宅入居者と意見を交わしながらつくられる住民参加型と言われるものであるが、熊本では被災後、一日も早く入居者に使用してもらうことを優先し、あらかじめ用意した標準設計を元に整備することとなる。標準設計の「みんなの家」はアートポリスの取り組みとして仙台市や阿蘇市で仮設住宅入居者の意見を反映して既につくられていたものをベースに60㎡と40㎡の2タイプが作成され、これを「規格型みんなの家」と呼ぶこととし、熊本地震においては合計76棟がつくられている。ヒアリング調査から、その全てを有効活用することを望んでいることに応えるため、単純な移築・曳家の提案に加え、複数棟を合築することで、解決法を導く。本計画では、活用場面のタイプによりモデルケースに分類、それぞれについて検討する。内、3つのモデルケースについて、管理する地方自治体へのヒアリングを元に具体的な要望を踏まえながら提案をまとめていく。

熊本地震のみんなの家

熊本地震では一日も早く入居者に使用してもらうことを優先し、「住民参加型」ではなく、あらかじめ用意した標準設計を元に整備することとなった。標準設計の「みんなの家」は仙台市や阿蘇市で仮設住宅入居者の意見を反映して既につくられていたものをベースに60㎡と40㎡の2タイプが作成され、これを「規格型みんなの家」とし、合計76棟がつくられた。「みんなの家」のある応急仮設住宅は、県内16市町村に110団地4,303戸が整備され、80戸以上の仮設住宅団地については、2棟以上の「みんなの家」を整備することとし、うち1棟を本来の住民参加型の整備手法により設計を進める方針となった。これを「本格型みんなの家」とし、本格型は計8棟つくられ、熊本震災における「みんなの家」は計84棟制作されたのである。

利活用計画

熊本地震における応急仮設住宅及び「みんなの家」は、2019年6月以降、入居期限を迎える団地もあり、撤去が進められていく予定である。「みんなの家」の整備棟数が本格型、規格型合わせ計84棟と非常に多く、その全てを残すことは難しいと考えられているが、被災した人々が寄り添い合う憩いの場として使われてきたこともあり、県でも利活用計画の検討を進めている。現状の案として、

（1） 継続利用(木杭の場合はRC基礎に改修)
（2） そのままの形で移築
（3） 減築や合築を含めて増改築した上での再構築

上記にタイプわけされる。これらを実現するため、技術・コスト面での方針を固め、補助金などの財源確保の整理、運営する市区町村・自治会との情報交換が行われている。

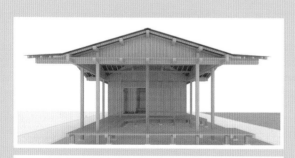

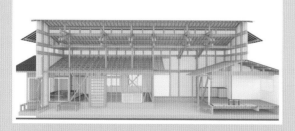

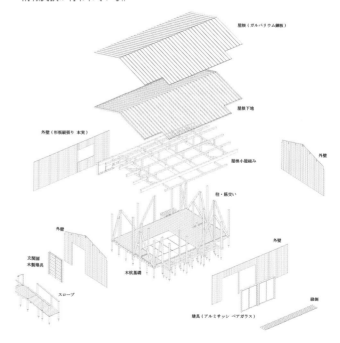

みんなの家　規格型標準タイプ

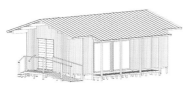
〔規格型40㎡談話室標準タイプ〕

〔規格型60㎡集会所標準タイプ〕

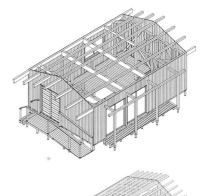

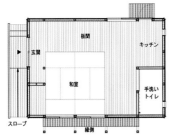
〔規格型40㎡談話室標準タイプ 平面図〕

〔規格型60㎡集会所標準タイプ 平面図〕

計画概要

プログラム

　実際に県や市で検討が進められている「みんなの家」利活用の事案に関して、モデルケースの検討、提案を行うことを本計画とする。

プログラム（A）移築・曳家 + 合築

　現在市区町村で利活用の計画を前向きに検討している「宇土市浦田仮設団地」・「甲佐町乙女第三仮設住宅」を対象敷地とし、モデルケースの検討を行う。基本的な「みんなの家」としての形と活用方針を残し、数ある「みんなの家」の撤去部材を増築部材へと再活用することで談話室・集会所のみではない、空間構成を検討する。

プログラム（B）合築

　利活用の目処の立っていない「みんなの家」の解体により、部材化された材料をひとところに集約し、新しく震災復興記念館を計画する。新しく建築計画を立てる上で、活用する材は原則「みんなの家」の再利用部材とし、架構を構成し直す。また内部空間においては、震災復興の記憶のみではなく、被災者の人々の憩いの場として親しまれた「みんなの家」を計画建物へ

移築
曳家

部材化
合築

部材化
再構成

憩いの場としての
空間の質を向上

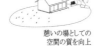
集約・合築

現状復帰

新地へ配送

挿入するように内包し、その記憶を形として残すことで、次世代へと語り継ぐものとする。

　「みんなの家」利活用のモデルケースとして、4.1プログラム（A）から2ケース、プログラム（B）から1ケースの計3ケースを検討する。

対象敷地

〔甲佐町乙女第三仮設団地〕

　甲佐町乙女第三仮設団地は、グリーンセンター（植木市を行う施設）の駐車場に建てられた仮設団地である。通り向かいに災害公営住宅が整備予定であり、仮設団地撤去後は駐車場へ原状復帰される。計画対象地は通りの対角に位置する。元来の「みんなの家」同様、地区の集会所として災害公営住宅に移り住む人々や地域住民の集まる場が求められる。

〔宇土市浦田仮設団地〕

　計画対象地の一つは、近隣に宇土市役所のある住宅地域内にあり、仮設団地撤去後は市民公園へ整備される予定である。また、敷地の半分は市役所の駐車場として活用される。計画方針は自治会の集会所としての貸し出しを行う他、公園の休憩所としての活用を求められている。周辺環境から、近隣住民が訪れる憩いの場を提供する一方、公園と役所駐車場が隣り合うことで、役所利用者が自然と休憩を求め、足を運ぶことのような関係が望まれる。

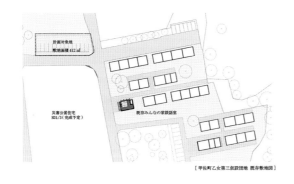
〔甲佐町乙女第三仮設団地 既存敷地図〕

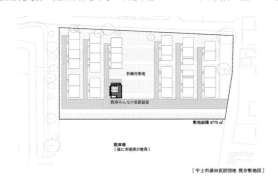
〔宇土市浦田仮設団地 既存敷地図〕

モデルケース（1）- 甲佐町乙女第三仮設団地 みんなの家〔移築・合築計画〕

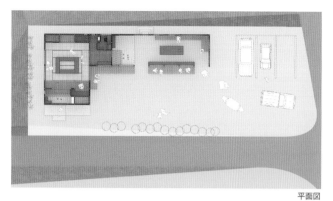
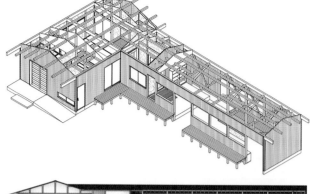

平面図

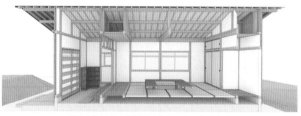

長手断面図

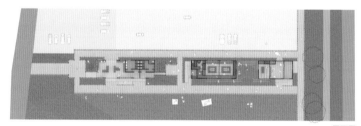

元来の「みんなの家」を思い出す、やすらぎの和室空間

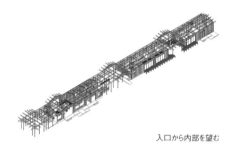

入口から内部を望む　　合築による、屋根下空間での外部活動

モデルケース（2）- 宇土市浦田仮設団地 みんなの家〔曳家・合築計画〕

平面図　　　　　　　　　　　　　　　　　　入口から内部を望む

長手断面図

公園休憩所　　　　　　　　　公衆トイレ　　　　　　　　自治会受付入り口

自治会大集会所　　　　　　　憩いのデッキ広場　　　　　小集会所兼倉庫

モデルケース（3）- 熊本震災復興記念館 みんなの家〔合築計画〕

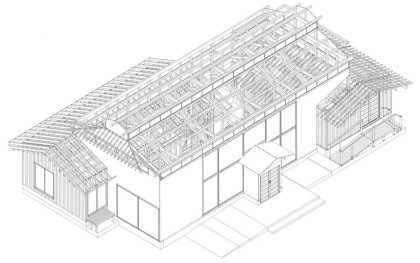

平面図

規格型60㎡の登り梁を合わせ、架構を再構築し、空間スパンの延長を図る。
内部に差し込まれている規格型は外装が外れ、架構が現しの空間となる。

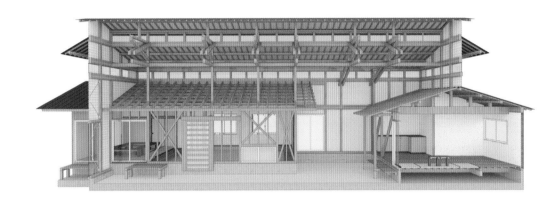

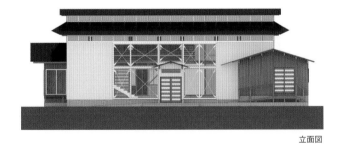

立面図

立面図

みんなの家にあがりこむ、体験型記念館を目指す。2Fはキャットウォークテラスになり、過去に見えなかった、みんなの家を支える全てを見ることができる。

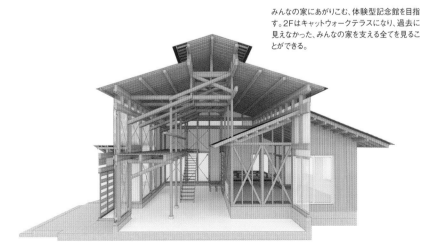

ノゲノミチ

野毛文化交流センター

相川 航
Kou Aikawa

関東学院大学大学院
工学研究科
建築学専攻
柳澤潤研究室

従来、建築物は完成した瞬間から古くなっていく存在だ。

その時代または街を象徴する様な建築物なら尚更時代から取り残される。一方で、常に変化を続ける街に完成形はない。街は生きているからだ。人間の細胞が数年で全て入れ替わってしまうように、十年経てば街の様子ががらりと変わってしまうこともある。そんな現代にふさわしい「都市と建築」の構成関係、「部分と全体」の関係を考えたい。街に呼応する様に建築し続けることで、その時代その瞬間を象徴し続け、「街らしさ」を継承し続ける、「生きられた建築」を考えられないだろうか。本研究では街の構成関係を建築へ落とし込んで設計を行った手法に着目し、建築における「部分と全体」の構成関係を意識的に追求した建築家であるアルド・ヴァン・アイク（Aldo van Eyck：1918～1999）とヘルマン・ヘルツベルハー（Herman Hertzberger：1932～）の思想と建築的概念の研究を行い、その上で研究を踏まえた新たな「部分と全体」の在り方を設計を通して提案する。

神奈川県の野毛町は歴史と共に変化を繰り返してきた。野毛はセルフビルド的に増減築を繰り返すことでどこか懐かしく猥雑な飲食街の雰囲気を作り出している。街を歩くと飲み屋の賑わいは通りに染み出し、むしろ路で賑わいが多発的に発生しているようだ。野毛の魅力はいつも「路」から生まれ、賑わい、発展しているのだ。本計画はそんな通りの賑わいが上部まで届くような「路」と連動し、「野毛らしさ」が積み上がることで立体的な「街」のような常に変化し続ける建築を設計した。

野毛町

街を歩くと野毛はさまざまな顔を持っている事に気が付く。

横浜開港の面影を150年後の今日に伝える「歴史の町」、図書館や音楽堂、大衆演劇がある「文化の町」、緑濃い公園が多く、動物園もある「レジャーの町」。そして何よりも半径250m以内に約500店もの飲食店がひしめく「飲み食いの町」。また、野毛には独自の街おこしイベントがある。「野毛大道芸」は観客動員数で横浜最大のイベントである。最近では「ジャズde盆踊り」や「野毛ハロウィン」など、新たな路上イベントが生まれている。賑わいは建物から通りに染み出しているのではなく、むしろ路で賑わいが多発的に発生しているようだ。野毛の魅力はいつも「路」から生まれ、賑わい、発展しているのだ。

■■：15m以上のボリューム

空間分析

▼野毛らしさを感じた 136 枚の写真を街の構成要素ごとに分ける。

「野毛の単位」から建築の骨格を構成

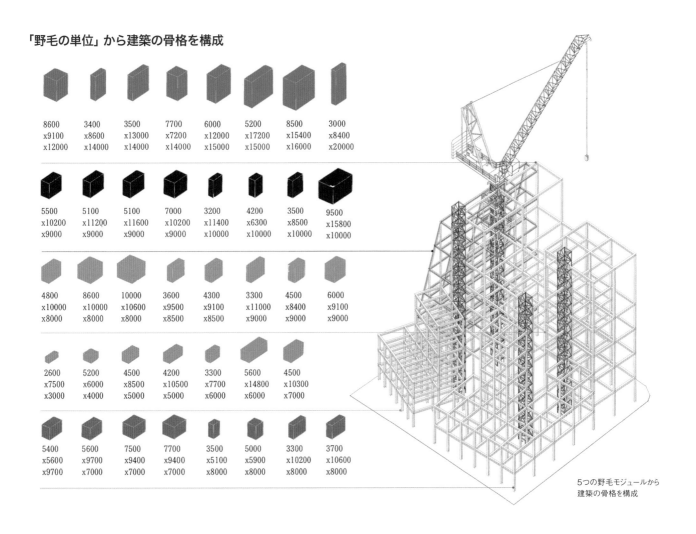

8600 x9100 x12000	3400 x8600 x14000	3500 x13000 x14000	7700 x7200 x14000	6000 x12000 x15000	5200 x17200 x15000	8500 x15400 x16000	3000 x8400 x20000
5500 x10200 x9000	5100 x11200 x9000	5100 x11600 x9000	7000 x10200 x9000	3200 x11400 x10000	4200 x6300 x10000	3500 x8500 x10000	9500 x15800 x10000
4800 x10000 x8000	8600 x10000 x8000	10000 x10600 x8000	3600 x9500 x8500	4300 x9100 x8500	3300 x11000 x9000	4500 x8400 x9000	6000 x9100 x9000
2600 x7500 x3000	5200 x6000 x4000	4500 x8500 x5000	4200 x10500 x5000	3300 x7700 x6000	5600 x14800 x6000	4500 x10300 x7000	
5400 x5600 x9700	5600 x9700 x7000	7500 x9400 x7000	7700 x9400 x7000	3500 x5100 x8000	5000 x5900 x8000	3300 x10200 x8000	3700 x10600 x8000

5つの野毛モジュールから
建築の骨格を構成

「野毛らしさ」で全体を構成

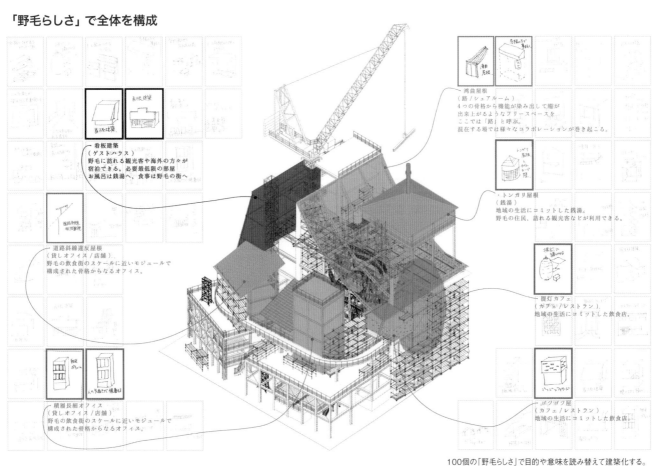

看板建築
（ゲストハウス）
野毛に訪れる観光客や海外の方々が
宿泊できる。必要最低限の部屋
お風呂は銭湯へ、食事は野毛の街へ

道路斜線違反屋根
（貸しオフィス／店舗）
野毛の飲食街のスケールに近いモジュールで
構成された骨格からなるオフィス。

積層長細オフィス
（貸しオフィス／店舗）
野毛の飲食街のスケールに近いモジュールで
構成された骨格からなるオフィス。

湾曲屋根
（路／シェアルーム）
4つの骨格から機能が染み出して場が
出来上がるようなフリースペースを
ここでは「路」と呼ぶ。
混在する場では様々なコラボレーションが巻き起こる。

・トンガリ屋根
（銭湯）
地域の生活にコミットした銭湯。
野毛の住民、訪れる観光客などが利用できる。

提灯カフェ
（カフェ／レストラン）
地域の生活にコミットした飲食店。

ゴツゴツ屋
（カフェ／レストラン）
地域の生活にコミットした飲食店

100個の「野毛らしさ」で目的や意味を読み替えて建築化する。

①原っぱスラブ（1年目）

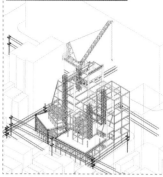

GL±0

5つの野毛モジュールを基に建築の骨格と全ての始まりとなる
「原っぱスラブ」を5つのゾーンごとに建ち上げる。
「原っぱスラブ」に機能を持った「野毛らしさ」が増築されていく
事で「原っぱ」は「路」になる。

▼

②つくりながら使う（1年目）

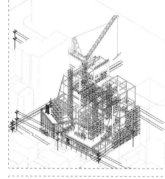

GL+3000

5つにゾーニングした建築の骨格に細胞がついて全体が出来上がる
ように工事が始まる。1つのゾーンを工事中に4つのゾーンを広場や
野外ホール、イベントスペースとして解放する事で
「つくりながら使う」を可能にする。

▼

③街の単位（1～10年目）

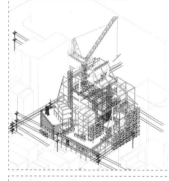

GL+9500

用途や規模に合わせて「多様な部分」つまり街の単位を抽出し、
積み上げる。この時、街の単位には「野毛らしさ」を継承する。
様々な街のスケールによってできる多様な場には
街の行為と活動が溢れる。

▼

④風景の一部へ（10～30年目）

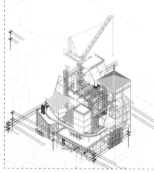

GL+12600

「原っぱスラブ」の老朽化または用途変更
に伴なって部分的に解体しながら新たな
「野毛らしさ」を継承した構造体を挿入
していく事で構造の安定性を保ちながら
「街らしさ」で統一された建築が
作り続けられる。

▼

⑤建築し続ける（30～100年目）

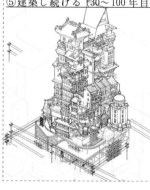

GL+17000

GL+25000

5つのゾーンを1ゾーン2～3年程で更新し続ける事で約15年で
建築全体が更新される。街の変化に呼応して建築も更新し続ける事で
「建築し続ける」を可能にした。

実家への違和感をひもとく

地方小規模宿泊施設における存在意義の証明

日下部 力也
Rikiya Kusakabe

関東学院大学大学院
工学研究科
建築学専攻
柳澤潤研究室

私の実家はペンションを経営している。ペンションとは洋風の外観を有し家庭的な雰囲気の中で比較的安価に宿泊可能な小規模宿泊施設である。地方田舎の観光地には中小規模の旅館・民宿・ペンションなどの宿泊施設が多く存在し、地方観光産業の要となっている。私の出身地である静岡県伊東市もまた、このような宿泊施設が観光客の拠り所となっているのである。しかし私は、自分の実家に物心ついたころから違和感を覚えていた。実家がペンションであるということ、またそれを手伝わなければならないという事実、川奈という地域でのあり方。このように私が抱える違和感は数知れない。その地域における存在意義とは何か。宿泊施設という役割から外にだけ目を向けていたが、川奈に対して新しい視点を設けることで、地域やペンションの持つ資産を熟知し、また川奈に対し存在価値や必要性を高めることができると考えた。本研究は私が実家に抱いていた違和感を紐解きながら、地域との関わり方、これからのペンション日下部の川奈における存在意義を証明することを目的とする。また最終目標は、ペンション日下部の改修（将来的に実施予定）である。また宿泊施設という形態がその地域に及ぼす新たな役割を考察することで、これからの新たなペンション像を発信する。

違和感をひもとく、とは

自分の中の違和感が建物、周辺環境、時代背景とどのような関係があるのか考察すべく、違和感を列挙・分類するとともにソース・データを収集し、提案の基礎となるデータカードとして蓄積する。違和感は、それに関するソース（建物や周辺環境や時代背景に対しての生データ）を交えて考察することにより、1つのデータとなる。それらを組み合わせることで、ペンションのあり方（提案の指針）を決定する。自身の違和感を提案の基礎に変換し、提案、ペンションの存在意義へと発展させる過程を「違和感をひもとく」と呼ぶ。

実家への違和感

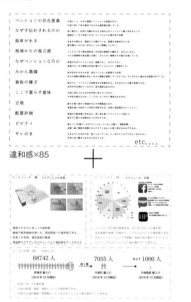

違和感×85

ソース×127

新しいシステム

決定したペンションのあり方8項目を、データカードをもとに解体し、提案の基礎を40個抽出する。それらを組み合わせ、ハードやソフトの境界を超えた新しいシステムを提案する。私が抱いていた数多くの違和感は、1つ1つ等価に扱いひもとくことで提案の材料となった。

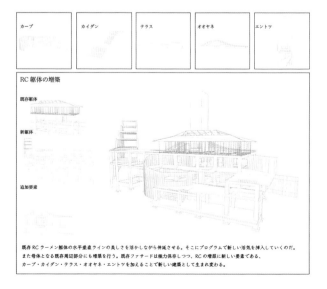

研究と設計について

　データの組み合わせから決められていくペンションのあり方は、蓄積していくデータを更新することで、新しいペンションのあり方を示すことができる。周辺環境や社会情勢の変化、私の違和感に対する考え方が変わることは、ペンションのあり方が変わっていくことでもある。恣意的な違和感が、周囲の変化に応じる社会性を帯びた考えとなる。

データの更新

　ペンションのあり方を探る研究と設計は密接に関わり合う。設計を進めるにつれ新たに生じた違和感は、また研究にフィードバックし、建築設計へと反映させていく。随時情報を更新しながら設計することで、その時々に適したペンションのあり方を探ることができる。

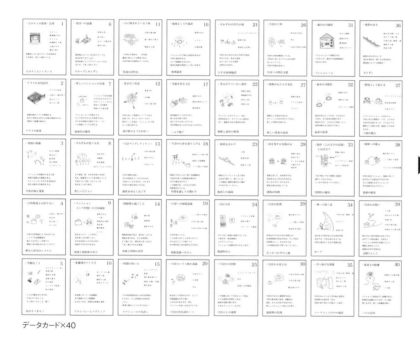

データカード×40

1×10×31×34×3×36
1　広がりのある建築
2×4×35×6×15×23
2　周囲と建築を近づける
33×28×5×22×27
3　新しい建築として
9×14×17×16×32×24
4　銭湯としての温泉
38×7×18×8
5　地域の一員として
12×39×40×11
6　川奈の玄関口として
20×25×21×26×37
7　川奈のアイコンとして
19×29×30×13
8　伊東市の中の川奈

ペンションのあり方×8

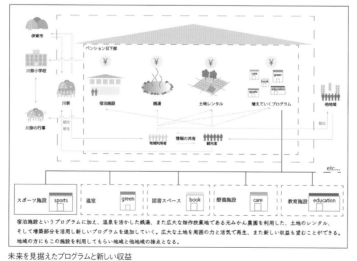

未来を見据えたプログラムと新しい収益

伊東スケール　川奈のあり方

川奈スケール　川奈でのあり方

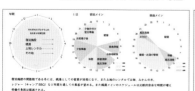

スケジュール

それぞれの距離感と立ち位置

新しいペンションの定義

　ペンションには明確な定義づけは存在しない。冒頭述べたペンションの定義を全て満たさずともペンションと呼べるだろう。逆に言えば、この曖昧さがペンションの1つの定義と言える。価格は高すぎず安すぎず、雰囲気は堅苦しくない、かといって派手でもない。全てにおいて曖昧でちょうど良いのである。

　私はこのペンションのちょうど良さに、「ちょうど良い距離感」という新しい項目を加えることにした。ペンションの良さであるオーナーと宿泊客とのちょうど良い距離感へ、地域住民との距離感を築くことができる仕組みを取り入れる。地域住民ならではの情報の共有を期待する。ペンション自体も、地域行事への参加（温泉の開放など）や日頃からの施設の利用、地域の中の日常でありながら、非日常を味わうことができるちょうど良い距離感の施設となる。

　ちょうど良い距離感は、ペンションの新しい定義である。

ペンション日下部の存在意義

　ペンション日下部の存在意義とは、私の中で重要な立ち位置であったこの違和感は、その他多くの違和感と共にひもとかれていくにつれ、少しずつ明確になっていった。このペンションは地域施設の1つであり、他地域との接点であるべきなのだ。川奈を売りにして、他の地域よりお客さんを招いて商売をしていた小さな宿泊施設は川奈を知らなすぎた。川奈はそもそも完全なる観光地ではない。閑散期は観光客がお金を落とすところもほとんどない。そこで、他から招き入れるのではなく、地域に視点を当てた提案をする。

　温泉の銭湯としての利用、畑作放棄地の土地レンタルなど、余る資源を開放する。さらに商売として成り立たせることで、先に述べた「ちょうど良い距離感」が生まれる。近すぎず遠すぎない、双方に利益がある関係である。観光客の異なる文化に触れ、凝り固まった川奈という存在を少し崩すことができる。密な交流を強制するのではなく、ちょっとした情報共有が理想である。従来通り宿泊施設としての営業は続け、川奈と他地域の双方に目を向けながら、ちょうど良い距離感でいることがペンション日下部の存在意義である。

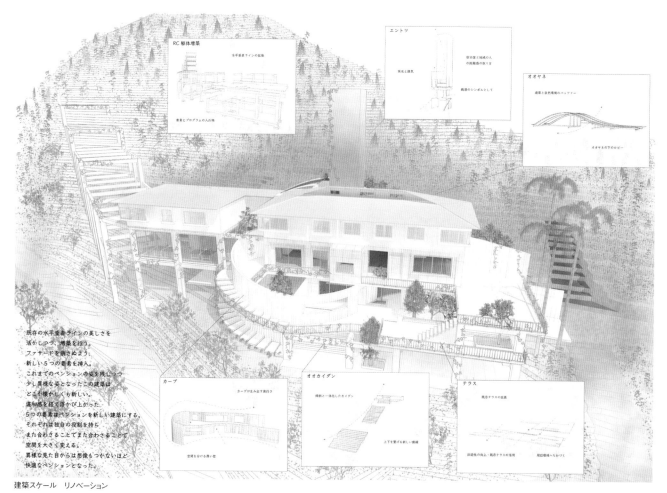

RC躯体増築
水平垂直ラインの拡張
増築とプログラムの入れ物

エントツ
採光と換気
宿泊客と地域の人の距離感の取り方
煙突のシンボルとして

オオヤネ
建築と自然環境のバッファー
オオヤネの下のロビー

既存の水平垂直ラインの美しさを
活かしつつ、増築を行う。
ファサードを壊さぬよう、
新しい5つの要素を挿入。
これまでのペンションの姿を残しつつ
少し異様な姿となったこの建築は
どこか懐かしくも新しい。
違和感を経て浮かび上がった
5つの要素はペンションを新しい建築にする。
それぞれは独自の役割を持ち
また合わさることでまた合わさることで
空間を大きく変える。
異様な見た目からは想像もつかないほど
快適なペンションとなった。

カーブ
カーブが生み出す奥行き
空間を分ける厚い壁

オオカイダン
傾斜と一体化したカイダン
上下を繋げる新しい動線

テラス
既存テラスの拡張
回遊性の向上・既存テラスの活用
周辺環境へ近づく

建築スケール　リノベーション

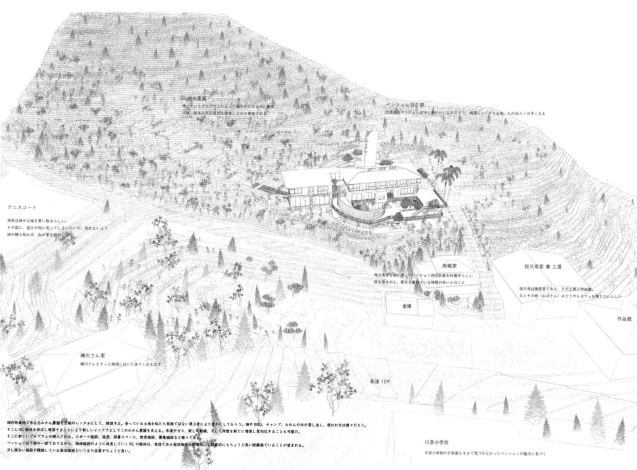

ファミリー農園

ペンション日下部

テニスコート
将来は峠が土地を買い取るらしい。
その前に、祖父が他に売ってしまいたい。売れないよう
峠が勝ち取れれば、私が峠を説得

両親家
母と実家を取り壊してペンション移設計画を計画するらしい
坂を登るのと、愛犬が相変わらている時間が辛いとのこと

祖父母家 兼 工房
祖父母は陶芸家である。その工房と作品館。
父とその峠（おばさん）はどうやらカフェを開きたいらしい

倉庫

作品館

磯川さん家
磯川さんもきっと銭湯には入りに来てくれるはず

県道 109

川奈小学校
川奈小学校の子供達も今まで気づかなかったペンションの魅力に気づく

敷地全体スケール　マスタープラン

書と建築

小笠原 美沙
Misa Ogasawara

工学院大学大学院
工学研究科
建築学専攻
澤岡清秀研究室

幼少期から約十五年間続けていた「書道」とそれからバトンタッチするよう学び始めた「建築」。この二つの間に何か通じる感覚を覚えたことがこの修士論文のはじまりだ。

論文においては書と建築の・つながりを見出すことを大きな目的とした。

書と建築をともに「造形」と捉えると、その二つは中世日本における中国からもたらされた「型の崩し」と、近代化以降に見られる「型の見直し」という二つの大きな流れの中でつながりあうことを捉えた。

造形は「風土」から大きな影響を受けると考える。また、風土はそれを享受する人々の「美的嗜好」や「自然観」を形成するとも考える。

そして現在の私たちを取り巻く風土には、"簡略化・均質化された造形" いわば "「手」や「型」から遠のいた書や建築"、が溢れてきていると感じる。

そこで私は書と建築の多くのつながりの中から重要だと感じる8つの点を拾い上げ、それらをヒントに設計提案敷地の選定、配置計画、建築設計に展開し、書を書くように建築を配置し、文字をつくるように建築を設計した。

【建築家たちが見出してきたつながり】

【書】 【建築】

谷口吉郎

平等院鳳凰堂

「平等院鳳凰堂は藤原頼道（九九二〜一〇七四）が天喜元年（一〇五三）に建てたもので、平安後期の代表的建築として、特に屋根の構成は見事である。本堂は重層で入母屋の大棟と隅棟の軒がのびのびと左右に伸びている。正面の庇は上下二段となっていて、中央が高く左右が低い。従って軒の曲線は変化に富んでいる。さらに左右の翼廊では、楼閣に方形と切妻の屋根が重なり合っている。このような美しい屋根の構成は奈良時代にはなかった。その鳳凰堂の中に、墨蹟として最も有名な色紙形の書がある。その行書体の書風は、奈良時代の書風とは異なって鳳凰堂の建築の軒の「そり」の如くのびのびとしている。しかしその建築の屋根が瓦葺きであるのと同様に、この漢字の書体にも一種の重量感が感じられる。」

鳳凰堂壁画の色紙形

丹下健三

篠田桃紅「築く」　日南文化センター

「日本の伝統の中に流れ続けている創造の姿勢と、それにまとわりついている表現には、私たちが克服し、否定し去らねばならないものを多く持っている。このような消極的姿勢を克服し、否定することによってはじめて日本の伝統の中に獲得された方法、あるいはその方法的成果、つまり型を創造的に継承してゆくことができるのである。」

「原爆堂計画」(1955)

書帖I「心」

白井晟一

「建築も造形だし、一つひとつの文字も確かに表意の造形以外でないとすれば、その生まれる根底にある意識の中に、人間的なベースの統一、あるいは契合の方向がないとは言えませんね。」

「懐霄館」(親和銀行本店III期)(1975)

書帖III「仏陀」

【書と空間認知】

【手と頭と空間認知】

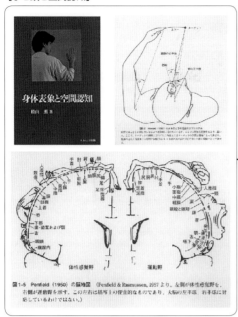

図1-5 Penfield (1950) の脳地図 (Penfield & Rasmussen, 1957 より。左側が体性感覚野を、右側が運動野を示す。この左右は情写上の便宜的なものであり、大脳の左半球、右半球に対応しているわけではない。)

【文字列展開方向】

＜足利義持像＞
（一四一四年頃
京都 神護寺蔵）

右から左方向への時間的推移を表す日本画

一九五〇年代までの日本の漫画

欧米のコミック

【文字列配置方向】

「近江屋板江戸切絵図」

尾張屋板江戸切絵図」（御江戸大名小路絵図）

改装前の歌舞伎座

【型を崩すということ】

【書】

中国の書

日本の書

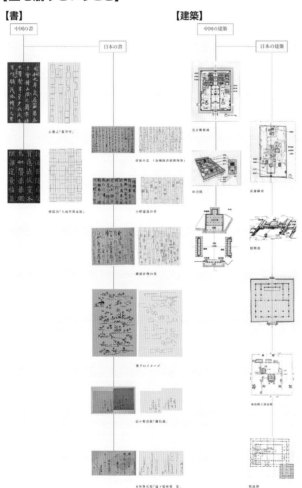

【建築】

中国の建築

日本の建築

【間】

中国人の相対的な世界観は造型芸術のおよび、左右対称の形態を好むのに対して、日本人は日本庭園における飛び石に示されるように、自然の山水そのままを模写しようとする傾向が強い。

【雁行】

（1）雁の群れの飛行の編隊の姿を指し、個々の雁が斜め方向に配列する形態
（2）同形状の要素が斜め方向につながる、ものの配置や形態
（3）棟あるいは建物が隔違いにつながる配置ないしは形態
それぞれの棟には正面性がある。その軸がズレながら重層する。つまり、幾枚かの平面がシフト（時間的）させながら連なっているわけで、絶対時間と同じく、絶対的な空間軸を避けることから生み出された配置である。

【型を見直すということ】

【書】

かくこと。しるすこと。

かかれた文字。筆跡。

布局

屋頭大葉自吟雨衣
上緑陰如染苔

余白

連綿

重心

フトコロ

東

エレメント

【建築】

（江戸末期に造った訳語）
星屋・ビルなどの建造物をつくること。

【建築物】

建築された物体

左右非対称

侘び寂び

日本的なもの

抽象化

合理化

均質化

【重心】

文字の重心が高い方がモダンな印象で、低い方がトラディショナルな印象になる。

【フトコロ】

フトコロは広い方がモダンな印象になり、重心が低くて求心的なフトコロの狭い文字にすると、トラディショナルな雰囲気になる。

【エレメント】

エレメントとは、縦線横線、トメやハライ、点など、文字を構成するパーツのことであるが、これらをどうデザインするかによって出来上がった書体の印象は変わる。

【書と建築のつながり】

韓国

中国人の自然観

中国人の美的嗜好　中国の風土　　二元論

中国

唐様　　　　　　　南北軸

五体　　　　　左右対称　　完全

真行草

中世日本人の自然観

中世日本人の美的嗜好　　　　無為自然

日本の風土　　　　　　分節

中世日本　左右非対称

もののあわれ　　　間　布局
　　　　　　　　　　連綿

設計提案　　　　　単純化　　　雁行

縮小化

書と空間認知　　建築家たちの見解　　私と書と建築

日本人の自然観

フトコロ　　日本人の美的嗜好

重心　　工業化　　人為自然

エレメント　　　　　合理化

情報化　　　均質化

省略化

軽量化　　　　　　和

風土の二極化

日本的なもの　　近代以降の日本

見立て　　抽象化　　洋

論文におけるまとめ

「書」も「建築」も造形と捉えたうえで、日本においては長い歴史の中で「書」と「建築」は互いにつながりながら変容してきた。その根底には人間の自然観や美的嗜好を形成する『風土』が大きく関わっている。

近代化は産業や文化を劇的に変化させ、同時にそれまでの「書」と「建築」のつながり方も変化させた。手から機械への転換は書と建築の造形の可能性を広げた一方で、簡略化、合理化のもとに大量生産可能な活字や建築が生まれた。

そのような環境が拡大し、風土が更新している現代において、かつての日本の風土から生まれた書と建築の8つのつながりを再提示する。

日本の風土	布局	重心
	連綿	
		フトコロ
	間	
		エレメント
雁行		

【風土】

風土とは地域によって異なる特色を持った環境としての自然。単に気候のみでなく、地形、水、土壌、植生などやさらに歴史的建造物などの多くの要素を含む。造形は風土の影響を大きく受ける。風土は人間の自然観や美的嗜好を形成する。

設計における目的

・8つのつながりを再考する
・書を書くように建築を配置し、文字をつくるように建築を設計する

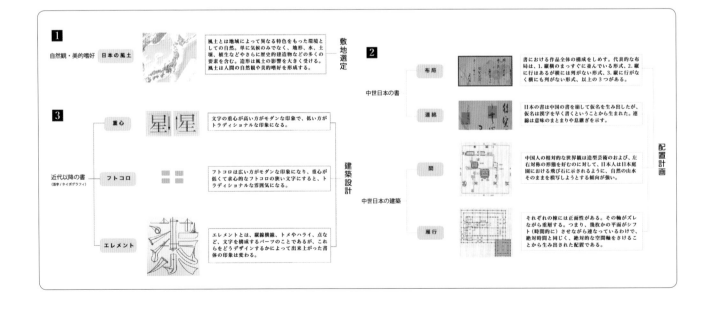

1

自然観・美的嗜好　日本の風土

風土とは地域によって異なる特色をもった環境としての自然。単に気候のみでなく、地形、水、土壌、植生などやさらに歴史的建造物などの多くの要素を含む。造形は風土の影響を大きく受ける。風土は人間の自然観や美的嗜好を形成する。

敷地選定

2

布局

中世日本の書

連綿

書における作品全体の構成をしめす。代表的な布局は、1. 縦横のまっすぐに並んでいる形式、2. 縦に行はあるが横には列がない形式、3. 縦に行がなく横にも列がない形式、以上の3つがある。

日本の書は中国の書を崩して仮名を生み出したが、仮名は漢字を早く書くということから生まれた。連綿は意味のまとまりや息継ぎを示す。

間

中国人の相対的な世界観は造形芸術のおよび、左右対称の形態を好むのに対して、日本人は日本庭園における飛び石に示されるように、自然の山水そのままを模写しようとする傾向が強い。

中世日本の建築

雁行

それぞれの棟には正面性がある。その軸がズレながら重層する。つまり、幾枚かの平面がシフト（時間的に）させながら連なっているわけで、絶対時間と同じく、絶対的な空間軸をさけることから生み出された配置である。

配置計画

3

重心

星　屋

文字の重心が高い方がモダンな印象で、低い方がトラディショナルな印象になる。

近代以降の書
(活字／タイポグラフィ)

フトコロ

フトコロは広い方がモダンな印象になり、重心が低くて求心的なフトコロの狭い文字にすると、トラディショナルな雰囲気になる。

エレメント

エレメントとは、縦線横線、トメやハライ、点など、文字を構成するパーツのことであるが、これらをどうデザインするかによって出来上がった書体の印象は変わる。

建築設計

1 福島県白河市　南湖公園

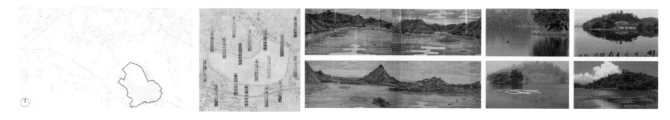

2 書を書くように建築を配置する

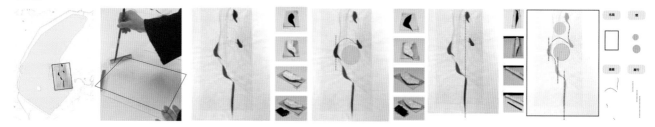

3 文字をつくるように建築を設計する

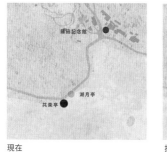
現在

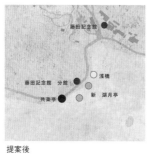
提案後

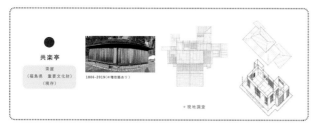

共楽亭
茶屋
（福島県　重要文化財）
（現存）
1806-2019（※増改築あり）
+ 現地調査

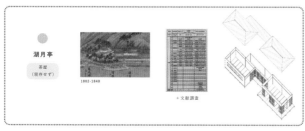

湖月亭
茶屋
（現存せず）
1802-1840
+ 文献調査

藤田記念館
南湖　歴史資料館
（明治期に移築、以前は役所）
（現存、立入禁止）
1883-2011.3.11
+ 聞き取り調査

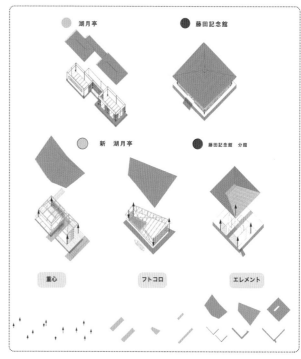

湖月亭　　　　　藤田記念館

新　湖月亭　　　藤田記念館　分館

重心　　　　フトコロ　　　　エレメント

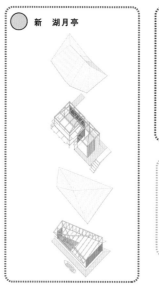
新　湖月亭

藤田記念館　分館

浅橋

瞬刻に置かれるプンクトゥム

フレーミングで知覚する「歪み」の生じる建築の研究

石川 岳
Gaku Ishikawa

芝浦工業大学大学院
理工学研究科
建設工学専攻
谷口大造研究室

ある建築を思い出すときには、実際に見た姿ではなく、本に載っていた建築写真から得たイメージを頭に思い浮かべることは多いであろう――

シンボリックな建物は人を魅了する。そのような建築の写真は、メディアに露出し、都市に対してアイコン化されたが故に飽きられてしまう、あるいはまちに弊害をもたらすこともあるだろう。私は瞬間というものに着目し、ある一点でしか視覚的に成立しない建築風景、そして、ある一点から動き出すと視覚で認知されていたその予想を裏切るような建築を提案したいと考えた。

そこで本研究では空間に対するイメージの構成・知覚についての原理と、写真と建築のメディア化の発展について明らかとした上で、視覚的なトリックを用いた二次元アートや、三次元アートの手法を分析し、錯視表現手法を抽出した。そして抽出した表現手法の組み合わせのパターンから「歪み」を生み出す建築設計ガイドの「ディストニオン」を考案した。建築設計では考案した建築設計ガイドを元に、渋谷のシンボルとも言える「SHIBUYA109」の建て替えを計画した。この建築は人々の固定されたイメージに対して、画面に表出する小さな違和感と、それを確証させる体験（イメージの崩壊）を生み出し「驚き」を与える建築となるだろう。それはシンボリックな建物に時代とともに定着していく、通例化したイメージに対する打開策ともなりうるのではないだろうか。

瞬刻に置かれるプンクトゥム

研究背景

誰もが携帯電話のカメラを持ち歩く現在、以前よりも写真スポットに対しての注目が高まったように思える。特に全世界の人が利用可能なSNSでの拡散効果は非常に高く、「インスタ映え」「フォトジェニック」な写真を求める若者が、注目を集めたスポットへ訪れ撮影をしてSNSに投稿をするというムーブメントも生まれている。フレーミングによる世界の部分的抽出は、逆に消去された現実を想像することに他ならない。現実と見かけ（あるいは擬態）、実態と表象、在と不在、外界と内なる世界――こうした形而上の二元性をそれぞれ同じレベルで見つめ、その調和や多義性を探究したいと考えた。

イメージと空間

過去に体験したことが心理的に相互に絡み合うことでイメージはつくられる。

遠近法は「視」より「知」を重視する空間認識の方向へと転換を見せ、絵画平面に取り入れられた空間には、より抽象的な表現が強まった。

年代	遠近法
B.L.30c	重畳遠近法
B.C.8c（古代）	平行投影図法
B.C.8c（古代ギリシャ）	上下遠近法
B.C.4c（古代ローマ）	空気遠近法
B.C.3c（ヘレニズム）	投影法
3c	肉付け技法
	色彩遠近法
	大小遠近法
中世（ルネサンス以前）5～15c	
15c	曲線遠近法
	線遠近法
17～18c	線遠近法の確立

遠近法年表
空間を認識するという日常感覚で遠近法の視線を自然に、あるいは必然的に取り込んでいる

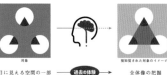

過去の体験の貯蔵と結びつき物体や空間をイメージを決定する「視知覚」

目に見える空間の一部　過去の体験　全体像の把握

視知覚による空間認知

建築と写真

写真だからこそできるフレーミングや編集と、（意図せず）変容して生まれた撮影表現「アオリ」

建築写真

我々は写真を通して、見知らぬ土地についての情報を得て空間を予想し勝手に解釈している

写真によってつくられた明快で強いイメージは、疑似的な経験となり、記憶として代わりに定着されている

建築写真とメディア

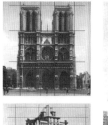

再定義

「インターナショナル・スタイル」三つの原理

《ヴォリュームとしての建築》
《規則性》
《装飾付加の忌避》

＋

《歪みを含んだ建築写真》

水平垂直を保ったエレベーションの代わりとなる建築写真　インターナショナルスタイルの時期になり、写真は歪み始めた

空間構造の考察

「二次元作品」「三次元作品」を分析し錯視表現の手法が応用された建築設計手法への手がかりを探求し、「歪み」の生じる建築設計ガイドを提案する。

建築の設計段階で遠近法が応用されている例は少ない。絵画やグラフィックアートなどの「二次元作品」と、彫刻や空間・インスタレーションなど「三次元作品」においての空間構造の分析を行い、立体錯視表現の手法が応用された建築設計手法への手がかりを探求する。

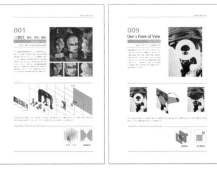  

二次元作品を19作品分析　　　　三次元作品を22作品分析

相異面有分裂体　相異面有立体　立体集合面形成体　積層面形成　ダブル・イメージ　インパクト　ホーニ現象　擬似消失点　重複/反復　レイヤー化　キュビズム

反射　遠近縮小　時流現象面　リバースペクティブ　シルエット　存在察知　輪郭強調　空間予想　透過　パノラマ

抽出された21種類の錯視表現手法

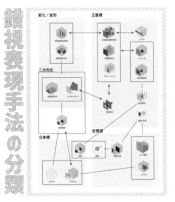

錯視表現手法の分類

再分類

立体が見え方に作用する

立体と見え方が相互に作用する

見え方が立体に作用する

建築設計ガイドの考案

錯視表現手法の考察と建築設計ガイドの考案

錯視表現方法を建築設計に組み込む場合には、「視覚的歪み」と「身体的歪み」の二つの歪みを与える必要があるだろう。その歪みを持った建築は都市に有力な効果を与える。そのための3グループの錯視表現手法の有効的な組み合わせを提示する。

< a×b　　a×c　　b×c　　a×a >

この4つの組み合わせは、画面と立体の作用の関係に差異が生じるため、「視覚的歪み」と「身体的歪み」の効果が強く現れる組み合わせであると考察する。そして錯視表現手法の3タイプ（a,b,c）の中の組み合わせで構成された4種類のグループを、「Distonion・ディストニオン」と命名する。

考案　「歪み」を生み出す建築設計ガイド［ディストニオン］の使用方法

1 撹拌ディストニオン

56 パターン

立体が見え方に作用する　立体と見え方が相互に作用する

画面で見た建物のイメージは建物に近づくほどにかけ離れていく。空間とイメージの差異は都市を多角的にかき乱す。

2 侵食ディストニオン

40 パターン

立体が見え方に作用する　見え方が立体に作用する

画面で見た建築が徐々に、空間に飲み込まれていく。空間は都市と建築のイメージを巻き込みながら変化していく。

3 漂浪ディストニオン

35 パターン

立体と見え方が相互に作用する　見え方が立体に作用する

画面で見た建築のイメージは建物に触れるたびに、脳裏を彷徨う。流れる都市の一部と化すイメージと、空間性を持ち備える。

4 瞬撃ディストニオン

28 パターン

立体が見え方に作用する　立体が見え方に作用する

画面で見た建築のイメージを即時に崩壊し、衝撃を与える。都市に寄り添う顔と、周辺とは対局的な性格をもつ。

建築の都市における効果を見据えてディストニオンを選択する

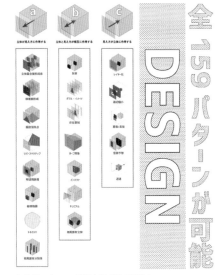

全159パターンが可能 DESIGN

与条件に合わせて錯視表現手法を選択する

名建築再編成

モデル分析
・サヴォア邸…ル・コルビュジエ
・母の家…ロバート・ヴェンチューリ
2つの名建築を第4章から抽出した立体錯視の表現方法を用いて、2つの建築を再編成する。

建築写真のボリューム投影
（ⅰ）名建築写真の選定 - 名建築の中でも有名な写真の角度を選定する。その中でも本人が写真の編集にも関わったとされるものを優先的に選ぶ。
（ⅱ）ボリュームの配置 - 第四章で抽出された錯視の立体表現手法［ディストニオン］の中からか、本検討に有効だと思われる手法を用いて、それに適当とされるボリュームの配置を目指す。
（ⅲ）建築写真の投影 - ohpシートに印刷した建築写真を指定された距離から単光源で照らし、ボリュームに写真を投影させる。
（ⅳ）ボリュームの成形 - ボリュームに投影された影を頼りにマーキングを行い、ボリュームを適当な形へと成形する。

| 母の家｜スラッシュディスタンス | 母の家｜サイズコンビネーション | サヴォア邸｜ピロティウォール | サヴォア邸｜クラッシュリバース |

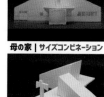
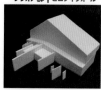

| 1 撹拌ディストニオン | 2 侵食ディストニオン | 3 漂浪ディストニオン | 4 瞬撃ディストニオン |

瞬刻に置かれるプンクトゥム

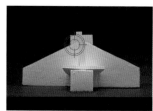
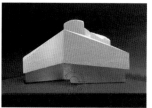

重なり順のズレ　　　　　　　　延長線のズレ

「写真がふいにとらえてしまった謎の物体やズレ」のようなものを、バルトは著書「明るい部屋」の中で「プンクトゥム」と呼んだ。
「プンクトゥム」を語る上で、もう一つ大切な要素がある。それは「ストゥディウム」である。ストゥディウムとは写真の主題であり、"撮影者の明確な意図"のもと撮影された（写真におけるコード化された）被写体である。そして、「プンクトゥム」とは（コード化された）意味が固定されたストゥディウムと、他の複数の意味に対し、メトニミー的に開かれた存在である。プンクトゥムは単一の、かけがえのない存在である一方で、換喩的にはたらくことで、「代替的」に他のオブジェクトを呼び寄せる効果を持っているのである。

本論に置いての意味の置換

| ストゥディウム ▶ 「視知覚」 | コード化された意図を汲み取ろうとする行為 |
| プンクトゥム ▶ 「ズレ」／「アオリ」 | コード化されていない（意図しない）要素 |

ストゥディウムとプンクトゥムの間にはフィードバックのループが発生する。「意味が明白な全体—謎の細部」を往還し続けることで、イメージが「壊れ」続けるのだ。それが生み出すものはイメージの「歪み」と言えよう。
画面に表出した「プンクトゥム」は、実物を目の前にし、その場所（固定値）から移動したとき確かな「歪み」となり、それは一つの「驚き」となる。そして自分が培ってきたイメージに対し、視覚のみならず過去の体験をも崩壊させるだろう。その崩壊は「歪み」からの「驚き」への昇華である。

建築設計　遺伝建築NEO109

ー「優れた建築には"心地良い響き"がある」吉村順三
従来のようなファッション関連ショップの他に、ネオ渋谷の文化の発祥の場、そして発信場としての、渋谷文化ミュージアムを8〜9階に計画する。4階から8階まで直通のスパイラルエスカレーターがあり、階のレイヤー（衣服→美容→アクティブ→音楽▶文化）が視覚的に移り変わることで、それぞれのイメージがミュージアムに直接作用し、体験的ダブルイメージを生み出す。

敷地について　東京都渋谷区道玄坂2丁目29−1

現在この土地には、東京を代表する建築風景の一つである「SHIBUYA109」が建築してある。誰もが知っている建築物の建て替え計画を本論の設計手法を用いて行いたいと考えた。そこで、1979年以降40年に渡って若者を魅了し続けた109を本設計の計画対象地として選定する。いち商業ビルである109は、建物単体としてだけでなく、渋谷のまちそのものとほとんど一体化して認知されるに至っている。

撮影者が多い地点は図の［A］と［B］のポイントに分かれた。［B］は歩道であるためゆっくりとシャッターを切ることが可能だが、［A］では短時間での撮影となる。本設計では、撮影・目視ともに瞬間的なイメージが刻まれる［A］ポイントを109のショットポイントと選定し、画面としての形態表現のエッセンスとする。

設計手法

109の画面としてのアイコン性を継承するため、現在の建物のアウトラインを残したままボリュームを検討する。また［画角35mm／高さ170cm］の条件で画面に映るものとする。

| 4 瞬撃ディストニオン |

立体集合面形成体　　　リバースペクティブ

ディストニオンの選定にあたり、【視点場から対象までが一直線である／視点場と対象には100mの距離がある／他の視点からは長距離で対象を見ることができない／三角地であるため建物の側面が見切れて見える】という条件から、角度はもちろん距離の変化においても効果的に建物が変形する、第4の「歪み」を生み出す建築設計ガイド［瞬撃ディストニオン］を用いて建築の設計を行う。

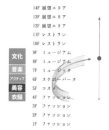

14F 展望エリア
13F 展望エリア
12F 展望エリア
11F レストラン
10F レストラン
9F ミュージアム
文化
8F ミュージアム
7F ミュージック
音楽
6F スケボーパーク
アクティブ
5F コスメ
美容
4F ファッション
衣服
3F ファッション
2F ファッション
1F ファッション

OBSERVATORY
FOOD
MUSEUM
MUSIC
SKATEBORD PARK
COSMETICS
FASHION

南東から見るファサード　　　　　　　　　　　　　　北東から見るファサード

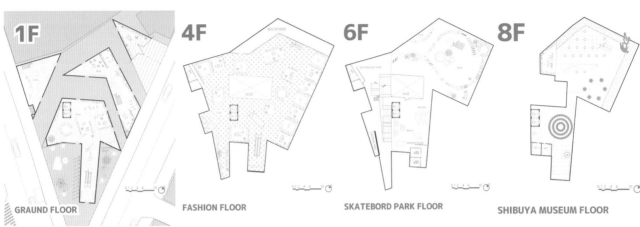

1F　　　　**4F**　　　　**6F**　　　　**8F**

GRAUND FLOOR　　　FASHION FLOOR　　　SKATEBORD PARK FLOOR　　　SHIBUYA MUSEUM FLOOR

平面計画

　各階のプログラムにふさわしい平面を検討する。視覚で認識できるフロア同士（レイヤー）の移り変わりが重要となるため、各階のプログラムにフィットする個性ある平面プランを計画する。

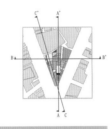

スクランブル交差点側から臨む

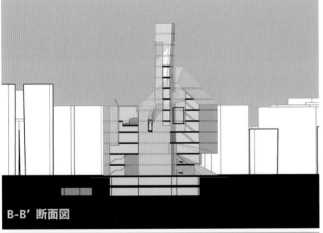

B-B'断面図

6Fの室内スケボーパーク／ストリート文化を内部に取り込む

1Fの外部通路／南北をつなぎ交流の拠点となる

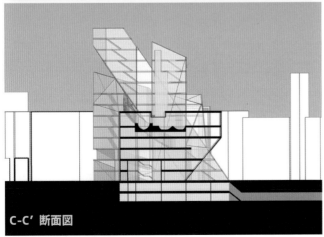

C-C'断面図

建物中心部を貫く大きなボイド

暗渠が生む特殊な都市歩行領域の研究

― 河川の暗渠化に伴う東京の変遷と実態調査を通して ―

小濱 祐里子
Yuriko Kohama

芝浦工業大学大学院
理工学研究科
建設工学専攻
西沢大良研究室

　市には街の成り立ちや変遷を表す痕跡が数多く存在する。なかでも、著しい発展を遂げた東京では江戸期に行われた水系改造を筆頭に複数の事業が行われ、河川と人々の生活を支えた痕跡として暗渠が残された。「36答申」をはじめとする下水道化協議のなされた河川は、他河川と比較して都市計画・建築計画への影響が大きい。自然物である河川が生む蛇行や分岐といった特徴的な形状が残る歩行領域を規定・抽出し、定量分析を行った。その結果、車両が進入できない歩行領域は二次的に歩行路の発生を誘発し、歩行領域は拡大することが予測できた。

　渋谷区西原に位置する歩行領域を選出し、提案対象敷地は領域内の河骨川暗渠と宇田川暗渠の合流地点に設ける。周辺では個人経営の小規模な小売店やクリニック、事務所などが増えている現状から、共用オフィスやキッチン、オフィス付き住戸を含む複合施設を提案する。

　周辺に存在する歩行路や車両進入可能な道路を敷地内に延長させ、外部階段とすることで建物内に人の流れを引き込む。ボリュームに巻きつく歩行路は河川のように合流や分岐を経て上階へ登っていく。その中継地点には踊り場という共用外部空間が随所に存在し、人々の憩いの場となる。かつての水網のように都市に張り巡る歩行路は都心の集中的な道路網に紛れており、決して目立つ存在ではない。開渠として使われた時代とは形を変え、別の存在価値を見出しながら人々の暮らしに関わり続けるだろう。

1. 水の都としての江戸

1. 江戸の水系改造
- 用水路整備
  武家屋敷や町人地の拡大により水需要の増加が加速した。
- 利根川東遷・荒川西遷
  氾濫を防ぐため河道を付け替えた。
- 濠整備
  拠点を広域に広げる。

2. 舟運の発達
- 内川廻しの形成
  江戸と銚子を結ぶ新たな経路
- 河岸地の形成
  物資の積み下ろしを行う沿岸の土地

研究対象:荒川と多摩川に挟まれた武蔵野台地の東京都23区部を主に通る、もしくは過去に通っていた河川

『36答申』

　昭和36年10月17日に東京都に提出された「東京都都市計画河川下水道調査特別委員会委員長報告」、後に「36答申」と呼ばれる中小河川の暗渠化を求める文書。本委員会は、委員長である伊藤剛（元建設省土木研究所所長）をはじめとした、青木楠男（早稲田大学教授）、鈴木雅次（日本大学教授）などの学識経験者と、山田正男（東京都首都整備局長）を筆頭に国及び都の都市計画、河川、下水道の代表者により構成された。

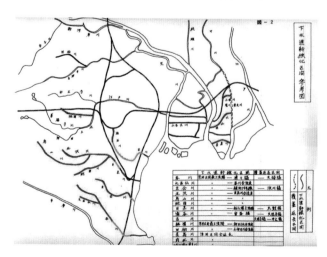

2. 河川暗渠化の動き

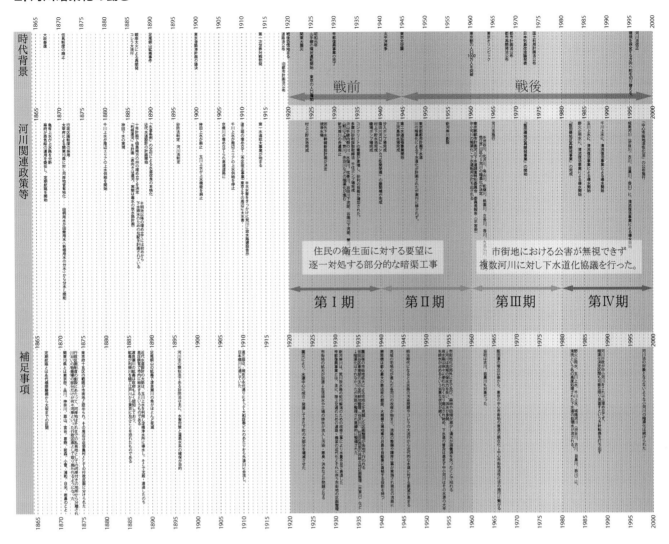

（年表中の主要な記述）

戦前 ／ 戦後

住民の衛生面に対する要望に
逐一対処する部分的な暗渠工事

市街地における公害が無視できず
複数河川に対し下水道化協議を行った。

第Ⅰ期　第Ⅱ期　第Ⅲ期　第Ⅳ期

---

3. 暗渠空間から見る都市

　失われた東京の広大な水網は暗渠として都市の中に埋もれている。開渠が
暗渠へと姿を変えた背景を踏まえ、東京23区部の暗渠の実態を調査する。

3−1. 水路を介在する土地・隣接する土地

　宅地化が進むにつれ水田を宅地に転用したことや土地改良、区画整理事
業で水路を宅地地域内に整備したことで生まれる。水路が土地のどの位置
を通るかによって土地の法規制や評価が異なる。

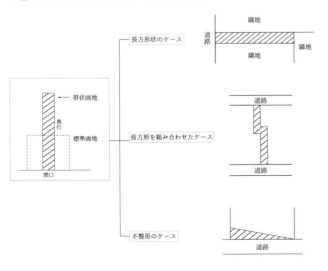

3−2. 法定外公共物

　道路法や河川法などの適用や準用を受けない公共物を指す。里道や水路
が代表的である。機能を失っているか残っているかで対応が異なる。

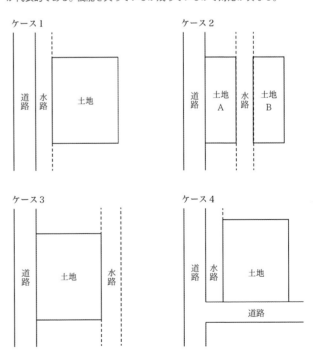

３－３．全暗渠上用途を分類

　第Ⅰ期の暗渠化では主な転用用途が車両進入可能な道路であり、中心部の市街地化や道路整備が進んだ時期と重なることがわかる。一方で、第Ⅲ期の暗渠化では主な転用用途が車両進入不可能な道路や緑道であった。

全暗渠上用途地図

24 河川暗渠上用途地図

4. 領域別定量分析

４－１．歩行領域を定義

４－２．数値指標による分析

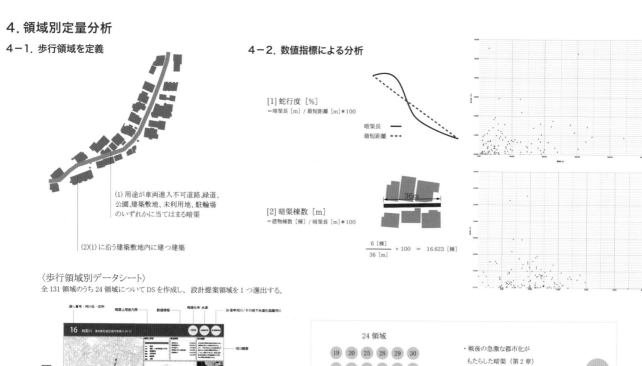

(1) 用途が車両進入不可道路、緑道、公園,建築敷地、未利用地、駐輪場のいずれかに当てはまる暗渠

(2)(1)に沿う建築敷地内に建つ建築

[1] 蛇行度 ［%］
＝暗渠長［m］/最短距離［m］＊100

――― 暗渠長
------ 最短距離

[2] 暗渠棟数 ［m］
＝建物棟数［棟］/暗渠長［m］＊100

$$\frac{6 [棟]}{36 [m]} \times 100 = 16.623 [棟]$$

〈歩行領域別データシート〉
全 131 領域のうち 24 領域について DS を作成し、設計提案領域を 1 つ選出する。

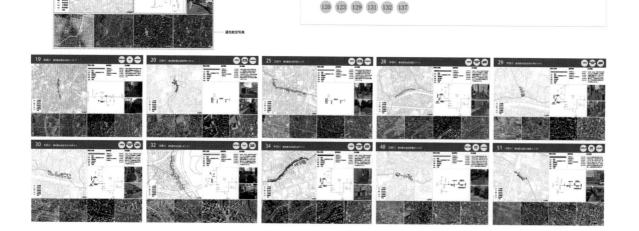

24 領域

19　20　25　28　29　30
32　34　48　51　54　73
83　84　89　93　95　102
120　123　129　131　132　137

・戦後の急激な都市化が
　もたらした暗渠（第 2 章）

・今後も歩行領域の拡大が
　見込まれる暗渠（第 4 章）

32

5．提案内容

5−1．設計提案領域

　歩行領域を規定し、蛇行度、暗渠棟数という2つの数値指標を用いて分析を行った結果、歩行領域は年月を重ねると共に拡大していることがわかった。奥まった場所にある小さな店舗や住宅へのアクセスを設けるために第二次歩行路がつくられ、この現象は住宅街よりもカフェや小売店への建て替えなど小規模開発が盛んな地域に多く見られた。今後も歩行領域は拡大し続け、道路網とは異なる新しいレイヤーを街にもたらすことが考えられる。

　調査を通して、東京都渋谷区富ヶ谷一丁目の河骨川暗渠と宇田川暗渠の合流地点を敷地とした。高度経済成長期に暗渠化が進み、敷地内の河骨川は車両進入不可能な道路に、宇田川は遊歩道となった。現在は業務用ビルやマンションが建ち並ぶ地域となっている。2本の車両進入可能な道路と2本の車両進入不可能な道路に囲まれ、人の流れを引き込みやすい場所に対して、歩行路を建物内部まで引き込み新たな動線をつくることで、施設の隅々まで利用されるような断面的動線を生む計画となる。

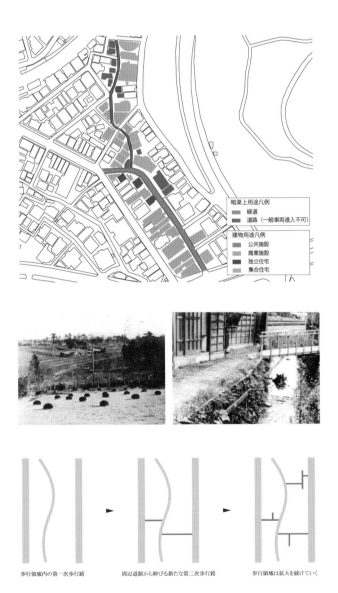

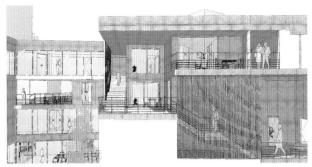

共用廊下は中庭からの光を取り入れる明るい内部空間

踊り場から光の入る明るい共用オフィスは、折り戸で仕切ることができる

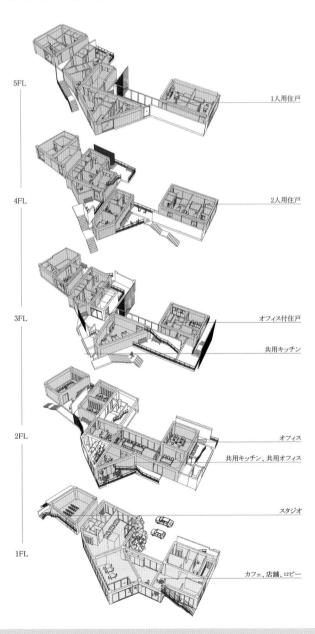

5−2．複合施設

　敷地に小売店や事務所などが増えていることから、共用オフィスやキッチン、オフィス付き住戸を含む複合施設を提案する。周辺の歩行路や車両進入可能な道路を敷地内に延長させ、外部階段とすることで建物内に人の流れを引き込む。

建築エレメントの慣習性に関する考察および設計提案

大橋 弘明
Hiroaki Ohashi

首都大学東京大学院
都市環境科学研究科
建築学域
小林克弘研究室

建築の全体は様々な要素が組み合わされて成立している。この要素の捉え方には様々なものがあるが、その一つとして「壁」や「屋根」など、建築を物理的な構成要素の集合とするものがある。この物理的な構成要素である「エレメント」は長い時間をかけ、文化的、社会的な要因、環境への対応などにより形成され、豊かな背景を有している。しかし我々が建築や都市を経験する際、逐一それを構成するエレメントに意識を向けることは少ない。逆説的ではあるが豊かな背景を有するにもかかわらず、日常にありふれたものとなったため、慣習化され意識されない存在となっているのである。つまりこのエレメントに対する無意識化、意識の自動化を回避することにより、エレメントが有する様々な背景に対して目を向けることができる。本研究は無意識化を回避する一つの方法として、「エレメントの慣習性からの逸脱」に着目し設計提案を行うものである。「新建築住宅特集」を対象とした分析により、16の手法を抽出、類型化を行った。その結果を元に、郊外住宅地を敷地として二世帯住宅の設計を行った。エレメントが慣習とは異なる働きをすることにより、部分の持つ意味や機能が発見的に書き換わっていく豊かな空間が創出できることを示した。

1 慣習性の概念について

＜慣習性の構造＞

　ある慣習化した物事と人間の認知活動はスキーマ・コード概念と関連付けられる。スキーマとは様々な事象を理解する枠組となる、構造化された知識の集合のことである。これは具体例の比較によって一般化、抽象化されて獲得されるものであり、経験を通じて常に更新される動的なものである。つまりスキーマを得ると、認知活動がよりスムーズに行われるようになり、個々の対象への無意識化へと繋がると考えられる。またコード概念は個人単位のスキーマがある社会単位において一般化したものである。

五つの「卵」の具体例から一つのスキーマが形成されている。それぞれの「卵」は色や模様、大きさ、形は違うが、そこから共通する特徴を抽出することで、スキーマとして「卵」が得られる。（中略）スキーマは知識の抽象的な形を規定し、細部については未指定であることから、認知経験に基本構造を与えるものと言える。

出典：大堀壽夫（2002）

コンテクスト概念

　コンテクストは文や語の論理的関係性の他、背景や状況といった意味で用いられる。この概念は、語の意味は文という関係性の中において考えられるべきだとするゴットローブ・フレーゲの「文脈原理」に始まり、テクストが発せられた状況を考慮すべきだとするブロニスラウ・マリノフスキーの「場面のコンテクスト」、当事者の文化的・社会的背景を考慮すべきだとする「文化のコンテクスト」へと展開する。前者は「言語的コンテクスト」、後二者は「非言語的コンテクスト」として整理されるが、いずれも語の意味はそれ単体においては決定されないということであり、ある物事の慣習性はそのコンテクストにも影響を受けるということである。

＜慣習性からの逸脱の構造＞

詩的言語

　「詩的言語」とはロシア・ファルマリズムの中心概念であり、日常的な意味から逸脱し、文学性を持つ、それ自体で価値を持つものであると考えられた。つまり、慣習的なものに対して、慣習的ではないものが存在するという指摘である。

「日常言語」 ———— 「詩的言語」
意味・伝達機能　　　リズム・音韻
　　　　　　　　　　↓
　　　　　　音と語義が自己主張
　　　　　　　　　　↓
　　　　　　伝達機能は二の次に

異化作用

　「異化作用」とはヴィクトル・シクフスキーが提唱した、ある物事を日常的な連関から外すことにより、見慣れたものが奇異なものとしてとらえられていることである。異化作用を生む「芸術」は日常における知覚の自動化を阻害するとしている。

「非芸術」 ———— 「芸術」
知覚を既存の言語表現に　　自動化した知覚を阻害
結びつける　　　　　　　　　　↓
　　↓　　　　　　　　日常性を打ち破る
「自動化」を行う

美的機能

　ヤン・ムカジョフスキーは「詩的言語」の存在を否定し、言語それぞれに「詩的機能」や「伝達機能」など様々な機能が備わっていることを指摘した。

「伝達機能」 ———— 「詩的機能」
　　　　　　　　↓
どちらが優勢となるかは、他の言語との
　コントラストに依存する
　　　　　　　　↓
テクストの構造次第では同一の言語が
全く異なる性格を帯びる

2 エレメントの慣習性について

＜エレメントの分類＞

前章において整理した慣習性の概念を参照し、エレメントが持つ抽象的な特徴である「形状」「向き」「遮蔽性」「位置」を、「分類のスキーマ」として設定した。このスキーマを参照することによりエレメントを見分けることができる。この分類により、「柱」「梁」「壁」「開口部」「屋根」「天井」「床」「階段・スロープ」「基礎」の9つのエレメントと、付加的な要素として「設備」と「家具」の2つのエレメントを本研究における分析対象とした。

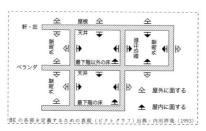

BEの各部を定義するための表現（ピクトグラフ）出典：内田祥哉（1993）

形態分類	向き	遮蔽性	位置	エレメント	両面	表面	機能性・意味性
線的	縦	無し	－	柱			構造
	横	無し	－	梁			構造
面的	縦・斜め	有り	ピクトグラム参照	壁	外周壁	内面壁	構造・領域形成・環境調整
						外面壁	
					内壁	内面壁	
					屋外壁	外面壁	
	縦・横・斜め	透過		開口部	開口		領域形成・環境調整・通路
					窓		
					戸・扉		
	横・斜め	有り		屋根	陸屋根		領域形成・環境調整
					勾配屋根		
					庇		
	横・斜め	有り		天井	屋内天井		領域形成
					屋外天井		
	横・斜め	有り		床	屋内床		領域形成・通路
					屋上		
					ベランダ		
立体	斜め	有り		階段			通路
	横	有り		基礎			構造

＜エレメントにおける慣習性からの逸脱＞

前章において整理した慣習性からの逸脱概念を建築エレメントに援用し、3つの「逸脱の型」を得た。

「慣習的性質からの逸脱」は文化的・社会的な背景ののもと形成されてきたエレメントを「文化のコンテクスト」に沿ったエレメントであるとし、そこから性質が逸脱する型である。ある単体のエレメントを認知した時、その抽象的特徴からスキーマが要請され、特定のエレメントがイメージされるが、このイメージされた性質と実際のエレメントの性質に差異がある場合に逸脱が認識される。更にエレメントの性質的な変化への視点として、形状の変化に着目する「形状」、材や色などに着目する「素材」、材の位置関係に着目する「組成」の3つの分析視点を設定した。

「慣習的相対関係からの逸脱」は「言語的コンテクスト」が言語の意味はその隣接関係に依存することを指摘したように、エレメント同士の相対関係が変化することにより、慣習性からの逸脱が起きる型であり、エレメントの相対関係への視点として、形状や素材などの相対関係に着目する「性質」、位置関係に着目する「位置」の2つの分析視点を設定した。

「慣習的全体性からの逸脱」は建築の全体をひとつのコンテクストとみることにより、そこに配置されるエレメントとの関係により逸脱が起こる型であり、全体とエレメントが有する性質に着目する「性質」、エレメントの全体に対する位置に着目する「位置」の2つの分析視点を設定した。

3 作品分析

＜分析方法＞

第2章にて設定した3つの型を元に、慣習性からの逸脱がどのように行われているか考察する。エレメントに対する繊細な操作に着目するため、対象は住宅作品とし、新建築住宅特集の過去10年分を対象として約120事例の分析を行った。

＜作品分析＞

作品分析の結果、エレメントに対する操作、機能、意味の変化などを統合し、「逸脱の手法」として16の手法を得た。「慣習的性質からの逸脱」の手法として「A.遮蔽性の変化」「B.組成現し」「C.転用」、「慣習的相対関係からの逸脱」から「性質」に関わる手法として「D.類似」、「位置」に関する手法として「E.組成要素の重合」「F.接続関係のずれ」「G.干渉」、複合的な手法として「H.組成要素の連続」「I.関係性の転置」の2手法、「慣習的全体性からの逸脱」から「性質」にかかわる手法として「J.新旧対比」「K.抽象度の対比」の2手法、「位置」に関する手法として「L.関係性の転置」「M.基準要素の変化」の2手法、複合的な手法として、「N.内部化・外部化」「O.境界の曖昧化」「P.規則性の変化」の3手法を抽出した。

＜各手法の考察＞

「慣習的性質からの逸脱」

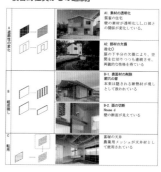

「慣習的相対関係からの逸脱」

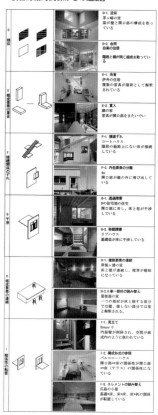

「慣習的全体性からの逸脱」

4 設計提案

<設計プロセス>

　本章では、前章までの分析、考察を元に住宅の設計提案を行う。設計プロセスは、敷地周辺の外在的条件と住宅に内在する条件の整理を行い、ゾーニング、ボリューム計画、諸室の配置、得たい空間の性質等を設定し、「手法の有用性」を参照した対応を行う。まず要件に対して適切な手法により、エレメントを敷地に配置する。次に配置されたエレメントと、ボリューム計画、諸室の配置等を比較しながら、それぞれのエレメントの接合を行い、空間を構成する。得られた空間を読み取りながら、住宅に必要な諸機能、動線の設定を行い、接合を調整する。以上のプロセスを繰り返しスタディすることにより、建築の全体形を得る。

<設計提案>

　親世帯2人と子世帯3人の二世帯住宅の設計を行う。敷地は地方都市郊外の住宅地とした。敷地の南東面には交通量の比較的多い道路、南西面には道路を挟んで商店街が面し、周辺には造成時に建設されたと思われる平屋の住宅が現在も残っている。

　敷地周辺環境の外在的条件の整理と内在的条件の整理を行い、ゾーニングとボリューム計画等を行なった。各手法を組み合わせ、繰り返しスタディを行った。以上の過程において、エレメント同士の関係性に着目することにより、新たに逸脱の手法を適用することができるエレメントの組み合わせを見つけ出すことができた。この過程を繰り返すことで、慣習性から逸脱による効果を全体に適用した建築空間を獲得した。

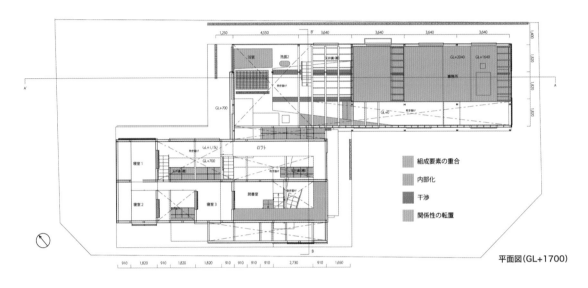

平面図(GL+1700)

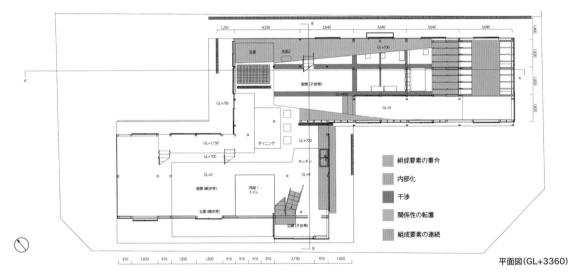

平面図(GL+3360)

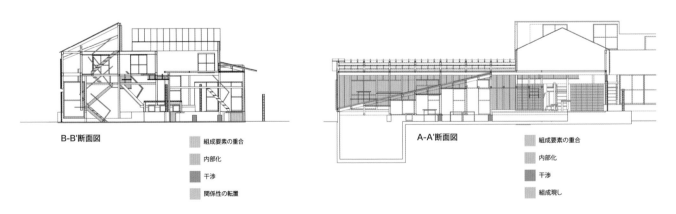

B-B'断面図

A-A'断面図

組成が現されたファサード
周辺の住宅にスケール感に習いながら
壁、開口部などの操作により慣習性か
ら逸脱した外観を持つ

内部化した窓・床・壁と干渉する窓
窓を室内空間に設け、吹き抜けを介し
て重なることにより内外の曖昧な空間
をつくり出している。干渉した窓は内部
では地窓のように扱われる

梁・壁と干渉する開口
開口を梁と床に干渉させることによっ
て階数を曖昧にし、周囲のスケール感
と調整している

重合する階段・机・床
読書室の机を屋上に上る階段と重合
させることにより、静的な活動と動的な
活動が共存する空間がつくり出されて
いる

組成が現しになった外壁
外壁を透明化し簡素な仕上げとするこ
とで、完成後の改変を容易にしている

基礎・床・机の転置、梁の干渉
梁の上面、机と転置した基礎の上面
が階段と重合することにより、多義的な
意味合いを帯びている

開口部から覗く屋根
開口部から内部化された屋根が見え
ることにより、通りを歩く人に視線をオ
フィス空間に集める

干渉する基礎梁、天井・土台
床に梁土台を干渉させ、広い空間に
領域性を与えている。また椅子として
の機能が付加されている。天井が下が
ることにより床に干渉するが、棚として
利用できる

連続する基礎とキッチン
基礎の上面とキッチンシンクを連続さ
せることにより、内外の連続感が生ま
れ、庭でのアクティビティを喚起する

階段・基礎・机の重合
梁の上面、机と転置した基礎の上面
が階段と重合することにより、多義的
な意味合いを帯びている

開口と重合する階段・欠損した壁
開口と階段が貫入し階段使用時に空
間的な変化を与えている。欠損した壁
によりアイレベルでプライバシーを守り
ながら、空間的な広がりを持たせている

内部化した屋根・窓
屋根、窓を室内空間に設けることによ
り、内外の曖昧な空間をつくり出してい
る

天井と棚の重合・欠損した壁
天井を棚として使用することができる。
欠損した壁によりアイレベルでプライ
バシーを守りながら、空間的な広がりを
持たせている

棚と重合する天井
天井が手に届く高さまで下がることに
より棚として利用することができる

組成が現しとなった吹き抜け
表面材を削除した壁で囲むことによっ
て、空間を組成内に見立てている。壁
の透明化によって採光を得ている

連続する屋根と床
室内化した屋根の一部を床として用い
ることにより、リビング空間とは分離し
たオフィス空間をつくり出した

視覚障がい者の空間認知を踏まえた空間構成手法の研究及び設計提案

桝田 祥子
Shoko Masuda

首都大学東京大学院
都市環境科学研究科
建築学域
小泉雅生研究室

視覚障がい者は、視覚情報に限らず聴覚や触覚、嗅覚などの身体感覚を晴眼者より一層駆使して空間を認識している。しかし、視覚障がい者への建築や都市における配慮は点字ブロックや手すりの設置など最低限の対処にとどまっている。そこで、視覚障がい者が駆使している感覚の刺激を活用した空間認知を建築設計に活用することで、空間の多様性や豊かさを創り出すことができると考えた。

本設計では、ヒアリング調査や施設調査を行い明らかになった視覚障がい者の空間認知を補助する空間構成手法を用いて2つの美術館を設計した。設計提案1では、小規模でシンプルな平面構成でありながら豊かな空間認知をうながす建築操作を施した美術館をコンセプトにした。建築操作は段差、窓の形態変化、光の誘導などを採用した。設計提案2では、シンプルな平面構成ではなくとも建築操作によって空間認知を補助する美術館をコンセプトにした。各展示室や動線の天井高さ・形態の変化による反響音の変化、素材変化、傾斜、光・流水音の誘導、芳香植物を植えた中庭の配置といった建築操作を施し晴眼者にとっても豊かな空間体験となる美術館を設計した。

2つの美術館は、晴眼者が美術品を鑑賞した感想を視覚障がい者が聞きながら鑑賞することで、双方の想像力と対話を楽しむ美術館とする。本設計にて晴眼者と視覚障がい者の共存のための有効な設計手法を提示した。

空間認知調査：アンケート・視察・ヒアリング調査

視覚障がい者が利用する建物における工夫や問題点の実態把握を目的に、視覚障がい者が利用する施設などを対象としたアンケートと視察調査を行なった。また、視覚障がい者が認知しやすい空間における空間認知の実態把握を目的に、障害の程度が異なる3名の視覚障がい者へのヒアリング調査を行った。

調査の結果から、視覚障がい者の空間認知に支障がある建築操作と感覚の刺激の活用などによる視覚障がい者の空間認知を補助する建築操作を抽出・考案し、残存視力を使った視覚、聴覚、触覚、嗅覚に分類してまとめた。結果、空間のスケールの違い、天井高の変化、光の誘導、においや音による位置把握などの建築操作を抽出・考案した。

	空間認知を補助する建築操作		空間認知に支障がある建築操作	
	調査結果	調査結果から得た建築操作	調査結果	調査結果から得た建築操作
視覚	・ノロ）ト主面にとル豆ヶ葉、山入リロ、階段の段差の色を変える ・光線による採光の確保 ・光の当たり方によって方向が理解できるように設計している			
聴覚			・吹き抜けは音の反響が大きく混乱させる	
触覚	・右側通行とし中央に異なる床材を使用 ・指段的や青看板末の周囲は足でもかかるよう床の材質が異なっている ・障害物除去のため壁に埋め込めれたベンチ ・足元のブロックによってスペースを分ける			
その他	・直線直角の動線 ・シンプルな間取り ・段差の少ない小規模 ・片廊下型		・斜めに複数の動線が交差すると視覚障がい者を混乱させる ・建物が分棟していると移動が難しい ・同じ形態の部屋が並ぶと部屋の違いを認識することが難しい ・シンプルな間取りにしたい	

アンケート・視察調査

	空間認知を補助する建築操作		空間認知に支障がある建築操作	
	調査結果	調査結果から得た建築操作	調査結果	調査結果から得た建築操作
視覚	・色の違い ・コントラスト ・光の有無 ・真っ暗ぐな部下の蛍光灯などはわかりやすい		・ガラス張りの空間	
聴覚	・空間の大きさの違い ・足音や壁に跳ね返る音 ・天井高の違い ・ドームやヴォールト天井は反響音が面白いのでわかりやすい		・吹き抜けは音の反響が大きく混乱させる	
触覚	・手で触りつく確認 ・足触り ・傾斜変化		・階段裏のような上部が斜まる空間は頭をぶつける	
嗅覚	・飲食店などのにおいによって位置を確認する			
その他	・警警の目が当たっている床度の空間 ・直線直角の動線 ・区切りのある空間 ・風		・螺旋階段 ・曲線の空間 ・何も手掛かりの無い広い空間	

ヒアリング調査

空間認知調査：建築作品事例調査

　建築雑誌などから、感覚の刺激を活用した建築操作によって視覚障がい者の空間認知の補助を試みた国内外の建築作品8事例を抽出・調査した。

　この結果から、各事例の感覚の刺激やその他を活用した具体的な建築操作を知覚別にまとめた。さらに視覚障がい者の空間認知を補助する建築操作を抽出し、残存視力を使った視覚、聴覚、触覚、嗅覚に分類。窓や外装材の形態の変化、回廊による光の取り入れ、葉音の変化、足音が出る床材、多様な床材、多様な壁材、流水音による誘導などの建築操作を抽出した。

空間認知を補助する建築操作		
	調査結果	調査結果から得た建築操作
視覚	・設備や構造などの機能ごとの色分け ・波型の窓から光の誘導 ・ハイサイドライトの光の誘導 ・扉の位置を色の違いによって認識 ・トップライトの光の誘導 ・回廊によって光を取り入れる ・形態の異なる窓＋外装材を用いて部屋ごとに異なる光と影を取り入れる ・明暗を明確にした空間 ・開口部による光の誘導	
聴覚	・天井高の違いによる反響音の変化 ・鳥のさえずりを使った位置把握 ・足音の出る木材の床 ・風に揺れる植物の葉音の違い ・周辺環境の雑音を消す防音障壁 ・水路による流水音の誘導	
触覚	・曲線の机のカーブの変化や高さ変化による誘導 ・コルクの壁材による誘導(手触り) ・異なる壁材や床材を ・交差路に異なる床材を使用	
嗅覚	・芳香植物を植えた中庭による誘導	
その他	・シンプルな間取り ・平屋建て ・直交する直動線 ・回廊構成 ・動線が明確なコリドール構成	

空間認知に支障がある建築操作・置き換え

　調査結果から抽出した「空間認知に支障がある建築操作」を「空間認知を補助する建築操作」に置き換えることで解決をはかった。

空間認知が難しい空間	解決方法	建築操作
・吹き抜けは音が響きすぎて混乱する	→認知を補助する操作を加える →空間を区切る	
・曲線/螺旋階段/斜めの動線は移動が難しい	→直線直角の空間にする	
・分棟していると移動が困難	→空間を連続させる	
・ガラス張りの空間は天気や時間によって光が変化するので覚えられない	→認知を補助する操作を加える →開口部を減らす	
・階段裏のような上部が狭まっていく空間は白杖では認知しにくいので危険	→垂直の壁にする →上部が広がる空間にする	

空間認知が難しい空間	解決方法	建築操作
・入口がわからない	→芳香植物の植栽や床材によって誘導する	
・開き戸は空いていると危険	→引き戸や巻き上げ式の扉にする	
・同じ形態の連続すると部屋の違いがわからない	→各空間に特徴をつける	
・手掛かりの無い広すぎる空間は認知しにくい	→空間を区切る	

タイトル：空間認知を補助する建築操作・4つの設計手法

　調査結果から抽出した空間認知を補助する建築操作を「残存視力を使った視覚」「聴覚」「触覚」「嗅覚」「その他」に分類し、これらの建築操作を動線や屋外空間などの「建物構成」や壁や床などの「建物部位」に分類してまとめた。

　分類の結果から、従来の点字ブロックや手すりなどの視覚障がい者の誘導に多様性を持たせた「歩行の補助」と空間認知のために空間に多様性を持たせた「空間の特有化」の大きく2つの設計手法に整理した。

　さらに、「歩行の補助」を通路に沿った流水音やスリット状の光などによって誘導する「誘導」と、通行を床材の変化などによって制御する「制御」の2つの手法に分類した。「空間の特有化」では、建物内での自身の位置を認識するためドーム型の天井などによって空間を特有化した「位置把握」と、十字路などの空間機能を共通の色を使って特有化認知させる「空間機能の認知」の2つの手法に分類した。結果、4つの空間認知を補助する空間構成手法が明らかになった。

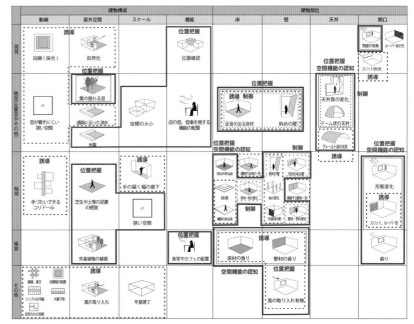

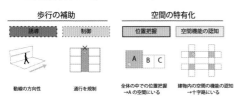

歩行の補助		空間の特有化	
誘導	制御	位置把握	空間機能の認知

動線の方向性　　通行を規制　　全体の中での位置把握 →Aの空間にいる　　建物内の空間の機能の認知 →十字路にいる

設計提案：2つの美術館

　明らかになった建築操作・設計手法の有効性を示す試みとして、視覚障がい者の空間認知を踏まえた建物の2つの設計提案を行う。

コンセプト

設計提案1
小規模でシンプルな平面構成でありながら空間認知を補助する建築操作を施した建築をコンセプトとする。

設計提案2
シンプルな平面構成ではなくとも豊かな建築操作によって空間認知を促す建築をコンセプトにする。

プログラム

静穏かつ回遊行動が発生しやすい美術館とする。研究で得た感覚の刺激を活用した空間構成手法によって空間を認識させ晴眼者と視覚障がい者が同等に利用できる豊かな空間体験ができる美術館を設計する。

設計提案1　小規模でシンプルな平面構成で空間認知を補助する建築操作が施された美術館

敷地：高田馬場

　建築面積が確保しにくい都心部の中で視覚障がい者が多く集まる地域とした。

　ヒアリング調査の結果から、エリアは点字図書館などが多く立地する東京都新宿区大久保を選定し、駅から視覚障がい者支援施設までの動線内にある敷地とした。

形態・建築操作

　ホール型のシンプルな平面構成とし、段差、窓の形態変化、光の誘導などの建築操作を採用して空間認知を促す。都心部の敷地のため、天井高は一定でフラット、2層構成とした。

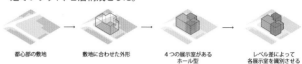

都心部の敷地　→　敷地に合わせた外形　→　4つの展示室があるホール型　→　レベル差によって各展示室を識別させる

建物構成				建物部位			
動線	屋外空間	スケール変化	機能による位置把握	床	壁	天井	開口
ホール型2層建		展示室		段差	色変化	フラット高さ一定	展示室別の形態変化

設計提案2　シンプルな平面構成ではなくとも豊かな建築操作によって空間認知を促す美術館

敷地：二俣川

　エリアは、提案1よりも規模の大きな敷地を要するため郊外とする。ヒアリング調査の結果から、視覚障がい者福祉施設が設置された神奈川県横浜市旭区を選定し、駅から視覚障がい者支援施設までの動線内にある敷地とした。

　敷地周辺には神奈川県警察／運転免許センターがあるため、郊外でありながら視覚障がい者に限らず晴眼者も多く訪れる地域である。

形態・建築操作

　動線に空間が付随するループ型で、スケール変化や天井操作、開口、素材変化などの建築操作を使い空間認知を促す提案とする。

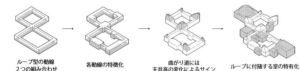

ループ型の動線2つの組み合わせ　各動線の特徴化　曲がり道には天井高の変化によるサイン　ループに付随する室の特有化

建物構成				建物部位			
動線	屋外空間	スケール変化	機能による位置把握	床	壁	天井	開口
ループ型平屋建て	中庭、水盤	展示室、動線	においの発生する飲食スペース	素材変化連続する素材傾斜		形態自由高さ変化	光の誘導

鑑賞方法

　晴眼者による美術品の感想を、視覚障がい者が聞きながら鑑賞することで、双方の想像力と対話を楽しむ。視察調査で見学した施設で採用されていた障害物除去のために壁に埋め込んだベンチを展示室に設けて利用者同士の対話を促す。

採用した設計手法［内観パース］

位置把握　空間機能の認知　誘導　制御

芳香植物が植えられた中庭、水盤

天井高の変化による反響音の変化＋照度変化

床材変化＋ルーバー

スリットの誘導＋傾斜による位置把握

ヴォールト天井による誘導

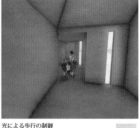

光による歩行の制御

立面図

南側

西側

平面計画

平面計画での空間認知の手法としては、「各展示室のスケール変化」など空間に特徴をつけることで自身の位置の把握の補助を促した。また、利用者が使用する扉は身体がぶつかりにくく安全な引き戸とした。

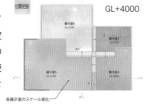

断面計画

断面の空間認知の手法には段差を用いる。また、「壁の色」や「各展示室の開口と照度に変化」をつけることで、空間を特有化した自身の位置の把握や、中央の階段には「色」・「光庭」によって歩行を補助する誘導を採用した。また、鑑賞や休憩、コミュニケーションを生むように壁埋め込み式のベンチを設けた。

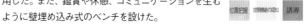

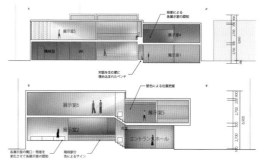

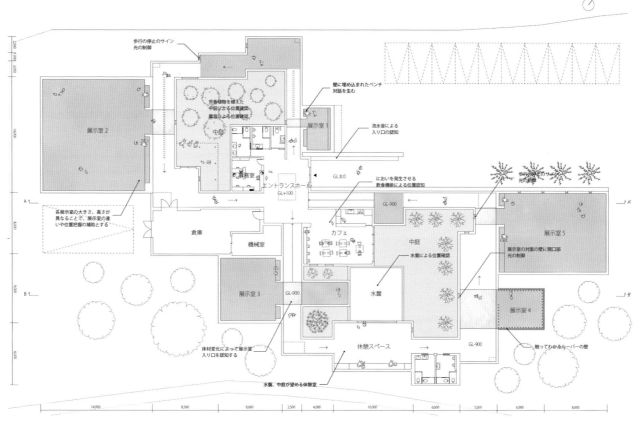

平面計画

ループ型の動線に展示室が付随していく平面構成とした。廊下の曲がり角は、全て左曲がりとし、2つのループは、常設展と企画展など展示プログラムを分けることができる。平面計画での空間認知の操作としては、「各展示室のスケール変化」や「各廊下の幅の違い」など空間に特徴をつけることで自身の位置の把握や、「床材変化」による展示室の入り口などの空間機能の認識、「スリット状の光」による通行の誘導・制御を取り入れた。晴眼者にとっても多様な空間体験と、水盤や植栽などに囲まれた豊かな美術館となる。また設計提案1と同様に、利用者が使用する扉は引き戸とした。

断面計画

断面計画での空間認知の手法としては、「天井高さ」「天井形態の変化」「開口変化」「壁の凹凸」「床の傾斜」「壁の傾き」によって各展示室・動線に特徴をつけることで自身の位置の把握や「天井高の変化による反響音の変化」「トップライトによる照度変化」による展示室の曲がり角などの空間機能の認識、「スリット状の光」による通行の誘導・制御を取り入れた。

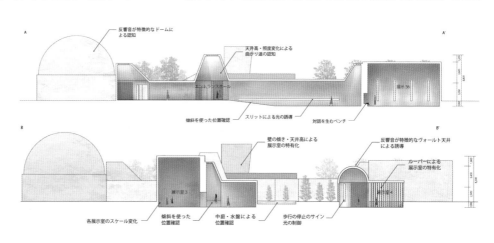

拡張する石の風景

―記憶に残る伊予大島宮窪―

黒木 志保
Shiho Kuroki

昭和女子大学大学院
生活機構研究科
環境デザイン研究専攻
杉浦久子研究室

研究室活動で2年半にわたり通った愛媛県今治市大島宮窪町。現地プロジェクトを通して、石屋の方々とともに石積の施工技術を体験し、私は彼らの地域資産への誇りに共感すると同時に、存続の危機にあるそれらのものを守りたいと思った。石の建築の可能性を求め調査・分析したが、最終的にたどり着いたのは大島に根付く石積技術であった。現役の採石場がある大島宮窪町は、周囲の島々とは景観が大きく異なる。昔からある風景、城壁と見間違うほどの擁壁を持つ住宅や巨大な石垣。

この提案では、こうした石の風景を拡張するように石積に機能と造形を与え設計した。石積のランドスケープはうねるように流れ、そのまま建築化していき、内と外の境界なく広がりを感じさせる。見え隠れする風景と一体化する建築、建築自体が風景の一部となり、訪れた人は巡り歩く中で内外の境界なく宮窪の風景を歩く。すでにある魚市場、和船倉庫、博物館、集会所の機能は保ちつつ、コテージ、和船カフェ、石風呂を備えたシンボルの塔を新たに設計した。

私の問題意識と地域の問題意識

宮窪町は、面積789万2094㎡、人口総数2292人、世帯総数840世帯の町で、今治と福山を繋ぐしまなみ海道の、今治から数えて1つ目の島にあたる。サイクリストや村上海賊の歴史好きが訪れる。

合計5回にわたる大島での現地訪問を行ってきた。

【現地での調査】
2016年9月13日から2016年9月14日（現地プロジェクト敷地と石丁場見学）
2017年4月29日から2017年4月30日（現地プロジェクト、敷地調査）
2017年8月29日から2017年8月30日（現地プロジェクトの実験、制作）
2018年6月26日から2018年6月27日（敷地周辺の敷地調査）
2018年8月29日から2018年9月1日（現地プロジェクト、敷地周辺の調査）

【ヒアリング調査】
・現地NPO法人「能島の里」へのヒアリング調査1（大島石の現状、特徴など）
・現地NPO法人「能島の里」へのヒアリング調査2（敷地周辺の歴史など）

この現地訪問を経てこの町にあるもの、この町の人々の思いを知ることができた。村上海賊のいた、この宮窪の海は瀬戸内随一の潮流・渦潮や和船の技術、和船レース、荒々しい岩肌の現役の採石場などの地域資産がある。またこれらを活用し、若い人や観光客に島に来てほしいという人々の思いに触れた。主要産業である高級墓石として出荷される大島石が、採掘量年間40万トンのうち95%は埋め戻していて、地域の方々はその現状を模索しているということを知り、私は石を利用した建築の可能性を考えるようになった。

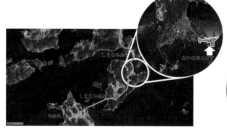

採掘量年間40万t

高級墓石5%

腕材95%

敷地周辺の寿司屋の擁壁

採石場の巨大な石積

水軍レース

大島石の石切場

石建築についての文献調査

　まず、建築雑誌より、263の石建築事例を参照した。また、石による構築物に対する人びとの感覚や感情も踏まえて提案する必要があると考え、石建築の歴史を調査した。その中で石場建てという方法が巨石の魅力を表現できるものになると考え調査した。また、建物上部には用いないこと、地形に沿って利用することで、安定感を担保する必要があるということがわかった。

　設計方針はいまある石垣、技術を継承すると共に、この石垣を再解釈していまある石垣につなげ、新たな景観をつくり出すこととした。

修士論文にて作成した石建築38事例に関する分析データシート

建築雑誌「新建築」「住宅特集」「A+U」の各2000年1月号から2018年7月号のうち37冊を除く、632冊より263の石建築事例を参照し代表的な38事例を個別に分析。

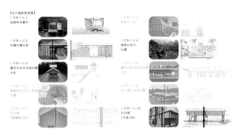

修士論文にて作成した石建築38事例に関する分析結果と古来から伝わる日本の石文化、石建築の調査結果を総合して導かれる石建築の再考の結果。

　飛び石、城郭の石垣、巨石文化、石庭、古墳の石など古来から日本人に伝わる石文化について理解することで、親しまれる石建築の創造に寄与すると考えた。空間性やヒトの感覚にどのように捉えられるのかという点において石建築を再考する。石建築のイメージの無い日本において石建築をつくるということに挑戦するのに欠かせない作業である。

　現地の大島石の巨石の石積はここにしかない技術でありながら、存続の危機にある。貴重な地域資産の存在をここで活かせないか検討する。

設計方針　〜もともとの外部風景を内部環境として活かす〜

石積というコンテクストを活かし、もともとそこにあったかのような人工物と自然物のあいだを模索する。

◀ そこに置かれる建物の用途やシークエンスをイメージし、石積みのランドスケープをスタディ

▲ 屋根形状は山のつくりだす自然のラインの美しさをデザインに取り入れて風景の魅力を引き出し、人工物と自然物を馴染ませる

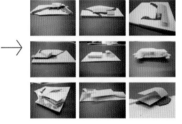

既存の道に絡む石積みと建物にめり込む形式で、プログラムを踏まえてスタディ

提案概要

　石の建築の可能性を求め、現代建築も含め、調査・分析したが、最終的にたどり着いたのはここ大島に根付く石積技術であった。

　この提案では、石の風景を拡張するように石積に機能と造形を与え設計した。石積のランドスケープはうねるように流れ、そのまま建築化していき、内と外の境界なく広がりを感じさせる。見え隠れする風景と一体化する建築、建築自体が風景の一部となり、訪れた人は、巡り歩く中で内外の境界なく宮窪の風景の中を歩く。

　プログラムはすでにある魚市場、和船倉庫、博物館、集会所の機能は保ちつつ、宿泊施設の不足の解消のための「コテージ」、仕舞われていた和船倉庫の可視化を含む「和船カフェ」、かつて使われていた「石風呂」を備えたシンボルの塔を新たに設計した。

　廃材を用いた石積のランドスケープは建物内部にめり込むようにし、塔からコテージまで繋がる内部と外部の連続的な動線を繋ぐ。しまなみ海道から大島に着いた観光客はこの自然景観を前にサイクリングや散歩を楽しむ。海沿いを歩いていくと石積に導かれ、そして各々の建物が連続的に見えてきて、そこに立ち寄りながら大島の魅力を味わうことになるのである。

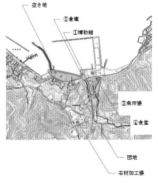

個々の棟の屋根のダイアグラム

魚市場のダイアグラム

ここにあり続ける　〜ここにいる人と訪れる人〜

　まちに点在する石積はやがてあたりまえになる。このまちの魅力は石だけではない。この提案は、人々をこの敷地としたところへ導くものであると共に、このまちのすでにある魅力を浮かび上がらせるものとなる。

　地域の人々にとっては、こころの拠所になり、サイクリスト等の観光客の記憶に残る大島らしい風景となる。地元の人同士の集いも、地元の人と観光客との交流も生まれる場になる。

暮らしのそばを訪れる

ここに集会所があるのはすぐ隣に小さな団地とバス停があることが理由である。また、水軍レースのメイン会場目の前でもある。ここで住民と観光客は一緒に楽しい時間を過ごしてきた。そうした場を残していきたい。

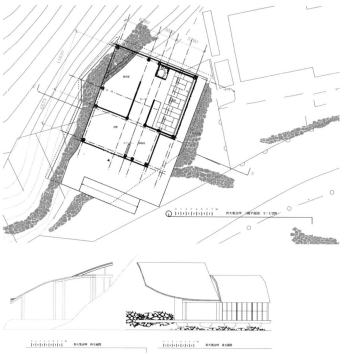

宮窪の想い

ここは現在、魚市場がある。食堂と海鮮バーベキュー、物産販売、潮流体験などの観光要素が集まる。瀬戸内海の中でも特に優れた漁場だそうで、おいしい海鮮丼が味わえる。しかし、観光客にとっては何があるのか不透明で立ち寄りにくい。海鮮バーベキューをやっていても小屋の向こうに隠れてしまう。石積で誘い込む様に動線を導くと共に道から見えるようにしていく。

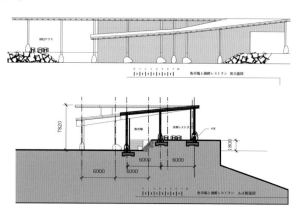

玄関の海が見える

石積が違う大地にかかる橋

そこには石積の景色が広がっていた。　　　満潮の石積と用水路の石積が望める

既存の用水路の石積から派生した博物館の石積

建物の奥は海の食堂「能島水軍」

石積に沿って来ると魚市場

石積の流れる室内空間はダイナミックな村上海賊や潮の流れを想起させる

入っていく返りも石で囲まれている

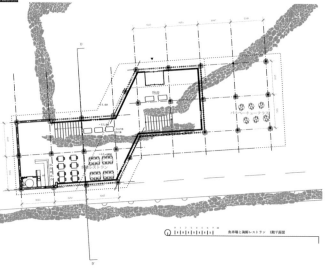

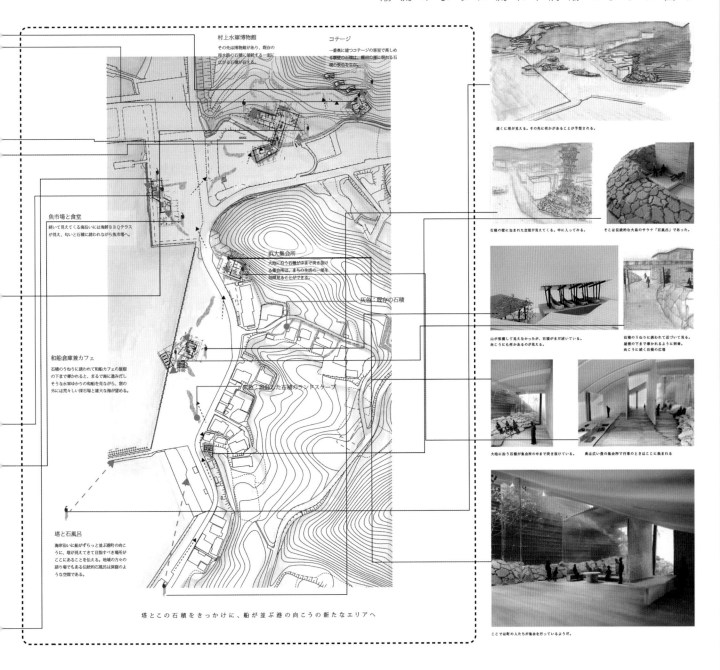

村上水軍博物館
その先には博物館があり、既存の
用水路の石積に接続する一角に
広がる石積が見える。

コテージ
一番奥に建つコテージの客室で楽しめ
る擁壁の石積は、棚田の様に現れる石
積の景色を生む。

魚市場と食堂
続いて見えてくる海沿いには海鮮BBQテラス
が見え、匂いと石積に誘われながら魚市場へ。

広大集会所
大地に沿う石積が中まで突き抜け
る集会所は、まちの生活の一部を
垣間見ることができる。

灰色に既存の石積

灰色・起伏した石積ランドスケープ

和船倉庫兼カフェ
石積のうねりに誘われて和船カフェの屋根
の下まで導かれると、まるで海に進みだし
そうな水軍ゆかりの和船を見ながら、窓の
外には荒々しい採石場と雄大な海が望める。

塔と石風呂
海岸沿いに船がずらっと並ぶ潮町の向こ
うに、塔が見えてきて目指すべき場所が
ここにあることを伝える。地域の方々の
語り等でもある伝統的石風呂は調翁のよ
うな空間である。

塔とこの石積をきっかけに、船が並ぶ港の向こうの新たなエリアへ

遠くに塔が見える。その先に何かがあることが予想される。

石積の壁に包まれた空間が見えてくる。中に入ってみる。

そこは伝統的な大島のサウナ「石風呂」であった。

山が修復して見えなかったが、石積がまだ続いている。
向こうにも何かあるのが見える。

石積のうねりに誘われて近づいて見る。
屋根の下まで導かれるように到着。
向こうに続く石積の広場へ

大地に沿う石積が集会所の中まで突き抜けている。

奥は広い度の集会所で行事のときはここに集まれる

ここでは町の人たちが集会を行っているようだ。

この町に住む人が思う
このまちの姿

大島石は大島の力強さと文化の象徴とし
て、誇りをもってこの町の人に守っていっても
らいたい。拡張した石の風景は、宮窪の新た
な景色となって来る人に力強い記憶として
描かれる。

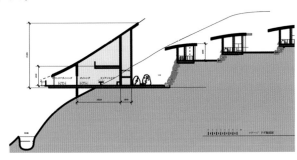

北園克衛記念館計画

Aspects of the Danteum

大谷 拓嗣
Hiroshi Otani

千葉大学大学院
融合理工学府
創成工学専攻
岡田哲史研究室

「建築は、私の精神が抱いた最初の愛情の中に大きな地位を占めていた。私の青年期は建築するという行為を熱烈に空想した。」（Paul Valery）
本計画の意義は現代におけるナラティブな建築空間について再考することにある。

　第一部において、ジュゼッペ・テラーニによるダンテウム計画案を構成する物質体系とその遷移に着目した分析を行う。具体的に、①デザイン体系の把握、②エレメント配列法、③シークエンスと言説、の形式から空間へと至る3つの観点より分析し、その内観的なるものを構造化することで、テクストと設計者の関係性を考察した。
第二部では、伊勢出身の前衛詩人北園克衛を題材とし、彼の記念館を計画した。北園克衛はシュルレアリスムやダダイスムに傾倒し、瀧口修造や上田敏雄とも交流があった。既往の詩の形式や意味を解体した実験的な詩を数多く創作し、日本の前衛詩を牽引した人物であるが、現在ではあまり知られていない。

　構築への足がかりとして、全体が統御された『神曲』、一方で断片的なイメージから創出された北園の詩の対照的な様相から、建築へ向けた理論を導き出した。この形成プロセスの対比は、翻って設計行為全般に遡及することが可能であり、特に、「通時性」「共時性」の対立する概念を用いたプロセスの整理は、さらなる発展的な設計手法への展開を示唆している。

はじめに　時と建築

テクストから構想された建築

　ヴァレリーが建築に対して関心をしめしたように、詩的言語をイメージのソースとした建築も多く存在する。ラウール・ブンショーテンやバーナード・チュミは、テクストをある種のイベント空間のように捉え、創造物において断片的なイメージが散逸した状態を生み出している。一方、ダンテウムの場合は、特に設計者であるテラーニの設計思想やファシズムが台頭した社会背景が強烈な形式として統合されており、かつ、明快な理論に基づいて構成されているため、そのデザイン体系および設計者の意図を分析することに意義があるのではないかと考え本研究での調査対象とした。

詩的言語と建築

　前述した設計者らによるプロジェクトは、成果物の観点から概観すると、ソースとしたテクストも、そこから醸成された作品も多種多様である。しかし、どのプロジェクトの空間も基本的に設計者を介した二次的な言語として私たちにメッセージを投射しているという共通項を見出すことができる。詩の中のイメージが字義通りに現実世界に立ち現われるのではなく、設計者が詩的言語をデザインソースとして表現の方針を導き出すことによって詩は建築となって立ち現れる。よって、詩的言語とデザイン体系の関係を観察する。

ダンテウム概説

背景

　イタリアの建築家ジュゼッペ・テラーニによるダンテウム計画案は詩人・政治家ダンテの代表作『神曲』を空間的に翻訳したものである。プレラ・アカデミー校長リーノ・ヴァルダメーリがダンテを賛美するため、イタリア政府に提議し、P. インジューリとG. テラーニに建設を依頼したことが始まりであった。しかし、戦局の悪化とヴァルダメーリの死によって計画は中断された。ダンテの名前と作品は帝国主義の正当化とイタリア文化の流布のためにたびたび引用されていたが、ダンテウムもまた、ダンテの帝国復興の理想とファシズムの理念の重複により計画された。敷地は、ローマの帝国通りに面し、もとはテラーニとリンジェーリが参加したリットリオ宮設計競技の敷地であった。また、この通りは中世の象徴Torre di Contiのあるカブール通りに交差し、古代ローマの象徴であるマクセンテチウスのバシリカにも面しているが、このような敷地条件からも、ファシズムを意識している様子が読み取れる。

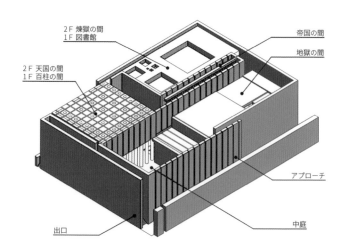

2F 煉獄の間
1F 図書館

2F 天国の間
1F 百柱の間

帝国の間

地獄の間

アプローチ

出口

中庭

分析1. デザイン体系　全体像の把握

　ダンテウムは『神曲』の構成に準じて非常に論理的かつ段階的なプロセスを踏んで部分から全体が統御されているため、そのデザイン体系を図示することが可能である。条件／配置・平面規模／全体構成／空間構成／エレメント／マテリアル、の6段階の設計プロセスごとにダンテウムを構成する要素を列挙し、相互の関係性を図示することで、ダンテウム計画の全体像、要素間の関係性を把握する。

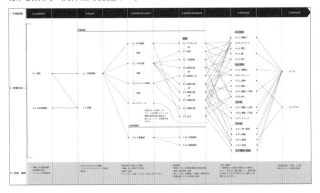

分析2. 空間遷移　エレメント配列法

　エレメント配列を類型化し、遷移を図示する。壁や柱といった建築のエレメントは均質性や差異性といったコードによって変質し、その空間の特異性を形成している。ダンテウムは基本的にリニアな壁と柱のみで構成されるため、いわゆるポツ窓（恣意的に穿たれた穴）や扉の類は使用されていないため、本調査では、抽出されるエレメントとして、壁、柱、天井、床面の4項目を設定した。結果として、シンプルな矩形の中に、様々な配列法が用いられていることがわかる。これらの配列法を設計者自身が無意識、または意識的に組み合わせ遷移空間を形成していることがわかる。

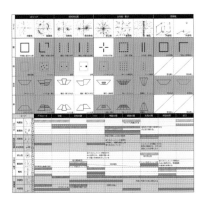

分析3. シークエンスと言説

　先の質的な空間分析に加え、観測者が実際に体感する空間について分析する。感覚的な体験をできるだけ客観的に示すため、ダンテウムにおける主要な部屋を移動する際のシークエンスを、作成し3Dモデルによって空間体験をシミュレーションし、その空間に関するテラーニによる空間描写を収集し、その構成意図を把握する。

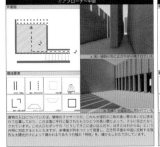
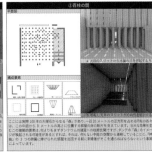
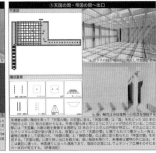

北国克衛概説

モダニズム詩人北国克衛

　1902年、三重県伊勢市朝熊町出生。本名、橋本健吉。日本で初めてのシュルレアリスム宣言（英文学者の上田敏雄、上田保と連名）を配布したことからシュルレアリスムの詩人とされることが多いが、むしろバウハウスの造型理念を視覚的に享受した影響が大きい。また、詩作の一方でグラフィックデザイナー、イラストレーター、編集者であった。

選定理由
①『神曲』と対照的な構成である（定型詩⇔自由詩）
②『神曲』と対照的な手法を用いている（通時⇔共時）
③ビジュアルな詩で建築と通底する（建築への関心）
④北園克衛の出生地が伊勢にある（ローマとの対比）
⑤功績に比して知名度が低い

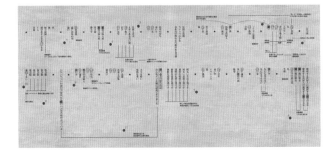

テクストの私的読解　『記号説について』

北国克衛の詩

　代表作「単調な空間」（1959）はこの詩人の美意識が結晶したもので、当時世界を席巻していたコンクリート・ポエトリーと関連づけることができる日本では数少ない言語詩である。また処女詩集『白のアルバム』（1929）に収録されている「図形説」は活字だけを用いて描かれた絵画的な作品群で、コンクリート・ポエトリーにおいて前史的な位置をあたえられており、ロシア構成主義の「声のために」（マヤコフスキー／リシツキー）と比較されることが多い。1960年代以降は室内で静物を造型的にセッティングして撮影する作風に変化しながら、やがて写真を＜詩そのもの＞と定義する「プラスティック・ポエム」にたどり着く。

伊勢

　敷地は詩人の出生地である三重県伊勢朝熊町の五十鈴川と朝熊川の合流点の東の丘に位置する大きな空き地である。神宮は125社の摂社によって構成されるが、敷地の南西に位置する朝熊神社は内宮の摂社として特に格式が高い。また、南側に位置する朝熊山は古くから山岳信仰の対象となっており、825年（天長2年）に空海が真言密教道場として南峯東腹に金剛證寺を建立したことでも知られている。

思考方法

　ダンテウムと北園克衛記念館の形成プロセスを並置させ、双方を横断的に捉えることによって計画を行う。（ダンテウム計画から抽出された理論を用いて設計するわけではない）それによって、設計行為における詩的言語の作用がより理解できる。後述の観点より計画の視座を得る。

詩の構成原理

　ダンテウムの分析からも明らかなように詩の構成原理は直接建築の形態を決定する口実となる。（詩の内容は建築の空間性と対応する）右図に示す対比のうち、北園克衛の詩におけるコラージュによる構成法と、「通時性」と「共時性」の対比に着目して設計手法の軸とする。

原理	『神曲』	『記号説』
言語	イタリア語	日本語
形式	定型詩	自由詩（視覚詩）
内容	叙事詩	（抒情詩）
構成法	表徴数	コラージュ
受容体	聴覚（韻文）	視覚
読者の体験	通時的	共時的

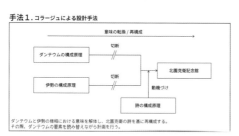

手法1. コラージュによる設計手法

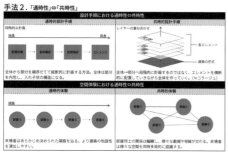

手法2.「通時性」⇔「共時性」

転換

　研究の結果、ダンテウムにおいて、様々な要素がある意図をもって選定され、配列されていることがわかった。この内在している意味を北園克衛のメモリアルに適応するように変容させ、構成成分とする。変換する際、象徴や軸といった意図を保持したまま読み替えを行った。北園克衛記念館はダンテウム計画案の構成原理（= モダニズムの言語）を解体し、その意味を切断して再構成（= コラージュ）することによって建築される。

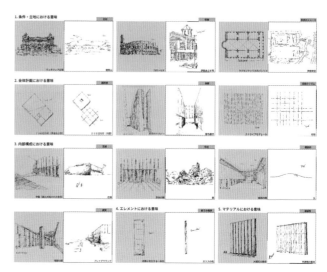

構築

　転換された意味を「通時性⇔共時性」の考え方から再配列を行い、北園克衛記念館として再構成する。

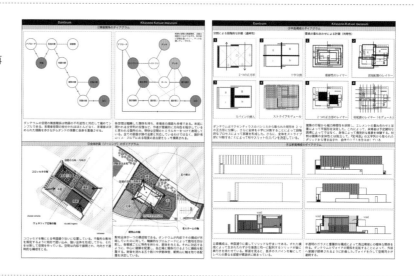

断面構成

　全体を通して点対称な構成である。半外部的な吹き抜け空間を少しずつ介入させることによって空間としての連続性が生まれる。2層のガラスファサードが2枚の壁によって支持され、宙に浮いたような構成をとり、1階はマッスによって場面転換がなされるが、2階では半透過ガラスが周辺環境に柔らかに意識を誘導し、外向きの広がりを感じる空間となっている。

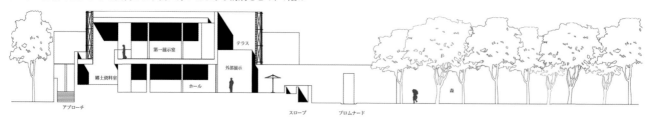

配置

背後を流れる五十鈴川や、朝熊山などを建築に取り込んだ。敷地はプロムナードを引き込むことによって、建築を中心とした4つの領域に分割され、それぞれに性格付けがされている。4つの性格はダンテウムの百柱の森や中庭と対応するような意味が与えられ、対比される構成をとっている。内部で完結していたダンテウムの構成は伊勢的な重層性によって敷地全域に拡張し、外向きの関係が形成される。

平面

外構と一体的に内部空間を決定している。そして、柱や水周りコアなどの様々なエレメントを横断的に配置し、来場者の偶発的な空間体験を意図した。1階では無秩序に空間が転換するが、2階に上がると2つの正方形が全体の軸を形成していたことに気付く。

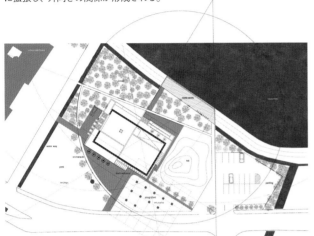

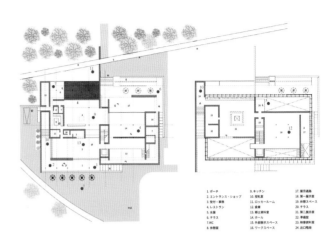

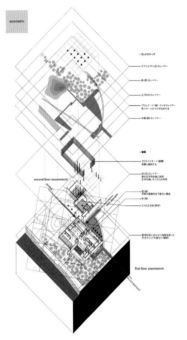

重層性

伊勢神宮の重層的で包囲的な構成を下敷きとして、それを崩していくことによって全体性を形成する。これはダンテウムがマクセンティウスのバシリカを、全体性を決定するための一助としていたことに起因する。奥性のあるレイヤーをとることによる性質としての濃淡が、空間同士の多層的なつながりを形成する。

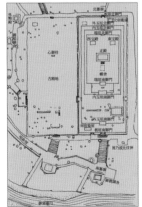

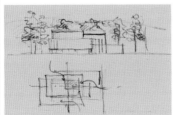

おわりに　現代の詩的建築

昨今の建築業界ではアルゴリズムを用いた設計手法が普及したことによって巨大スケールを効率的に処理することが可能となっている。このような潮流において、建築家の役割は日々多様化し、混迷しているが、豊穣たる空間を創造するという本来的な目的を見失ってはいないだろうか。修士制作では、ナラティブな空間における現代的意義を示したいと考えこのようなテーマを選んだ。結果として、テラーニが構想したダンテウムの設計プロセスを分析し、自身の手を介して設計へと跳躍したことによって、設計行為に詩的言語が介在することの普遍的な可能性を見出すことができた。詩は空間を想起させ、空間もまた詩を想起させる。この両者の不可分な関係性の一端を本計画において示せたのではないだろうか。特に、設計段階での「通時性」、「共時性」の対立項によるプロセスの整理は、さらなる発展的な設計手法への展開を示唆する方法論の一つとなるだろう。

自然風景と建築の関係性に着目した建築設計手法の研究

―「風景のメタボリズム」を射程に入れて―

栗田 陽介
Yosuke Kurita

千葉大学大学院
融合理工学府
創成工学専攻
建築学コース

建築がまるで自然風景のような存在であれば、均質な生活風景や都市風景が変わっていくかもしれない、という課題意識から研究及び提案をする。本研究を自然風景論と呼称する。

手続きとして、まず自然風景が内包している様々な空間的概念を抽出し、「一般概念」として建築要素へ翻訳する。次に現代建築における自然風景と建築の関係性を調査分析し「具体的手法」を抽出した。2つの分析より、自然風景のような建築設計へ展開するための概念を「要素の見立て」「素材の見立て」「機能との関係性」「スケールの自由」の4つにまとめた。

これらを基盤にしながら自然風景のもつ空間概念を具象化するべく、建築スタディを行った。

スタディ＝Smodelは、ある自然風景（海、森、雲・・）を対象に生活風景を想像している。

自然風景論を社会実装するべく、Smodelを適宜組み合わせながらサイズアップ（＝M~XLmodel）した。敷地は東京都内にある実際の施設を対象に、プログラムや容積はそのままに自然風景論的に再構築をしている。そもそも風景には個人や公共という区別はないし、点々と自然風景（のような建築）が都市に生まれ出ていったなら、生活・都市風景を崩していくだろう。人々の茫漠として一義的な建築の認識や使われ方がより豊かで自由なものに変化していくかもしれない。この示唆を「風景のメタボリズム」と名付け、今後の設計活動への課題としたい。

自然風景の概念分析

観察・経験の分析を踏まえ、様々な自然風景が共通してもつ構想や空間特性を「自然風景の一般概念」として抽出する。これらを自然風景論的に建築設計を行う場合に建築空間がもつ一般概念の代わりに自然風景の一般概念を適応させる。モダニズム以降、一般的な建築空間の構成はに壁（encloser）、床（floor）、屋根（roof）などの要素に分解することができるが、自然風景論的に建築を思考する際はそれら要素を一度解体し自然風景の一般概念を基底に再構築することで、新しい建築構成が獲得できるのではないかと考えられる。

現代建築の具体的手法

原広司の具体的手法におけるネーミングを学びとしながら、現代建築家の手法を抽出した。そして、現代に行われた建築設計における具体的手法をさらに細分化し、一般化を行った。複数の建築作品に見られる手法を取り上げ、その特徴を抽出しビジュアルしている。それらはヒエラルキーなく扱うことでレシピ的に応用できるものとして捉えられると考えている。

4つの再解釈

建築制作への手続きのために、自然風景の一般概念と建築設計における具体的手法を分析していくなかで得た学びをまとめた。

1. 建築要素の見立て	2. 建築素材の見立て	3. 機能との関係性	4. スケールの自由

建築は近代以後、要素が床、壁、屋根といったものへの分類が自明なものとされている。自然風景には構成要素がない。雨の日に生まれる新しい天井 (曇天) や壁 (雨の水滴)、環境 (音や匂い) のように、建築における要素を一度解体し、自然風景的なるものを取り入れ要素に見立てる。	現在の画一化されている建築素材利用の再解釈を促す。これは日本の伝統的手法の「見立て」と同一の意味をもつ。雨の水滴がもつ透過と反射などの現象性や、霧のもつ半透過性や、洞窟がもつ触覚性を、現代の建築素材に見立てる。	原始人が行っていた森のなかのある空間を住まいとみなすような行為を促す。例えばリビングをリビングのための空間としてつくるのではなく、自然風景がもつ空間構造のなかから使い手が機能を見つけていくような、より原始的な関係性をつくる。	自然界のなかにはスケールはなく、かつ自然風景がもつスケールは風景を眺める主体の主観的なものである。そうした性質を建築構成にも適用する。よってスケールの根拠はヒューマンのそれに限らない姿勢をとる。

S-model　自然風景と建築の関係性を思考するスタディとしての建築設計

自然風景 一般概念	×	現代建築 具体的手法	→	モデル作成

自然風景存在型
雲
メタファー　雲を渉る
具体的手法　曖昧な境界／オーバーレイ／自然環境の模倣、抽象化／素材によるモチーフの再現／部座スケール／微分性
外観風景

雨＿1
メタファー　雨中の家
カテゴリー　自然風景存在型
具体的手法　曖昧な境界／建築と庭の等価性／自然環境の模倣、抽象化／部座スケール、配列
外観風景

雨＿2
メタファー　雨層の家
カテゴリー　自然風景応答型
具体的手法　自然環境の模倣、抽象化／外皮における現象性／内部における現象性／オーバーレイ
外観風景

海＿1
メタファー　水庭
カテゴリー　自然風景存在・応答型
具体的手法　映り込み／オーバーレイ／曖昧な境界／建築と庭の等価性／内部における現象性／部材の反射加工
外観風景

海＿2
メタファー　見立ての海
カテゴリー　自然風景存在型
曖昧な境界／自然環境の模倣、抽象化／空気環境をつくる／外皮における現象性／内部における現象性／埋め込み
外観風景

森＿1
メタファー　無縁の森
カテゴリー　自然風景存在型
具体的手法　映り込み／オーバーレイ／曖昧な境界／回遊性／共生性／建築と庭の等価性
外観風景

森＿2
メタファー　Forest_Grid
カテゴリー　自然風景存在型
曖昧な境界／建築と庭の等価性／自然環境の模倣、抽象化／機能と風景の関係性
外観風景

川＿1
メタファー　クラムボンの家
カテゴリー　自然風景存在型
具体的手法　全体的なモチーフの造形／自然環境の模倣、抽象化／機能と風景の関係性
外観風景

川＿2
メタファー　川面を建てる
カテゴリー　自然風景存在・応答型
具体的手法　映り込み／オーバーレイ／外皮における現象性／全体的なモチーフの造形
外観風景

霧＿1
メタファー　白昼夢の家
カテゴリー　自然風景存在・応答型
具体的手法　曖昧な境界／オーバーレイ／素材によるモチーフの再現／部座スケール／微分性
外観風景

霧＿2
メタファー　顔のない家
カテゴリー　自然風景存在型
具体的手法　建築と庭の等価性／自然環境の模倣、抽象化／機能と風景の関係性
外観風景

洞窟＿1
メタファー　洞の家
カテゴリー　自然風景存在型
具体的手法　地形化／機能と風景の関係性／部分的なモチーフの造形／環境性
S外観風景

洞窟＿2
メタファー　水平井戸
カテゴリー　自然風景存在・応答型
具体的手法　機能と風景の関係性／抽象空間による応答／全体的なモチーフの造形化
外観風景

空＿1
メタファー　空の床
カテゴリー　自然風景存在・応答型
具体的手法　映り込み／遠景との調和／外皮における風景の抽象化／光のレシーヴァー
外観風景

空＿2
メタファー　空の塔
カテゴリー　自然風景応答型
具体的手法　曖昧な境界／映り込み／遠景との調和／光のレシーヴァー
外観風景

草原
メタファー　めくらやなぎの家
カテゴリー　自然風景存在型
具体的手法　曖昧な境界／埋め込み／屋上緑化／環境性／建築と庭の等価性
外観風景

光
メタファー　薄暮の場
カテゴリー　自然風景応答型
具体的手法　曖昧な境界／外皮における風景の抽象化／部材スケール／光のレシーヴァー／機能と風景の関係性
外観風景

砂漠
メタファー　砂の女の家
カテゴリー　自然風景存在型
具体的手法　自然環境の模倣、抽象化／地形化／機能と風景の関係性
外観風景

山
メタファー　ちいさなやま
カテゴリー　自然風景存在型
具体的手法　光のレシーヴァー／全体的なモチーフの造形／地形化
外観風景

M-model
地域になじむMサイズの建築。ビッグスケールにはなりえない大きさであるからこそ、
日常の風景に溶け込むような建築風景を創出することを目指す。

［プール］
敷地：墨田区 スポーツ建築センター　　カテゴリー：混成系、融合型

採用モデル：

プールという施設は水の大きなたまり場であるし、現象を常時起こす娯楽施設である。プールがもつ水面や陰の移ろいの風景を増幅する建築を設計する。海__1と空__1の造形言語を融合して内部および外部空間を形成し「プールで泳ぐ」行為に連動する建築計画をした。屋根の下面にはプールの水面が反射され、泳ぐ人の影やそれに伴う波による映像が内外部に投影される。施設の営業状況に応じて風景は異なる。中庭部分は空に囲まれるなかでの屋外プールとなり、壁には空と水の様相が映し出される。その異なるプールをつなぎその他機能を内包するべく光のルーバーを壁に採用した。プールの風景と内部を光の量でゆるやかに分断される。

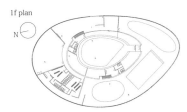

（左上）水面が都市のなかに建ち上がる
（右上）空に囲まれた中庭のプール
（右下）水面に囲われ、光の陰影によって区切られていく内部

L-model
地域に対して大きさのある施設の計画。
生活から都市風景へとまたがるスケールの可能性を探る。

［図書館］
敷地：台東区　中央図書館谷中分室　　カテゴリー：混成系　融合型

採用モデル：

　図書館の都市における存在は、蔵書をする機能と図書する機能、それに地域の憩いの場である。蔵書をするのは日光を遮り温度環境を一定に保つことが必要であるが、地下空間はそれに適している。そこで本を海底に沈め保管しつつ、利用者は草原で憩いながら図書を楽しめる環境を計画した。俯瞰してみると草原に中の沼のような様相を呈する。防災広場でもある地上部分は、公園のような場所となるように図書館は象徴としての姿を消去され、機能に全うしながらもランドスケープのような、新しい地域の図書館風景を提案する。

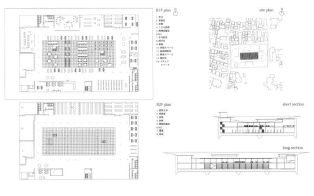

（上）都市のなかに埋もれる図書館と風景
（右）海底としての閲覧・蔵書スペース

XL-model   都市のビッグネスを、大きな自然風景のような存在と見立てる。

［高層ビル］

敷地：新宿区 コクーンタワー　　カテゴリー：混成形　融合型

採用モデル：

　超高層ビルは最も空に近い空間をもつ建築である。もっと空に近づいた場所にオフィスがあれば、作業環境も変わるかもしれない。またビッグネスとなる建築に対しいかに空に溶け込むことができるかを風景の観点から再考してみる。空__2をスケールアップさせた。搭乗比が通常とは異なるスケールであるために各階層の延べ床面積は小さくなるものの層は多くなることから全体延べ床面積は一般的なオフィスビルとは相異ない計画とする。空に対するビルの境界とは別言語を用いて、足元は森のような軸組みによる複雑性、あいまい性を与えることでビル群の地上レベルの環境を整えることを目標とする。

最も空に近いオフィス空間

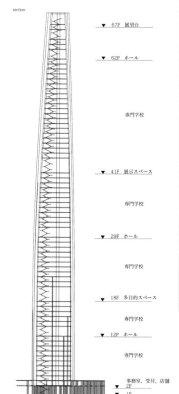

section

▼ 67F 展望台
▼ 62F ホール

専門学校

▼ 41F 展示スペース

専門学校

▼ 29F ホール

専門学校

▼ 18F 多目的スペース

専門学校

▼ 12F ホール

専門学校

事務室、受付、店舗
▼ 2F
▼ 1F

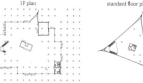

1F plan

standard floor plan

standard floor plan

自然風景のメタボリズム概念図

メタボリズムしていく自然風景

S～XL-modelが様々な匿名の敷地において建築化されていくとき、都市風景はゆるやかに変革していくだろう。
建築が様々なスケールを横断しながら積極的に「風景化」していく点に特徴がある。
本研究では自然風景をその手がかりにしているが、それらのもつ意義は特に以下の3項目に考察された。

現実性
　具体的手法を実例から学びとしていることや、小規模な敷地をも対象となることから、比較的に理念を現実化するハードルは低くなっている。理念を理念で終わらせずに、社会実装をすることを現実的に目標としている。

更新性
　対象敷地を東京都内に設定したことは、未だに新陳代謝は活発であり風景が更新されている。自然風景のような建築がそのサイクルの中に忍び込み、少しずつ都市風景を建築が崩していく可能性は十分に残されていると考えられる。

汎用性
　自然風景の概念化を本研究では主観的考察をベースにし、具体的手法は定着化される指標とビジュアル化の方法を採った。そうした主観的観察や定着化を促す方法は、個人の多様な観点を受け入れながら発達していくことができるため、現代の情報化社会との親和性は保たれると考えられる。

離散的建築

－複数性から思考するエレメントの研究－

香取 裕之
Hiroyuki Katori

千葉工業大学大学院
工学研究科
建築都市環境学専攻
遠藤政樹研究室

本作品は、『テクトニック・カルチャー』（ケネス・フランプトン著）に対する批判的設計である。通常の設計で最も重視される歴史やコンテクストを設計初期条件から外し、第三者が行ったモノの配置結果からスタートさせるという実験的プロジェクトである。この実験は、設計者の主体性を、空間を「見つける」ことから始めることで、設計者の新たな主体性をつくろうと試みているものである。本作品では、設計の主体性がそれ単独で成立するとは考えていない。それを踏まえたうえで、歴史やコンテクストを無条件に受け入れ、振り回されてしまう設計方法ではなく、「見えたものを描く」観察者的設計手法を考える。

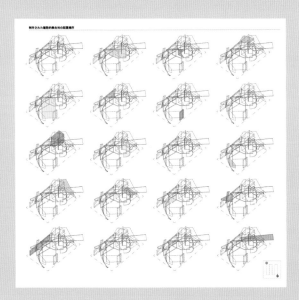

制作された離散的集合地の配置順序

1. 目的

人は空間を「見つける」能力に長けていると思う。ピクニックに行くと、人は寛げそうな空間を木の配置、地形、土や芝生などを手掛かりに探し、そこにブルーシートを敷く。このように人はモノの配置関係を手掛かりに寛げる空間を探し、見つけているのではないか。

空間を「見つける」ことから建築を考える。輪郭をつくることから始める設計展開ではなく、「見つける」ことから始まる展開があるのではないだろうか。

2. 設計手法

現代建築は人の行動に対する「予測可能性」、コンテクスト（歴史、文脈 etc……）を手掛かりに設計するが、建てられた建築や都市計画が必ずしも上手く機能していないことは明らかであると考えられる。「予測可能性」を重視した建築設計は、空間が大きく、モノの表現は軽く薄く物質性のないものが多く、コンテクストは条件操作としての材料にしやすいものとしてあるゆえ振り回されやすい。

本研究は予測可能性、コンテクストなど条件操作を整理することから始めず、設計の主体性を、空間を「見つける」ことにおくことで、設計者の新たな主体性をつくろうと試みているものである。知っていることではなく、「見えたものを描く」観察者的設計手法を考える。

多様さが求められる現在、様々な人や事に対応させるため人の行動（予測可能性）を想定し設計をするが、青木淳の言うように、心理的なものは結局掴めないものである。

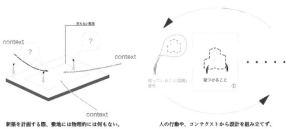

新築を計画する際、敷地には物理的には何もない。そこに対してコンテクストなどを取り込むが取り込み方にも複数ある。うまくいくこともあるが、振り回されてしまうこともある。

人の行動や、コンテクストから設計を組み立てず、設計者は見つけることから始める。そこで敷地にボリュームなどの輪郭に変わる対象どうつくるかを考える。

3. 検証

設計者の主体性を、空間を「見つける」ことにおくために、建築の大まかな輪郭を想定させるためのデザインを設計者は行わない。文脈や人の行動（予測可能性）などの条件操作や設計者のフィルター（美意識）を通した後では、純粋な「見つける」ことが難しくなる恐れがあるため、本研究内容を知らない人に手がかりとなる輪郭を生成してもらうことにした。その際に、研究内容を知らない人も美意識や計画性、意図のある配置が難しくなるように、他人によるオートマティスム的配置を行った。そして、オートマティスム的配置のためにエクササイズを行い、純粋な間隙をつくる。

Step1

1/20のスケールの敷地模型に対して、私が所属している遠藤研究室の学生20名でスタディ模型をつくる。ルールは、それぞれが同じ材料で切った部材をトレードし、他の学生が見えない状態で敷地に部材を順々に配置する。自分の切った形態を配置できない、または状態がわからないまま進行する形態構築は、完成形に対して個人の思想が伝達しづらく、予測しえない形が現れる。

Step2

実際にある敷地に対して1/200というスケールでエレメントを好きなように1人で配置していった。1人で行うと美意識や計画性を思考してしまうため、閉鎖的な展開になってしまうことがわかった。

Step3

建築におけるエレメント、屋根、壁、柱、階段の形をあらかじめ設定し、美意識や計画性を外すためのスタディを行った。ここでは、あらかじめ設定する形に特質があると属性を持つ空間がつくれるということがわかった。このスタディでは、斜めに伸びる壁がフロアごとの空間の大きさを規定し、基準階平面とは異なるモノとなった。プログラムを許容する建築になりうる可能性がこの形から見られた。

Step4

Step1〜3のスタディにおいて、1人で行ったものは美意識や計画性を帯びたものになりやすく、「見つける」という状態にまで展開していくことが困難であることがわかった。そこで、Step1の内容を踏まえて、設計者以外の人に配置してもらうことにした。今回は他者にもオートマティスム的配置をしてもらうためにルールを制作し、それに従ってもらった。

Step1

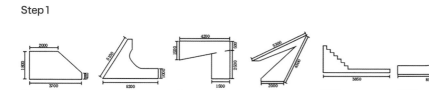

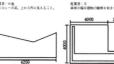

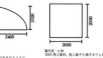

Step2

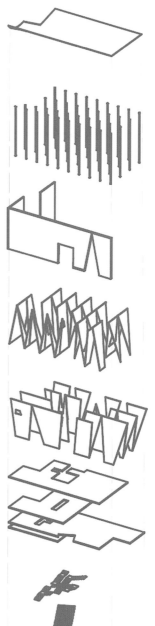

4. 他者を介在して検証

　Step1〜4を参考に繰り返し制作を行った。このプロセスでできた輪郭を「離散的集合知」と名付ける。これは敷地にあらかじめ対象として配置するものである。制作時はスケール、美意識、計画性のないモノの配置関係と密度という情報のみを持つ。追加されたルールは制限時間内にモノを切った本人がそのまま枠に配置していったことである。この実験では制限時間を設けることにより、製作者が迷う間もなく配置することができ、美

意識や計画性を外したであろう配置関係ができたため、この「離散的集合知」を設計に反映させる。
　「離散的集合知」を初期条件として敷地に配置し、コンテクストやプログラムを与えたうえで観察者となり設計を行う。本計画では、スケール感の異なる住宅と商業施設の2つを設計することで、さまざまなスケールを横断しても「離散的集合知」が間隙としての手掛かりとなるのかを実験する。

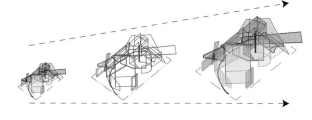

敷地に合うようにスケールを拡大させる。
「離散的集合知」は様々なスケールを横断
する。

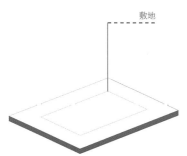

敷地

通常の設計であれば、敷地周辺のコンテクストを読むことから始まる。しかし本計画では、そう行った条件操作による形へのアプローチは行わない。

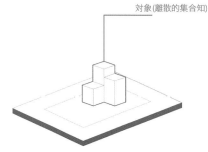

対象(離散的集合知)

他者によって制作された「離散的集合知」をスケールを拡大させを敷地に配置する。この後、高さ制限などしなければならない条件のみを「離散的集合知」に反映させる。

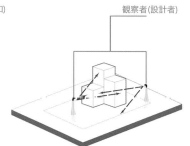

観察者(設計者)

ここから設計者は観察者となり初めて設計に関わる。オートマティスム的に配置されたモノの間隙を発見し、見えたものから建築をつくる。

「離散的集合知」をつくるためのフローチャート

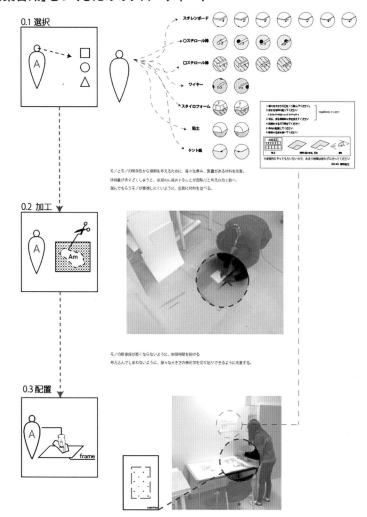

0.1 選択

スチレンボード
○スチロール棒
□スチロール棒
ワイヤー
スタイロフォーム
粘土
ケント紙

モノとモノの関係性から建築を考えるために、様々な歪み、質量がある材料を用意。
体積量が多くさしてしまうと、感覚的に選択することが困難だと考え白色に統一。
選んでもらうモノが重視しにくいように、均質に材料を並べる。

0.2 加工

モノの解像度が悪くならないように、制限時間を設ける
考え込んでしまわないように、様々な大きさの幾何学を切り貼りできるように用意する。

0.3 配置

配置する時に初めて途中経過を把握できるようにする

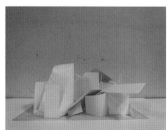

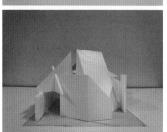

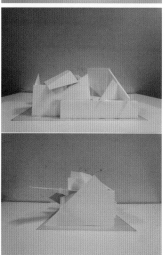

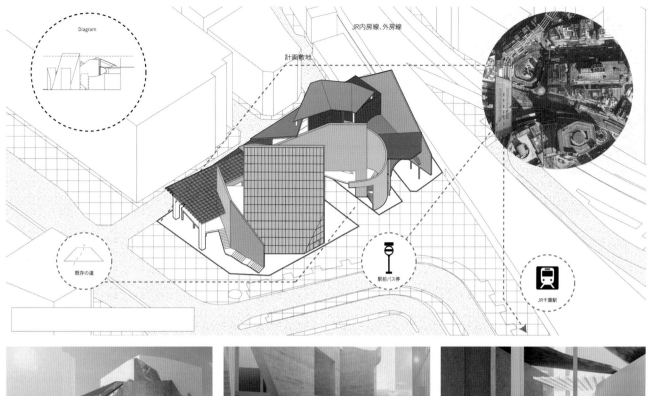

Diagram

JR内房線、外房線

計画敷地

既存の道

駅前バス停

JR千葉駅

Diagram

計画敷地

段差と擁壁

坂道

並木道

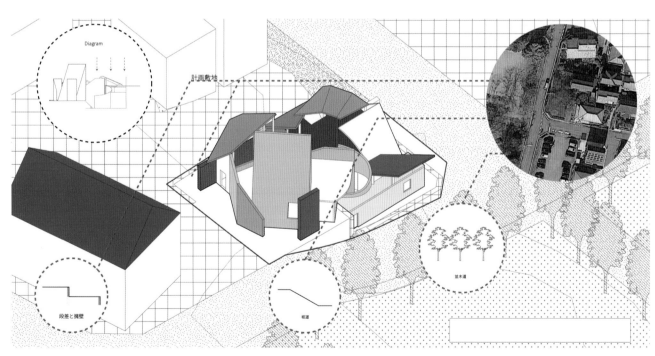

建築的身体の研究

ヨーン・ウッツォンの作品分析を通して

岸田 和也
Kazuya Kishida

千葉工業大学大学院
工学研究科
建築都市環境学専攻
石原建也研究室

様々な意匠が氾濫する現代において、私は建築の始まりを探求したいと思い、ゴットフリート・ゼンパーの「建築芸術の4要素」を研究の入り口とした。ゼンパーは、人の集まりを生む炉、それを覆う屋根、囲い、土台を建築の4つの要素としている。重要なのは、ゼンパーは、囲いの本質を壁体としての構造ではなく、壁面としての仕上げ工としたことである。ここに、被覆という概念が生まれている。

ゼンパーのこうした考えを近代建築で継承する建築家としてヨーン・ウッツォンを取り上げた。ウッツォンの代表作はいうまでもなくシドニー・オペラハウスである。ウッツォンはアジア諸国を巡った旅で、中国の寺院建築を基壇の上に浮かぶ屋根として捉えた。この感性が、基壇と屋根、その間を覆うガラスカーテンウォールのシドニーを生んだと言えるだろう。シドニーにおいてウッツォンは、オーヴ・アラップとの協働でもう一つの重要な方法を編み出した。それが、一つの球体を切り出すことで生まれる複数の屋根の重なりである。その後ウッツォンは、合理的な単位空間が加算的に集合することで有機的関係をつくり出す作品を展開する。

しかし私は、このような作品から、シドニーが持っていた囲いの軽やかさが失われてしまったと考えている。そこでウッツォンの加算的建築を継承しつつ、基壇と浮かぶ屋根との間に現れる囲いの建築を設計することに挑戦した。

建築の四つの要素

19世紀ドイツの建築家、ゴットフリート・ゼンパーは『建築の四つの要素』(Die vier Ekemente der Baukunst)の中で、考古学や人類学の成果を総合して人類史の始原まで遡れば、「炉」「土台」「屋根」「囲い」という建築の基本要素が見出されると説明する。ここで重要なのは、囲いの本質を壁体としての構造ではなく壁面としての仕上げ工事としたことであり、ここに被覆という概念が生まれる。ここでいう被覆とは構造から自立し、純粋に空間を分離したり接続したりする建築思想を可能にするものである。

屋根　雨風から火を守る面が必要
囲い　壁面＝被覆　純粋に空間を囲い込んだり分離したりするもの
　　　壁体　石や煉瓦の組構造による構造体。土台から発生するもの
炉　集団生活の中心となる「炉・火」を守るという問題意識から、
　「土台、屋根、壁」が派生
土台　湿気から火を守る土台が必要

被覆論

ゼンパーの理論である「被覆論」はY = C (x , y , z , t , v) として提示された方程式によってその特色が鮮明なものとなっている。x , y , z , t , v の変数の部分には、素材と技術／地域的・民族的要素／人的な影響、の3つに分類された個別の条件が代入される。技術上の制約条件、気候風土などの自然環境、宗教や政治などの社会的枠組み、そして建築家や施主の趣味や思想、これらの各変数が基本理念 (C) という関数を介して建築 (Y) という表象あるいは現象を生み出す。この数式でいう基本理念(C)が「空間分離」や「被覆」に当たる。

ヨーン・ウッツォン

ヨーン・ウッツォンは造船技師の子としてデンマークに生まれる。コペンハーゲンのロイヤル・アカデミーで学び、卒業後に世界各地の伝統的な建築手法を学んだ。第二次世界大戦後に設計活動を開始し「シドニー・オペラハウス」の設計者として世界的に有名になり、近年になってプリツカー賞を受賞するなど再評価の機運が高まっている建築家である。

著書『空間・時間・建築』の中でジークフリード・ギーオンは、ウッツォンが残した複数のスケッチやアイデアの源泉となった幾何学的形態を用いた模型写真や自然界の写真を参照しながら、機械を用いながら工業製品の制御と想像力・創造力の解放を実現し、3次元の彫刻的形態と個と集合体の関係性を獲得したと論じている。

ウッツォンの建築は社会な側面を持ちながら極めて人間的な理念を持っている。そこには工業的な社会的要請と機能や構造に束縛されない被覆的な要素が存在していると考える。本修士研究では、ゼンパーの唱える被覆論の延長としてウッツォンを取り上げ、その作品分析を通して被覆がつくる空間とその方法論を追求する。

シドニー・オペラハウス

　ウッツォンはアジア諸国を巡った旅で、中国の寺院建築を基壇の上に浮かぶ屋根と捉える。この感性が、基壇と屋根、その間を覆うガラスカーテンウォールのシドニーを産んだと言えるだろう。シドニーにおいてウッツォンは、オーヴ・アラップとの協働でもう一つ縦横な方法を編み出す。それが一つの球体を切り出すことで生まれる複数の屋根の重なりである。その後ウッツォンは、合理的な単位空間が加算的に集合することで有機的な関係をつくり出す作品を展開していく。

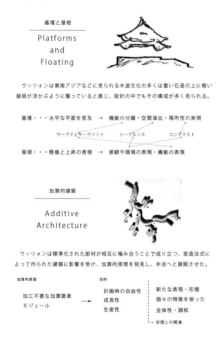

2つの手法概念

基壇と屋根
Platforms
and
Floating

　ウッツォンは東南アジアなどに見られる木造文化の多くは重い石造の上に軽い屋根が浮かぶように覆っていると感じ、設計の中でもその構成が多く見られる。

基壇・・・水平な平面を言及　→　機能の分離・空間演出・場所性の実現

サーブドとサーヴァント　　シークエンス　　コンテクスト

屋根・・・懸垂と上昇の表現　→　景観や環境の表現・機能の表現

加算的建築
Additive
Architecture

　ウッツォンは標準化された部材が相互に噛み合うことで成り立つ、営造法式によって作られた建築に影響を受け、加算的原理を発見し、手法へと展開させた。

加算的原理　　　　　　　目的

加工不要な加算要素　　　計画時の自由性　　　新たな表現・形態
モジュール　　→　　　　成長性　　→　　　個々の特徴を保った
　　　　　　　　　　　　生産性　　　　　　　全体性・調和
　　　　　　　　　　　　　　　　　└空間との関連

建築的身体の制作

　ウッツォンの作品分析を通して、オペラハウスでは結果的に基壇と屋根と加算的原理の両立が実現したが、その後の作品ではそれらが相互に関係性を持つことはなかった。基壇と屋根の間で揺れ動く、加算的原理によって実現する空間にゼンパーが提唱した被覆という概念が潜んでおり、その加算的原理によって導かれる建築にこそ、建築の4要素に沿った人間的な建築であると考える。

建築的身体　都市的　＜　身体的
　　　　　　基壇と屋根　加算的操作

被覆論　$Y = C (x , y , z , t , v)$

建築　　　基本理念

表象・現象　　被覆・
　　　　　　空間分離

ウッツォン　加算的原理　基壇と屋根
　　　　　　　身体的　＜　都市的

作品分析

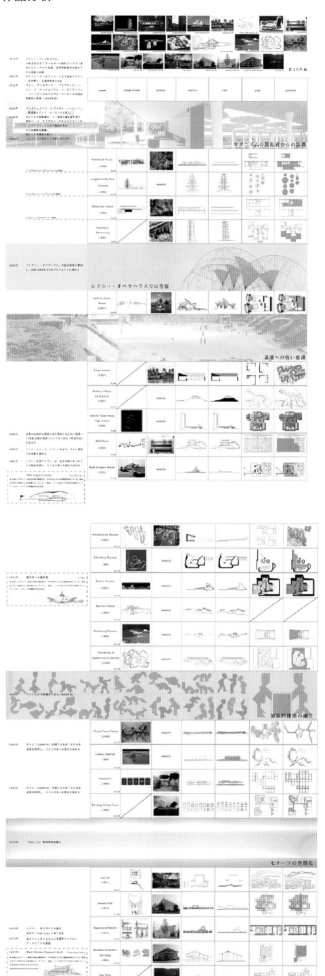

提案

　プロジェクトは東京都港区南麻布に位置する有栖川記念公園内の都立中央図書館の建て替えである。敷地は台地として豊かな地形を抱え、敷地内には日本古来の林泉式の修景による庭園を有しており、その地形の頂上に建物は位置する。

　図書館というプログラムは大きくサーブドスペースとサーバントスペースがはっきりと分かれているプログラムであり、基壇と屋とその間の空間を体現するのに相応しいと考えた。図書館という、探す、借りる、読むという一連の流れを庭園と連続性を持たせながら設計を行うことで経験的な空間を目指す。

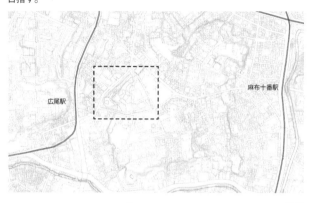

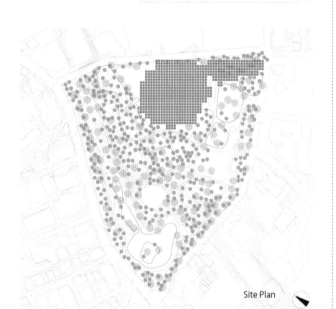

Site Plan

Additive operation　-Platform-

　基壇を形成するエレメントとして敷地のコンターラインを手がかりに設計を行った。計画敷地は台地となっており、周辺のコンターラインとの関係性のスタディを行った。コンターラインを建築化することで周辺環境と同調しながらシークエンスを操作する。

同化
既存のコンターラインに対して同じ幅のコンターを加算させる。地形か建築か曖昧な領域が生まれる

ここでは基壇を地面から切り離すのではなく、地面の連続の中に穏やかに現れる土台が相応しいと考えた。故に元々のコンターを復元する仕方で土台を形成する

異化
既存のコンターラインに対して幅を狭めたコンターを加算させる。既存コンターとの異化作用によって、段差として認知する

浮遊
既存コンターラインをスラブと見立て、高さを与える。地形の延長として、建築全体に地形との視覚的な連続性を与える

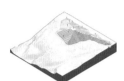

さらにその地形を増幅させる形で地下の下に閉架書庫やバックヤードなどのサーヴァントスペースを設け、基壇を形成する

横断
既存のコンターラインを立ち上げるように動線を横断させていく。地形を横断するような動線は、多様な周辺環境を体験させる

潜る
既存コンターラインに対して距離を取るようにレベル差を利用する。見えるが行けない距離をつくり出し、動線とたまりを区別できる

誘導
既存コンターラインを垂直に立ち上げ壁を形成する。既存コンターに沿った壁は誘導性の強いエレメントとなる

そのことで土台である地形の上には開放的な書架と閲覧室など、利用者が探索し、たたずむ空間のみが広がる。コンターを操作し、建築空間を立ち上げる

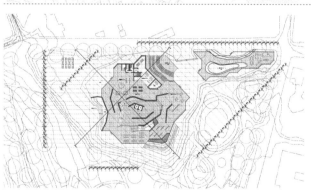

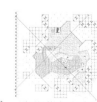

B1 floor plan

2nd floor plan

3rd floor plan

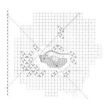

Additive operation　-Floating-

　周辺に立つ木々と連続するような軽やかな屋根として、構造グリッドである7000mmという寸法を細分化し、3500mmという周辺の木々の直径に近い寸法で設計を行った。屋根システムとして、トラスの仕組みを参考に、加算という特徴を生かしながら、屋根の単位が支え合うことでより強固になる構造システムをスタディした。

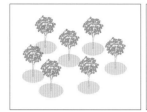

園内に存在する木々はそれぞれに領域を持ち、それらが関係し合うことで人間的な場を形成している

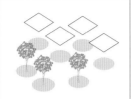

園内の木々の連続として細分化した浮いた屋根を考える

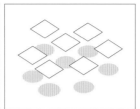

細分化された屋根が加算されると、建築内に領域が発生する屋根

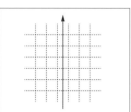

敷地に対して沿って7000×7000の構造グリッドを配置すると列柱が強い方向性を生んでしまう

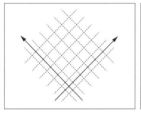

グリッドを45度ふることで強い方向性を分散させ、回遊性を促す

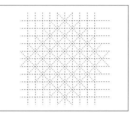

構造グリットを細分化し、周辺の木々の連続として3500×3500の屋根面を考える

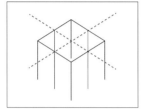

7000×7000のラーメン構造によって支えられる屋根面を4分割すると必然的に柱の量が増えてしまう

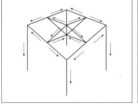

4分割する上で必要な柱をなくすため、屋根面を操作しながらトラスを形成していく

屋根全体がトラスのシステムによって成り立つことで、屋根単位を加算すると構造としての強度が増す

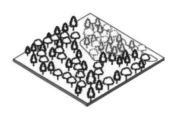

周辺に立つ木々の連続としての屋根を考えるにあたり敷地内に仮想の木々を想定し、そのシルエットとして屋根を設計する

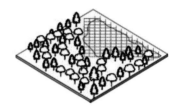

周辺の木々の連続としてグリットに沿った柱を落とす。基壇と屋根を成立させるものとして柱があるだけではなく周辺の環境と建築との間に水平性を持たせる効果をもたせた

屋根を細分化し、基壇と連動しながらそれぞれの屋根単位に高さを与えていく。屋根と、屋根の重なりによって木漏れ日のような光が建築内部を照らすとともに約500枚の屋根がそれぞれの屋根下空間をつくる

エントランスでは上昇していく加算的な屋根が様々なアクティビティを映す

構造から自由な基壇はそこに置かれる本棚や家具の位置にも影響を与える

地形と連続した基壇が建築の内外を横断する

浮いたような加算的な屋根はカーテンウォールを細分化し、木漏れ日のような光を実現する

森林資源を循環させるための建築 「森のラボラトリー」

原田 多鶴
Tazuru Harada

筑波大学大学院
人間総合科学研究科
芸術専攻
貝島桃代研究室

現在の日本の森林は、大量の樹木を蓄え伐採と更新の需要が高まっている。第二次大戦後に一斉に建築用材林が植えられたことにより、現在の人工林の大半は1950年代に植樹された針葉樹であり、樹木の多くは利用されずに成長を続け、現在の森は大径木が取れるほどに成長している。

本計画では、「循環」を「森林資源を循環利用すること」と定義し、地域の人が介在することによって資源の循環を促すことを目的とする。茨城県石岡市八郷の森林を対象地として植生調査と地域の活動に着目し森林の利用調査を行う。丸太は形状が不均一で利用が困難である一方で、製材に比べ原料のまま利用できるため歩留まりがよく加工負荷が少ない。そこで、文献調査および現地調査により地域の人が建築の工程へ介入しやすいような丸太の構法調査を行う。本計画では、非流通材を活かして地域の活動の場をつくることを目的とした。森にある木を敷地外に移動し製材するのではなく、丸太のまま利用することで、流通の規格から外れる樹木を使い切りながら森を整備する。ここで設計するのは、森のようちえんの活動の場を想定し、地域の多様な人々が集まる「森のラボラトリー」である。八郷の森林資源を実態的に捉えることを通して、地域に根ざした建築デザイン手法の試みを作品として提示した。このことは、建築をつくることが森林資源を活用することそのものであり、建築デザインはその利用を広く空間的に共有するための社会的媒介となりうると考える。

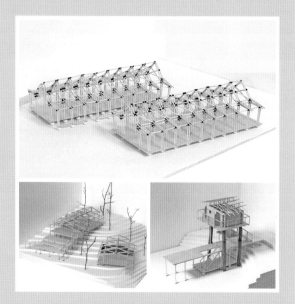

日本の林業と山

日本の林業は、採算性の悪化や林業従事者の減少により衰退が危惧されており、持続可能な林業の実現が求められている。一方で、現在の日本の山々は、伐採適齢期を迎えている。森林は大量の樹木を蓄えており人工林の伐採と更新の需要が高まっている。

木材供給量の推移

過去40〜50年の間、日本の森林面積はほとんど増減がなく、樹木の幹の体積である「森林蓄積」は、年々増加している。

↓

日本の「使うべき森林資源」が充実してきていることを意味している。

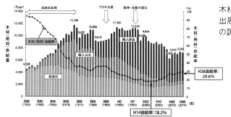

木材供給量の推移
出展:森林・林業・木材産業の課題、林野庁、2018

流通における課題

木材自給率が上がらない要因として、流通の課題が挙げられる。例えば、森で成長した大径木は一般の製材機には適合していないため、材の価値を活かした流通が成立しづらい背景がある。

↓

小経木や大径木は製材できず、流通できない。

間伐における課題

人工林において搬出が困難な場合、間伐後に木材を搬出せずそのまま森へ放置する「切捨間伐」が頻繁に行われている。伐った木を放置することで、大雨や台風などで木材が流出する被害や、森の涵養機能に必要な下層植生が繁茂するのを妨害し、自然災害を引き起こす要因になる。

地域の共有資源「ながら」

入会地とよばれた山では、地域の共有の資源として利用されていた。「ながら」と地域で呼ばれている育ちが良くない木材は、細くて軽く、容易に切り運び出すことが可能であることから、建設の際の足場や屋敷の脇に建てる小屋の材料などに利用されていた。

ながら材

里山風景が広がる農村地域

八郷地域は「にほんの里100選」で挙げられるような美しい里山風景を残しており、自然条件にも恵まれたことから皇室への献上柿の産地でもあった。敷地の脇にはつくば市と笠間市をつなぐ国道42号線（通称フルーツライン）が通っておりサイクリングスポットとしても親しまれている。八郷地域にはかつての地域の共有林や、戦後に植林された人工林が点在して残っており、その中で、手入れが放棄された森が多くある。

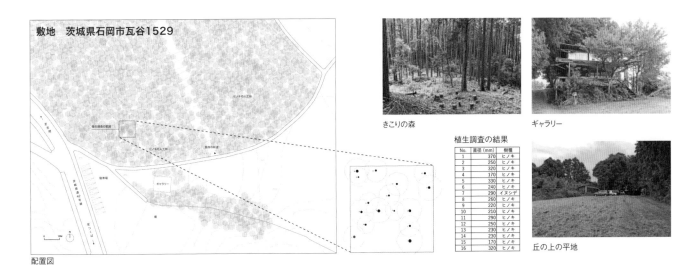

敷地　茨城県石岡市瓦谷1529

配置図

きこりの森

ギャラリー

丘の上の平地

植生調査の結果

No.	直径 (mm)	樹種
1	370	ヒノキ
2	250	ヒノキ
3	320	ヒノキ
4	170	ヒノキ
5	330	ヒノキ
6	240	ヒノキ
7	290	イヌシデ
8	260	ヒノキ
9	220	ヒノキ
10	210	ヒノキ
11	290	ヒノキ
12	250	ヒノキ
13	230	ヒノキ
14	230	ヒノキ
15	170	ヒノキ
16	320	ヒノキ

森づくり活動

森づくり体験のアクティビティ
1. 植林　…しいたけの菌打ち
2. 間伐　…下草刈り、雑木林の手入れ
3. 主伐
4. 製材　…薪づくり、樹木のチップ化
5. 木工・家具づくり

活動に関わるアクター
・幼稚園教諭
・保育士／自主保育指導者
・0歳から7歳までの幼少期の子供
・自然体験指導者
・森づくり活動指導者
・木工・家具づくり指導者

「森のようちえん」

森のようちえんのアクティビティ
・木工教室
・屋外演奏会
・材木の伐採／木の製材
・小屋づくり／遊具づくり
・森の素材で遊ぶ
・育林活動
・薪づくり　等

活動に関わるアクター
・市民
・行政の農業政策課
・森林保護のNPO団体
・林業家
・森づくり活動の指導者
・木工・家具づくりの指導者

非流通材でつくる建築

　植林から60年経過した森の環境を想定し、その中で流通材として利用することができない森林資源に着目して設計を行う。「森のラボラトリー」は、A「間伐材でつくる建築」、B「ながら材でつくる建築」、C「大径木でつくる建築」と分類して、各フェーズごとに設計を行う。

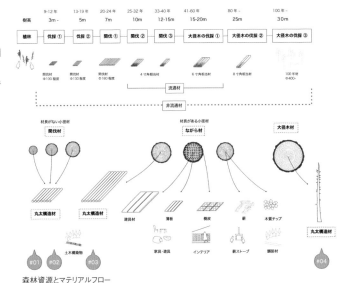

森林資源とマテリアルフロー

森と建築の連動性をデザイン

内と内のデザイン
親子の空間、縮小社会の町の将来像へ貢献する
多世代・多目的の場が併設する空間
　→ 木と人が繋がる親と子どものためのFabLab シェアオフィス

内と外のデザイン
自然要素とつながる建物によってできる内部と外部空間
　→ 新しい眺めを生むテラスや望楼
　→ 地下から森を楽しむための東屋

外と外のデザイン
山道を整備してつくる木を生かした構築物による人のための外部空間
　→ 花壇やベンチになる間伐材でつくる擁壁

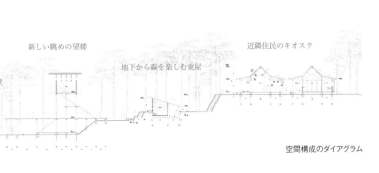

親子のためのFabLab
花壇やベンチになる擁壁
新しい眺めの望楼
地下から森を楽しむ東屋
近隣住民のキオスク

空間構成のダイアグラム

空間の規模と構法

A「間伐材でつくる建築」　B「ながら材でつくる建築」　C「大径木でつくる建築」

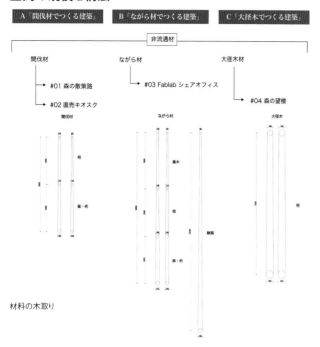

材料の木取り

森林と建築　相互に連関するデザイン

森林の循環
保育
1. 植林

2. 枝打

3. 下刈

4. 間伐、薪わり

5. ながら材の伐採

6. 大径木の伐採
　　伐採見学
　　ながら材で足場を組むお祭り

設計プロセス

#01　間伐材でつくる「森の散策路」
　　#01-1　椅子や植栽棚になる「丸太擁壁」
　　　1 丸太を切る
　　　2 擁壁を積む
　　　3 ウッドチップにして道に敷く
　　#01-2　「あずまや」
　　　1 材の選定をし、丸太を切る
　　　2 丸太組構法で建物を建てる

#02　間伐材でつくる「直売キオスク」
　・重機を使わずに地域の人々とつくる
　　　1 材の選定をし、丸太を切る
　　　2 パイプ金物で接合し、ボルトで挟み施工する

#03　ながら材でつくる「FabLab シェアオフィス」
　・材料の選定や皮むきは地域の人々と行う。
　　　建物は重機を利用して建てる
　・薪ストーブで樹皮を燃料に利用する
　　　1 ながら材の伐採と選定
　　　2 丸太の皮むき
　　　3 ボルトで穴を開け、仕口の加工をする
　　　4 トラスを組んで施工する

#04　大径木でつくる「森の望楼」
　・地域の人々とお祭りをしながら大径木を伐採。
　　　重機を利用して望楼を建てる。
　　　1 大径木の伐採見学
　　　2 ながら材で足場を組む
　　　3 望楼を建てる（お祭り）
　　　4 丸太で組んで望楼を施工する

「森のラボラトリー」配置計画

現在 林齢60年のヒノキの森

Phase1 間伐材でつくる

Phase2 ながら材でつくる

Phase3 大径木でつくる

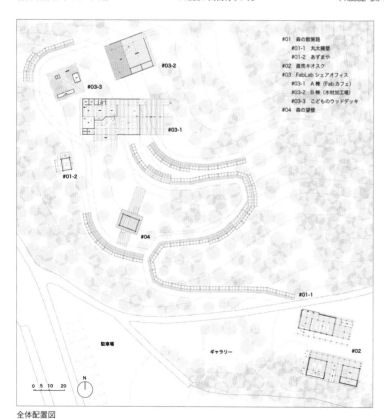

#01　森の散策路
　#01-1　丸太擁壁
　#01-2　あずまや
#02　直売キオスク
#03　FabLab シェアオフィス
　#03-1　A棟（Fabカフェ）
　#03-2　B棟（木材加工場）
　#03-3　こどものウッドデッキ
#04　森の望楼

駐車場
ギャラリー

0 5 10　20

N

全体配置図

間伐材でつくる #01「森の散策路」

花壇や椅子になる「丸太の擁壁」

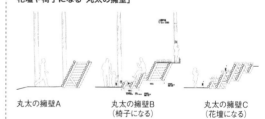

丸太の擁壁A　　丸太の擁壁B　　丸太の擁壁C
　　　　　　　（椅子になる）　（花壇になる）

子どものための「森のあずまや」

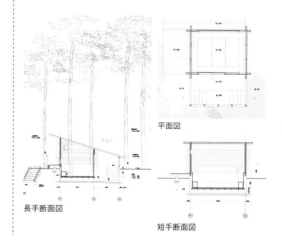

長手断面図

平面図

短手断面図

間伐材でつくる #02「直売キオスク」

地域住民が
農産物を買い求める

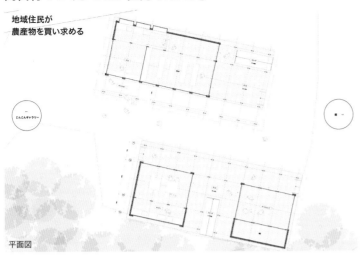

平面図

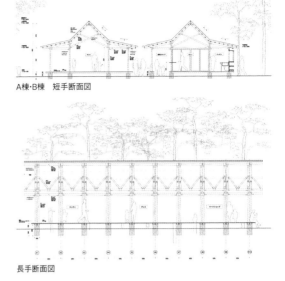

A棟・B棟　短手断面図

長手断面図

ながら材でつくる #03「FabLabシェアオフィス」

子育て中の親が安心して仕事ができる環境と
子どものための空間

平面図

木陰の
「子どものウッドデッキ」

断面図

A棟　子育てオフィスとFabLabカフェを併設した大人と子どもの空間

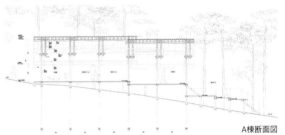

A棟断面図

B棟　木材加工場と、薪ストーブを備えた教室のある空間

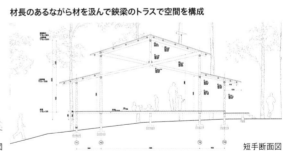

B棟断面図

材長のあるながら材を汲んで鋏梁のトラスで空間を構成

短手断面図

大径木でつくる #04「森の望楼」　森の中で高い視点から遠くまで眺めることのできる櫓

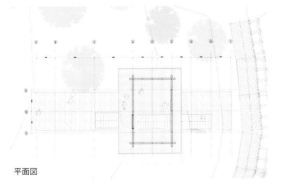

平面図

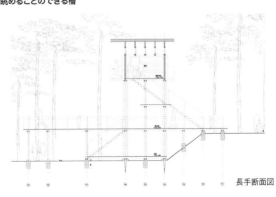

長手断面図

City Swimmer

松本 造
Itaru Matsumoto

筑波大学大学院
人間総合科学研究科
芸術専攻
加藤研究室

都市河川で泳ぐための場所を考えた。スイスの各都市やベルギーのブルージュの事例に見られるように、産業発展の弊害として失われた河川での豊かな振る舞いと良好な水質を、「遊ぶ」ことで取り戻すことができると思い、隅田川の3箇所を対象に設計を行った。スイスのチューリッヒ滞在時に、会社の昼休みに弁当を持って河川に泳ぎに来る人たちの姿に感銘を受け、そのような自然と都市と人の美しい関係を日本の都市河川でも見てみたいと思った。隅田川では80年前に水泳文化は途絶えているため、設計の参考をチューリッヒの河川水泳場に求め、注目すべき水と人と建築の関係を観察しアクソメ図にて記録した。チューリッヒの事例を参考に、水辺の豊かな振る舞いを誘発する空間の構成・素材・寸法を引用し設計に反映させた。本来河川で遊ぶのに建築などいらないのだが、文化を再生し根付かせるために、現代の人と都市と自然をつなぐ場所となることを目指した。

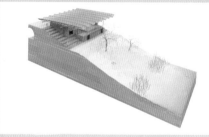

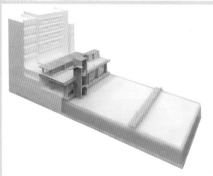

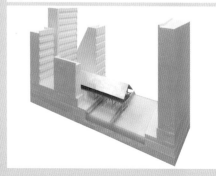

チューリッヒの河川水泳所

チューリッヒには湖と河川沿いに10箇所の施設があり、ほとんどが無料で利用する事ができる。スイスでも日本と同様に産業発展の弊害として河川が汚染されチフスによる死者も引き起こしたが、下水処理法の改善を国民が支持し、現在まで河川水泳文化は途絶える事なく続いてきた。またトラムやバスの交通網とうまく組み合わされ、日常生活に河川浴が自然な形で入り込んでいる。滞在中に発見した、注目すべき水と人と建築の関係をアクソメ図にて記録した。施設全体を捉えたもの《全体図》と部分的に注目したもの《詳細図》の2種類を制作し、計260個の《空間とふるまいの特徴的な関係》を収集した。

【全体図】

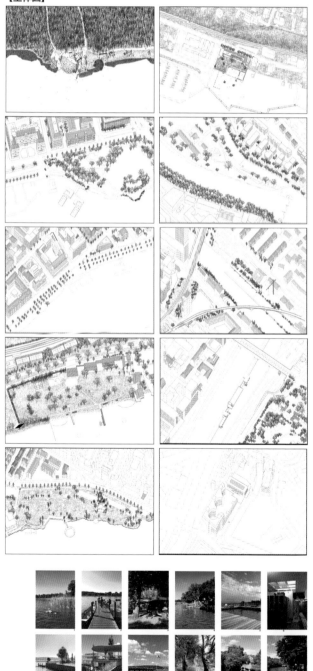

【詳細図】

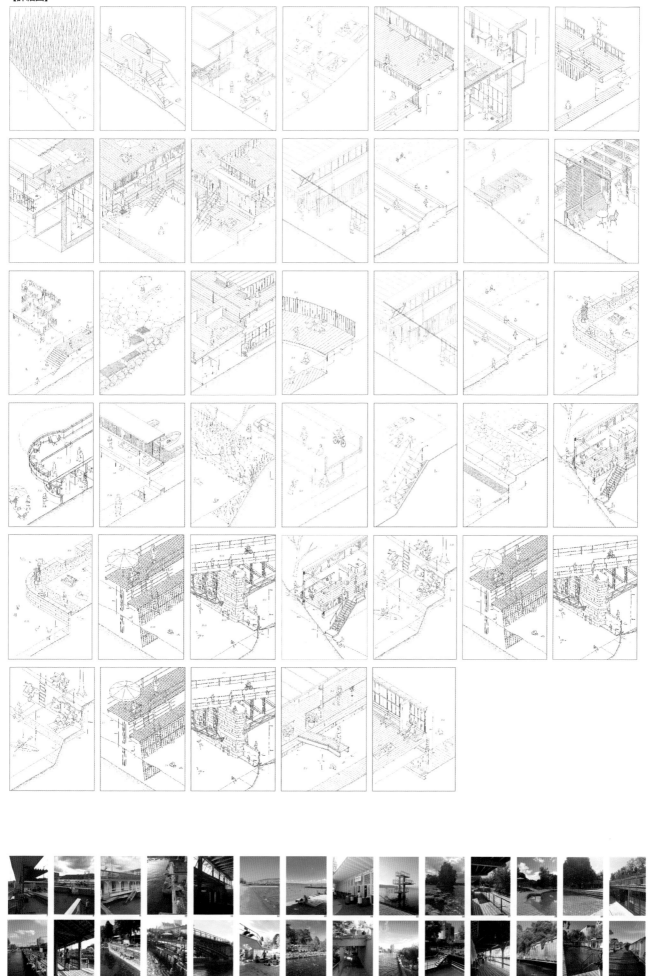

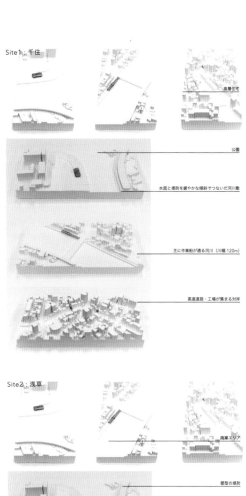

Site1：千住

高層住宅

公園

水面と堤防を緩やかな傾斜でつないだ河川敷

主に作業船が通る河川（川幅120m）

高速道路・工場が集まる対岸

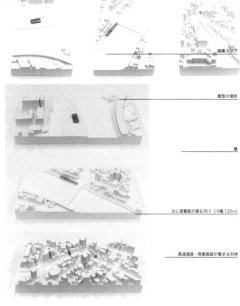

Site2：浅草

商業エリア

壁型の堤防

橋

主に遊覧船が通る河川（川幅120m）

高速道路・商業施設が集まる対岸

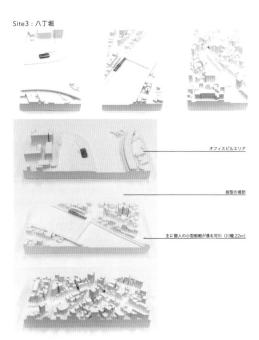

Site3：八丁堀

オフィスビルエリア

段型の堤防

主に個人の小型船舶が通る河川（川幅22m）

Site1：千住

【敷地概要】

　千住エリアはスーパー堤防と呼ばれる、堤防と岸がなだらかな傾斜でつながる形状をしている。これはまちと河川が堤防で分断されることを土木的に解決した手法で、1980年代のバブル期に多額の予算が投入され建造されたものである。堤防上は緑地公園になっており、公園周辺には小学校や高層マンションがある。放課後に公園で遊ぶ子どもや、犬の散歩をする人、ジョギングをする人などが集まる生活色の強いエリアである。

【計画概要】

　公園がGL+9000mm、歩行者用のタータン敷きの小道がGL+4500mmにあり、芝の傾斜で繋がれている。一部は幅の広い階段になっており、河川を眺める人が階段に座るふるまいが見られる。芝の傾斜にはところどころ植栽があるが、人は立ち入らない。この魅力的とは言い難い人工的な緑地空間を否定せずに活用し、都市の中のランドスケープの魅力を感じられる場所となることを目指した。

　GL+9000mmからGL+4500mmをつなぐ傾斜に、高さ500mmの段差でコンクリートの階段をつくり、段差の一部を張り出させ各プログラムを点在するように配置する。各プログラムが入ったコンクリートの箱の屋上は休憩や日光浴のテラスとする。

　上部には鉄骨の架構に半透明のテント屋根を掛け、自然光を多く取り込む。屋根はGL+9000mm地点ではCH=2200mm、GL+4500mm地点ではCH=6700mmとして庇を深く張り出させ、公園から河川への視界を阻害しないものとする。

　GL+4500mmから水域までの傾斜は広大な芝生の日光浴スペースとし、日陰用の植栽を行う。水域へなだらかにつながるように浜型に造成し、遊泳可能範囲はブイで仕切る。水涯には葦が生い茂る。

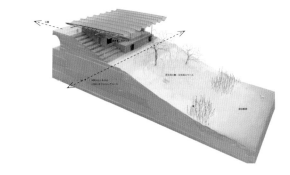

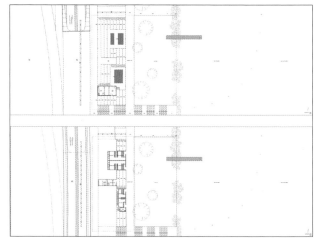

Site2:浅草

【敷地概要】

　浅草エリアはカミソリ堤防と呼ばれる、厚さ500mmほどのコンクリートの堤防がまちと河川を隔てている。堤防を乗り越える階段とスロープが点在しており、そこから川沿いの歩行者用の小道へアクセスする。川沿いの小道は散歩やジョギングコースとして利用されている。また川沿いの商業施設から、堤防場にデッキを張り出させ河川の風景を賑わす「かわまちテラス」が墨田区から推奨されているが、現状では3件のみ導入されている程度である。近くには浅草最大の屋形船やフェリー乗降場があり、観光・商業色の強いエリアである。

【計画概要】

　堤防や橋などの土木的な構造物が多く、それらを延長させたような施設とすることで、周辺のふるまいの平面的・立面的なギャップを解消する施設とし、都市の中の大きなヴォイドを身体で感じられる場所となることを目指した。堤防と一体化したコンクリートのスラブと柱で堤防の高さGL+4500mmを延長させ、その上に各プログラムと日光浴スペースを配置する。直線100mに渡りスラブを設けることで、隣接する商業施設の「かわまちテラス」と直接的につながり、飲食などを商業施設で行えるなど、ふるまいが水泳場内で完結しない状態を狙っている。

　GL±0の歩行者用の小道を残すように上部スラブを支える柱を配置し、張り出したウッドデッキから河川へアプローチする。上下階をつなぐ動線のうち1箇所に飛び込み台の機能を併せ持たせ、また既存のスロープをそのまま施設の動線としても利用する。船交通の多いエリアのため、遊泳可能範囲はウッドデッキで明確に区切る。既存の橋（駒形橋）から飛び込むふるまいが発生することを予想し、橋下も遊泳スペースとなるようウッドデッキで橋桁を大きく囲んでいる。

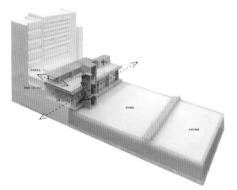

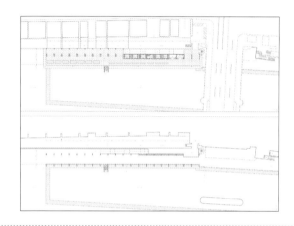

Site3:八丁堀

【敷地概要】

　八丁堀エリアは隅田川から取水した幅の狭い水路であり、河川の両端に水門が設けられ水害の恐れが少ないため、堤防の高さはGL+3000と低く、建物も川沿いに隣接している（特例のため図3-2-1には記載なし）。そのため他のエリアよりも河川を身近に感じることができるが、現状では個人の小型船舶が停泊しているだけで、他の活用法は見られない。周辺は小型木造の建造物が点在するなか、近年は大型のオフィスビルが増加している労働色の強いエリアである。昼休みにお弁当を川沿いで食べる人の姿などが見られる。

【計画概要】

　身体的なスケールの川辺空間を活かし、小さくも都市を感じられる場所となることを目指した。川沿いは現状一部のみ立ち入れる状態であるが全面的に解放させ、橋や空き地から河川へアプローチする動線を設ける。周辺に点在する小規模木造建築からの参照、また身体的なスケールを維持するため、各プログラムが入った建物は在来工法の木造平屋としGL+3000から河川上に張り出せる。建物を支えるための河川上にある構造は、遊泳を阻害しないように配置する。小型船舶の通る動線と遊泳可能範囲をデッキで明確に分け、川幅が狭くなるぶん長さ170mに渡って遊泳可能範囲を設けている。両端に建物を設けどちらからのアクセスでも利用できるようにする。日光浴のスペースを河川上のデッキの他に、堤防沿いに芝を植えることで設える。橋上から飛び込むふるまいを予想し、水上のデッキは橋下も通す。

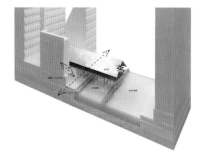

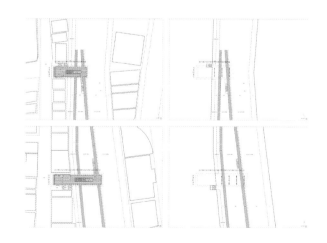

菜築

―野菜と果物の生ごみだけでできる構造体―

木村 友美
Tomomi Kimura

東京藝術大学大学院
美術研究科
建築専攻
金田充弘研究室

野菜と果物の生ごみだけでできる構造体を制作、その実用化の提案を行う。他の素材、接着剤や木材、金物等は一切使用しない、土に還る建築である。

食と住の素材に着目した。食の素材：食材について考えると、毎日の調理と食事で人から影響を受け、人そのものに影響を与えている。しかし、住の素材：建材には、そういった影響は乏しく感じる。建築においても素材が別のものになることで人から影響を受け、人へ影響を与えることができないか。そこで、素材が変わるだけで人と建築の関係や人の生活が変わることを食（食材や料理を応用すること）によって達成しようと試みた。素材の弱さ故に補修や更新を繰り返す一回性の建築は、変化していく風景を生み出すことができるのではないか。

はじめに

背景と目的

　衣食住において、生きていくうえで必須なものは"食"だと思う。"食"は私たちの身体そのものである。そして今のところ人類が料理をしない未来はないだろうし、人類の過半数にとって食材を調達し、料理をつくることは日常だ。

　太宰治の「葉」(太宰治『晩年』に収録)では、「死のうと思っていた。今年の正月、よそから着物を一反もらった。お年玉としてである。着物の布地は麻であった。鼠色の細かい縞目が織りこめられていた。これは夏に着る着物であろう。夏まで生きていようと思った」という一節がある。私はこの一節から、素材には季節性や人の感情や経験に訴えるものがあり、素材というものが直接、人に影響を与えていると考えた。ここで、"食"の素材：食材について考えてみると、毎日の食生活で人から影響を受け(調理)、人に影響を与えている。素材を介し人と生活が結び付けられているのだ。しかし、"住"の素材：建材は、空間に思い出などはあるが、そういった影響は乏しく感じる。

　建築においても人に影響を受け／与えることができるのではないだろうか。そこで、素材が変わるだけで人と建築の関係や人の生活が変わることを"食(すなわち食材や料理を応用すること)"によって達成することを目的とする。

考え方

　この目的に対し〈食材の生ごみを素材とする〉。植物性の食材に限定し、野菜や果実の生ごみ、例えば皮や芯を調理することで建材をつくる。菜食ならぬ、菜築である。建材が食材であるため、菜築は朽ちて土に還るのである。食材を消費するとともに建築は生産され、時には補修され、いずれ土に還るというとても原始的な建築となる。

　したがって、生ごみ以外の素材は一切使用せずに構造物を成り立たせる。他の素材に頼ってはわざわざ廃材を素材とする意味は薄れる上に、建築を建たせている根幹の素材が変わらなければ、何も変えることはできないと考えた。菜築の真価は、徹底的に建築素材そのものが原始的に回帰することで、私たち人間の生活に影響を与えることができることにある。

　つまり本修士制作は、食材をもとに建材をつくることで、地面と生活を結ぶ建築〈菜築〉である。

素材とその物性

面材制作手順（人参）

1. 生ごみを2～3cm角もしくは薄くする。(人参：皮をむく)

2. 材が浸るくらいの水を鍋に入れ、蓋をして茹でる。沸くまで中火。

3. 沸いたら蓋を外し、弱火。やわらかくなる。(人参：弱火で35分)

4. ミキサーに煮汁とともに移し、水を適宜加え撹拌する。40秒を6～8回。

5. 4を1/2～1/4になるまで煮詰めて原液完成。焦げないよう混ぜ、弱火からとろ火。

6. バットに入れ150度以下でゆっくり水分を飛ばし完成(ホットプレートなどで)

線材制作手順

1. 面材を丸鋼に巻きつける。面材の原液を塗りながら任意の厚さまで巻き重ねていく。

2. 80度以下で転がしながら加熱、もしくは天日干しで水分を飛ばし固めて完成。

各種試験体

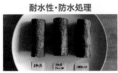

左から柿渋、柿渋＋亜麻仁油、油性ニスを塗布した線材

耐水性・防水処理

枝豆＋林檎＋パインアップルの線材
（上：塗布なし／下：柿渋塗布）

各種試験結果

	①枝豆＋林檎＋パインアップル ② パインアップル＋桃＋ぶどう＋キャベツ＋レタス					
引張試験		破断時の力P(kg)			断面積 (mm2)	引張強度 (N/mm2)
		1回目	2回目	平均		
	①	1.800	1.625	1.785 1.737	7.0	2.43
	②	1.140	1.400	1.445 1.328	7.0	1.86
圧縮試験		破断時の力P(kg)			断面積	圧縮強度
		1回目	2回目	3回目 平均		
	①	14.5	13.7	13.5 13.90	169.6	0.803
	②	15.4	14.8	15.0 15.07	120.2	1.228
曲げ試験		破断時の力P(kg)			l(cm)	曲げ強度 (N/mm2)
		1回目	2回目	3回目 平均		
	①	6.5	6.525	6.535 6.520	90	1.341
	②	5.085	5.075	5.070 5.077	90	1.542

野菜別面材の分類

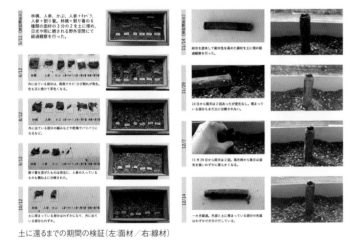

土に還るまでの期間の検証（左：面材／右：線材）

菜築の素材物性において留意すべき二点をまとめる。

第一に、強度を踏まえた食材の配合について、面材は〈シリコン状〉になる食材である分類A単体、もしくはA・EをBと3：1〜3：2の配合で、線材は〈シリコン状〉にならない食材と分類A・Eを4：1〜5：1の配合で制作していく。強度は引張に最も強い結果であり、面材の張力を利用した構造形式を採用する。

第二に、防水処理と劣化速度からみた菜築の修復・更新の時期について、防水処理は線材にのみ柿渋を塗布する。柿渋を塗布した線材は、耐水性は勿論のこと湿気の吸収が抑えられ強度が増し、劣化の速度は遅くなり土に還る期間も長くなる。よって面材と線材の劣化速度には差が生じる。菜築を外部環境に設置すると、面材は2〜3ヶ月後または雨天の度に、線材では6ヶ月後が補修または更新の時期とする。

また、菜築の素材は自然に湿気の吸収、乾燥を繰り返す素材である。これは〈菜築にとっての呼吸〉である。過度な乾燥は粘りが失われ破損しやすくなるため、外部環境で湿気や風、日光、夜露で〈呼吸〉を繰り返すことが重要である。

構法と構造形式、施工の検証

検証モデルは物性を考慮して、素材の引張力を利用した構造形式をとる。線材の規格長さが400mmと短いことを利用し、線分で分割したアーチ型を連続させた形態とする。内径23mmの線材を使用するにあたり、その規格と強度に適したモデルの大きさとするため、構造解析、その形態の最適化を行った。素材の強度や規格の設定より、モデルは人が一人入るくらいの大きさに決定した。解析結果より、面材中央部のたるみが生じる可能性があることと、アーチなどの内側への倒れこみやV字部材が開いてしまうことなどが懸念される。それらを留意して補助材を加える。

規格

1面（410×295）当たりの必要数					
人参	5.6 本	茄子	11 本	梨	5.7 個
ごぼう	5.2 本	ピーマン	16.4 個	柿	7.49 個
蕪	7.7 個	ゴーヤー	6.52 本	スイカ	1.3 玉
大根	0.9 本	きゅうり	8.34 本	ぶどう	5.5 房
じゃがいも	9.8 個	シソ	15.6 枚	ザクロ	5.1 個
長葱	3.9 本	とうもろこし	2 個	グレープフルーツ	4.8 玉
玉葱	6.1 個	えのきだけ	2.5 房	桃	5.38 個
キャベツ	1 玉	松茸	4 個	パインアップル	2.4 個
トマト	12 個	林檎	4.23 個		

＊生ごみ量は食材の大きさや皮の剥き方など人それぞれなため概ねの値を表記。

面材に必要とされる食材の量

施工方法のまとめ

これまで施工方法を検証した。まず菜築が建つということは証明できた。しかし施工において失敗点がいくつかあり、実用化に向けての改善法とともにまとめる。

まず、下図のように大きくV字を成す線材が内側に傾いてしまった点である。原因は、面材接合時の充填剤による自重の増加とアーチの線材やその接合部が施工中に湿気を含み柔らかくなり面材の引張力に追従してしまったことが考えられる。したがって実用化では比重の設定を大きくして対応する。

次に面材の取り付け時に引張力がかかってしまった点である。接合時は面材も線材も水分によって結合が弱くなり、乾燥して再度結合することで接合が完了するため、その接合時に面材で線材を引っ張るということは明らかな失敗であった。よって面材の接合では接合完了ののちに引張力を掛けることとする。

接合部：面材

のりしろに充填剤を塗り、接合面を重ね乾燥させる。

接合部：線材

充填剤

接合線材の内径より小さい外形の線材を接合部パーツとする。充填剤で隙間を埋め、接着・固定する。

V字線材が内側に倒れてしまった。

実用化計画

野菜ストラクチャ

菜築を実験的に住宅に適応させ、実用化の提案をする。

まず、物性の検証より、土に還るという面で室外に建てることは自然であり、柿渋塗布の線材は雨天にも一定の期間で耐えるため、計画場所は外部環境とする。次に、気密性がないこと、劣化速度などから永住的な建築物には成り得ないことが分かる。そして素材強度に対して可能な菜築のスケールより、住宅に付随するものを計画することが現状では適している。また構造・施工検証用モデルでは組み上げに2週間を要しているため外部環境での施工はより簡略化しなければならない。

以上の事柄から、住宅に付随し、塀ほどの強い境界ではない柔らかな仕切り「野菜ストラクチャ」を設計する。住宅の軒下から地上をつなぐように面材がのび、敷地境界線に沿って列をなして並ぶ構成をとる。

計画案

野菜ストラクチャの既存住宅2軒に対する計画案を制作する。敷地は菜築の物性に適する環境として群馬県南部の町を選択した。夏は湿度の高さから強度が落ちることに耐えるように、日差しでの乾燥に期待できる日照時間の長く高気温な地域、冬は荷重に耐えられないため降雪はほとんどなく、乾燥した地域である。乾燥しすぎることは良くないため、外部環境において夜露などによる湿気の吸収と風による乾燥の繰り返し〈菜築にとっての呼吸〉ができることが最適である。

対象とする住宅は、棟割り長屋の一戸建て式のような木造平屋建ての借家であり、この地域に多くみられる。これらは大抵の場合、2～8戸で集合し基本的に塀やフェンスといった境界はなく、前面道路に面した窓は閉め切られている。こういった地方の見知った人ばかりの地域社会では、窓を閉め切り生活感を見せない借家はコミュニケーションツールを持たず、浮いた存在となっている。そこで借家に野菜ストラクチャを付随させることで、借家の境界を柔らかく仕切りつつも道・まちと緩やかにつなげていく。均質化した借家からまちの風景が始まっていくことを期待する計画案である。

この作り手はその家の住人だが、今回の計画案の2軒は私が建築家として全体像を設計する。住宅の空間の拡張、私的な出入口などの提案により起伏のある形態ができている。しかし、野菜ストラクチャは一回性の建築である。これ以降の更新で住民の使い勝手に合わせた形態やディテールの微修正は作り手に任せる。周辺に点在する借家や民家はこの2軒を見て、模倣し似たような野菜ストラクチャを制作し、風景が生まれていく。

モックアップによる検証：線材部分

モックアップによる検証：面材と線材の接合

(左)1. 面材はあらかじめ必要長さに接合しておく。
(右上)2. 面材の先端部を線材に巻きつけ充填剤で接合する。
(右下)3. 引っ掛けたのちに充填剤で固定する。

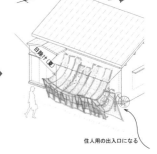

対象敷地
(夏)高温／長い日照時間／急な雷雨
(冬)乾燥した北西風
●木造平屋建ての借家

提案
●大がかりな増改築や外構工事のできない借家でも制作可能
●窓を解放し空間が拡張される。地域住民には圧迫感のない境界となる。

時間軸を交えた「作り方・使われ方・増やし方・修復・更新・土への還し方」

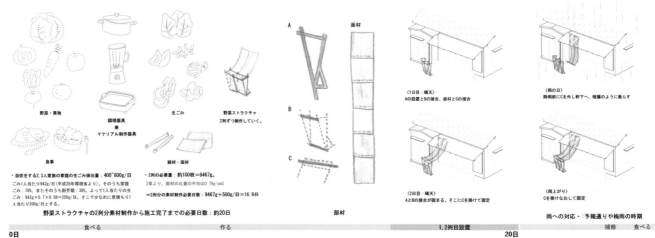

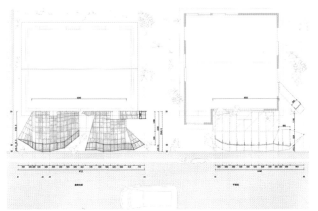

屋根伏図・平面図

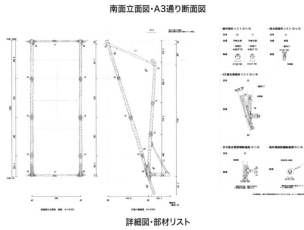

南面立面図・A3通り断面図

天候別断面図

詳細図・部材リスト

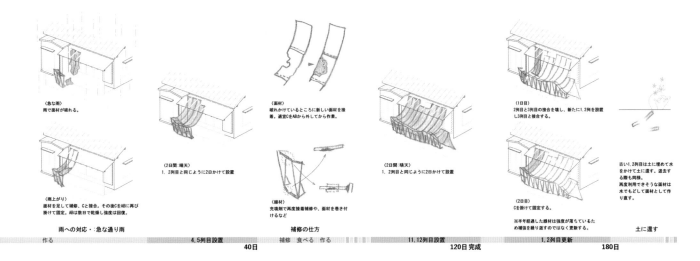

〈急な雨〉
雨で面材が破れる。

〈雨上がり〉
面を足して補修、Cと接合。その後Cを ABに再び
掛けて固定する。ABは数日で乾燥し強度は回復。

雨への対応・：急な通り雨

〈面材〉
破れかけているところに新しい面材を接
着。適宜CをABから外してから作業。

〈補修〉
充填剤で再度接着補修や、面材を巻き付
けるなど

補修の仕方

〈2日間：晴天〉
1、2列目と同じように2日かけて設置

〈2日間：晴天〉
1、2列目と同じように2日かけて設置

〈1日目〉
2列目と3列目の接合を壊し、新たに1、2列を設置
し3列目と接合する。

〈2日目〉
Cを掛けて固定する。

※半年経過した縄材は強度が落ちているた
め補強を繰り返すのではなく更新する。

古い1、2列目は土に埋めて水
をかけて土に還す。過去す
る際も同様。
再度利用できそうな面材は
水でもどして面材として作
り直す。

土に還す

作る　　　　　　　　4,5列目設置　　　補修　食べる　作る　　　　　　　　11,12列目設置　　　　　　　　1,2列更新
　　　　　　　　　　　　40日　　　　　　　　　　　　　　　　　　　　　　120日 完成　　　　　　　　　　180日

自由が丘駅周辺再編計画

東急大井町線地下化に伴う線路跡地の活用方法の提案

岩田 翔太
Shota Iwata

東京工業大学大学院
環境・社会理工学院
建築学コース
安田幸一研究室

　東京都目黒区に位置する自由が丘駅は、東急東横線および大井町線が交差する東京南部の主要な交通拠点である。駅を中心とする周辺地域は目黒区最大の広域的商業拠点となっており、後背地には低層住宅街が広がっている。自由が丘地区は都内での「住みたい街」として毎年上位に挙げられる一方、大井町線の地上線路によるまちの分断、踏切による渋滞、ロータリー空間や歩行者空間の狭隘化といった問題が存在する。区では自由が丘駅における連続立体交差事業を計画しており、周辺環境の調査を行う他、まちづくりに関する意見を市民に広く求めている。2030年を目処に、行政、事業者、TMO（タウンマネージメント機関）が連携して、駅の建て替えや都市計画道路の整備と併せ、駅前広場等の歩行者空間の整備を行う予定であるが、具体的な提案はなされていない。本計画は、まず駅の複合用途化と線路跡地の空間利用の2つの視点から事例調査を行い、若年層の活動と防災拠点という2つの視点から自由が丘の現状と展望を考察し、自由が丘駅および線路跡地を対象敷地として計画を行った。駅は連続立体交差事業と自動改札機撤廃により、分断されていた地上部をつなぎ歩行者空間が拡張され、平面的にも立体的にも回遊性を向上させた。また、線路跡地を活用して鎖状の歩行者回遊動線を計画した。さらに、保育園やサテライトキャンパスなどの教育施設、線路跡地に学習スペースや研究施設を駅に設け、若年層の活動を創出することで、自由が丘地区の将来像を構想した。

自由が丘地区の基本情報

　地域の中央部に自由通り、北端に隣接して目黒通りが通る。駅周辺は戦前に「衾沼（ふすまぬま）」と言う沼地を埋め立てて造成された土地であるため、丘と言う地名ながら、周辺と比較して低地となっている。東は緑が丘、西は世田谷区等々力、南は世田谷区奥沢、北は八雲・中根と接する。

歩行者空間が整備されておら　踏切による渋滞の発生および　ロータリー空間
ず、危険な場所が多い　　　　まちの分断

九品仏川緑道　　　　　　　　自由が丘駅正面口　　　　　　雑貨屋など

自由が丘地区の特徴

　自由が丘地区は多くの観光客で賑わう。有名なスイーツ店が多いことから「スイーツのまち」として人気であり、雑貨屋やアパレル店などの小規模店舗が多い。また、定期的にイベントが開催されており、「自由が丘女神まつり」と「スイーツフェスタ」は特ににぎわいを見せる。こうした特徴を生かし、自由が丘地区では歩いて楽しいまちを目指した歩行者優先のまちづくり計画がみられる。

　2009年には、「自由が丘森林化計画」も始まった。代表的なプロジェクトとして丘ばちプロジェクトがあり、ミツバチの好きな植物が沿道に並べられている。ミツバチは、そのエリアの環境指標生物としての役割も果たす。採取した蜂蜜はスイーツ店に提供される。

若年層の活動起点へ

　自由が丘地区は高齢化が進んでいる。周辺には複数の大学や高校が存在し、都市再生推進法人のジェイ・スピリットや自由が丘商店街振興組合と連携してまちおこしを行っている大学もみられることから、自由が丘地区は若年層の活動起点となる可能性を持つ。具体的には、子連れ世帯や学生の活動を支援する保育園やサテライトキャンパスなどの教育施設が考えられる。

防災拠点の不足

　自由が丘駅周辺には大きな公園がなく、防災拠点の不足が問題となっている。十分な避難場所や備蓄倉庫、発電設備を複合することで、防災拠点としても機能すると思われる。

プロジェクト概要

　対象敷地を分別し、自由が丘駅および駅周辺、大井町線線路跡地の九品
仏駅側を西側線路跡地、緑が丘駅側を東側線路跡地とする。

　線路跡地は九品仏川緑道と2度交差し、良好な歩行者空間となってい
る。教育施設を組み込んだ遊歩道とすることで、東工大大岡山キャンパス
から九品仏浄真寺まで、九品仏川緑道と併せて鎖状の回遊動線をつくり出
し、周辺を活性化させる。

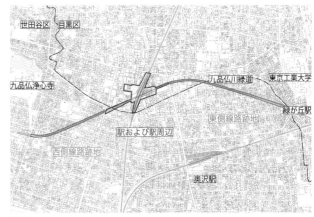

敷地図

自由が丘地区に生み出される鎖状の回遊動線

西側線路跡地

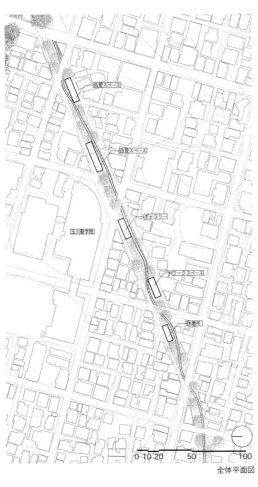

全体平面図

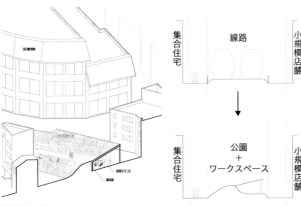

断面アイソメ図

作業スペースは玉川聖学院側に開かれ、その上は子
どもたちの遊び場や遊歩道として利用される。

ランドスケープと一体になった施設を沿道に
対してひらくように計画する。

東側線路跡地

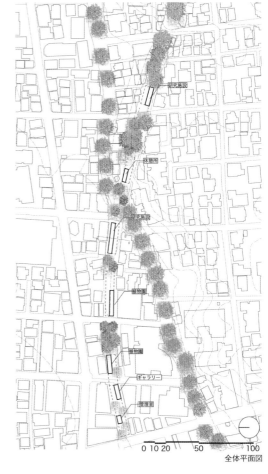

全体平面図

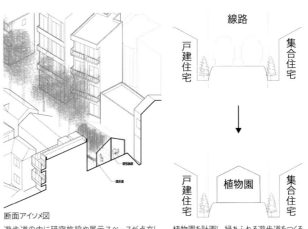

断面アイソメ図

遊歩道の中に研究施設や展示スペースが点在し、
「自由が丘森林化計画」の活動を表出させる。

植物園を計画し、緑あふれる遊歩道をつくる
ことで、周辺住宅の庭のような空間となる。

駅および駅周辺

敷地概要

　駅前にはロータリーがあり、駅前は交通広場として機能している。正面口には新たに高さ30mの三井住友銀行のビルの建設が始まっており、さらに都市計画道路である補助127号線の整備も予定されていることから、正面口の整備の機運が高まっていると考えられる。また、駅周辺の建物は老朽化と過密化が問題となっている。

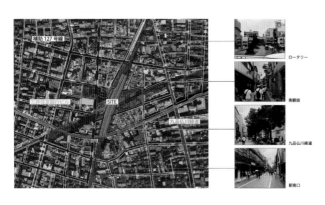

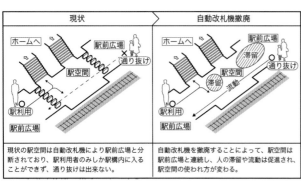

現状の駅空間は自動改札機により駅前広場と分断されており、駅利用者のみしか駅構内に入ることができず、通り抜けは出来ない。

自動改札機を撤廃することによって、駅空間は駅前広場と連続し、人の滞留や流動は促進され、駅空間の使われ方が変わる。

自動改札機撤廃による駅空間の変化

高架沿線の建物を解体し、高架の拡張と同時に、ロータリーを移設し、歩行者広場をつくる。

大井町線地下化と同時に、区画内の建物の解体及び移設しを行い、線路跡地を整備し歩行空間を拡大する。

西側建物群を建て替えと同時に、地上部に大屋根をかける。区画内すべて歩行空間にする。

段階的な建て替えおよび歩行者空間の拡大

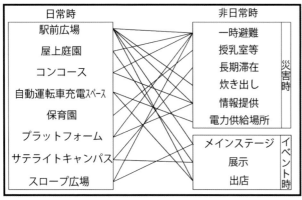

駅の使われ方の変化

正面口パース。地下の大井町線、高架の東横線、上空のサテライトキャンパスが見える。視線が東側広場まで抜ける

大井町線ホームパース。プラットホーム上には採光や換気のために吹き抜けを設けることで、自然光が入り込む

東横線ホームパース。吹き抜けから地下まで見通すことができる。膜屋根とすることで柔らかい光を取り込む

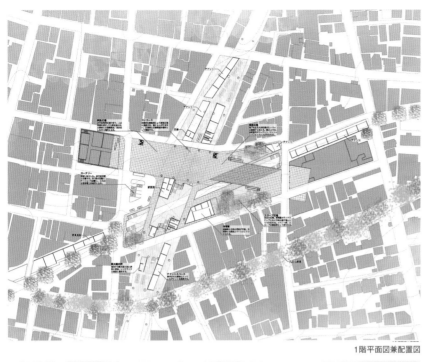

1階平面図兼配置図

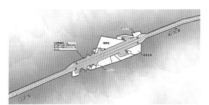

地下1階平面図

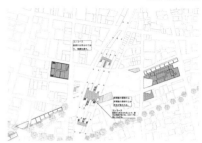

2階平面図

3階平面図

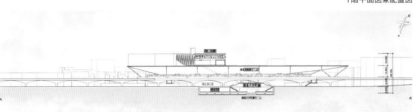

A-A´断面図

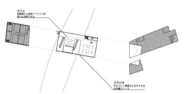

4階平面図

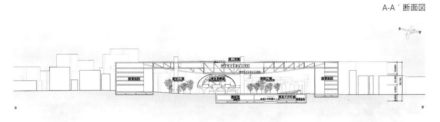

B-B´断面図

5階平面図

東側から駅を眺める。駅前広場まで視線が抜ける。広場には訪問販売車やストリートパフォーマンス、ランドスケープで遊ぶ子どもたちでにぎわう

完全自動運転車に対応した建築の在り方

パーソナルモビリティを活用した地域施設の提案

松橋 実乃里
Minori Matsuhashi

東京電機大学大学院
未来科学研究科
建築学専攻
建築設計研究室

近年、世界的に「自動運転」についての技術開発が加速している。日本でも、2020年に行われる東京オリンピックにおいて、限定された区間での自動運転車の走行を目標に官民一体で開発が進められている。完全自動運転化された社会では、自動車産業だけでなく様々な既存産業の構造の大きな変化が見込まれる。走行中でも人間が周囲に注意を払う必要がなくなると、車内での行動は多様化する。例えばオフィスの会議室やシアターの機能に特化した車両がまち中を走り回っているかもしれない。

このように車内の居住性が向上すると、車が動く建築のような役割を持ち始める。しかし、動く建築の大きさには限界がある。現在の地域施設が担っているような多くの人が集い、交流するような場を提供する建築には、違った自動運転車との関わり方があると考える。そこで、車はあくまでパーソナルモビリティとして利用し、その動く最小空間が展開し、建築と接続することで生まれる新しい建築空間の提案を目的とする。

対象

自動運転車の恩恵を強く受ける場所や対象者に焦点を当てるため、
①公共交通が不便とされている地域を検討する。
②交通弱者である高齢者の割合の増加が著しい地域を検討する。
これらの2つの条件を踏まえ、対象を東京都世田谷区の高齢者とする。

世田谷区の公共交通不便地域

世田谷区ではバス停200m圏外かつ鉄道駅500m圏外のエリアを公共交通不便地域として定めている。このようなエリアにおいて、子供や高齢者などの交通弱者は移動が制限され、買い物や通院などに必要な移動手段の確保が課題とされている。

本計画では、公共交通不便地域が一番広い船橋・経堂・桜上水・世田谷区域を敷地対象とする。

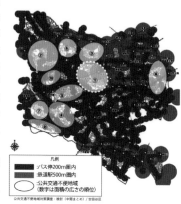

公共交通不便地域対策調査・検討（中間まとめ）／世田谷区

世田谷区の高齢化

東京23区において、高齢者人口は世田谷区が約18万人と一番多い（住民基本台帳による東京都の世帯と人口／平成29年1月／東京都）。世田谷区では高齢者が多い一方で、単身高齢者が少ないというデータもある。このような現象の理由として配偶者を失った高齢者は世田谷区での生活を諦め、子どもが住む地域へと移り住む傾向があることがあげられている。今後世田谷区の高齢者人口は急激に伸び続け、20年後には2013年に比べて35％以上増加していると予想されている。この時期には完全自動運転化も見込まれているので、こういった技術との連携が取れたまちづくりが求められる。

世田谷区の2013年を100とした場合の年齢3階層別人口推移

（グラフ凡例）
■ 高齢者人口（65歳以上）
□ 生産年齢人口（15〜64歳）
▲ 年少人口（0〜14歳）

世田谷区将来人口推計／世田谷区

自動運転化の段階

政府が発表した自動運転に係る制度整備大綱によると、自動運転化には5つのプロセスがあるとされている。多くの自動車メーカーは2030年頃を一つの目途に、完全自動運転車の一般道路での実用化を目指している。本計画では、この完全自動運転化が実現している社会を想定して設計をする。

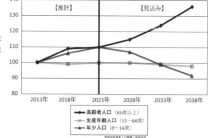

レベル	①	②	③	④	⑤
名称	運転支援	部分運転自動化	条件付運転自動化	高度運転自動化	完全運転自動化
運転主体					
走行環境のモニタリング					
運転操作のバックアップ主体					
システム能力	いくつかの運転モード	いくつかの運転モード	いくつかの運転モード	いくつかの運転モード	全ての運転モード
目途	現在	現在	2020年	2025年-2030年	2030年-

参照:自動運転に係る制度整備大綱、SAE（自動車技術者インターナショナル）による自動化レベル（案）

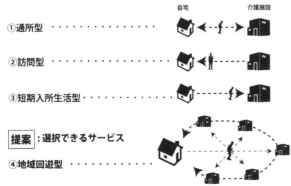

介護サービスの分類

自宅　介護施設

①通所型 ・・・・・・・・・・・

②訪問型 ・・・・・・・・・・・

③短期入所生活型・・・・・・

提案：選択できるサービス

④地域回遊型 ・・・・・・・・

用途

　高齢者が移動の自由を獲得することによって建物の在り方も変わり得ると考える。これまでの通所介護施設は1つの建物に様々な機能が備わっていたが、これらの機能をまち中に点在させることによって、高齢者は自身の生活を選択しながらサービスを受けることができるようになる。

　自動運転車の平均乗車人数が2人と仮定すると、54%の駐車スペースが不要になると推計されている。そこで、今後利用されなくなるコインパーキングから拠点の場所を選定する。対象地域にはコインパーキングが点在している。住宅の合間や大通り沿いなど様々な規模のコインパーキングから特徴的な敷地を5か所選定し、まちの拠点とする。

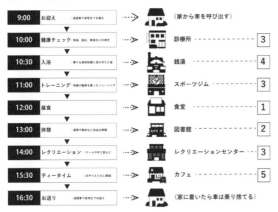

現在の通所介護施設の一日の流れ　　地域回遊型サービスで拠点となる施設

9:00	お迎え		(家から車を呼び出す)	
10:00	健康チェック	→	診療所	3
10:30	入浴	→	銭湯	4
11:00	トレーニング	→	スポーツジム	3
12:00	昼食	→	食堂	1
13:00	休憩	→	図書館	2
14:00	レクリエーション	→	レクリエーションセンター	3
15:30	ティータイム	→	カフェ	5
16:30	お送り		(家に着いたら車は乗り捨てる)	

拠点の配置

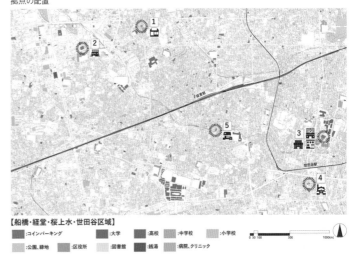

【船橋・経堂・桜上水・世田谷区域】

■：コインパーキング　■：大学　■：高校　■：中学校　■：小学校
■：公園、緑地　■：区役所　■：図書館　■：銭湯　■：病院、クリニック

自動車と建築

　自動運転車はパーソナルモビリティとしてだけでなく、建築に接続可能な小空間として機能すると考える。

　例えば読書をするための施設を想定すると、建築は書籍を保管する最小限のスペースとして設け、書籍を読みたい人はその車に乗り、本を読みに行く。移動のための空間であった車内は建築と接続することで読書スペースにもなる。こうして建築の形態は利用者によって変化し、移動することで増減する空間となる。本計画では自動車は1～2人のための2畳の立方体の形をしたものとし、施設が行うパーソナルモビリティのシェアリングサービスによって利用できるものとする。

1820

1820

1820

モバイル2畳

展開

集合して滞在スペースとなる

ストレージとしての建築

■各施設での建築と車の役割

施設名	食堂	図書館	レクリエーションセンター	銭湯	カフェ
建築の役割	共有キッチン、厨房 野菜直売スペース	書架空間、学習空間	趣味活動空間、運動空間	浴場	キッチン、食事空間
車の役割	食事空間	読書空間	展示空間、軽運動空間	脱衣所、足湯に浸かる空間	食事空間
車の展開形式	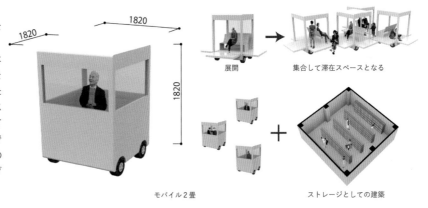				
イメージ					

各施設の設計

1. 食堂

　地域風景遺産の菜園の景色を建物全体に取り込めるような形態とした。1階には畑作業の休憩場所や直売所、地域の人が団らんできるキッチンスペースを配置した。2階はスロープを使って車でアクセスし、食堂のカウンターに接続できる。車を展開させ、徒歩で来た人と並んで食事が楽しめる。

食事

1階・2階食事空間

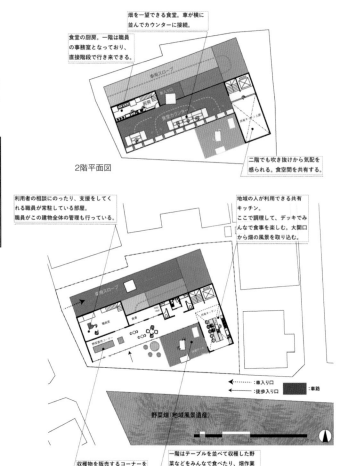

畑を一望できる食堂。車が横に並んでカウンターに接続。

食堂の厨房。一階は職員の事務室となっており、直接階段で行き来できる。

2階平面図

二階でも吹き抜けから気配を感られる。食空間を共有する。

利用者の相談にのったり、支援をしてくれる職員が常駐している部屋。職員がこの建物全体の管理も行っている。

地域の人が利用できる共有キッチン。ここで調理して、デッキでみんなで食事を楽しむ。大開口から畑の風景を取り込む。

◄‥‥‥‥ :車入り口
◄──── :徒歩入り口　■ :車跡

野菜畑(地域風景遺産)

収穫物を販売するコーナーを設け、新鮮な野菜を提供する。

一階はテーブルを並べて収穫した野菜などをみんなで食べたり、畑作業の休憩場として利用できるデッキ。

1階平面図

2. 図書館

　周辺に学校が点在していることから子どもたちの利用も見込まれる。3層それぞれの階に車で入り込むことができるスペースを設けてある。1階は屋内、2階は半屋外、3階は屋外と違った環境での読書ができる。上下の移動は2か所に設けたリフトによって可能となる。車が高齢者と子どもたちをつなぐ即席読書空間となる。

読書

1階の読書空間

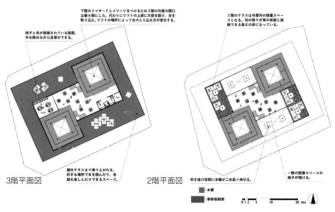

3階平面図　　2階平面図

■ :本棚
■ :車移動範囲

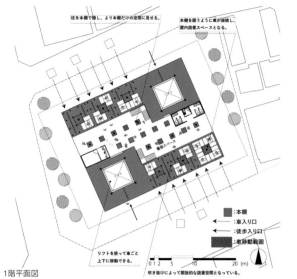

1階平面図

■ :本棚
◄── :車入り口
◄── :徒歩入り口
■ :車移動範囲

3. レクリエーションセンター

　1階は趣味の活動ができる部屋をそれぞれ独立して配置し、それらを一筆でつなぐようにアールの車路が設けてある。利用者は好きな部屋で車を降り、また、その車にできた作品などを乗せて送り出すことで中心の吹き抜け空間にギャラリーが自然とできる。2階はジムや体操などができるデッキが広がる。

回遊

展示

体操

趣味活動の空間

2階平面図

3階平面図

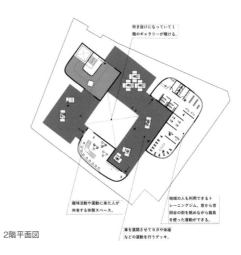

吹き抜けになっていて1階のギャラリーが覗ける。

趣味活動や運動に来た人が共有する体憩スペース。

地域の人も利用できるトレーニングジム。窓から世田谷の街を眺めながら器具を使った運動ができる。

車を展開させてヨガや体操などの運動を行うデッキ。

2階平面図

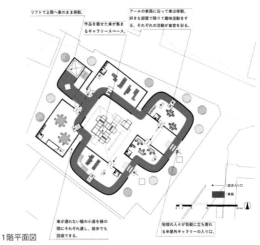

リフトで上階へ車のまま移動。

作品を乗せた車が集まるギャラリースペース。

アールの車路に沿って車は移動。好きな部屋で降りて趣味活動をする。それぞれの活動が車窓を彩る。

車が通れない幅の小道を操作の間にそれぞれ通し、徒歩でも回遊できる。

地域の人々が気軽に立ち寄る半屋外ギャラリーの入り口。

徒歩入り口
車路

1階平面図

4. 銭湯

　この敷地には銭湯があり、隣接する駐車場と一体の敷地として再計画する。前面道路に対して足湯スペースを伸ばし、通行人の興味を引く。

足湯

脱衣所

足湯空間

三個の浴槽がスキップフロアでつながっている。

徒歩で来た人の脱衣所。

上部の窓から自然光が降り注ぐ。

2階平面図

車のまま脱衣スペースに接続。シャッターが閉まり、車が個々の脱衣所となる。

徒歩で来る地域の人は階段を上って二階から銭湯に入る。

足湯の機構に車が接続。車の展開部に座って足湯に浸かれる。地域の人と足湯で交流できる。

徒歩入り口
：車スペース

1階平面図

5. カフェ

　長い緑道の途中に散歩中の人も立ち寄れるようなカフェを設計する。

即席食事空間

食事

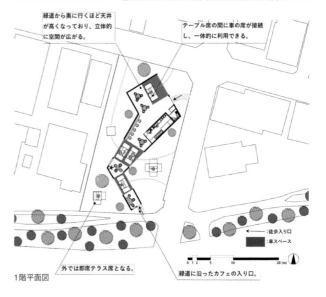

緑道から奥に行くほど天井が高くなっており、立体的に空間が広がる。

テーブル席の間に車の席が接続し、一体的に利用できる。

外では即席テラス席となる。

緑道に沿ったカフェの入り口。

徒歩入り口
車スペース

1階平面図

都市に降る雨と建築

加藤 洲
Shu Kato

東京都市大学大学院
総合理工学研究科
建築・都市専攻
手塚貴晴研究室

近代建築は雨を排他的に捉えてきた。外部に対しては密閉されていて気密性の高さを求め、基本的に外の環境からいかに自分を守るかということから壁と屋根によって構成されたものが、現在の都市を形作る。高密度化された都市では、雨の処理はすみやかに個有の建築で解決を強いられ、樋やパラペットによって、その流れはパイプの中に収められていった。

この事実によって都市生活が成立するために建築がもたらしたものは、単に建築の各所の問題ではなく、自然と人との関係に偏りを与え、雨ないし、私たちが見ていた風景は内在化されていったのではないだろうか。

雨は建築が雨風を凌ぐシェルターであっても、そのシェルターを通して情緒深いものであった。本計画では建築の中心に雨を据えて雨と建築の関係を再編するとともに、内在化された人々の欲求意識への喚起を試みる。暗渠化された渋谷川上流と雨を建築によって結びつけ、現在の都市における雨空間を設計する。

概要

01│雨水から水脈へ

東京また近郊は、自然ないし水辺との親しい生活があった。しかし都市発展に伴い固められた道路によって多くの水脈は閉じられ一部の川を残しそのほとんどが暗渠化されている。

現在の渋谷川もまた、本来の川の姿から形を変え渋谷ストリームとして川の一端であるかのように佇んでいるのが現状である。

本来あるべき天水から水脈までの流れとその間にある建築の関係を設計する。

建築

雨　　　人　　　水脈

敷地選定

02│計画「渋谷と雨」

計画敷地は東京都渋谷区。渋谷駅から原宿にかけて山手線と並行して広がる神宮通公園約200メートル。渋谷は近年早いサイクルによって、あらゆるものが解体され最新化されてきた。それに伴い渋谷が保有する水脈資源は遠のき、水辺の生活は過去のものとなった。この場所に本来あるべき天水から水脈までの道のりを建築によって呼び起こす。

「計画プログラム」

渋谷における雨の建築の下、以下の複合プログラムを計画する。

①短期滞在施設
②中～長期型滞在施設（ゲストハウス）
③貸しオフィス
④貸し会議室
⑤公園、プロムナード

全体構成

03│雨→水脈プロセス

本来あるべき天水が地水脈に戻っていく様了を全体で構成する。

「分節」…雨を受けた建築は、「収集」・「分岐」・「細流」・「合流」・「回帰」・「遠景」の分節によりリニアな建築の中で、無形の雨に形を与える。

「版築による構法」…地水脈が眠る海抜高さまで、敷地の一端を掘り下げ、掘り起こした土によって地上階の建築を起こす。版築によって渋谷の古層と真新しい渋谷の間を人々は往来し、本物の地面の中で露草を体験する。

「人の経路・身体化」…建築を通して形を得た雨は、人々の生活の中の経路と交わり身体化される。雨と人が交わる無常のシークエンスを設計する。

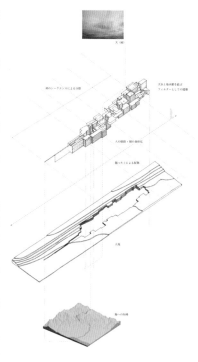

04│雨の意識－五感と反応する建築－

　雨は私たち人間にとって、生命をつないでいく大切な要素である。常に在る海や川に対する水の意識と異なるところは、偶発的な自然の現象という事であろう。そのためインフラが整備された今でも、それは捉える事が難しく、近代化された私たちの意識の上では不合合なものである。

　しかしその表面下では、農業や食料加工の工程、飲料水、しいては自然の呼吸の一端であり、そのサイクルの下にいる人間にとって直接に結びつく事物である。人は故に防水であるし、そもそも水でできている。日本ではそれを無意識下から拾い上げ、情緒を詩い、画に起こし、雨を意識化する文化がある。私は無意識な日常の中で、外が少しずつ湿気を帯びてきて、ひとときの影と静寂を帯び、雨が降るのを匂いや目で感じながら、部屋の窓辺に居るのが好きだ。それはおそらく本能的なところから掻き立てられる感覚である。

　濡れずして雨を思うことは、近代化された私の思考がエゴイスティックである側面、それは雨と私の間に立つ建築がもたらす関係の延長でもある。それはある種の建築の可能性であり、雨の建築はそういった感覚を意識化できることに価値があると考える。

雨と五感

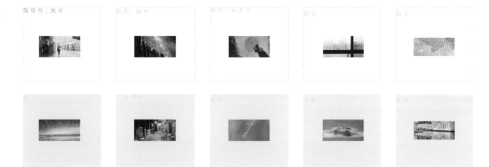

荷風と今に見ない都市論

永井荷風（1879-1959）

　浮薄な近代化に対する批判的な意識を持った文学者である。彼が生きた明治から昭和への文明の進展の中で文学において行った事は、逆説的に今日の最新の都市論として、すでに長い経験となっている私たちに蒙を啓く、重要な手立てとなる。私たちは生活環境をながめて自己充足しており、そのことがこの一世紀におよぶ私たちの生活場の空間の貧困（フィジカルにもメンタルにも）を生み落とし、しかもそれが無遠慮にその事態を押し付けてきた。一方で文明が実践する過去や情緒性の解体作業に抗して、解体しきれないものがある。「荷風が活写する「路地」は最も厳密な意味での都市の内部空間をリアライズした、文明の量塊性の中にあけられた深い亀裂であり、はてしない暗渠である」

ここに意識の充実からなる、国家権力や文明が地図化できない部分がある。荷風的都市への眼差しと意識の充実から、それらを参照し、設計の手立てとする。

（文献：長谷川堯/都市回廊）

日和下駄

　「江戸切図」を持った永井荷風が、思いのまま東京の裏町を歩き、横道に入り市中を散策する。消えゆく東京の町を記し、江戸の往時を偲ぶ散策記。荷風の五感的な視座を通して切り取られた風景は、今に見ない都市論となっている。

プログラム

①生活_短期滞在施設/中～長期型滞在施設（ゲストハウス）
（1）渋谷界隈で仕事をする人々を対象とした仮住まいとしての最小限施設、（2）海外からの留学や出張など中～長期間の滞在を対象としたゲストハウスを設計する。早いサイクルに身を置く人々を対象に生活の中で忘れかけていた雨への意識を取り戻す。

②貸しオフィス
　渋谷に短期的に拠点を置く人々の為の貸し事務所を設計する。渋谷の室内化された仕事から、外への意識へと接続されていく。

解釈

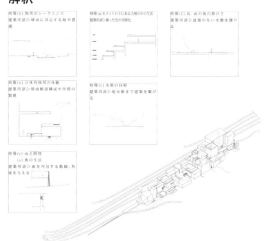

　最新の渋谷に荷風の地図化できない都市論、すなわち私たちには見えづらくなった都市への情緒意識を「五感と雨」を通して解釈し空間化した。荷風の視座における今はなき都市の情景は、雨が降ることとそれを受ける建築によって別な形として私たちの生活の中に映り込む。

③貸し会議室
　予約制の貸し会議室を設計する。雨と対峙する空間の中で、自然について話し合う。自然への意識を掻き立てる。

④公園、プロムナード（経路）
渋谷から原宿の間を日常的に往来する人の経路、敷地近辺で働く人々を慰安する公園、ノマドワーカーなどの為のフリースペースを設計する。彼らの日常の動線に「雨は降る」という事が身体化されるシークエンスを設計する。

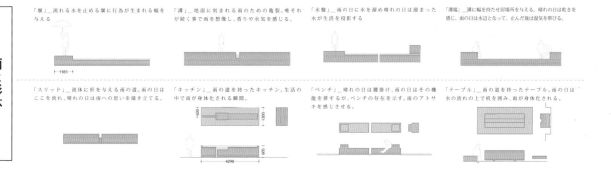

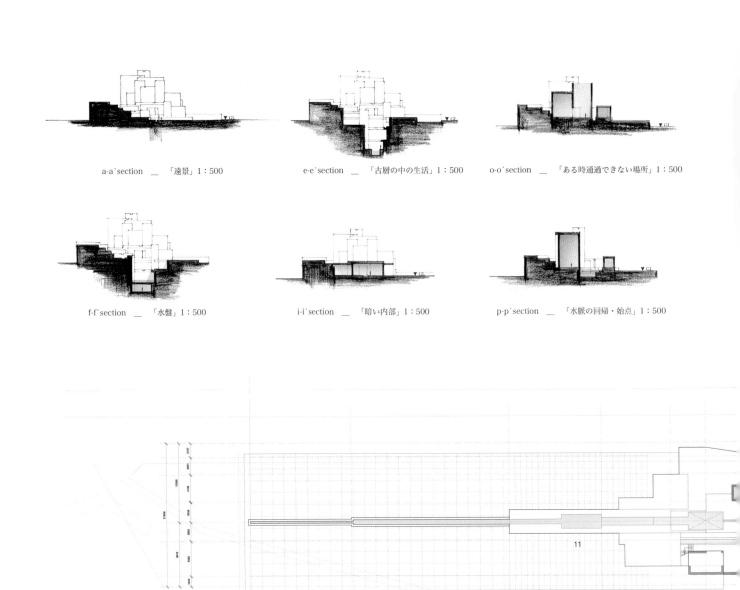

a-a`section ＿ 「遠景」1：500　　　　e-e`section ＿ 「古層の中の生活」1：500　　　　o-o`section ＿ 「ある時通過できない場所」1：500

f-f`section ＿ 「水盤」1：500　　　　i-i`section ＿ 「暗い内部」1：500　　　　p-p`section ＿ 「水脈の回帰・始点」1：500

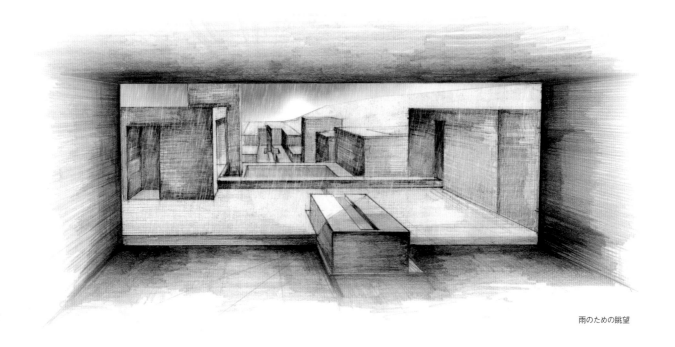

雨のための眺望

1FPlan_S=1:300 ⊖N

1_ゲストハウス　　　7_書架
2_短期滞在施設　　　8_ホール
3_事務室　　　　　　9_貸しオフィス
4_銭湯　　　　　　　10_公園
5_キッチン・ラウンジ　11_プロムナード
6_貸し会議室

A-A`Section_S=1:300
1_ゲストハウス
2_キッチン・ラウンジ
3_ホール
4_公園
5_短期滞在施設
6_プロムナード

採影塔

－超高層ビル群の影に着目した建築設計手法－

尾藤 勇志
Yushi Bito

東京理科大学大学院
工学研究科
建築学専攻
郷田桃代研究室

環境配慮への意識が高まるようになった一方で、都市は、周辺の環境とは関係なく建物がつくられている。特に再開発においては床面積ばかりを求め、環境性から建築の形態がつくられることは少ないのが現状である。

本提案では年々暑くなる日本の気候に対応して、再開発エリアにおける「影」という視点から新しい建築形態、およびパッシブ建築モデルを導き出す。これは「超高層建築による日影を求めて建築を構築する」という「従来像と逆転した設計手法」であり、「直射日光を避け閉鎖的になるギャラリーのような用途」に対し「影を取り込むことで都市に開いて構築する設計手法」である。具体的には、低層部は周辺の影を取り込むように形態を導出し、床面積を確保するための高層部は周辺に影を落とさないように形態を導出している。

このように光と影という環境因子に着目することで新しい建築形態を創造する可能性の一端を示している。

000.背景

かつて建築は、屋根・壁・窓といった建築的要素が外部環境をコントロールする主要な装置であった。近代以降、化石エネルギーが登場し機械設備が発達することで、建築的要素は「設備」から切り離されるとともに、建築内部は周囲の外部環境から切り離され「閉じた建築」となった。しかし現在、さまざまな環境問題を契機に、日光・風・雨といった自然のちからに対して再び開かれつつある。そして、年々暑くなっている日本の気候を考えれば、太陽光線から身を守る古来からの建築の日影のポテンシャルが都市空間や建築空間においても有力であることが感じられる。都市における太陽光を受けて、夏は暑さに耐えきれず日影を歩くといったことは、誰もが経験としてあるのではないだろうか。

001.西新宿6丁目

計画敷地は、現在開発が進められている西新宿6丁目西部地区、計画敷地を中心とした半径250mの円内を分析対象エリアとする。超高層業務街に位置しながら、区域外に隣接する住宅地と接するエリアで、暗い場所でありながら、淡々と人々が行き交う風景が見られる。

西新宿の超高層建築群の建物寿命は100〜200年と言われ、一度は開発されたエリアであるので、周辺ボリュームが建て替わっても同規模・同じ高さの建物ができると考えられる。そのため計画敷地の周辺ボリュームは今後大きく変わらないと考え、周辺の環境因子を計画の延長線上であると捉え、実験的にプロジェクトを進める。

002.設計趣旨

この場所の影の暗さを活かしながら、ぼんやりとした陰翳のある環境として、どこか落ち着く安らぎの空間をつくり、開放的でありながらエネルギー効率の良い建築を展開する。また、床面積を確保するために建築に高さを持たせるが、高層部においては周辺に落ちる影の量を減らすように形態を決定し、大きな庭をつくる。

003.プログラム

このエリアの都市計画と環境特性をもとに、敷地の日影になりやすい空間に直射日光を浴びてはいけないギャラリーを配し、日向となりやすく大通りに面する東側低層部に商業施設と人々の憩いの場として大きな庭を配する。高層部の光を取り込みやすい空間には、オフィスを配する。

004.容積率の仮定

総合設計制度の活用を仮定し、750％としプロジェクトを進める。

指定容積率（指定建蔽率80％）
600％
+
総合設計制度　容積率割増
150％

→ MAX VOLUME
750％

005.環境分析（光・熱）

南東方向アクソメ

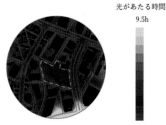

半径250m円　GL+0m

光があたる時間
9.5h

0h

▲（EX）対象エリア　冬至一日の光解析

006.形態の導出

エリアの光・熱の環境分析を踏まえ、形態を導出する。

<前提条件>　夏至などの太陽が高い状態においては、屋根やスラブが光を遮るのに対して、冬至は太陽が低いため太陽光が室内の奥まで差し込む。また冬至は建築自体の影が伸び、周辺への光環境の影響も大きくなる。そのため光が建築内部まで差し込む冬至を基点にして形態を考える。

<低層部（採影部）>　周辺の影を取り込み、影と同化するように形態を導出する。具体的にはGrasshopperを利用し、敷地内に4m間隔で立体的に点をプロットし、冬至の一日（10h）を通して日影となる時間が9割以上となる点のみを抽出し、ボリューム化する。またここでボリューム化したものがつくりだす影に対しても、日影となる時間が一日を通して9割以上の領域を形態化するという作業を3・4回繰り返しフィードバックすることで、影となる空間を最大限形態化する。できた形態を低層部とし巨大なギャラリーを展開する。

<高層部（採光部）>　再開発エリアであるので床面積を確保するため低層部に対し高層部（採光部）としてボリュームを追加する。このボリュームは容積率を確保した10の形態を定義し、この形態の中から周辺に影を落とす時間が短いものを選定する。シミュレーションに従い、（I）（V）（VII）（VIII）（IX）が最適であることがわかった。本プロジェクトでは（IX）の形態を設計に用いる。また、この形態（高層部）も低層部と同様に追加する形態の影もボリュームとして建築化することで最終的な形態を定義している。この高層部の導出した形態を高層部としオフィスを展開する。

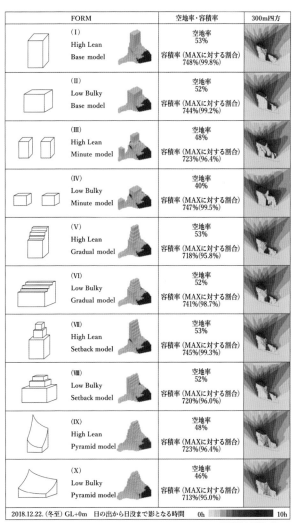

	FORM		空地率・容積率	300m四方
	（I） High Lean Base model		空地率 53% 容積率（MAXに対する割合） 748%（99.8%）	
	（II） Low Bulky Base model		空地率 52% 容積率（MAXに対する割合） 744%（99.2%）	
	（III） High Lean Minute model		空地率 48% 容積率（MAXに対する割合） 723%（96.4%）	
	（IV） Low Bulky Minute model		空地率 40% 容積率（MAXに対する割合） 747%（99.5%）	
	（V） High Lean Gradual model		空地率 53% 容積率（MAXに対する割合） 718%（95.8%）	
	（VI） Low Bulky Gradual model		空地率 52% 容積率（MAXに対する割合） 741%（98.7%）	
	（VII） High Lean Setback model		空地率 53% 容積率（MAXに対する割合） 745%（99.3%）	
	（VIII） Low Bulky Setback model		空地率 52% 容積率（MAXに対する割合） 720%（96.0%）	
	（IX） High Lean Pyramid model		空地率 48% 容積率（MAXに対する割合） 723%（96.4%）	
	（X） Low Bulky Pyramid model		空地率 46% 容積率（MAXに対する割合） 713%（95.0%）	

2018.12.22.（冬至）GL+0m　日の出から日没まで影となる時間　0h ▬▬▬ 10h

▲ 高層部の形態パターン

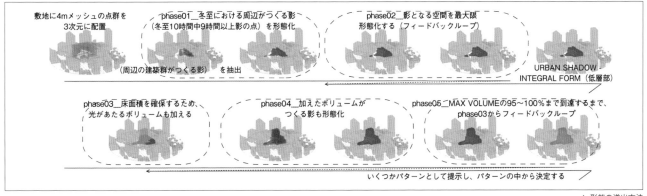

敷地に4mメッシュの点群を3次元的に配置

phase01＿冬至における周辺がつくる影（冬至10時間中9時間以上影の点）を形態化

（周辺の建築群がつくる影）を抽出

phase02＿影となる空間を最大限形態化する（フィードバックループ）

URBAN SHADOW INTEGRAL FORM（低層部）

phase03＿床面積を確保するため、光があたるボリュームも加える

phase04＿加えたボリュームがつくる影も形態化

phase05＿MAX VOLUMEの95〜100%まで到達するまで、phase03からフィードバックループ

いくつかパターンとして提示し、パターンの中から決定する

▲ 形態の導出方法

007.デフォルメ

　容積率を確保した10の形態を自ら定義し、この10の形態パターンの中で、光の解析をし、周辺に影を落とす時間が短いという観点から（I）（V）（VII）（VIII）（IX）のモデルが最適であることがわかった。本プロジェクトにおいては（IX）High Lean Pyramid modelを採用し、この形態をデフォルメして設計を進める。

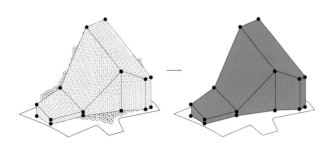

008.ファサードの検討

　導出した形態の可能性の展開として、ファサードの検討を行う。（IX）の形態は、真東に面するファサードがほとんどない。そのため東（北東）に面するファサードもすべて北側に面するとして進め、南面と西面に注力し、さらに図に示すように日射量に基づいて3つのゾーンに分類し、ファサード形状を検討する。高層部はシミュレーションと定性的判断により自ら定義した50のファサードパターンの中から決定した。

② 一時的に光が入ってくるゾーン
③ 光が入ってくるゾーン
① 影のゾーン

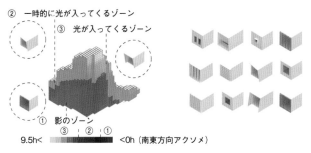

9.5h< ▬▬▬ <0h（南東方向アクソメ）
③ ② ①

009.立面計画

<南立面> 採影部（低層部）のファサードは影を取り込み、ギャラリーを
外部に開く全面ガラス張りとし、採光部（高層部）は直射光を遮りながら、
光を取り込む形状とした。全体としては採影部と採光部のコントラストが
際立つ立面としている。
<北立面> 自ら落とす影の量が少ない傾斜屋根に対し、テラスを設けて
いる。

<北立面>

<南立面>

010.平面計画

<1階平面> 12m間隔で配置する柱が13000㎡以上ある敷地にスケール
感を与え、直射日光を浴びない暗めのピロティ空間を展開する。頂点を持
つ南東方向に面する場所にメインとなるコアを、全体として3か所に設け、
搬入などの上下動線を納める。日照シミュレーションに従い明るい空間に
植栽を配置し、都市の庭として還元する。
<各階平面> 1〜3Fについてはギャラリーと商業施設を共存させ、4〜
15Fについてはギャラリーとオフィスを共存させている。

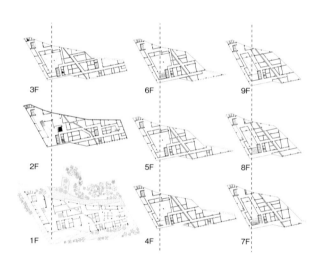

3F　　　6F　　　9F

2F　　　5F　　　8F

1F　　　4F　　　7F

<1F平面> 直射日光を浴びない暗めのギャラリー・ピロティ空間を展開。

013.シーン

「影を形態化したボリューム」と「周辺に影を落とさないように構築したボリューム」を組み合わせたこの形態は、エリアの新たなシルエットを形成する。

011.断面計画

<BB' 断面>　影と同化した建築内部と、都市に開いた大きな庭の明度の対比が、この建築自体を都市に対する小さな隠れ場のような場にする。

012.環境システム

　直射日光を避け、自然光を取り込むこの形態は、過度な日射熱を避け開放的でありながらエネルギー効率の良い建築モデルとして機能する。また、床下から染み出し空調を、天井スラブからは輻射空調を行う。スラブと斜めに傾く屋根が蓄熱体になり、自然換気やナイトパージによる冷熱を溜め、省エネルギーに貢献する。

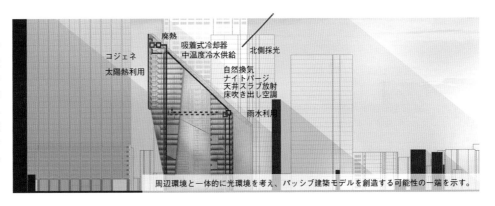

廃熱
コジェネ
太陽熱利用
吸着式冷却器
中温度冷水供給
北側採光
自然換気
ナイトパージ
天井スラブ放射
床吹き出し空調
雨水利用

周辺環境と一体的に光環境を考え、パッシブ建築モデルを創造する可能性の一端を示す。

エリアの光環境と熱環境を捉え、超高層の影に着目することで、閉鎖的になりがちなギャラリーを都市に開いて構築。

PLASTIC CITY

藤沼 凱士
Kaito Fujinuma

東京理科大学大学院
工学研究科
建築学専攻
宇野求研究室

東　京都文京区・千代田区に立地するニコライ堂、湯島聖堂、神田明神、湯島天神は湯島台の端部に位置する。湯島台の枢要な土地を占めるこれらの宗教施設が焦点となり景観が構成され、周囲の都市環境を制御してきた。しかし高度経済成長期を経て、計画道路の挿入や都市の高層化・高密度化により、宗教施設群は都市の中で孤立的であり、もはや周囲の都市環境を制御することは不可能である。

　都市の空間的変貌過程を特徴づける際立った要素は、ニコライ堂・湯島聖堂のような単一の建築ではなく、複数のものが互いに関係を結び、集合体として都市環境を制御するのではないだろうか。集合体による制御の仕組みを湯島台に適用し、その制御下における建築と都市環境を設計する。

　湯島台にユニークなランドスケープを生み出すことを目標とする。高層化・高密度化したビル群の屋上面を新たな地盤面と捉え、地盤上で展開される多様な活動は現代の湯島台独自の景観となる。屋上面の空隙に集合体の要素を配置し、それらの要素から三角錐の集合体ネットワークをつくり出す。集合体としての形態であるこのネットワークが設計対象範囲における建築の幾何学と活動を規定する。このネットワーク下において、ヨネックス本社が位置する設計対象敷地に11層の複合商業施設を計画する。施設と周囲の集合体要素とが新たな地盤面における湯島台独自のランドスケープを生み出す。

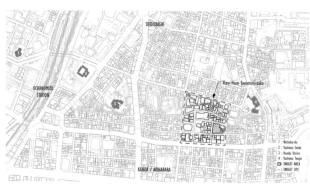

Yushima-Plateau Map

View from Nicholai-do : 1885 & 2018

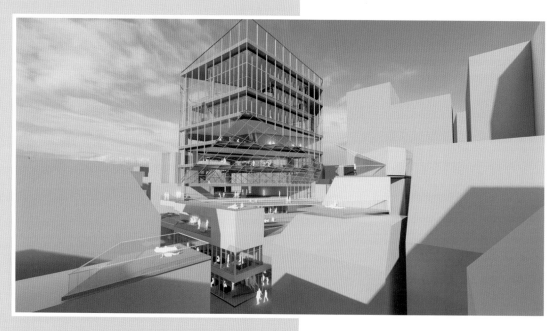

COLLECTIVE MONUMENTS

The Phase of COLLECTIVE NETWORK

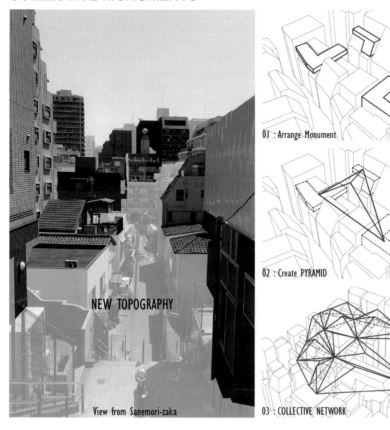

NEW TOPOGRAPHY

View from Sanemori-zaka

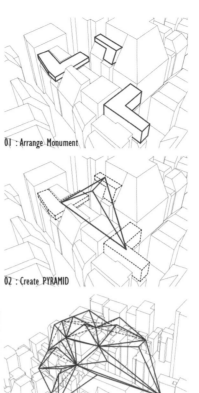

01 : Arrange Monument

02 : Create PYRAMID

03 : COLLECTIVE NETWORK

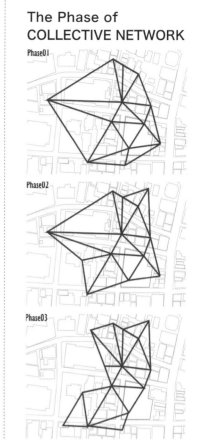

Phase01

Phase02

Phase03

LOWER STOREY

UPPER STOREY

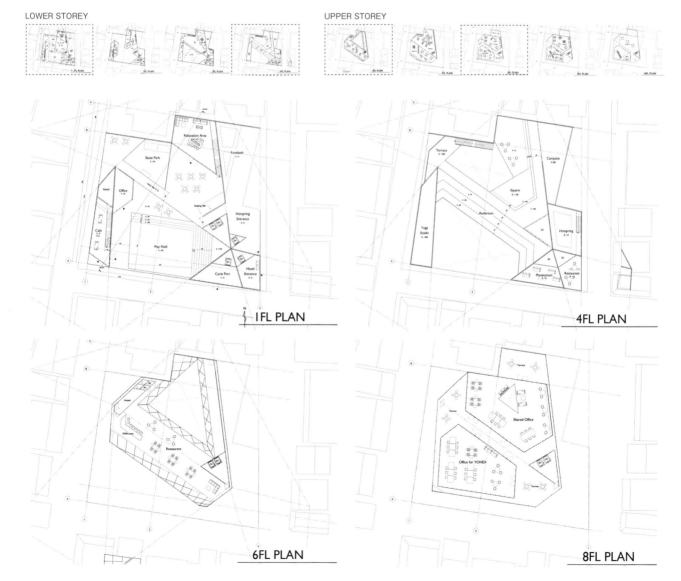

1FL PLAN

4FL PLAN

6FL PLAN

8FL PLAN

LOWER STOREY

　三角錐の集合体によるネットワークの形態を平面に投影する。投影された三角形の領域ごとに機能が決定され、新たな地盤面に留まらず地上に至るまで集合体により制御を受ける。それぞれの領域に設定された機能が交わったり分離したりしながら、多様で入り組んだ形態を作り出す。

　周囲の建物屋上面と同レベルの4FLでは、機能と活動が通りと建物をまたいで共有される。集合体ネットワークにより規定された既存の区割りや、建物に囚われない形態とそこでの活動は、新しい地盤面上に湯島台特有のランドスケープを生み出す。

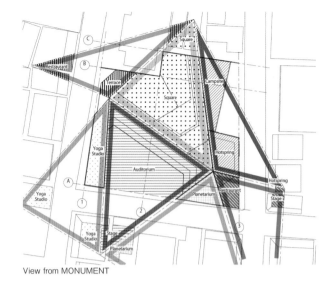

View from MONUMENT

1FL:INTERIOR VIEW

View from MONUMENT

1FL EXTERIOR VIEW

Across the Street

4FL:EXTERIOR VIEW

UPPER STOREY

　上層階のボリュームは、集合体ネットワークの構成要素である三角錐をヴォイドとして切り取られる。ネットワークの形態が物理的に顕在化し、周辺領域から明確にその存在が視認される。建物南面は斜めに切り取られ、三角錐の頂点が上層内部に突き刺さっているような形態となる。6FLのスラブは大きく削り取られ、2つの三角錐の狭間に漂う。

Prospects

　集合体による都市環境制御の仕組みは、永続的に存在する。複数の要素によって形成されるネットワークは都市の発展の状況に応じて柔軟に形を変えながら、ビル群の幾何学による地盤面に新たな関係と体験を生み出し続ける。それらはこの地のすべての人々の記憶として共有され、永続的に記憶を媒介した仕組みは存在する。集合型ネットワークは時代を超えて都市に存続する記憶の媒介となっていく。

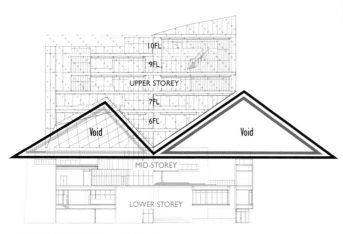

SECTION DIAGRAM:Trimmed by Pyramid

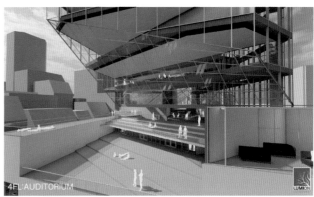

4FL:AUDITORIUM

4FL:ATRIUM

6FL:RESTAURANT

6FL:RESTAURANT

変貌にまつわる喜劇

入江 慎
Shin Irie

東京理科大学大学院
理工学研究科
建築学専攻
安原幹研究室

必要以上に隠す。しかしそれとは裏腹に「見える」。例えば、ヴィクトリア朝の女性用コルセット。衣服とはそもそも肉感性を隠伏させるためのものであるはずが、その過剰な操作故、逆に変貌した別の肉感性を顕在化させてしまうようなある種の逆説的な現象性に満ちている。

このような現象を建築の「開き/閉ざし」という作り方の視座にできないだろうかと考える。それは単純に開かれた場所でも、ただひたすらに閉じる場所でもないような、いわば或る「閉ざし」を作ることが同時に逆説的な「開き」も作り出す、そんな関係性を孕んだ建築である。

■敷地―結節点

敷地は鶯谷駅の南口から北に斜路を行ったところにある、言問通り沿いの角地に選定した。ここは非常に多くのラブホテルがある北側の「閉ざし」の景観と上野方面の活気に向かう南側の「開き」の景観の結節点である。また、計画道路によってさまざまに分節された用途地域の結節点にもあたる。私はこのような場所がマクロな視点における開きと閉ざしの間で揺れ動く中間地点であるとし、「閉ざしが逆説的に作る開き」が成立する場であると考える。

ラブホテル　　　　緑地　　　　住宅　　　　その他商業

■鶯谷における視覚的ざわめき

鶯谷は周知のとおり、多くのラブホテルが建ち並んでいる街である。ここでは、窓の意味は漂白され、必要以上に外構が建築を取り囲む。私は、必要以上に隠すという操作が逆説的に内側への視覚的ざわめきを強調している景観がこの鶯谷という街に多く存在すると考えた。そのような鶯谷という場所特有に表れている視覚的ざわめきを及ぼすような事象を分析することにした。そしてそれらが鶯谷の空気感を作り出していることを明らかにしたうえで、私は前述のような「閉ざしと開きが逆説的に同居」するような建築が鶯谷にふさわしいのではないかと考え、本設計の敷地に選定する。

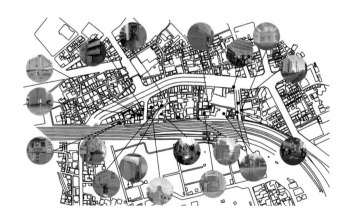

■プログラム─新世紀ビル

鶯谷駅からほど近いところに新世紀ダンスホールと東京キネマ倶楽部という二つのプログラムを擁する新世紀という建物がある。前者は都内に二つしかない社交ダンスのための大型ダンスホールのうちの一つであり、後者はLGBTが集まって行われるイベントやヴィジュアル系バンドのライブなどが頻繁に行われるようなアングラの聖地とされているイベントスペースである。これらはいずれも風営法規制の名残やマジョリティからの固定概念によって社会から取りこぼされた文化のカケラである。そしてこれらのための空間は完全なブラックボックスとして完結したものだ。事実、彼らは普段の社会的属性を取っ払って非日常性の高いブラックボックス化された空間に自己を埋没させる、いわば「無縁の公共性」に身を置くことで独自のコミュニティを発達させてきた。しかし、私は「彼らには彼らなりの社会への接続の仕方」があり、それがなされることによって彼らの文化が生き続ける場所がゲットーではなく、マジョリティ社会との共生ができる居場所となることを目指す。

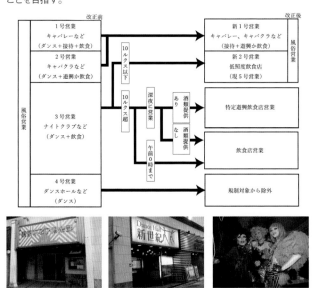

■変貌とその閉ざし方／開かれ方

ダンサーやキネマ倶楽部の人たちが別の自分に変貌していく行為に対して一つずつ場を与えていった。更衣室のみならず、受付、ドレスを選ぶためのショーケース、イベント中でも人目につかないように化粧を直せる化粧室など、様々な変貌過程に対して場が作られている。具体的には変貌する前の身体を包み込むように隠し、変貌した後にホールに向かう身体を一時的に都市に接触させるという操作を行った。

■無縁化（デラシネ化）

ダンスホールやキネマ倶楽部に訪れる人たちは共通して、普段の生活とは全く別の非日常的な状態に身を投じる。本修士設計では、彼らの居場所を都市に作るにあたって、彼らの「変貌」という行為に着目した。ここに訪れる人たちは共通して、普段の日常を脱ぎ捨て、別の非日常の自分に着替える、といった行為を行う。つまり、彼らは、ここで変貌という行為を媒体に個人が持つ性別、家族、地位といった社会的属性を取っ払い、全く別の「或る私」になることが許されるのだ。

私は、このような彼らの普段の日常を脱ぎ捨て、別の非日常の自分に着替える、といった行為に対してもっと空間が寄り添ってもいいのではないかと考えた。ここで、このような無縁化（デラシネ化）という状態に焦点を当てて建築を考える。具体的には、現実からいったん彼らを遮断するための閉ざしと、その後変貌した彼らが解放される場所を部分的に外に開くという構成を与えていく。

■ダイアグラム

本設計は、単純に開かれるのではなく、異界の住人たちにとって必要な「閉ざし」が第一に作られ、それらが部分的に開きを与えていく構成を必要とする。そこで、従来のブラックボックスの殻をほぐしていく過程で、少しずつずれたところがホールの延長であったり、他の機能が展開されたりすることで鶯谷という街の空気感の中で社交ダンスが少しずつ都市にシーンを与えていく構成を考えた。鶯谷という特殊な街の空気間の中で、外部との距離を適度に保ちながらも内側の様相を露出していくような建築を構想する。それは単純に開かれた場所でも、ただひたすらに閉じる場所でもないような、いわば或る「閉ざし」を作ることが同時に逆説的な「開き」も作り出す、そんな関係性を孕んだ建築である。

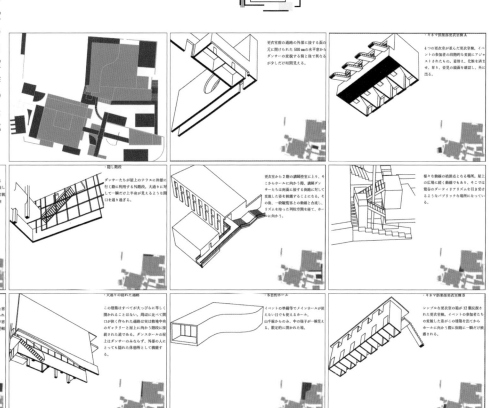

■ムーヴメント

　先のダイアグラムで示した、解体された殻は、外部との距離を適度に保ちながらも内側の様相を露出していく。殻は壁面やヴォリュームなど、様々な形に姿を変えながら、異界の住人達に居場所を与えていく。
このような操作によって以下のように、ダンサーやキネマ倶楽部のイベントの参加者たちが別の自分に変貌していく過程に対して、一つずつ場を与えていった。ここで作られる場の質は彼らの変貌する行為にのみ収斂せず、

その変貌過程がどのようにして外部との距離感を適度に保ちながらも、あるところでは外部に接することができるか、ということにも寄与している。そしてこれらが集まって経路を作っていくことで一般客ダンサー、講師ダンサー、イベント参加者、イベントパフォーマーたちの変貌していく過程のムーブメントが設計される。

・キネマ倶楽部イベント参加者

　【アプローチ→チケット売り場→更衣室A・B→ホール】というムーヴ。また、イベント中でも着替えたり、化粧を直したりできる簡易化粧室が備えられる。

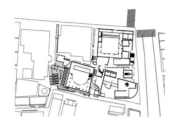

・講師ダンサー

　【講師用更衣室→講師控室→列柱のアプローチ→ホール】というムーヴ。講師ダンサーのムーヴメントは一般の人が建築にアプローチするための動線と合流する。

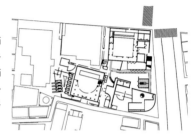

・キネマ倶楽部パフォーマー

　【アプローチに隠れる→受付→演者控室→プロムナード→ホール】というムーヴ。また、リハーサルスタジオや音響室などが取り付く。

・一般客ダンサー

　【受付→衣装ショーケース→更衣室 →階段→ホール】というムーヴ。階段は50mmを公差に踏面が増えていく。

1F PLAN

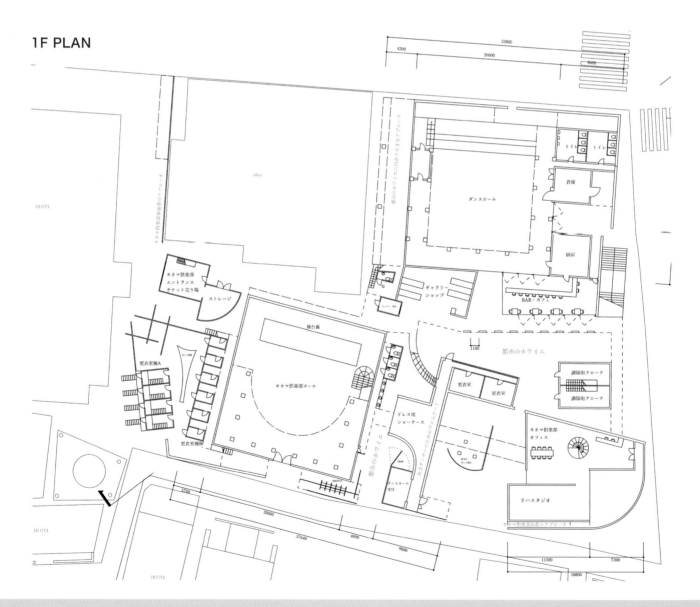

SECTION

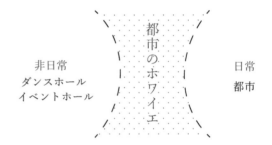

2F PLAN

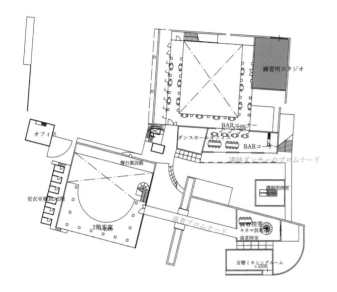

■都市のホワイエ

　非日常の空間に自己を埋没させる人たちがいる一方で、直接的にこのホールに目的を持たない人でも自由に出入りできる都市のホワイエのようなものも作れないかと考える。特にキネマ倶楽部の集客は時に絶大で、前面道路はライブに集まるサブカルチャーのグループなどで、祭りのように騒然とした状況になることもある。このような人たち含め、直接ホールに目的を持たないような人でも立ち寄れるような都市のホワイエのような機能を敷地中央に貫通させることにした。無縁化された非日常空間に直接は干渉せずとも、日常的な場も担保できるようなある種の距離感を作りながら都市に接続される場所である。

非日常　　　都市のホワイエ　　　日常
ダンスホール　　　　　　　　　　　都市
イベントホール

変貌の断片

　一般客用の更衣室の廊下から変貌したダンサーのドレスの足元が見えるシーン。奥に見えるラブホテルは中身をほとんど隠す外構自体にネオンが取り付き、街路を不気味に照らすのに対して、無機質な壁からダンサーの色鮮やかなドレスの足元が外部に少し見える。

限りなく閉ざしに近い開き

　都市のホワイエに足を踏み入れれば、そこには変貌のスペクタクルがある。もしかしたらちょっとした会話も生まれたりするかもしれない。だが、完全には理解し合わなくていい。なんとなく存在を認知し、互いに相応しい距離感でもって共生がなされる。接続過剰な現代においてある種の切断面が作り出す、接続のカタチ。

心身の変貌

　更衣室に入る前、つまり変貌を遂げる直前の歪んだ鏡像を確認して、日常を捨て去る準備を行う。変貌前と後では、見た目もろとも内面も変化する。ただ場を添えるのではなく、エモーショナルな変化にも寄り添うことで、より変貌が楽しくなるのではないか。

残像としての関係性

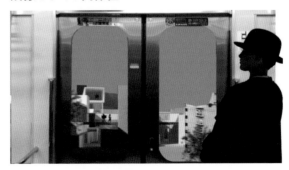

　見る、見られるの関係は敷地内で完結しない。或る時にはビルの4階からちらりと見えたり、山手線の車窓から刹那的に認識したり、というように瞬間が都市をハックする。

Life of an Architect

とある建築家の人生

照井 飛翔
Tsubasa Terui

東京理科大学大学院
理工学研究科
建築学専攻
垣野義典研究室

先の見えない時代の中で、建築家が設計時に思い描く未来予想図にどれだけ意味があるのだろう。あらゆる外的要因に対し即興的に設計、施工していくやり方で、未完成である魅力を備えながら時の移ろいを許容する建築をつくれないだろうか。

私はまず建築家としての人生ゲームを作成し、本計画に時や運の要素を取り入れながら自邸兼設計事務所を築き上げた。なお、修士設計の終わりにその成熟過程を分析することで次の時代を生き抜く建築の計画方法についても考察した。

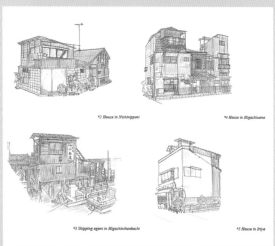

*2 House in Nishinippori　　**4 House in Higashisuna*

*3 Shipping agent in Higashihonbashi　　**5 House in Iriya*

Architecture without Architects
名もなき工匠たちの建築

建築家という職業が生まれるずっと前から我々人類は自らの欲求や自然・社会的環境に順応すべく様々な工夫をもって建築を築き上げてきた。Bernard Rudofskyの著書"建築家なしの建築"にはそのような建築が世界各地に今もなお存在すること、私たちが今まで学んできた建築や設計手法がいかに少数派であるかを示している。

左下のスケッチは現代の東京で発見した名もなき工匠たちによる建築である。長い月日の中で起きた家族構成の変化や"物干し場が欲しい"などの欲求を受け止めるために増築を繰り返した結果、どこか魅力的で躍動感を持った姿で立ち現れている。これらの建築からは家主の人生をも感じさせる。建設の機械化、合理化が進んだ現代において初源的とも言えるこのような建築の持つ魅力を再考してみようと思う。

Dynamism to keep building
建築し続けるダイナミズム

"サグラダ・ファミリア"が人々を惹きつける要因は、その有機的な形状だけではなく、"建築し続ける"こと自体を人々は魅力として感じ取っているのではないだろうか。家主が打つ特殊なコンクリートによって日々建設される"蟻鱒鳶ル"やスケッチの建築たちもまた未完成であることで私たちに無限の完成形を想像させる。

Architect's Office
建築設計事務所

私はアトリエ系建築設計事務所への就職を考えている。建築家が生み出す空間やそこに流れる時間の豊かさに心惹かれたためだ。しかし彼らが働くアーキテクツ・オフィスはどうだろうか?有名な事務所であっても寂れた雑居ビルの中、というのが日本の現状である。一方、海外の事務所に目を向けると事態は好転する。アーキテクツ・オフィスには建築家が目指す初源的空間や設計哲学が表れ、訪れるものを魅了する。また建築家の地位は日本よりもはるかに高く、雇用環境も良い。事務所運営の面にもしっかりとした方向性が見られ、学ぶべきところが多い。所員のいない状況から独立→成長→成熟していく建築設計事務所は建築し続けるプログラムとして相性がいい。その事務所は私が引退する時に完成する生涯をかけた作品となるだろう。

本設計に時の移り変わりや外的要因（ハプニング）、金銭、人員、運などの要素を取り入れ、短い設計期間（本来は50年以上）を補い、人生を疑似体験するために建築家人生ゲームを作成した。

□作成方法
①25歳からの約50年間を想定
大学院卒業後25歳（2019）となった自分が蔵前の自宅兼未来の設計事務所に移り住むところから75歳前後で一線を退くまでの約50年間を想定。
②200項目を用意
項目数は3.5（サイコロ1回の期待値）×50（年）+α（"5マス進む"などがある）=175+25=200項目を用意。
③75%を外部委託
そのうち25%の50項目を自分で考え、思い描く建築家像や時代の流れを反映。残り75%の150項目を外部委託（教授、建築家、学生、親戚etc…）し、1人では思い描くことが難しい項目や諸先輩方の実際に人生のターニングポイントとなった項目などを取り入れ人生としての一般性を確保する。
④収支
それぞれの項目に対して年間の収支や所員の増減などを詳しく設定し、裏ストーリーを付け加えていく。

□ルール
①1日1回人生を進める
1日1回サイコロを振って設計要件（人生）を決定し、設計→施工を繰り返す。
②1項目=1年
1項目を1年と換算する。
③予算や人員を考慮し設計
設計の際、人生ゲームから得られた予算や人員などの設計要件を考慮に入れる。

Analysis
空間分析

この建築を空間用途ではなく、その空間がどのような設計要件（人生）から発現したかを分類した。

設計要件の分類は個人/家族、敷地/事務所内、地域、社会、環境とした。

2070

個人／家族
私もしくは家族からの設計要件

敷地／事務所内
敷地もしくは事務所内で起こる問題など

地域
敷地周辺からの影響や変化

社会
手の届く範囲からの影響や変化など

環境
手の届かない範囲からの影響や変化など

Plan / Elevation / Section
図面

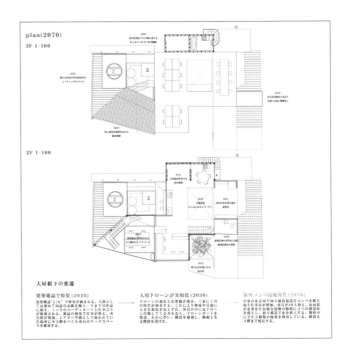

Timeline 2019-2070
年表

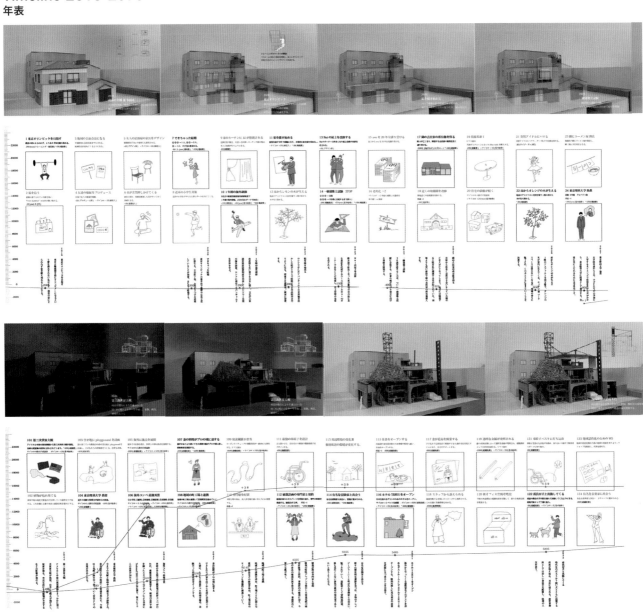

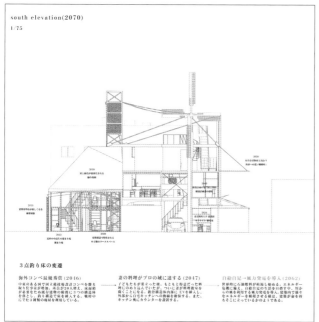

south elevation(2070)
1/75

3点釣り床の変遷

海外コンペ最優秀賞 (2046)

妻の料理がプロの城に達する (2047)

自給自足→風力発電を導入 (2062)

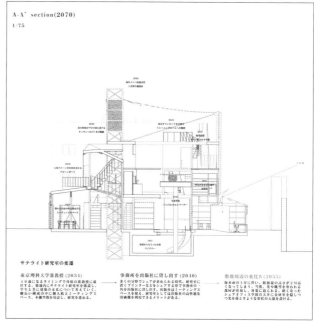

A-A' section(2070)
1/75

サテライト研究室の変遷

東京理科大学准教授 (2034)

事務所を出版社に貸し出す (2040)

敷地周辺の変化B (2055)

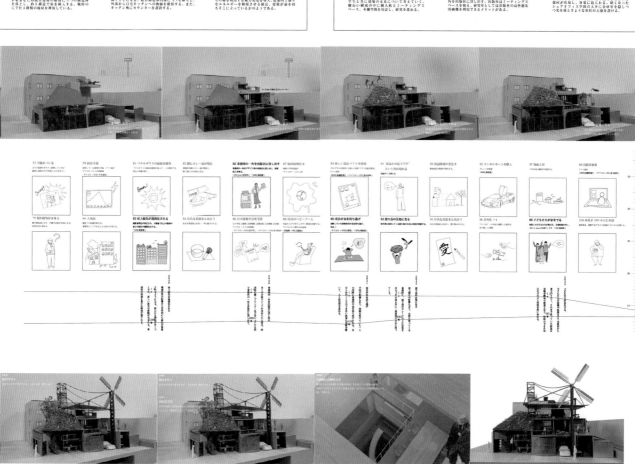

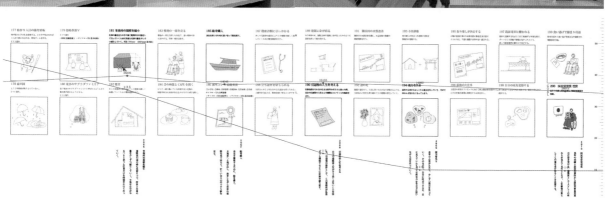

土着的水害復興

茨城県常総市を対象として

古渡 大
Dai Furuwatari

東洋大学大学院
福祉社会デザイン研究科
人間環境デザイン専攻
櫻井義夫研究室

2015年の関東・東北豪雨による河川の決壊で茨城県常総市は、市域の約3分の1が浸水した。30年に1度の頻度で河川の氾濫が起こるこの地域では、人生で3回、水害を経験することを意味している。世代交代を機に訪れる水害とその復興行為から、この地域ならではの設計手法を提示し、常総市で建築とともに生きてゆく方法を後世に受け継ぐ必要があると考えた。そこで、水害によって放置された空き家の1つを自分たちの手で1年間かけて改修・再生し、自力での復興を経験した。経緯の中で、建築各部の問題点や改善方法をスケッチで記録していった。この提案は、それらを設計手法として建築に応用したものである。

泥土の残留、床上浸水による床面の損傷、屋内緊急避難場所の確保、水が残す様々な残留残存物など、水害は家屋に対し様々な影響を残しながら改修へのヒントを与えてくれる。災害が対策の形を導き、建築形態を与えるきっかけとなれば、地域の自然と歴史に根ざした建築形態になると考えた。記録したスケッチは、復興系、被災・減災系、施工系、避難系、設備系、がれき再利用系の6通りに分類し、復興・構築への手がかりとした。具体的には、これまで歴史的に継承されてきた屋根裏に船を格納する対策や、水が引き際に残す泥土の洗い流しを促進する基礎の形態、がれきの集合体がみせる地域の材料特性と雑多な生活小物の集合体が創り出す断片的な資材の組み合わせなどが建築形態を成している。

市民参加型ワークショップ

青柳製麺所の内覧会およびフューチャーセッション

水海道橋本町にある「旧青柳製麺所」は東北豪雨による水害で被災し、経済的な理由によって修復ができない空き家となった。

戦後間もない頃に開業して約70年経った店舗は、軒先まで浸水し、廃業。常総市水海道の中心に位置するこの場所が、地域の交流拠点として再び機能することで、常総に活気をもたらそうとする活動である。この場所を活用するアイディアを地域住民やNPO団体、学生など様々な立場にある約30人が集まり共に考えた。

WS から生まれた3つの活用アイディア

アイディア①

アイディア②

アイディア③

（写真:NPO センター・コモンズのホームページから引用／
http://www.npocommons.org/topics/aoyagi-future20171009.html）

常総市の地域円卓会議

防災先進都市を目指して、常総で行政、民間、企業などの様々な立場の方が参加して新しい取り組みを生み出すプラットフォームの構築のための円卓会議。神田市長を囲み、NPO団体の活動報告から、具体的なまちづくりを進めるアイディアを、常総市の役員や大学教員、企業、市民など様々な立場から出し合った。

会議で共有された常総市の課題・テーマ

1. 災害後の地域復興
   実行性のある自主防災組織づくり
   空き家を活用した地域での助け合い拠点づくり
2. 外国人定住化支援
   多文化共生（近隣の小学校には11ヵ国の子供がいる）
3. 高齢者の外出支援
   コミュニティバスや送迎サービス

ワークショップまとめ

青柳製麺所のWSでは様々な案が出たが、それぞれのグループで共通していたのは、地域住民の集い場をつくることである。このことから多くの人がまちに居場所を必要としていることが明らかになった。地域円卓会議でも青柳製麺所のWSと同様に地域住民の生活がテーマの中心に添えられていた。

しかし、4年後には道の駅が完成し、外部からの集客が見込まれることから、横の連携を強化し、市外に向けて常総市の魅力を常にアピールできるような体制を整えていくことも重要であると考えられる。

自力復興

自力復興の概要

　関東・東北豪雨の際の水害によって放置された空き家の1つに石下結城紬の工場跡地がある。かつて常総市の産業を支えていた貴重な建物や、それを取り囲む豊かな自然環境は地域の魅力そのものであり、この場所を保存するべく、空き家を買い取って約1年間かけて自分たちの手で改修・再建した。田園風景の奥には筑波山が望める常総市ならではの立地を生かして、都会に住む若者、移り住んできた若者が田舎の暮らしを堪能できる場所、地元住民が集える場所づくりをしようと日々取り組んでいる。

　約500坪の敷地内には納屋、倉庫、準備室、工場、母屋、釜戸の部屋と大小合わせて建物が6棟ある。母屋は昭和中期の木造平屋である。改修は溶接業を営んでいる父を中心に、敷地内にある6つの建物を同時に進めた。これは洗浄後の乾燥待ちなど、様々な工程に待ちの時間が発生するため、各建物を回るように進めていくほうが効率的であったためである。電気・水道などの設備関連、各部屋のコンクリート打設、母屋の畳以外は自力で改修している。

敷地

　敷地は鬼怒川と小貝川のちょうど中間地点に位置している。周囲は田園風景が広がっている。一本の通りから細い道を入って敷地にアプローチするという独特な地域形態のうちの一軒である。隣には2000坪の竹林があり、以前はこの家の大本家があった。

改修手順

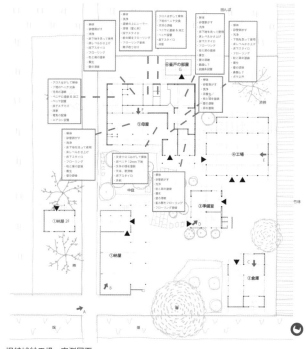

旧結城紬工場　実測図面

対象地57箇所の電柱に貼ってある想定浸水深ステッカーと地形から推測した500m毎の推定浸水深

敷地 C

敷地 B

敷地 A

設計手法

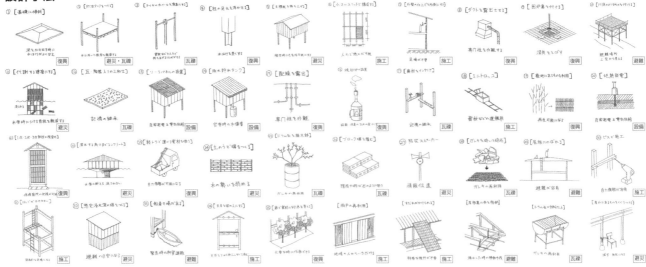

敷地B：農城　拓けた大地を見渡す展望台

敷地B／海抜10m／想定最大浸水深5m

　石下の豊田城と対峙する水海道の農城。主な機能は展望台、農業体験、工具の貸し出し、ミニカフェ、住宅である。前面道路を挟んで小学校があるため、小学生が施工に関わることができるよう小さいパネルの組み合わせによって外壁が構成されている。四角く区切られた外壁は田園風景の延長であり、市内の畑や田んぼから土や藁を収集し、場所によって様々な表情を見せる土壁となる。この周囲は救助者がもっとも多かったことから、被災時には避難タワーとなり、防災スピーカーを備えてスムーズな情報伝達に寄与する。

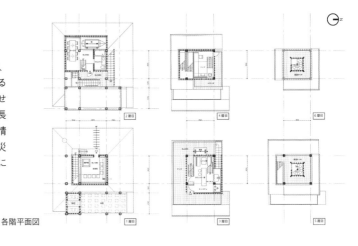

各階平面図

Section

敷地A：イペの長屋　日本の若者3人と外国の若者3人の計6人で暮らす国際シェアハウス

敷地A／海抜12m／想定最大浸水深3m

　「イペの長屋」は国際シェアハウスである。このシェアハウスでは日本人の若者3人と外国人の若者3人の計6人が暮らし、併設するカフェと民泊は彼らによって運営され、定期的に地域の国際交流を促進するイベントを開催することで、多文化共生の拠点となる。国際交流の象徴として春になると黄色い花を咲かせるブラジルの国樹・イペを庭で育て、黄色い花見イベントなどを開催する。元々長屋であった製麺所の空間性を継承し、長い建築にする。

　壁に取り付けられた雨戸は、地域住民からの頂き物によって構成され、様々な文化の違いを許容するように多様な表情を見せる。また建物に沿って敷かれたレールを残し、モノレールが敷地内を走る場所にする。災害時にはボランティアの拠点として機能し、大きな屋根を利用したソーラー発電で電気供給を行う。

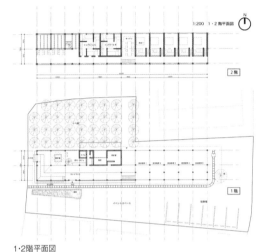

1・2階平面図

カフェ

ファサード

敷地C：竹林の湯　竹林の中に浮遊する温泉

敷地C／海抜11m／想定最大浸水深4m

　道の駅の離れとしての温泉の提案。敷地に生えている竹を利用し、竹の中に鉄筋コンクリートを充填した竹RCの柱をランダムに配置してスラブと屋根を支えることで、竹林の中で浮遊する温泉をつくる。緊急時でも安定した電力確保のために地熱発電を利用する。成長の早い竹は繰り返し利用できるため、竹を各要素に多く含む建築とする。

アプローチ

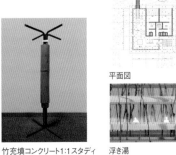

竹充填コンクリート1:1スタディ　浮き湯

平面図

スロープの形態に関する類型化の分析と公共施設における歩行空間の研究

Zaha Hadid建築作品から学ぶ空間設計の一助として

山口 智
Satoru Yamaguchi

東洋大学大学院
福祉社会デザイン研究科
人間環境デザイン専攻
櫻井義夫研究室

Zaha Hadid設計のDongraemun World Design Park and Plaza（以下ddpデザインプラザ）へ訪れ、大変感銘を受けた。そこでの空間体験として、階段を使用せずに全ての空間へ移動することができた体験が強く印象に残っている。一度に多くの人が訪れることによりスロープの勾配や距離、幅、あるいは建築形態によって人の移動に制限を持たせ、移動空間におけるデザインとスロープの関係性について興味が沸いた. 私は、今後日本において段差のない社会を目指す（バリアフリー・ユニバーサルデザイン）にあたってそのような体験が日常となりうることが理想的な空間なのではないかと考えた。方法論として導き出すことは、これまでの公共空間であまり実現されてこなかった。従って、バリアフリー・ユニバーサルデザインとデザインというものが密接に組み合ってゆく、そういった方法論を探ることは今日において、バリアフリー・ユニバーサルデザインが全ての人に優しい空間となるために意義が深いことであると考え、研究の出発点とした。設計は今回の研究内容を踏まえた上で形態の類型パターンからスロープの再構築を行う。公共施設のある特定のシーンから必要な動線計画を段差を経ずに辿り着くことが出来る空間を設計することを目標とした。これまでバリアフリーとしてのスロープはいささかデザインの側面から抽出されてこなかった。従って多くのバリアをなくす計画と共にデザインの向上を図ることは建築意匠設計において重要な要素であると考える。また、今回の計画でのパラリンピックスポーツの発展へ向けた計画は2020年東京五輪の開催に従い、今後の日本において障害を持った多くの方々への手助けとなるきっかけを示すことが出来るのではないかと考える。

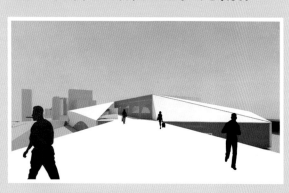

既往研究

　管見ではあるが、調査分析をするにあたり資料をまとめた（移動空間としてこれまでの研究を代表する研究）。図面を使っての研究は多くなく、動線や用途などと関連し、建築形態としてのスロープの研究はあまり見られなかった。公共施設におけるスロープの要素を整理、分類する。

「現代建築におけるスロープの接続と開放」
奥山浩文、安田幸一、村田涼、内藤誠人

　スロープを用いた建物の内部および外部に対する開放性という観点から、スロープ空間の構成を捉えることで接続と開放に関する8つの類型を導き、スロープを移動する際の視覚的な変化の構成的特徴を明らかにした。資料としての意義はあるが、資料で取り上げた事例には三次曲面を用いた作品が含まれていないため、今後は曲面を用いた現代建築も含め、より統計的な方法によってデータを積み上げるなど、説得力のある議論ができるような工夫が必要と考えられる。

「スロープの形態に関する類型化分析」
中山誠健、積田洋、山本圭介、永峰麻衣子

　スロープは建築空間の重要なエレメントとして空間的特徴や魅力を明らかにし、クラスターによる類型化を図り、スロープの形態と空間との関係を調査分析しそれぞれのタイプの特徴を明らかにした。クラスターによる類型化はスロープの勾配、距離、幅、折れ曲がりなどを調査し、現実に即した説得力のある提案が期待できる。

接続パターンについて

　各空間を繋ぐ役割を持つスロープには、前述の「スロープの形態に関する類型化分析」より以下図1_ スロープ既往の分類から4つのパターン（①直線型、②折返型、③ループ型、④分散型）に分類すると仮説を立てた。これらのパターンでは、Zaha Hadid 建築作品を分析するにあたり、不足する可能性があるため、新たなパターンを分析する研究材料として進めることとした。

調査

調査分析の対象建築作品

　現存するZaha Hadid の15冊の作品集に掲載されている図面をもとに研究を進めることとした。

Zaha Hadid

年代	場所	建物名
1990-94	Weil am Rhein Germany	Vitra Fire Station
1994-2005	Vienna Austria	Spittelau Viaducts
1996-99	Weil am Rhein Germany	Landesgartenschau 1999
1997-2003	Cincinnati Ohio USA	Lois & Richard Rosenthal Center for Contemporary Art
1998-2005	London UK	The Mind Zone
1998-2009	Rome Italy	MAXXI: National Museum of XXI Century Arts
1999-2002	Innsbruck Austria	Bergisel Ski Jump
2000-5	Wolfsburg Germany	Phaeno Science Center
2000	Salerno Italy	Maritime Terminal Salerno
2001-5	Leipzig Germany	BMW Plant Central Building
2001-5	Copenhagen Denmark	Ordrupgaard Museum Extension
2001-6	Kirkcaldy UK	Maggie' s Centre Fife
2002-12	Montpelier France	Pierres Vives
2002	Munich Germany	Museum Brandhorst
2003	London UK	BBC Music Center
2003	Taichung Taiwan	Guggenheim Museum Taichung
2003-10	Guangzhou China	Guangzhou Opera House
2003-12	Naples Italy	High-Speed Train Station Napoli-Afragola
2005	Nicosia Cyprus	Eleftheria Square Redesign
2004-7	Innsbruck Austria	Nordpark Cable Railway
2005	Glasgow UK	Riverside Museum
2005-8	Zaragoza Spain	Zaragoza Bridge Pavilion
2005-11	London UK	London Aquatics Center
2006	Moscow Russia	Capital Hill Residence
2007	London UK	Lilas
2006	Oxford UK	Middle East Center St Antony' s College
2006	Dubai UAE	Dubai Opera House
2006-10	Brixton London UK	Evelyn Grace Academy
2007	Sakhir Bahrain	Bahrain International Circuit
2007	UAE	abu dhabi performing arts center
2007	Reggio Italy	Regium Waterfront
2007	Seoul South Korea	Dongraemun World Design Park and Plaza
2007	Chengdu China	New Century City Art Center
2007	Singapore	D' Leedon
2007	Dubai UAE	Dubai Financial Market
2007-12	Baku Azerbaijan	Heydar Aliyev Center
2007-10	Dubai UAE	Opus Office Tower
2007	Henixong China	Innovation Tower
2007-11	Vilnius Lithuania	Design for Proposed Museum in Vilnius
2007-12	East Lansing Michigan USA	Eli & Edythe Broad Art Museum
2007-12	Al Muharraq Bahrain	Bahrain Museum of Contemporary Art
	Amman Jordan	King Abdullah II House of Culature & Art
2008	Germany	New Beethoven Concert Hall
2008	Antwerp Belgium	Port House
2008	Arab World Institute	Chanel Mobile Art Pavilion
2008-12	Taipei Taiwan	Symbiotic Villa
2008-12	Taipei Taiwan	Next Gene Architecture Museum
2008-10	Vienna Austria	Library & Learning Center
2009	Casablanca Morocco	Cac Art
2009	Chicago USA	Burnham Pavilion
2009	Beijing China	Wangjing Soho
2009	cairo	Cairo Expo City
2009-12	Riyadh Saudi Arabia	King Abdullah Petroleum Studies & Research Center
2009-12	Beijing China	Galaxy Soho
2009	China	Gui River Creative Zone
2010	Shanghai China	Sky Soho
2010	Rabat Morocco	Grand Theatre de Rabat
2010	Bilbao Spain	BBK Headquarters
2012	Miami Beach Florida USA	Collins Park Garage

スロープの定義

　スロープは移動手段であるだけでなく、建物の内外部を視覚的に連続して体験できる。また建築形態にも影響をもたらす重要な要素を持つ。バリアフリー法では、建築物移動等円滑化誘導基準としてスロープおよび傾斜路は勾配1／12以下、スロープ幅1500mm 以上と定めており、それに該当するかを考察し、バリアフリーとデザインの関係を明らかにしていくこととした。

調査方法

　Zaha Hadid の作品集および事務所の掲載しているものを対象とする。スロープの重要な形態要素である勾配、長さや幅員、折れ曲がりなどを図面に基づいて調査し、図に勾配と距離をプロットしていく。各々の作品のスロープを形として扱い、性質・特徴などを抽出する。

　各作品動線にて、斜路17°、一般斜路1／8、車いす使用の斜路1／12に含まれるものとして考える。また、Zaha Hadid建築作品については初期の＜Vitra Fire Station 1990～＞より現在に至るまでとする。

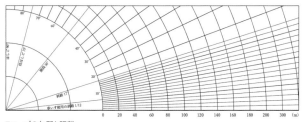

スロープの勾配と距離

分析

分析方法

　分析は、右の表のように勾配、スロープ幅、形態、空間属性をまとめ、分類していく。

　形態については①直線型、②折返型、③ループ型、④分散型の4分類。また、空間属性は①内部型、②外部型に分類する。スロープ幅はZaha Hadid の公共空間においては大勢の人の移動を円滑に進めることを目的に比較的大きくつくられているため、バリアフリー法での0～1500mmか1500mm以上と設定した。したがって、勾配、スロープ幅ともに①に該当する場合バリアフリーとなりうる。

分析1／既往の分類における類型化

　現時点での調査した結果、グランドレベル（GL）からエントランスへ至るまでのアクセスをとるようなスロープが多く、それらは外部型に多く見られた。スロープの形態による分類を新たに外部型スロープの分類⑤エントランス型として追加することとした。また、GLから屋根にかけて緩やかに伸びているスロープは⑥ルーフ型とする。

分析2／外部型スロープの類型化

　外部型に分類されているスロープから再度、類型化・分析を行う。Zaha Hadid の鋭利な直線、流動的な曲線を用いたスロープの建築空間が公共施設において多様であることにより、全ての人間にとって豊かな空間を実現することができるとともに、公共施設におけるスロープの再考に結び付くと考えられる。

展望

　Zaha Hadidのような現代建築の分析を行うことでバリアのない空間を見出す参考になった。Zaha Hadid建築作品はバリアを受け入れる要素を多く持っている。設計提案では、パラリンピックスポーツの発展として練習競技場を提案した。競技場デザインの側面から見たスロープ形態を類型化し、バリアフリーとの関係性を強く評価することによって社会との折り合いを強固にしていく。

　提案としては、今回の研究内容を踏まえた上で形態の類型パターンからスロープを再構築する。公共施設の特定シーンから、必要な動線計画を段差を経ずに辿り着くことが出来る空間の実現を目標とした。スロープ形態の類型化をみると、これまでバリアフリーとしてのスロープはデザインの側面から抽出されてこなかったきらいがある。従って、多くのバリアをなくす計画とともに、デザインの向上を図ることは建築意匠設計において重要な要素であると考える。

除外方法と対象について

　バリアフリーに特化したスロープは除外対象とした。ZahaHadid 建築作品では、壁が床・地面に対して湾曲しながら同化している作品が数多く存在し、スケールが小さく定量化できないため、それをスロープと捉えるべきはないと判断した。スロープが含まれていない作品、インテリア作品、インスタレーション、都市計画などの作品も除外した。プロジェクトの作品やパースだけわかる作品、図面が入手できない作品も除外対象として研究を進めることとした。

壁が床に同化している作品　　インスタレーション作品

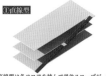
①直線型

直線型は各フロアを挟んで単体スロープが一直線上に接続されるものである。

②折返型

折返型は折返すことで隣接する単体スロープの動線方向が各フロアごとに反転するものである。

③ループ型

ループ型は中心性を持ちながら単体スロープが接続して組み合わされるものである。

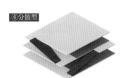
④分散型

分散型は単体スロープが方向性や規則性を持たずに接続して組み合わされるものである。

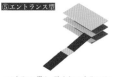
⑤エントランス型

エントランス型は、GLからエントランスに向かって地形に沿うように接続されるものである。

⑥ルーフ型

ルーフ型は、GLと屋根が流動的に一体化しているものである。

スロープの分類　　　　　　　　　スラブ　スロープ

左／⑤エントランス型　No.35 Heydar Aliyev Center
右／⑥ルーフ型　No.3 Landesgartenschau 1999

引用・参考文献

(1) 傾斜路及びバリアフリー経路を構成する傾斜路
(2) 「現代建築におけるスロープの接続と開放」奥山浩文、安田幸一、村田涼、内藤誠人
(3) 「スロープの形態に関する類型化分析」中山誠健、積田洋、山本圭介、永峰麻衣子
(4) Zaha Hadid Architecs（ザハハディド建築設計事務所HP）
(5) arch daily
(6) GA DOCUMENT ZAHA HADID 99 ＜2007＞ A.D.A EDITA Tokyo
(7) GA ザハ・ハディド最新プロジェクト ＜2010＞ A.D.A EDITA Tokyo
(8) Zaha Hadid The Complete Buildings and Projects ＜2012＞
(9) THE COMPLETE ZAHA HADID EXPANDED AND UPDATED
(10) HADID ZahaHadid Complete Works 1979-2009 ＜2009＞ TASCHEN
(11) 1996-2001 Zaha Hadid ELcroquis A.D.A EDITA Tokyo
(12) FRANK LLOYD WRIGHT PRELIMINARY STUDIES 1933_1959 ＜1987＞ A.D.A EDITA Tokyo
(13) ZAHA HADID GA ＜2014＞ A.D.A EDITA Tokyo
(14) Zaha Hadid Architects ＜2017＞ Images Publishing
(15) 1983-1995 Zaha Hadid ELcroquis A.D.A EDITA Tokyo
(16) Zaha Hadid Architects ＜2013＞ Skira Rizzoli Publications,Inc
(17) ZAHA HADID ＜2006＞ Oldcastle Glass
(18) ZAHA HADID PROJECTS DOCUMENTATION ＜2004＞ Thames & Hudson Ltd,London
(19) ZAHA HADID IN ITALY ＜2017＞ MAXXI-Museo nazionale
(20) ZAHA HADID MAJOR AND RECENT WORKS ＜2004＞ Thames & Hudson Ltd,London
(21) ZAHA HADID TEXTS AND REFERENCES ＜2004＞ Thames & Hudson Ltd,London
(22) ZAHA HADID PROCESS:SKETCHES AND DRAWINGS ＜2004＞ Thames & Hudson Ltd,London
(23) VOGUE JAPAN 「世界遺産を作った建築家オスカー・ニーマイヤーを知っていますか？」
https://www.vogue.co.jp/fashion/editors_picks/2015-08/21/yuka-tsukanow

敷地・提案

NHK ホール

代々木公園

国立代々木競技場

計画敷地

機能 /Programs
体育館(1面)
更衣室
トイレ
運営室
カフェ
屋内練習場
屋外練習場
メインエントランス
倉庫
展示空間
保管庫
フィットネスルーム
トレーニングルーム
会議室
ホール
エレベーターホール

◀ shibuya

harajuku ▶

Diagrams

既存の敷地

中心にから方針円状に掘り下げ
建物に立体感を生み出す

敷地は現在日本バドミントン協会が建っている場所であり国立代々木競技場の隣接している敷地にあたる。周辺には2020年東京オリンピック開催地である国立競技場、前方には原宿、後方には渋谷文化会館、NHKが存在し、メディアの発信と共に多くの来訪者が見込める中、今日においてのパラリンピックスポーツの存在意義を示すことが出来る敷地である。パラリンピックスポーツの発展へ向けた練習競技場を設計する。段差を経ずに全ての空間へ移動することが出来る空間設計として、全てのスロープの勾配を3°以下にする。

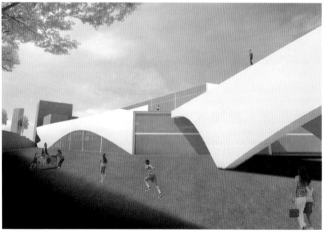

屋外練習場
道路より掘り下げられることによって屋外練習場として設けられているこの場所は、多くのパラリンピアンをはじめ、外部の人間も巻き込むことで交流を生み出す

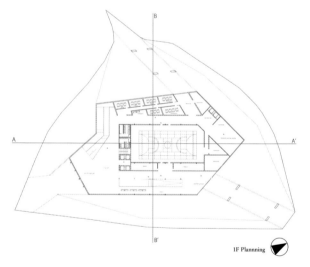

1F Plannning

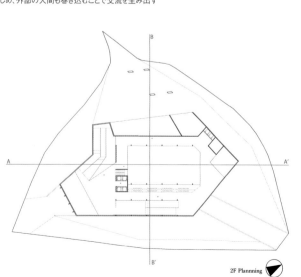

2F Plannning

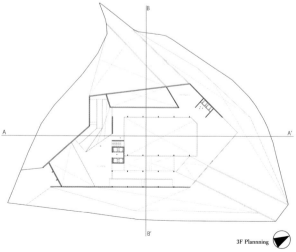

3F Plannning

折返しスロープ　中心の体育館を回るように設けられた長いスロープは、たくさんの光が降り注ぐ。折り返しすれ違う人々は自然と距離が縮まり、やがて中心の活発的なパラスポーツの熱に導かれる

ブリッジと代々木体育館
北側のブリッジから隣接する代々木体育館を眺める。ここはあらゆる歴史的な境界線を溶かし、豊かな緑によって人々の心も満たされてゆく

俯瞰
代々木体育館から流動的に伸びてゆく形態は、既存の敷地に沿いながら高低差のバランスを掴み取り、2つのブリッジによって建物の立体的な存在感を示す

ルーフ型スロープ
中心の体育館と隣接し、入口のブリッジから南へ向かって建物の屋根を登る。直線的でゆったりとしたスロープによって、都会の喧騒から少しづつ逃れてゆく

South Elevation

West Elevation

A-A' Section

B-B' Section

高度外国人材の誘致を目指した複合研究施設の提案

－滋賀県大津市琵琶湖湖畔における滞在型学術交流施設の設計－

佐々木 秀人
Shuto Sasaki

日本大学大学院
理工学研究科
海洋建築工学専攻
佐藤信治研究室

　近年、各産業の現場において人材不足が深刻化し、2016年度の上位企業の多くは中国・米国資本の企業で、日本の企業は上位50社にも入っていない。この打開策として、政府は高度外国人材の受け入れを積極的に進めている。しかし、優秀なエンジニアは、より高給の国外の大手企業へと就職してしまい、日本への定着が難しい状況となっている。

　高度外国人材の誘致が難しくなっている今、政府は留学生30万人計画など、労働人口の減少を補うための留学生誘致政策を進めている。しかし、その所属先が日本語教育機関や専門学校へと偏ってしまっている。そのため、将来、日本の産業を担うであろう優秀な人材に就職先の国として選ばれるためのインセンティブを打ち出すことが求められている。

　そのインセンティブの一つとして考えられるのが日本の文化を生かしたウェルネスオフィスである。今日、人間自身の健康の改善に注目が集まっており、利用者が健康であり続けることこそ、これからの建物に求められることであると認識され始めている。これは研究空間においても同様で、従来のようなさまざまな研究内容に対応するための均質な空間ではなく、外部環境の変化を取り入れた、人間らしく健康的な労働環境が必要とされている。

　そこで本提案では、自然と共生する日本らしい生き方に着目した。留学生を含めた高度外国人材を対象とし、琵琶湖の美しい風景や温暖な気候を取り入れた研究施設を提案する。

1. 計画背景

1-1. 人口減少社会における労働市場の変化

　我が国の少子高齢化は急速な勢いで進行している。15歳から65歳の生産年齢人口は2013年時点で8000万人を割り、2060年予測では、4418万人まで大幅に減少することが見込まれている。さらに、産業別外国人依存度試算（外国人労働者が多い主な産業）は、2017年10月末時点で日本国内の全就業者のうち約51人に1人が外国人であり、2009年と比較すると約2.2倍も増加している。

　このように日本における労働力不足の問題によって、日本経済は世界と大きく離されてしまっている。世界時価総額ランキングの30年間の推移によると、平成元年には上位50社中32社の日本企業がランクインしていたものの、平成30年では、上位50位以内が1社しかランクインしていない。

少子高齢化の進行による労働人口の減少

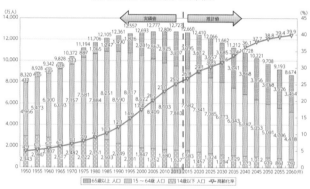

1-2. 研究分野と高度外国人材

　労働人口の減少を補う政策の一つとして移民の誘致が考えられている。高度人材だけでなく、高度人材誘致を見据えた留学生誘致を進める留学生30万人計画など、幅広く移民の門戸を開きつつある日本であるが、移民政策では「誰」を対象とし、「どうやって」誘致するのかが非常に大切とされている。

　しかし、優秀な高度外国人材は、日本ではなく賃金の高い中国やアメリカへ移住してしまうため、高度外国人材だけに焦点を当てて誘致するのではなく、留学生の誘致に力を入れることが有効であると考えられている。留学生誘致された人数の推移では、日本語教育機関への入学数の伸び率が圧倒的に多いのに対して大学、大学院への入学率はさほど伸びていない。いかに日本を選んでもらうかが高度外国人誘致の焦点となっている。

独立行政法人日本学生支援機構「平成29年度外国人留学生在籍状況調査結果」

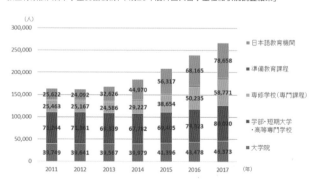

1−3. 知的生産性と研究環境

　今日では、国境を超えた共通課題である「人間自身の健康」の改善にも注目が集まっている。環境資源の「持続性」だけでなく、人間の「持続性」、つまり入居者が健康であり続けることこそ、これからの建物に求められることであると認識され始めた。

　入居者の健康に重点を置いているWELL認証は、大半の人が起きている時間の多くを仕事に費やすことから、特にワークプレイスにおいて進んで導入されようとしている。よりストレスの少ない働き方や健康が見直されている現代に合致した基準である。WELL認証における7つのキーワードである「空気」・「水」・「食物」・「光」・「フィットネス」・「快適性」・「こころ」は日本の文化的要素と非常に相性が良い。日本の自然や歴史、安全な治安など、日本的な要素をインセンティブとして捉え、計画する。

2. 計画方針

2−1. 長期滞在型学術交流施設

　日本経済の発展を目指した高度人材の誘致活動の一環として、留学生の活動の場を広げることを目的とする。将来の高度人材の卵である彼らに研究発信の場を与えることで、より広がりを持った研究を実現する。

　また、大学や企業、役場それぞれが単体で活動するのではなく、三者それぞれが相互に意思疎通を図りながら最先端技術の研究と実践を行う環境をつくる。本計画では、三者の中継地点として、さまざまな活動が織り込まれながらやり取りをする場を設計する。

　そして、研究・開発だけにとどまらず、それを発信していくことを目的とする。施設の性格上、研究施設の内側を知ることはあまり多くはない。本計画では、それを地域や観光客に発信していくことで、地域の観光産業や周辺施設との連携を進める。

2−2. 文化的景観を取り入れたウェルネスオフィス

　ウェルネスを取り入れる上で、豊かな自然環境は欠かせない項目である。光や風、空気、水など、大きな自然循環の一部となるような研究環境とすることで人間の生物学的なサスティナビリティを高める。私たち日本人は古来、さまざまな知恵を使って豊かな生活を送ってきた。日本家屋に見られる縁側や障子という境界の在り方は、人間が快適な環境下で生活するための知恵であり、現代における「ウェルネス」との親和性が非常に高い。物理的な安全性だけでなく、精神的に安全性の高い研究施設を提案する。

　また、WELL認証で定められているテーマを見ると、「フィットネス」や「こころ」「快適性」など、精神的な安定を重要視していることがわかる。いかに豊かに生きるかという点で、精神的な安定は欠かせない項目である。

3. 基本計画 (敷地:滋賀県大津市琵琶湖湖畔)

　琵琶湖と自然豊かな山々が織りなす風景の美しさから昔から重宝されてきた場所である。京都・奈良・大阪の関西圏主要都市へのアクセスも非常に良く、湖ではさまざまなアクティビティを楽しむことができる。
この地には、主に琵琶湖に関する研究機関が数多く建ち、研究の基盤となる施設も数多く存在する。大津市内には歴史的な文化財が数多く現存しており、市町村単位での国指定文化財保有件数では、京都市、奈良市に続いて全国3位となっている。

WELL認証における7カテゴリー

AIR　空気
WATER　水
NOURISHMENT　食物
LIGHT　光
FITNESS　フィットネス
COMFORT　快適性
MIND　こころ

日本の文化的要素を取り入れたウェルネスオフィス

比叡おろしを取り入れた空気循環
琵琶湖の水源を生かした水の段階的利用
旬を味わうダイニング
日射の変化を感じる大屋根による研究空間
用途に沿った採光計画
湖岸のランドスケープを引き込んだ緑の丘
琵琶湖に向けた景観
琵琶湖内クルージング
オフィスの木質化によるリラクゼーション効果
明確なセキュリティレベルによって区切る機能配置

　WELL認証で評価される7つのカテゴリーごとに要素を抽出し、設計に反映する。本計画地である、琵琶湖の自然や周囲の敷地環境とWELL認証のカテゴリーの共通点を探し、一つ一つ取り入れていく。温暖な気候から生み出される四季折々の自然豊かな表情、襖や縁側などの日本が古来続けてきた外部環境との付き合い方、物理的にも精神的にも安全な生活環境など、日本的な要素に着目し、抽出する。

4. 建築計画

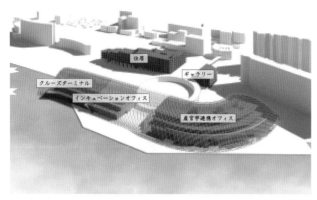

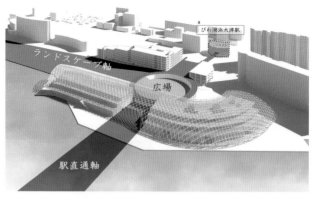

・それぞれの機能による施設配置
5つの機能ごとにそれぞれ配置する。機能ごとに明確な施設配置をすることで、セキュリティ、公私の切り替え、観光客と研究者の距離感など、互いの距離感を適度に保つ。

・ランドスケープ軸と駅直通軸を引き込んだ配置計画
地域住民の憩いの場となっている緑のランドスケープと、びわ湖浜大津駅から直通の軸線を建築に取り込むことで、高度外国人と地域住民との日常的な接点を生み出す。

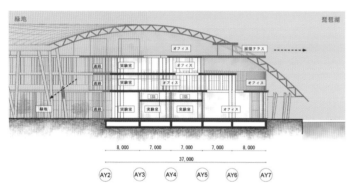

・琵琶湖と緑地に開かれた研究環境
琵琶湖の反対側に緑地空間を設け、それぞれに開いた構成とする。より近い距離感で水と緑を感じることで、リラクゼーション効果を生み出す。

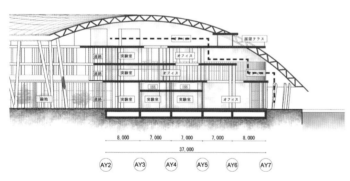

・ひな壇状にセットバックするオフィス空間
琵琶湖側の執務空間をひな壇上にセットバックさせることで、琵琶湖に対して開かれた執務空間とする。朝日が昇り、夕方に日が落ちるという一日のサイクルを肌で感じることで体内のサイクルが安定し、より健康的に業務に集中できる環境を整える。

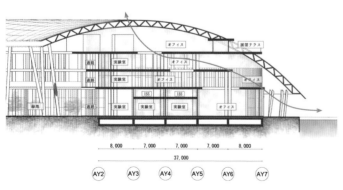

・比叡おろしを取り入れた環境計画
この地特有の局地風である「比叡おろし」を大屋根の足もとから、1階の可変ルーバーによって内部に取り入れる。外気を効率よく取り入れることで、ガラスの大屋根空間の空調を制御する。

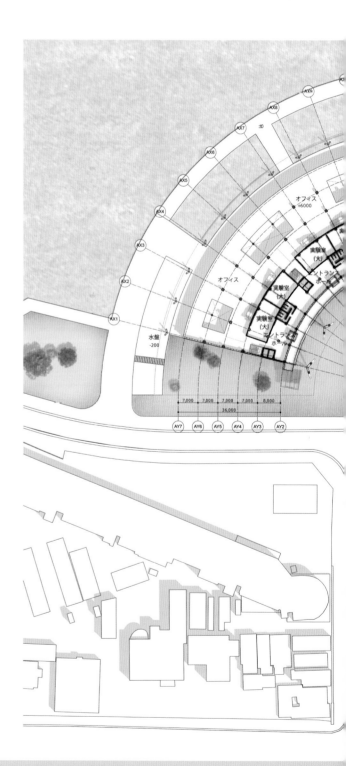

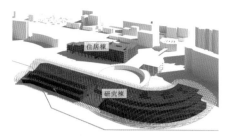

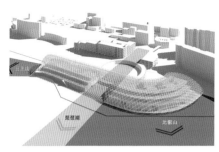

・研究棟と住居棟の明確な分離

住居棟と研究棟を対角線上に配置することで、仕事とプライベートの分散を図る。十分な採光を確保するために南側に住居棟を配置し、逆に北側には、安定した採光と琵琶湖への景観を取り入れるため、研究棟を配置する。

・セキュリティレベルによる研究棟配置

ランドスケープ軸の最奥部に産学連携のオフィスを配置し、インキュベーションオフィス、クルーズターミナルを順に配置する。明確に区切ることで安全な研究環境を提供する。

・周囲の景観を取り入れた建築形態

この研究棟では、琵琶湖側の景観を取り入れるように設計する。美しい円錐状のシルエットをもつ三上山と古くから信仰の対象とされてきた比叡山、日本最大の面積を誇る琵琶湖に対して施設の形状を決定する。

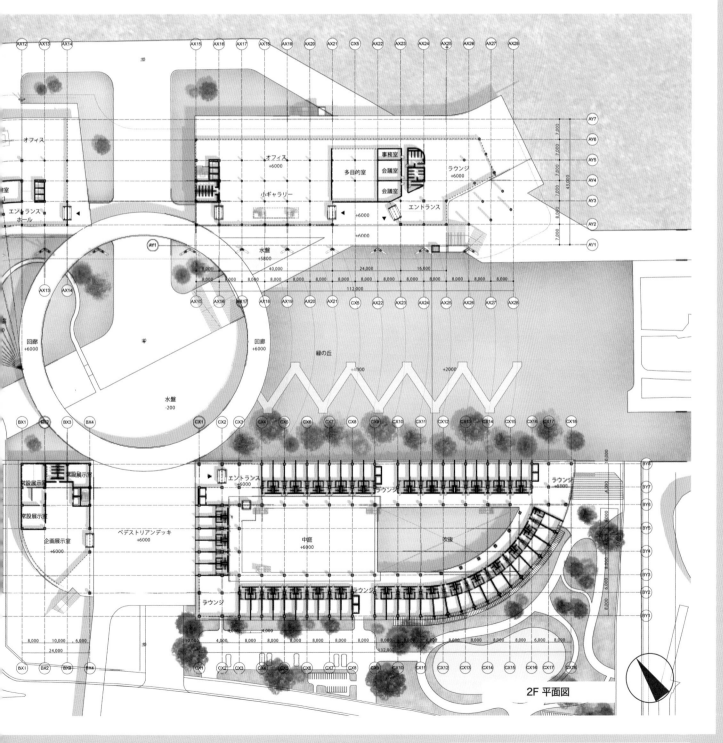

2F 平面図

小学校と地域センターの複合による
地域協働型小学校の計画

多国籍地域である横浜市泉区上飯田町を対象としたケーススタディ

増田 俊
Shun Masuda

日本大学大学院
理工学研究科
建築学専攻
今村雅樹研究室

現在における地域開放のあり方は、学校として機能していない時間帯や子どもや教師との関わりのないところで行われている。しかし、今後は教育内容と教育活動に必要な地域の人的・物的資源を含めて活用しながら効果的に組み合わせることが重要であり、地域の居場所であると同時に、地域の文化教育を行う場が必要であると考える。

本計画においては、多国籍地域である横浜市泉区上飯田町を対象としたケーススタディとして、今までの単なる地域の居場所提供としての地域開放ではなく、地域と協働して子どもたちを教育していく新たな地域協働型小学校の姿を提案する。

多国籍地域においては、特に多民族の言語や文化を専門的に地域や子どもたちに発信していく人材が求められ、教員と専門スタッフが連携しながら、地域も子どもたちを育成していく教育組織を形成する必要がある。

計画敷地には神奈川県横浜市泉区の「飯田北いちょう小学校」を選定し、同校の建替えとして計画する。この学校は、外国にルーツのある子どもが全校生徒の約半数となっており、地域と協力した多文化共生の学校づくりを目指している。

小学校と地域センターを複合し、学校教育と地域教育の共有する空間を計画する事によって、地域住人と小学生の学習的、社会的な交流が日常的に行われる。そして、本来の小学校区において、学ぶ意志のある多世代のコミュニティが小学校を中心に広がっていくことを考える。

計画背景

学校教育と生涯教育が関わりのない地域開放

現在における地域開放のあり方は、学校として機能していない時間帯や子ども・教師と関わりのないところで行われている。しかし、今後は教育内容と教育活動に必要な地域の人的・物的資源を含めて活用しながら効果的に組み合わせることが重要であり、地域の居場所であると同時に、地域の文化教育を行う場が必要であると考える。

複雑化、多様化、国際化する教育環境

教育環境において、多様化、複雑化、国際化していく中で、教員中心の組織づくりだけでは疲弊してきているのが現状である。多国籍地域においては、特に多民族の言語や文化を専門的に地域や子どもたちに発信していく人材が求められ、教員と専門スタッフが連携しながら、地域も子どもたちを育成していく教育組織を形成する必要がある。同時に多文化の情報を日常的に入手・学習することのできる環境づくりが必要となってくる。

計画の目的

学校教育と生涯教育が連携する教育施設の提案

学校教育と生涯教育が連携する新たな教育施設を計画することで、地域と協働しながら子どもたちを教育していく共同体を形成することを目的とする。子どもたちへの教育を通した地域コミュニティを形成することで、本来の小学校区において、学ぶ意志のある多世代のコミュニティが広がって行くことを考える。

小学校と地域センターの複合による多民族共生の拠点の提案

地域コミュニティに偏りが生じている外国人が、地域社会の構成員として共に地域活動に参加できる環境をつくることを目的とする。また、図書を中心とした地域センターを複合し、子どもたちの学習する場においても、充実した調べ学習、探究的な学習ができるようにする。

計画敷地

計画敷地　神奈川県横浜市泉区

計画敷地は神奈川県横浜市泉区の「飯田北いちょう小学校」。同校の建替えとして計画する。1980年、隣接する大和市にインドシナ難民定住促進センターが開設されたことなどを背景に、難民定住促進センターでの研修を終えた難民の人々が多くいちょう団地に住むようになった。結果、「いちょう小学校」には外国籍の子どもが数多く在籍することとなった。「飯田北いちょう小学校」は「いちょう小学校」と統合されて生まれた小学校であり、現在も外国にルーツのある子どもたちが全校生徒の約半数を占める。この地域には今でも外国人が移り住んでおり、国別のコミュニティの偏りや若い外国人の自治体への参加が課題となっている。そこで、多文化共生という理念を軸とした教育を中心に、多民族の共生を目指した拠点施設としての小学校を計画する。

神奈川県横浜市泉区航空写真（出典:Google earthを基に筆者一部作成）

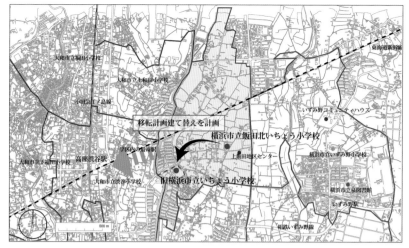

公共施設の分布・コミュニティ区割

小学校区調査と考察

　図は、現在の飯田北いちょう小学校の学区を示したものである。横浜市泉区の調査によると、外国人の人口は泉区の中でも上飯田町（いちょう団地）が最も多く、住人の多くは、隣接する大和市の高座渋谷駅を利用していることがわかった。小学校区によるコミュニティがあるにもかかわらず、泉区の外国人の多くの拠点は隣接する大和市の高座渋谷駅周辺となっている。

横浜市の図書館調査

　多民族共生拠点を設計するにあたって、外国人にとって情報提供の場である横浜市立図書館の現況にいて調査考察を行った。横浜市における図書館分布をみると、区ごとに1つずつ設置されているものの、外国人の利用要求を満たせていないのが現状である。

計画概要

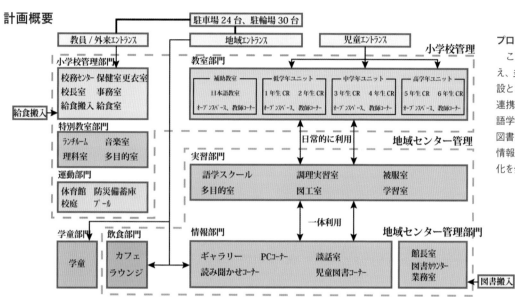

プログラムの構成

　これまで述べた敷地の条件を踏まえ、多民族の共生を目指した拠点施設として、小学校教育と地域教育が連携できるプログラムを構築する。語学スクールや多文化ギャラリー、図書空間を中心に計画し、外国人へ情報提供するとともに日本人へ多文化を発信できる施設を目指す。

設計概要

団地と住宅街の境界にある敷地に配慮した配置計画

　敷地は団地と住宅街の境界に位置する敷地である。児童や地域住人が両側からアクセスのできるパスを境に地域開放エリアと学習エリアで構成する。

　地域開放エリアは、小学校の管理諸室と特別教室、体育館、カフェ、学習エリアは小学生の教室と地域図書館で構成している。校務センターのある管理エリアが中心にあることで、登下校時の小学生や地域エリア利用の地域住民に視線が行き届く計画となっている。

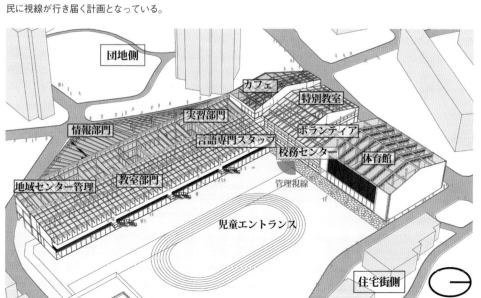

1. いちょう団地と住宅街の境に位置する敷地

2. パスを軸に地域エリアと学習エリアをゾーニング

3. 地域エリア：カフェ、管理、体育館／学習エリア：小学校教室、地域図書館、図書教室

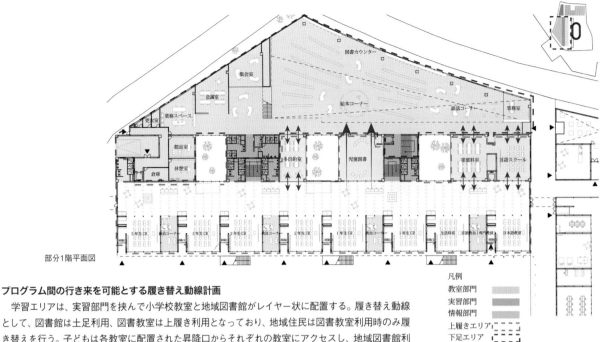

部分1階平面図

凡例	
教室部門	
実習部門	
情報部門	
上履きエリア	⌐‐⌐
下足エリア	⌐‐⌐

プログラム間の行き来を可能とする履き替え動線計画

学習エリアは、実習部門を挟んで小学校教室と地域図書館がレイヤー状に配置する。履き替え動線として、図書館は土足利用、図書教室は上履き利用となっており、地域住民は図書教室利用時のみ履き替えを行う。子どもは各教室に配置された昇降口からそれぞれの教室にアクセスし、地域図書館利用時に下足へ履き替える。子ども向けの図書空間に関しては、上履き利用のままアクセスできる構成となっている。

外国人の利用頻度の高い言語教室はエントランスに近くに配置することで、下校時の小学生やカフェ利用者との視線的な繋がりを生む計画としている。

地域と小学生の繋がりを持たせる断面構成

地域センターと小学校が共有する実習部門では、時間によって使われ方が変化する。地域住民を招いた授業などにおいても実習部門が利用され、地域と小学生が繋がりを持つことができる空間となっている。

また、中庭を挿入することで日常的な視線の繋がりや、実習活動の延長としても使うことができ、日常的に地域や学校の活動を可視化する役割を果たす。

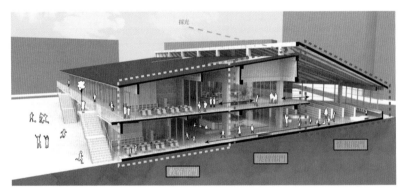

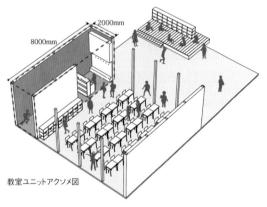

教室ユニットアクソメ図

低学年オープンスペース家具　　　　高学年オープンスペース家具

居住性向上のためのクラスユニットとオープンスペース家具の計画

クラスルームにおいては2000mm×8000mmの昇降口と水回りを収めたスペースを挿入し、子どもたちが自由に外部や地域センターに行くことができるようにした。水回りがあることによって、クラスルームとしての居住性の向上も図っている。昇降口上部には空調設備を収め、教室内の天井高を高くとることができる。

中庭に面したオープンスペースでは、低学年向けに小上がりのアルコーブを計画する。高学年には自習スペースとしてカウンター席を中庭に沿って配置する。こうした家具によって日常的に地域センター側を小学生に意識させながら学校生活を送ることができる。

構造計画

耐火構造棟として鉄筋コンクリート造を挿入し、大規模木造建築として成り立たせる。中央の地域センター実習エリアを鉄筋コンクリート造、小学校教室・地域センター側を木造とし、体育館はアプローチ空間との連続性を持たせるために鉄骨のトラス構造によってフルオープンできる計画とした。

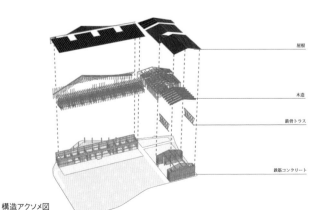

構造アクソメ図

屋根

木道

鉄骨トラス

鉄筋コンクリート

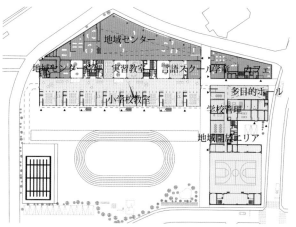

AM 8:30 各教室の昇降口から小学生が登校する

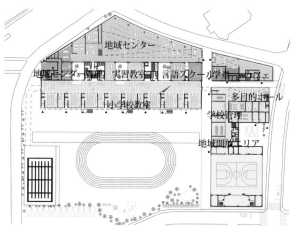

AM 10:30 地域の活動と小学校の活動が混ざり合う

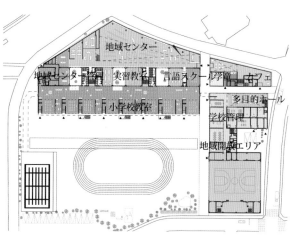

PM 6:30 夕方には言語スクールに来た外国人と地域住人のコミュニティの場になる

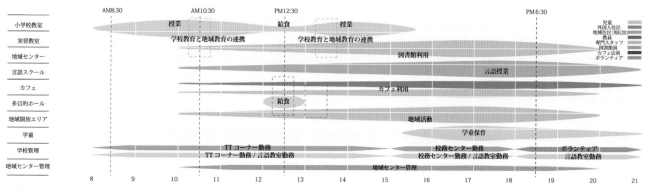

時間軸による地域開放の変化

都市の中の自然と呼応する建築

江東区における公園と建築の構成関係の再考

森 優海
Masaumi Mori

日本工業大学大学院
工学研究科
建築デザイン学専攻
足立真研究室

人工的に空間を構築する建築に対して、人為が加わらない自然は対立する概念であるが、それ故に建築は自然との関係によって成立しているとも言える。本計画は、空間構成の視点から、建築と自然との関係の分析と考察を通して、双方が共存する建築空間の設計提案を行うものである。

まず、近年の建築作品に関する分析を通して、建築が自然に依存したり、双方が対等に扱われるような構成関係を見出し、さらにプロジェクトの対象地とした東京都江東区の調査によって、公園・親水公園とその周囲の道および建物との配置関係を図式化し、その特徴を捉えた。

それらの分析に基づき、特徴的な環境をもつ敷地を4箇所選定し、その場所の空間的性質を活かした空間構成の手法を導き、建物の設計を行った。それらの設計は、建物ボリュームが道路と自然環境（公園）の境界を空間化し関連づけるような役割を担ったり、動線に沿って自然的要素を建物内に引き込んだり、水平方向の配置関係を垂直方向に変化する空間として展開したり、自然環境の縁を人の居場所としてしつらえ身体スケールで馴染ませたり、といった設計手法によるものである。

都市空間における自然と建築の関係を再考したこれらの設計は、建築が自然に呼応し共存する新たな空間の提案である。

対立的な＜建築＞と＜自然＞の関係

建築と自然は様々な視点から対立した図式として捉えられ空間化されてきた。例えば内部空間をつくる建物に対して、自然は周辺環境、ランドスケープ、庭などの外部空間として対立的に位置づけられ、相互の配置関係が問題となる。またその外部空間は光・風などを与え、建物はそれを受ける関係にある。それらの自然現象のほか、樹木の成長、四季の風景の移ろいといった時間に伴って変化する自然に対して、建築は変化の少ない固定的な存在とも言える。これらのように建築／自然という関係は、内／外、図／地、固定／変化、新／旧といった対立的な図式を前提として空間化されてきたところがあると思われる。

建物と外部空間

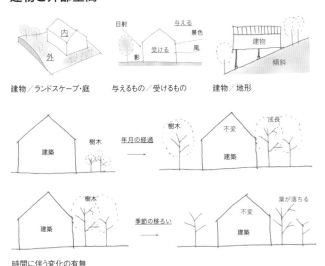

建物／ランドスケープ・庭　　与えるもの／受けるもの　　建物／地形

時間に伴う変化の有無

＜建築＞と＜自然＞の新しい関係の図

近年見られる建築と自然を連続的・一体的に考えられた建築作品について考察することで、建築が自然に依存したり、双方が対等に扱われるような構成関係を見出した。

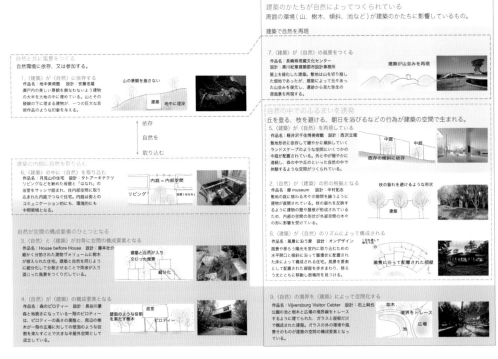

東京都江東区の自然環境

　江東区は江戸時代から川を中心に発展してきた。元は河川の扇状地であったが、埋め立てと同時に水路がつくられ、運河として活用された。使われなくなった運河の多くは埋め立てられ、親水公園として生まれ変わっている。かつて運河だった公園の形状は、細長く建物や道の間に直線的に存在している。その他にも清澄庭園や木場公園といった緑豊かな場所が区内に多数存在し、東京都の中では自然豊かなまちと言える。

まちの中の親水公園

直線的な形状の親水公園

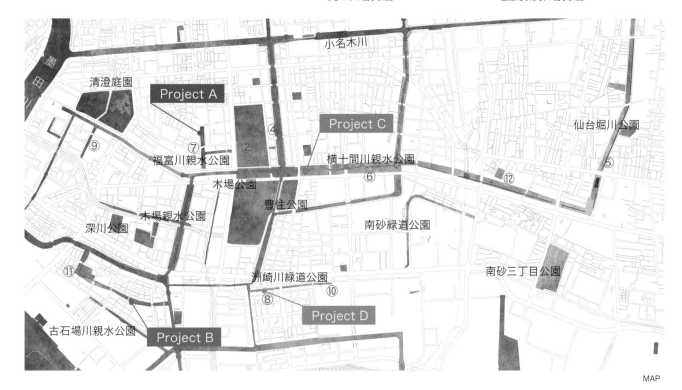
MAP

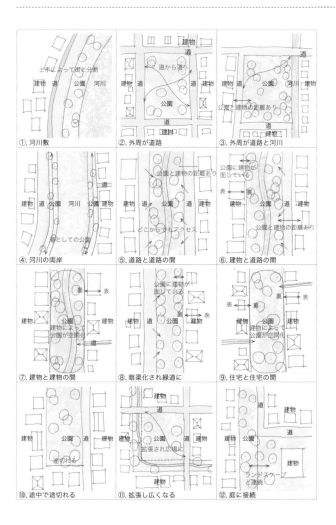

① 河川敷
② 外周が道路
③ 外周が道路と河川
④ 河川の両岸
⑤ 道路と道路の間
⑥ 建物と道路の間
⑦ 建物と建物の間
⑧ 暗渠化された緑道に
⑨ 住宅と住宅の間
⑩ 途中で途切れる
⑪ 拡張し広くなる
⑫ 庭に接続

江東区における公園とまちの関係・敷地の選定

　区内の公園・親水公園と周囲の道・建物との関係について、地図および航空写真において配置関係を捉えたあと、境界部のつくりや動線の関係、公園の使われ方を現地調査した。その結果を整理することで公園と周囲との関係を12のパターンに分類できた。

　ここまでの分析に基づき、江東区内の公園に隣接した特徴的な敷地を4つ選定し、その場所に適した空間構成の手法を導き、建物の設計を行った。

A　パターン⑦
密集する住宅が境界となって公園は街から切り離され、外からその存在を感じられない。

B　パターン⑦
公園に隣接する家の植木や、庭の緑が、公園や道路に溢れている風景が多く見られた。

C　パターン⑥
車通りが多く騒々しい道路側の環境と、木々や川などの自然豊かで静かな公園に挟まれた敷地。

D　パターン⑧
植木、ゴミ出し、自転車が停めてあったりと、日常的に擁壁に対して地域の住民のふるまいが生じていた。

Project A

公園に並行して家が建ち並ぶ住宅地で、複数の建物ボリュームを互い違いに浮かせることでできた外部空間によって、公園と街を繋ぐような役割を持った集合住宅の提案。

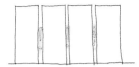

現状:
密集した住宅に公園が閉じ込められている

提案:
ボリュームの間の外部空間がまちと公園をつなぐ

レベル差によってまちと公園の距離を操作する

A-A'断面図

配置図兼1階平面図

住戸はテラスに対して大きく開く

Project B

緑の少ない公園に接する敷地で、螺旋状の緑豊かな外部空間を建物ボリュームに巻き付けることで、道と公園の両方に対して緑を開放したようなガーデニングショップを設計した。

ショップを起点に地域の住民が公園とまちを植物で彩り、緑が拡散していく

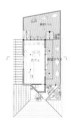

2階平面図

3階平面図

屋上平面図

緑豊かな外部空間を建物ボリュームに巻きつけ、まちと公園の両方に緑を見せる

公園に面したテラス

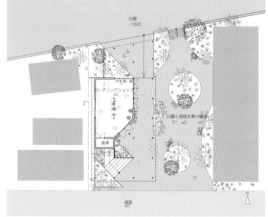

東側立面図

断面図

配置図兼1階平面図

Project C

車通りが多く幅の広い道路と、静かな公園に挟まれた敷地で垂直方向に変化していく用途と空間的設えによって、水平方向に対立的な公園側と道路側の空間の性質を建物が受け入れるような設計を行った。

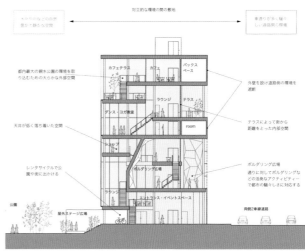

断面図

開口と外部空間が公園の環境を取り込む

道路に面したボルダリング場

道路から公園へのアプローチ

公園とつながった野外ステージ広場

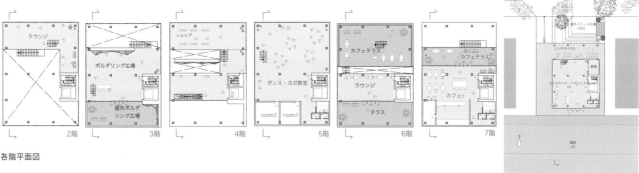

各階平面図

2階　　3階　　4階　　5階　　6階　　7階

配置図兼1階平面図

Project D

緑道とまちを隔てる擁壁がある場所で、近隣住民が緑道に対して日常的なふるまいが展開される場所となるように、ベンチやプランターなどの設えを施した新たな擁壁の設計を行った。

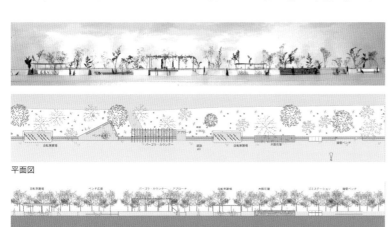

平面図

立面図

木製花壇・ゴミステーション

ベンチ広場

自転車置き場
自転車を置いて緑道に入る機会をつくる

ベンチ広場
道路のレベルで緑道の緑に囲まれる場所

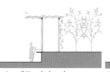

パーゴラ・カウンター
擁壁とパーゴラで空間をつくる

アプローチ
緑道の端部以外にも入口をつくる

木製花壇
かつての木材が積み上がった風景を模した花壇が日常的に緑道と人をつなげる

擁壁ベンチ
擁壁を切り欠いてベンチを設える

子どもの居場所を編み直す

－葛飾区東四つ木を対象とした地域インフラとして根付く学童保育施設－

森上 友暉
Yuki Morikami

日本工業大学大学院
工学研究科
建築デザイン学専攻
小川次郎研究室

今日、首都圏において待機児童問題と並び、「小学生の放課後問題」が深刻化している。共働き家庭は、学童保育施設（以下、学童保育）に子どもを預けることが多いが、希望者の増加により学童保育に通えない「待機学童」が増加している。そのため、都心部では学童保育を増設し、待機学童を減らす取り組みが行われているが、政策や整備の遅れにより現状では必ずしも行き届いていない。また、建物の量的な拡充を急ぐあまり、空間の質的な充実に欠ける学童保育も少なくない。こうした状況を踏まえ、本計画では、空間的な豊かさを備えつつ子どもの日常的な居場所となる、地域のインフラとして機能する学童保育施設を提案する。

1. 提案
－地域密着型学童保育施設を用いた地域デザインの可能性－

本計画では、地域に根差す既存環境を生かした用途を複合し、子どもの居場所を中心とした地域密着型学童保育施設を用いて地域デザインを行っていく。つまり、学童保育施設における地域交流の希薄化や、社会的ストックとしての持続可能性を踏まえ、地域インフラとして根付く学童保育施設を提案する。学童保育施設の一部に余白を設け、その余白に公共的な空間を付加し再構成することで、使い方に冗長性を持たせ、学童保育に通う子どもたちと地域住民が日常的に交流できる居場所とすることを試みる。子どもの居場所を中心とした地域社会の共通財産となるように、世代を超えて使い続けられる建築としての質的な充実を確保しつつ計画する。塾や習いごと教室のような経済活動の一端としてではなく、地域に住む人や地域で働く人との交流を通しての学びの場となるように計画する。

2. 計画地
－機械音が響き渡るまち（葛飾区東四つ木）－

設計対象地として、待機学童が多く存在する東京都葛飾区東四つ木地域を想定する。東四つ木は葛飾区西部に位置し、商業施設や観光地といった大きな特色はないものの、住宅地の中に鍍金工場などの中小工場が点在する住工混在地域である。また、木造密集地域に指定され、多くの人たちが工場と隣り合わせで住んでいる。機械音は街中に響き渡り、それは地域に住む人にとっての日常となっている。

3. 全体計画
－「東四つ木らしさ」に満ちた、地域インフラとして根付く学童保育－

東四つ木にある1学区を対象とし、小学校周辺に3つの地域密着型学童保育施設を計画する。地域に根付いた活動や人々の関係を学童保育に取り込むことで、住民と関われる場をつくり出す。例えば、町工場で働く人や地域住民が気軽に訪れることのできる、食堂のある学童保育を計画する。それによって、地域で働く人や住民の子どもとの交流のきっかけが生まれる。また、小学校と神社の参道に隣接する既存の学童保育に、中高生が利用できる遊戯・学習スペースを増設する。参道を子どものための施設へのアプローチとすることで、神社や参道が日常生活に根差した身近な存在となる。さらに、お茶を飲む、本を読む、医療相談ができる空間を併設し、地域に住む多世代の居場所とする。地域資源と学童保育を関係づけ、住民との日常的な関わりを深めることで、「東四つ木らしさ」に満ちた、地域に根付いた場所となる。

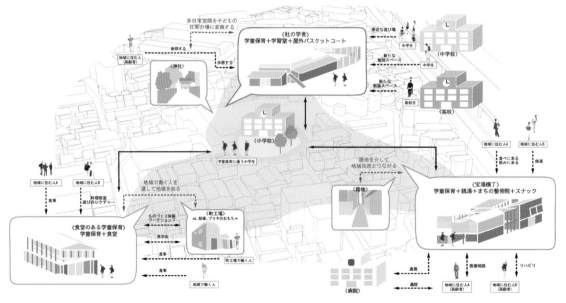

4. 各計画内容

4-1. 食堂のある学童保育ー既存の学童保育施設の建て替えー

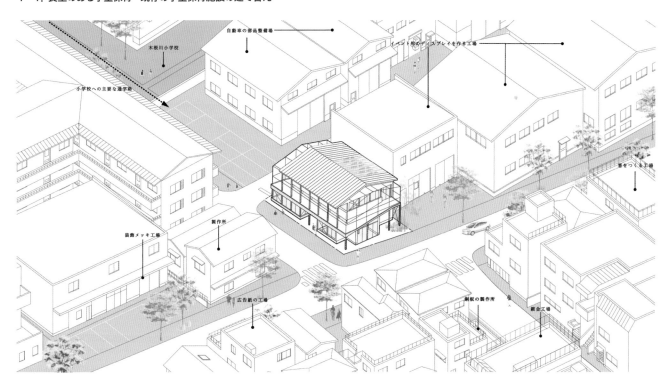

町工場で働く人や地域住民が気軽に訪れることのできる、食堂のある学童保育を計画する。1階に学童保育と食堂を配置し、1階から2階へと緩やかに連続する遊びの回廊は、子どもたちの新たな遊び場となる。この構成によって、地域で働く人や住民の子どもとの交流のきっかけが食堂や遊び場を通して生まれる。食堂が子どもの放課後の居場所となることで、子どもの活動が街に表れやすくなり、さまざまな立場や世代の人々が交流する風景が生まれる。

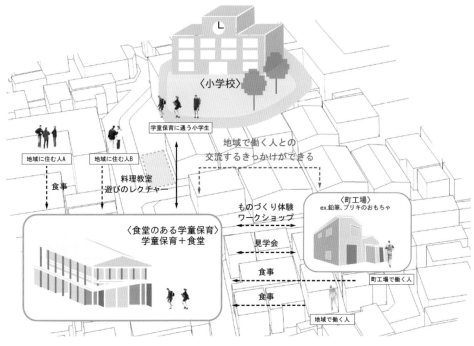

切妻屋根の町工場が多く残る街並みに対して、街に溶け込むような家型の建物とした

配置図兼1階平面図

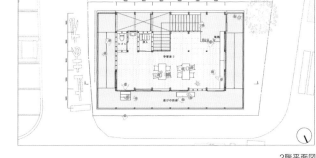

2階平面図

4−2. 杜の学舎−既存の学童保育施設の改修・増築−

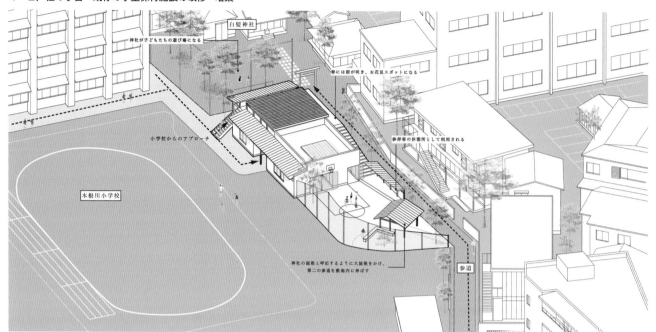

　小学校と神社の参道に隣接する既存の学童保育をリノベーションする。地域住民が深く関ることができるように、境界にあるコンクリート塀を撤去し、学童保育施設と参道の一部を再構成する。開放的な学童保育空間に加え、気軽にバスケットボールができる簡易バスケットコート、中高生のための勉強スペースを増設する。参道を子どものための施設へのアプローチとすることで、神社や参道が日常生活に根差したより身近な存在となる。

参道に対して閉じられていた敷地内のコンクリート塀を取り壊し、第二の参道として設け、道と屋根をかけた

学童保育に設けたバスケットコートと縁側ベンチによって、近隣住民と中高生の交流が生まれる

既存の学童保育施設の床レベルは残し、中高生の勉強スペースとレベル差を設けることで、ほどよい距離感を保ったまま関わりを持つことができる。こどもたちが年齢の枠を越えて共に学び、成長していける場を生み出す

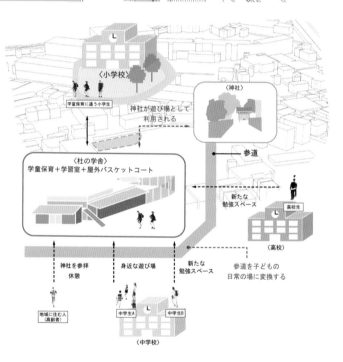

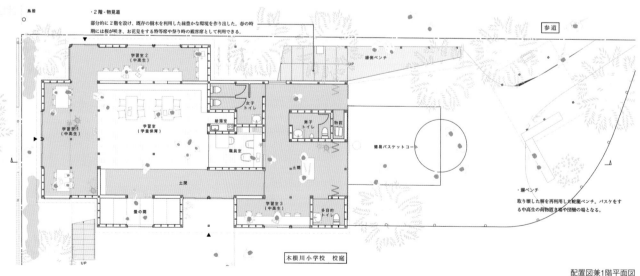

配置図兼1階平面図

4-3. 宝湯横丁－新設の学童保育施設－

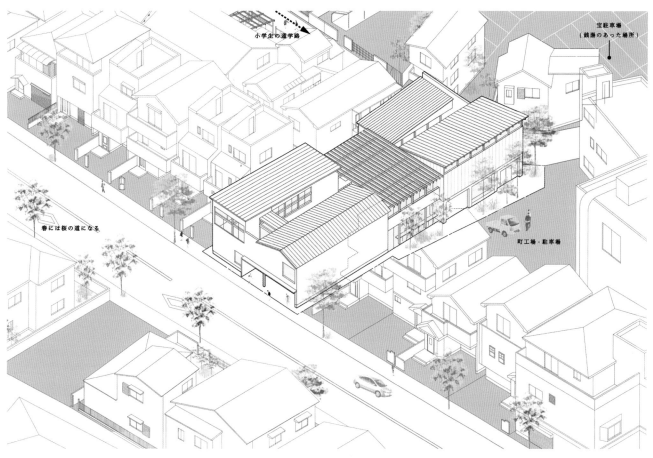

小学生の通学路

春には桜の道になる

宝駐車場
(銭湯のあった場所)

町工場・駐車場

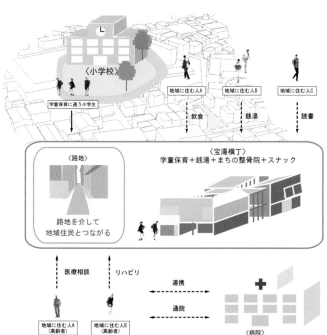

<小学校>

学童保育に通う小学生

地域に住む人A — 飲食
地域に住む人B — 銭湯
地域に住む人C — 読書

<路地>

路地を介して
地域住民とつながる

<宝湯横丁>
学童保育＋銭湯＋まちの整骨院＋スナック

医療相談　リハビリ　連携　通院

地域に住む人A
(高齢者)　地域に住む人B
(高齢者)　<病院>

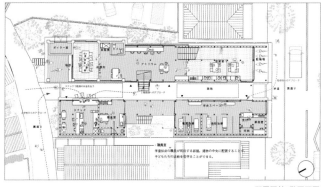

配置図兼1階平面図

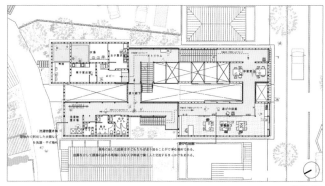

2階平面図

かつてこの場所にあった銭湯を、学童保育と組み合わせて新築として蘇らせる。商店街を通ってアプローチしていた銭湯は、廃棄後に取り壊され、現在は駐車場となっている。そこで、商店街中央に通る路地をこの地域特有の資源と捉え、路地を内包した学童保育施設を新設する。さらに、地域に住む多世代の居場所となるように、お茶を飲む、本を読む、リハビリ・医療相談ができる空間を設ける。一般的な商業的利用だけでなく、学童保育施設を含む地域住民の癒しの場として計画することで、地域の拠点として根付くようにする。

正面入り口

空間的な豊かさを生み出す架構

1185
イイハコ作ろう 鎌倉場工夫_{ばくふう}

住宅地と観光業の溝を埋めるハコの提案

高橋 和佳子
Wakako Takahashi

日本女子大学大学院
家政学研究科
住居学専攻
篠原聡子研究室

鎌倉は神奈川県で人気の観光地である。鎌倉時代から独自の文化を持ち、多くの神社仏閣が点在する歴史的なまちとしてだけでなく、映画やドラマ、アニメの舞台として国内外で人気がある。しかし近年観光客による混雑や渋滞が激しく、「オーバーツーリズム」と呼ばれ問題になっている。食べ歩きのごみ問題や節操なく住宅地に侵入してくる観光客に対し住民は、のどかでゆったりとした本来の鎌倉の姿が奪われ、せわしない日帰り観光が激増している状況を嘆いている。観光地では善と受け入れられている観光客が、住宅地では悪と捉えられかねない。

一方で市内に宿泊施設が増加し、宿泊観光の需要が高まっている。取材した「ゲストハウス彩 鎌倉」では住宅地の中でゲストハウスを営業するにあたり、騒音問題やオーナー不在中の言葉の通じない外国人ゲストのトラブルなど、地域住民の理解を得るのが難しい現状があった。東京五輪の影響もあり空き家を民泊やゲストハウスとして活用することが増加しつつある現在、空き家問題が深刻化している鎌倉にも同様の傾向がある。

そこで住宅地と観光業の溝を埋めるべく、実質24時間営業のゲストハウスだからできる、ゲストと地域とを取り持つ交流サロンを提案する。セルフサービスが基本であるゲストハウス独自の"ゆるさ"を利用し、宿泊客と地域の人とが互いに文化を交換する「ホスト」にも「ゲスト」にもなる関係を作ることで、双方の暮らしのバランスを確保する。

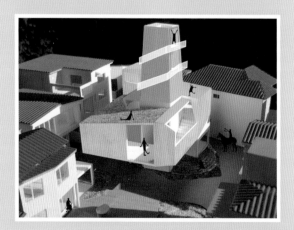

計画の背景

舞台となる「ゲストハウス彩 鎌倉」

築90年の木造戸建てのリノベーションで、各国のゲストで毎日にぎわっているが、地域住民とのトラブルが発生していた。

365日武士の格好をしているオーナーは株式会社「i-link-u」の代表取締役。ゲストハウスでは障がい者雇用や鎌倉の観光ツアーも行っている。

鎌倉の2つの顔

にぎやかな観光地のイメージが強い鎌倉だが、住宅地は11軒に1軒が空き家という一面がある。また「オーバーツーリズム」の問題で、観光地では善と受け入れられている観光客が、住宅地では悪になりかねない。空き家を宿にするケースが増加する中、住民との溝が深まっているゲストハウスの現状に問題意識を持った。

観光地
- 国内外で人気の観光名所
- 首都圏に近く日帰り観光がしやすい。現在宿泊者は少ないが需要は増加中。
- 「オーバーツーリズム」の問題
- 食べ歩きのごみの問題、節操のない住宅地への侵入

住宅地
- 11軒に1軒が空き家
- NPOや活動家が多い
- 観光面だけに加勢する行政⇔対応しかねる住民が存在
- 観光の質の低下や観光客とのトラブル

ゲストハウス彩
- 観光(動)⇔住宅地(静)の対照的なマスタープランが重なっている
  鎌倉中央地域
  …観光地としてにぎやかな風景を追求
  鎌倉南地域
  …住宅地向けで静かな生活を追求
- 住民とのトラブルが発生
- すぐ隣に近隣商業地域(商店街)がある第一種住居地域
- 住宅地にとって商業の飛び地の存在。自治会に加入しておらず、地域に受け入れられていない様子であった。

敷地図

設計敷地

「彩」には観光ルートとなっている由比ガ浜通りの裏の住宅密集地にあり、近所にはコアな商品を売る専門店が点在している。学習塾がすぐ近くにあるので、子どもや近所に住んでいる高齢者まで多様な人材が集まった環境である。設計は「彩」裏の空き家が更地となった袋小路内で行う。

敷地図

コンセプト

鎌倉の時の流れ

神社仏閣が開門している時間に集中するせわしない観光は、本来ののどかな鎌倉の流れに反している。まちの中を観光客が占拠し、飲食店では住民が利用できず「昼食難民」と呼ばれ、肩身の狭い思いをしている。一方ゲストハウスでは、チェックイン後のメイン観光を終えたゲストにとって、夕方以降のおもてなし力が低いと言える。観光客という鎌倉にとってアウトサイダーのための空間であったゲストハウスを、午前〜夕方の「観光ゴールデンタイム」を地域の人に、夕方〜夜の「需要があるのにもったいないタイム」はゲストに有効活用する。

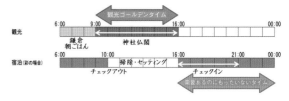

「イイハコ」と「場工夫」

イイハコの機能としてサロンを提案する。ゲストと地域の人が使い方を工夫することで成立する交流の場には、目的を持った人しか使用できないようにすることで、日中の観光客の流入抑制を図る。活動家によるワークショップや勉強会、鎌倉の歴史や文化の体験などにサロンを活用してもらう。セルフサービスが基本であるゲストハウス独自の"ゆるさ"を利用し、宿泊客と地域の人とが互いに得意な分野で文化を交換する、「ホスト」にも「ゲスト」にもなる関係をつくる。

周辺建物の開口部

更地となった袋小路において、既存の外部との接し方にポテンシャルがあると考え、周辺住宅の多様な立面に注目した。

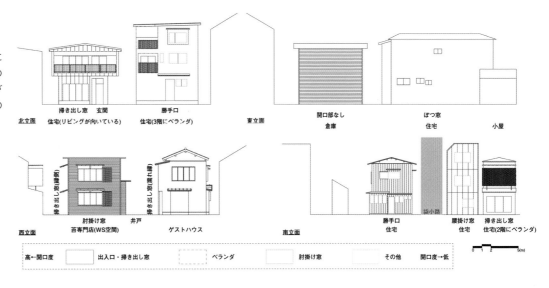

つくり方

袋小路内の日当たりからボリューム検討、建物の向き、開口部からの見え方や距離感から外形を決定した。

動線計画

現在「彩」までのアクセスは正面の2m未満の私道しか手段がなく、ゲストからは「場所が分かりにくい」、住民からは「車いすで通るには狭いから迷惑」などの声があがっていた。

一方、袋小路内は塀で囲われ閉鎖的であるが、幅員4m以上の道路に接道しているため、大通りからのアクセスがしやすい。

そこでサロンをつくり、袋小路に向かって開かれた環境にすることで、私道からも大通りからも「彩」やサロンに動線がつながり循環可能になるため、誰にとってもアクセシブルでバリアフリーな動線計画が可能となる。

ランドスケープ

接地階は起伏のあるランドスケープにし、ピロティ部分から「食のサロン」にかけて徐々に高くすることで人々を内部へ誘い込む。また全体を広くなだらかな形状にすることで、「彩」で企画中のホースセラピーで連れてきた馬にも優しく、鎌倉に馬がいる風景を身近に感じられる。ランドスケープの管理は、「彩」の隣の苔専門店と連携する。

北立面

山の先の食のサロン　　　半地下のハナレ　　　「彩」→

北立面図

塔の空間構成

袋小路の中央にある塔状の躯体に対し、性質の異なる場が巻き付く空間構成とした。

また、ハザードマップによると由比ガ浜からの津波の可能性がある。鎌倉に地縁のないゲストが、唯一の接点であるオーナーの在・不在に左右されないためにも、地域の人との交流は重要であると考える。

縦動線となるこの塔は周辺の建物より背を高くすることで、災害時は津波の避難所とその目印の役割、また平常時は由比ガ浜の花火を楽しむための見物台として利用される。

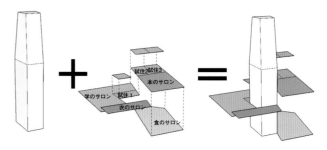

高さ関係

サロン同士は、スキップフロアで緩やかに繋がれている。一階は「彩」の食事と連携しやすいように食のサロンを、上階に上がると衣のサロンや試住といった、暮らしの延長の機能を配置した。また、すべての屋上が津波の被害を受けない高さになるよう設定した。

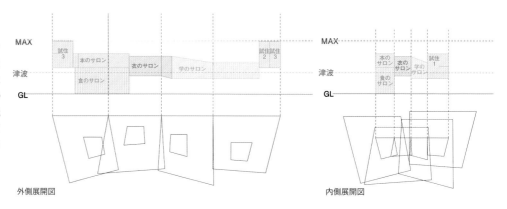

外側展開図　　　　　　　　　　　　　　　内側展開図

ハナレ
和室空間は、「彩」でアメニティとして提供している浴衣の着付け体験といった、「和」の体験に使用する。

食のサロン
大きなキッチンのあるサロン。昼間は昼食難民のためのランチや、鎌倉でカフェをやりたい人のお試し営業に利用する。夜間はゲストが自国の料理をふるまうことで宿代をディスカウントできるようにしたり、地域の人がつくる日本食を体験したりなど、食文化を通した交流が生まれる。

学のサロン
コワーキングスペースや学校帰りの子どもが勉強できる場とする。また、修学旅行や遠足などの課外学習の一環として、まち歩きの他に座学のレクチャーをする空間としても利用する。

衣のサロン
ゲストと市民が自由に使えるコインランドリー。長期旅行者のゲストや、海に行ったゲストから洗濯をしたいという声があがっていた。海沿いで塩害が心配されるため、乾燥機付きの洗濯機を日当たりの良いサンルームに設置することで地域の人も利用可能にする。

本のサロン
3階の本のサロンは鎌倉の資料や、鎌倉の文豪が描いた本が読める図書室。正面の窓の少ない白壁の住宅にスクリーンとして映像を投影することでシアターになる。また、サロンの他に試住空間を設ける。

試住
ゲスト、試住、住人と、サロン内に滞在するサイクルが異なる人材が集うことで、鎌倉の暮らしの先輩に学ぶ関係をつくる。試住の住民がサロンを管理し、一般住宅よりも広い規模のサロンで活動に専念できる仕組みをとる。

断面展開図

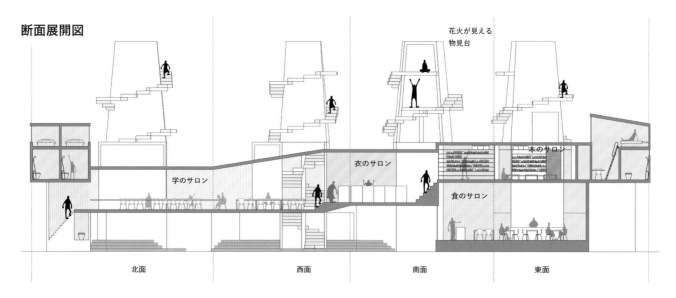

花火が見える物見台

衣のサロン

本のサロン

学のサロン

食のサロン

北面　　　　　　　　西面　　　　　　　　南面　　　　　　　　東面

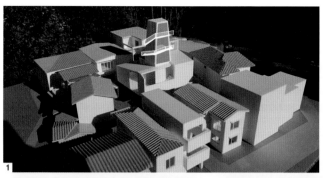

1 全体図　**2** 彩の縁側と食のサロンへのアプローチ　**3** 袋小路からの塔の眺め　**4** 食のサロン　**5** 衣のサロンから光が差し込む学のサロン
6 本のサロンは向かいの家に投影してシアターに　**7** 食のサロンを上がるとシアターに　**8** 学→衣→本のサロンへのスキップフロア

滞在のサイクルによる意味の読み替え

宿泊ゲスト

試住

地域住民

短期住民　　　中期住民　　　長期住民

シアターになる
本のサロン

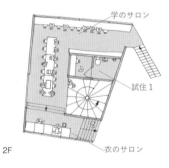
2F

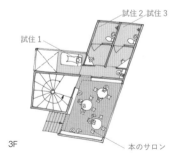
3F

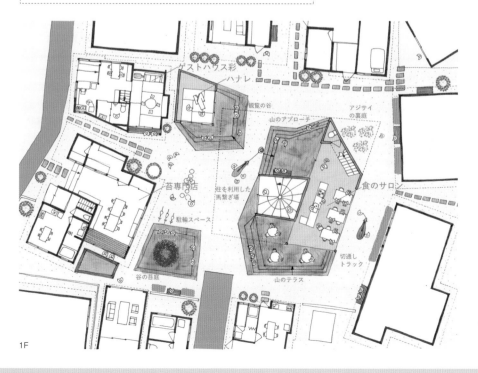
1F

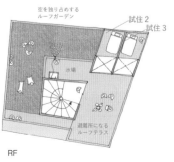
RF

これからの地域圏を想像してみる

－大玉村での活動と建築計画案－

河原 伸彦
Nobuhiko Kawahara

法政大学大学院
デザイン工学研究科
建築学専攻
高村雅彦研究室

この修士計画は、福島県大玉村で歓藍社の活動に参加し、その活動を通して考えた設計計画をまとめたものである。活動と計画の2つに分けて本修士計画が構成されているのは、当たり前のことだが、私にとって、何かをつくることはあらゆる行動の集積にほかならないからだ。

まず、活動内容について話す。歓藍社は、藍を中核にした活動によって地域の再構成を試み、小さな圏域を生み出している。藍の栽培から始まるこれらの活動は、地域内外の人々の共同によるモノゴトの活用や転用（例えば、休耕地を藍畑として利用すること、活動の拠点としての空き家の利用、藍染製品の分担生産など）によって成り立っている。私はこの活動にメンバーの1人として取り組んでいる。

次に計画だが、前述の活動を前提として計画したのは、歓藍社と地域の拠点となっているロコハウス（染め場とカフェ）に増築する工房や宿泊施設、そこに併せて設置する貯水システムである。これらの工法は活動の中で実践されたものづくりの方法を応用し、施工にはこの「地域」と共同で取り組む。そして、これらの建設とそこから生まれる場がこの地域での活動に拡がりを与える。

活動自体と、そこに身を置くことで体験・観察した「そこにあるモノゴトの運動」から生まれる設計計画、その二つの行動・姿勢を連ねてその併存の先を描くこと、これからの地域圏を「想像」することがこの修士計画の目的となる。

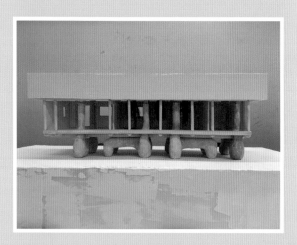

1. 大玉村での活動

1−1. 歓藍社とは

歓藍社は主に農業を生業とする地域住民と、建築・生態学・デザイン・服飾など、暮らしにまつわるさまざまな専門性を持った地域外の人々が畑仕事や染めをはじめとするものづくりを共同で行う地域関係体である。メンバーの一人である生態学者の林剛平氏が2011年の福島第一原子力発電所事故以後に、放射能の調査で福島県安達郡大玉村に頻繁に訪れ、そこで地元農家の野内彦太郎氏と出会い、ここでの暮らしの在り方を考えようと研究会を開催したのが活動のきっかけとなる。

1−2. 土地の貸借による地域の運動

2016年から、現在の活動の中核となっている藍の栽培を実験的に開始。福島原発事故や人手不足を背景に休耕地となっていた土地を藍畑として転用。土地の再活用ということだけでなく、3つの点在する畑を利用することで地域内での交流も生まれている。また、活動の拠点として、もともと地域住民の寄り合いの場所となっていたヒコハウスを滞在拠点に、空き家となり取り壊しの予定となっていたロコハウスを「染め場とカフェ」として改修し、活動拠点としている。

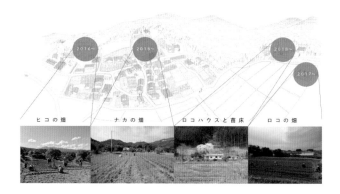

ヒコの畑　　　ナカの畑　　　ロコハウスと苗床　　　ロコの畑

1−3. 小さな経済圏

2018年の春に取り組んだ暖簾制作では、ファッションデザイナーの渡辺未来氏がデザインを担当し、地域の人が制作した。縫い絞りを得意とする地域住民の伊藤浩子氏がリーダーとなり、絞り作業を後藤節子氏と佐瀬恵子氏が分担した。染め上がったものは縫製を得意とする鈴木周子氏が中心となって仕上げ、建築家の佐藤研吾氏が暖簾かけの部品をロコハウスの解体材でつくり、村の産直所に納品した。暖簾の制作は50,000円で引き受けており、制作に関わった人たちに分配された。藍染製品の共同制作により、地域に連帯での運動が生まれている。

2. これからの計画

藍の栽培から始まった歓藍社の活動だが、2018年の春には空き家となっていたロコハウスを改修し、「染め場とカフェ」の拠点整備にまで拡がった。現在は主に地域内の人が自分のものを染めるために訪れており、交流の場となっている。

今後は歓藍社の活動拠点である「染め場とカフェ」に、①工房②宿泊施設③貯水システムの3つを併設した増築を計画している。工房は染め製品の生産量増加、宿泊施設は村内外の交流のきっかけを生み出す。また、染めに必要となる水を、一緒に設ける貯水システムで補う。これらを建設することによって、ロコハウスが地域内外の活動が交錯する拠点となる。

3. 活動×計画
活動への参加から計画の原理を立ち上げる

・活動への参加の動機―ミブンカのブンカ

　ある土地に根をもつ生活や技術など、モノゴトを分化せずに、連関を持った文化を創り出すこと、それらが混在し一体となっていくものづくりへの姿勢をもって、私は歓藍社の活動に参加している。2011年の福島原発事故を境に、歓藍社の活動のきっかけが生まれたが、自身にとっても原発事故が少なからず参加の動機となっている。原発の問題が起きたことは、情報化社会の中でのモノゴトとの身体的なつながりの不在を感じるきっかけとなった。そのような中で、大玉村での活動を通して、労働や道具、そしてお祭りなど、ひとつながりのモノゴトへの実践を歓藍社の一人として試みている。

・共同の作業から始まる―「作業（労働）」「道具」「建築」

　藍の栽培を始める共同の作業を通し、新しい染めの方法とその道具を考案した。作業を身体上の活動を通して行うことで、おのずと作業をスムーズにするための工夫が生まれてくる。そういったプロセスの延長線上に建築とその建設を置き、それらが新しい活動の舞台となることで、この地域の文化とは言わないまでも、一つの風景を生み出す。
→地域のサイクルの中で考える

・活動を動かすコト―「アマチュア」と「遊び」

　歓藍社には藍の専門家はいない。それぞれに生業をもち、藍に関してはアマチュアだ。しかし、個人の興味によって接点を持ち、個々の技術でそれぞれ工夫して取り組んでいる。

　共同の核となる藍に関して、みんながアマチュアであることで、モノや人々の交錯が生まれる。そういった活動の重心となるものが持ちやすいものであることから、参加の動機が軽くなり、アソビ（生計をたてるものではないこと）の要素を含むため、藍づくりが地域の共同のきっかけとなりやすくなる。

　このように「アマチュア」と「アソビ」が地域に複数の連帯の範囲を生み、圏域を組み直していく。
→施工プロセスから考える

・地域資源（モノや人）による建築

　計画している工房には、①穴掘り②打設③木材の運搬④木架構の組み立て⑤屋根・壁の土セメント左官といったプロセスがある。土型枠のコンクリートで足もとはつくられ、その型枠として使った土は、屋根・壁の土セメントに転用される。また、木架構はこの地域の裏山の杉を利用する。このプロセスを地域内で分担して取り組むことで、モノだけでなく、歓藍社の活動を通して関係することとなった地域の個人の技術を建設に活用する。

4. 地域に拡がる圏域

　藍を中核にした活動によって、地域内での連帯が生まれ、これまでになかった地域の関係が生まれる。

ヒコハウス
この地域で農家を営んでいる野内彦太郎氏と芳子氏が持つ大きな古民家。ここで地域の人が集まって話し合いや藍の収穫、すくもづくりといった作業をしている

ヒコの藍畑（2015年春〜）
野内彦太郎氏が持っていた休耕地だが、藍づくりを始めるにあたって藍畑として再生

ナカの藍畑（2018年春〜）
地域の中央に位置する休耕地を藍畑として活用

ロコハウス「染め場とカフェ」
現在、染め場とカフェを整備中

地域住民主導の活動
活動を通して、地域住民の伊藤浩子氏は、小姓内地区内や大玉村の教育センターで藍染体験会を開催するようになった

藍の暖簾の共同制作
2018年の春に取り組んだ藍の暖簾の共同制作では、地域内外の人々がそれぞれの得意とすることを担当し、分担生産を行った

染め場とカフェの建設計画
ロコハウスの「染め場とカフェ」への改修計画は、もともとの計画とは異なるが、そこにあるモノゴトを応用してコンクリート製のシンクなどが制作された。改修は現在も進行中である

拠点整備
解体で始まった拠点整備は、毎月の公開活動日に藍の栽培の作業とともに、地域の人々と取り組んだ。また、作業途中に計画の説明も行った

藍のサイクル

[春]
10cmほどの間隔で溝をつくり、藍の種をまく。その後、軽く土を盛り、風で飛ばされないようにする

[夏]
7月の終わり頃に一番刈りをする。根は残し、9月に成長した藍を二番刈りする

[秋]
収穫した藍を茎と葉に分ける。作業場を設け、皆で会話をしながら作業をする

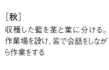

[冬]
藍の染料となる、すくもづくりを行う。水分を与えて藍を発酵させる切り返しの作業をする

5. 地域での活動と計画の連関

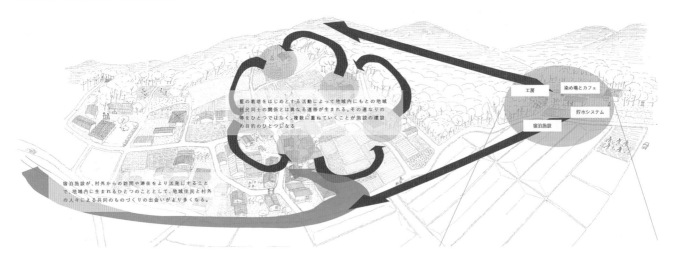

藍の栽培をはじめとする活動によって地域内にもとの地域住民同士の関係とは異なる連帯が生まれる。その連なりの帯をひとつではなく、複数に重ねていくことが施設の建設の目的のひとつになる

工房　染め場とカフェ　貯水システム　宿泊施設

宿泊施設が、村外からの訪問や滞在をより活発にすることで、地域内に生まれるひとつのこととして、地域住民と村外の人々による共同のものづくりの出会いがより多くなる。

計画から活動へ

　工房・宿泊施設・貯水システムの増築は、活動による地域のサイクルを加速させる。例えば、暖簾制作のような、地域住民と外部の共同によって生まれる小さな経済圏は、工房を構えることで染料を増加させ、宿泊施設を設けることで村外からの作家の長期滞在が可能となり、その中での活動がより活発となる。

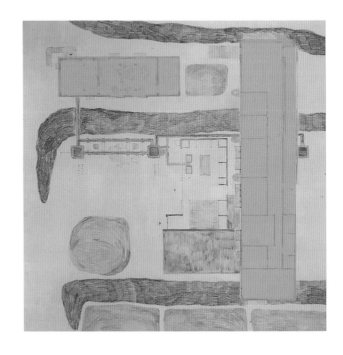

6. 共同の藍染製品の生産と販売

　染め場で制作される藍染製品は村内の産直所だけでなく、都内の店舗（新宿ベルク）でも販売される。歓藍社と地域住民で作業を分担して取り組み、染物1つあたりの買い取り価格は￥2,400。色抜き（￥300）、染め（￥400）、洗い（￥500）、記録（￥100）、梱包・送品（￥200）、歓藍社（￥900）と作業それぞれに賃金を決めており、小さな生産のサイクルが生まれている。

色抜き

染め

水洗い

干し

7. 染め場を動かす貯水計画

　新たに増築される工房と宿泊施設の屋根面から貯水可能な雨水量は20㎥／日。これらを2000ℓ貯水可能な2つのコンクリート製タンクに貯水し、農業用水と染め用用水に分けて利用する。貯水システムの下は干場や染め場となる。

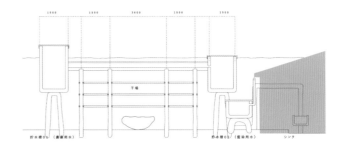

8. 作業・道具・建築・芸能

　共同の藍づくりの作業から新しい道具が生まれ、道具と同じように建築が建設される。その建築が舞台となって、ここでの振る舞いが芸能となっていく。このような連関の中に「建築」を置いて考える。大玉村での藍の栽培の実践を通じ、藍の簡単な栽培方法を工夫する中で、共同の藍染めとして、新しい染めの方法「ゴロゴロ染め」が道具の発見とともに考案された。それは普段の染めにアソビを与えるだけでなく、藍の収穫を祝うお祭りではお祭りを盛り上げるパフォーマンスとなる。

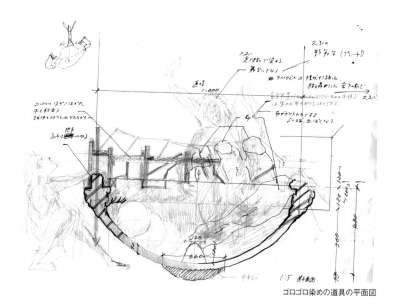

ゴロゴロ染めの道具の平面図

9. 藍染めの道具と藍まつり

・道具は在り合わせでつくる

　活動を通して、二つの道具が制作された。どちらもこの場にある材料の応用によって制作された。たたき染めを応用した「ゴロゴロ染め」のための道具は、土を盛った上にコンクリートを盛ってからひっくり返してつくられる。その大きさは人力で移動可能な大きさとなっている（約300kgで、複数人で押しながら運ぶことが可能）。

　染め場のために制作されたシンクは、カフェの床を支えるためにつくられたコンクリート製の束が不要になったため、それを転用しており、さらにそこに解体時に出た土を型枠として加えて足もとをつくった。「何かのため」の道具は、周りにある手近なモノの集合体となる。その環境の取り込みの仕方を建築物にも応用する。

・道具が祭りの舞台となる

　2017年の祭りでは、「ゴロゴロ染め」の道具を利用したファッションショーを開催。2018年には、地域内を藍の服や道具を身に着けて練り歩き、ショーの最後には「ゴロゴロ染め」の道具を使ったパフォーマンスを行った。また、染め場を舞台にした小演劇も公演した。藍染めのためにつくられた道具が、異なるかたちで、違った意図で取り合わされることで、道具から場というようなつながりを生み出す。

10.「地域」を取り込んだ施工プロセス

・道具の応用

　あり合わせによるいくつかの道具の制作から、計画している施設も「地域」にすでに存在するモノゴトを用いて建設に取り組む。工房では主に以下の5項目を中心に「地域」という環境圏と連関を持つ。
①土型枠コンクリートの足もとは、シンクや「ゴロゴロ染め」の道具で実践した方法の応用である。また、この土地の粘土質の土の活用でもある。
②農業用ビニールコンクリートの柱と梁は、多くの地域住民が農業を生業とするため、身近にあったものを転用する。
③杉丸太の木架構は、地域住民が所有する裏山の杉を利用する。
④土セメントによる屋根と壁は、染め場の土間で実践した方法で施工する。
⑤これらの建設のプロセスは歓藍社や地域住民との共同で行われる。

・土のサイクル

　基礎のために穴を掘り、その土を用いて土型枠をつくり、脱型後の土は屋根と壁の材として転用される。穴の大きさは屋根と壁に必要な土量によって決定される。このように、資源・建設のサイクルが部分的に建造物の造形に影響を与えていく。

・地域住民との共同による建設

　工法は共同の可能性を保つためと、「地域」を巻き込むためにアマチュアでも取り組めるように設定しているが、専門的な技術の必要がないわけではない。そこは個々の生業に頼ることになる。そのため、プロセスは立ち替わりで中心となる人物が現れてくるシーンの連続である。またもちろん、誰のものにもなる技術を用いて施工することもあり、それらが混在することで建設が成立する。

工房短手の断面図

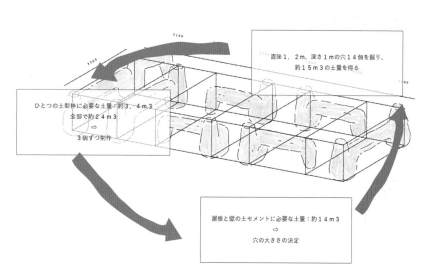

直径1.2m、深さ1mの穴14個を掘り、約15m3の土量を得る

ひとつの土型枠に必要な土量：約3.4m3
全部で約24m3
⇒
3個ずつ制作

屋根と壁の土セメントに必要な土量：約14m3
⇒
穴の大きさの決定

土型枠コンクリートの足もとの全体図

岩船沖油ガス田プラットフォームの再利用の提案

迎田 泰
Yutaka Mukaeda

前橋工科大学大学院
工学研究科
建築学専攻
若松均研究室

日本ではこれまで12基の海上プラットフォームが建設されてきた。しかし、現在も操業を続けているのは新潟県胎内市沖の岩船沖油ガス田のみであり、残りの11基はすでに解体撤去済みである。海上プラットフォームの解体撤去は、構造体を海底付近で切断し海中に横倒しにし残置する方法が主流である。また、海上プラットフォームは操業停止後、航行上の安全性から海上への放置ができないため速やかに解体撤去が行われてきた。一方で日本の海上プラットフォーム建設技術は海外に輸出されるほど優れており、波浪や地震にも耐えうる堅固さを持っている。

本設計では、日本のエネルギー生産の一端を担う海上プラットフォームを石油の生産停止後に、水族館と宿泊施設として再利用する可能性を探った。周囲を海に囲まれた巨大なスケールの建造物は、魅力的な空間に溢れている。既存の要素を手がかりに、多様な空間を創造した。

建築を体験していく中で、海上プラットフォームの巨大な構造体を目の当たりにする。エネルギーを生産するための施設に大量の資源とエネルギーを費やしてきたことを知り、我々の生活を支える産業の途方もない巨大さを実感するのである。

岩船沖油ガス田

新潟県胎内市沖約4kmの海上にある、現在国内で操業している唯一の海上プラットフォームである。1960年代から地質調査が行われ、1989年に海上プラットフォームが建設された。石油および天然ガスを採掘し、海底パイプラインを通して新潟市の陸上基地まで送っている。

国内の海上プラットフォーム

設計の位置付け

国内では新潟県を中心に、明治から大正時代にかけて石油の採掘が盛んであった。当時は海洋油田の開発は行われておらず、いずれも内陸の油田であった。現在ではそのほとんどが廃止されているが、保存に向けた市民運動や自治体の働きにより、遺構が保存されたり、記念公園として開放されているものもある。一方で海上プラットフォームは歴史が浅いことに加え、沖合数kmという海上にあることから、市民の生活から切り離されて認識されにくい。そのため、文化的価値を見出されず、保存対象になりえないという現状がある。また、操業を停止したとしても海上に放置はできないため、役目を終えた海上プラットフォームは速やかに解体撤去が行われてきた。

日本は海外からの輸入に依存するという背景のもと、エネルギーの一大消費国となった。近年になりエネルギー自給率の向上が求められる中、国内のエネルギー生産の一端を担う岩船沖油ガス田は産業において重要な役割を持つと言える。また、日本の海上プラットフォームの建設技術は海外に輸出されるほど優れており、地震や波浪に耐えうる堅固なものになっていることから、建築としての再利用の余地は十分にあると考えられる。以上のことから、岩船沖油ガス田を産業遺構として保存することと、用途を転換して再利用することを目的とした建築を提案する。

プログラム

　本設計において、再利用後の用途は水族館と宿泊施設とする。海洋資源を採掘するための施設であったことから、海に関する施設として再利用することが望ましいと考える。特に石油は太古の生命に由来する資源であり、資源、生命、環境の関係について学べるような施設と位置付ける。さらに石油および天然ガスの生産過程の最初の工程である掘削を行う施設の遺構から現代生活に欠かすことのできないエネルギー生産について学ぶ機会を与えたい。また、沖合4kmの海上という環境の中で、水族館の展示のみを一時的なものとして享受するだけでなく、宿泊することにより非日常的な環境の中に様々なアクティビティを通して、長時間身を置くことによって、より深く海洋環境を感じ取ることができると考える。

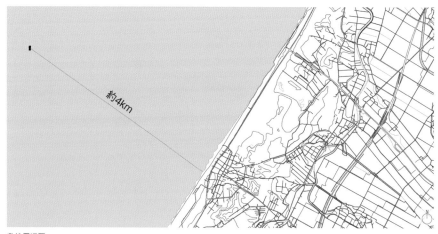

敷地周辺図

設計手法

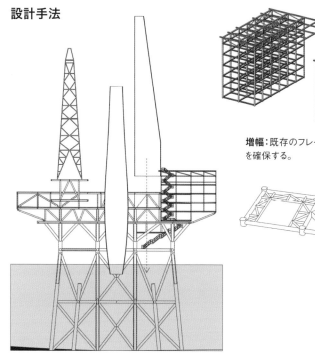

貫入：海面やスラブなど水平な面に対して垂直に筒を貫入させることにより、上下の動線や空気の動きをつくりだす。

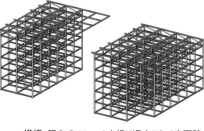

増幅：既存のフレームを繰り返すことで床面積を確保する。

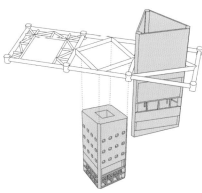

透写：既存のフレームから新たに配置するボリュームの平面形状を写し取る。

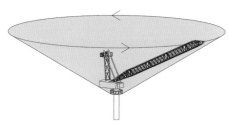

軌跡：クレーンが回転する軌跡を面として抽出し、空間を形づくる。

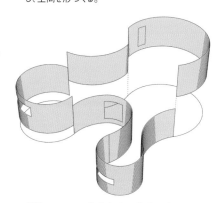

規格：ホテルの客室部分の曲線は全て円弧で構成されており、諸室を形づくる円の直径は8m、6m、4mとした。規格化された寸法により効率的に施工が可能である。外壁には様々な曲率に追従できるコルゲートチューブを用いる。

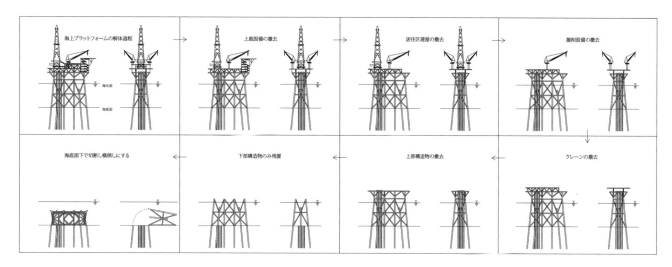

平面図

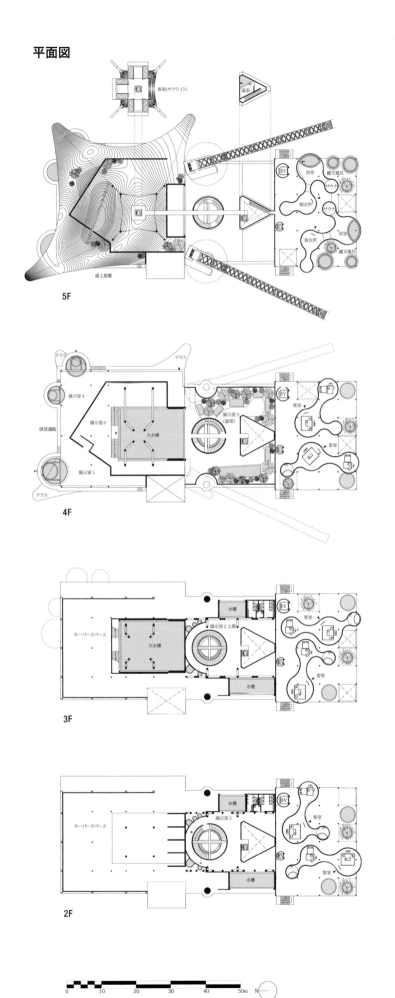

5F

4F

3F

2F

0 10 20 30 40 50m N

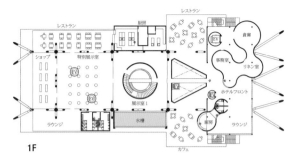

1F

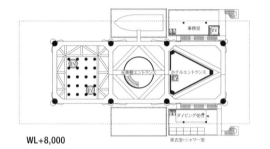

WL+8,000

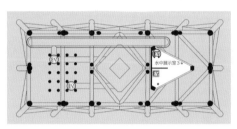

WL-3,000

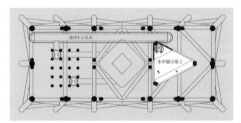

WL-13,000

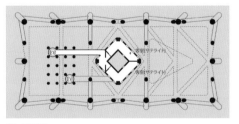

WL-20,000

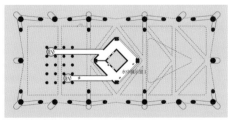

WL-30,000

既存の櫓の上部にはサテライトの客室がある。また、最上部には風力発電設備がある。油田の象徴的な存在である櫓は今までとは異なる用途を与えられ、また石油とは異なる形態のエネルギーを生み出すものとなり、全く異なる意味を持つものへと転換された

大水槽。既存の櫓を支えていた特徴的な構造体が水槽の中に沈んでいる。水に沈む構造体は海上プラットフォームの存在の仕方自体を表している

水中展示室。海面下には新たなボリュームが設けられ、海洋環境を直接観察する場所となる。生態系を観察するために異なる水深に空間が設けられる。海底、中層、表層、それぞれ違った風景を観察できる

海面下を巡る際は、上載設備を支える大断面の杭や石油を掘削するための鋼管など巨大なスケールの構造物を目の当たりにする。今まで生活から切り離されたところにあった海上プラットフォームを体験することは、産業に対し膨大な量の資源やエネルギーが投入されていることを体感し、我々の社会生活を支える産業の途方もない巨大さを示すものとなる

未完の古里：流転の形式

曲 聞
Bun Kyoku

武蔵野美術大学大学院
造形研究科
デザイン専攻
布施茂スタジオ

「流転」とは、仏教由来の言語で「六道・四生の迷いの生死を繰り返すこと」という意味であるが、「移り変わってやむことがないこと」という一般的な意味も持つ。この設計では「流転」のような意匠を伝えたい。

建築もしくは空間とはどのような存在だろうか。解体・新築、この繰り返すエンドレスな営造活動の間に、我々はいったい何を破壊・創造してきたのか。実在のマス、または精神的な存在、どちらが建築のリアリティな姿により近づいているのか。一瞬の間の新築、何百年も存在している廃墟、どちらがより完璧な形態を見せているのか。この設計の目的は上述のさまざまな問題を検討することである。

計画地は、東日本大震災で津波により被災した宮城県石巻市南浜の住宅地跡である。そこに、地元の工芸品をつくる工房を中心とした、パブリックスペース及び津波避難タワーを含む複合施設を設計し、新たな生活の可能性を提案する。意匠としては、被災後の住宅の基礎上、つまり、住宅が存在した空間にキューブ型の個室やテラスを配置し、最上階には避難タワーとなる元住宅の量塊（マス）を再現する。この構成により、害で失われた量塊が異なる形式で何度も見え隠れするようになっている。このように建築の時間軸を再認識するために「流転」の表現を試みた。

1. 敷地事情

敷地である住居跡は現在、水没により上部の戸建ての部分が全壊となっており、基礎しか残っていない状態である。今後は防災機能を持つ臨海公園として計画中であるが、新たな計画によって乱暴的に既存の遺跡の上に載せられることとなり、住民を数十年の住居環境から離れさせ、長期間存在してきた街並みのコンテクストが消される恐れがある。

このような視点から見ると、災害復興の一環としての設計活動は文脈を破壊する要因となるかもしれない。逆に、既存の文脈の遺跡といえる、住宅基礎のいくつかを基にして、本来の建物または街並みの姿を復活させる建築意匠を考えてみてはどうだろうか。

2. 設計コンセプト

2−1. 廃墟論とピクチャレスク

本設計は廃墟論を新築に実践することにより、「建築」という定義に対する再認識を目的とする。いわば被災地のような極端な自然コンテクストで、廃墟の現状に適合する住まいにより、建築の時間軸である二方向の分割を接合させ、地元住民の心理的な傷を埋めていく可能性を考察する。さらに、この美学的な復興の可能性を検討することにより、建築の完成度の評価のみから、建築のオーセンティシティに対する再認識へとつながることを期待する。

2−2・時間帯における建築の変容

建築は建てられた瞬間から、すぐに廃墟に向かって変化する過程が始まるという論調を磯崎新は提示した。同時に、廃墟体はある程度の未完成を体現し、人間を観察することで全体像に向かって心理的に補完させる能力も認められる。この二者は、「完成体から廃墟への変化」及び「廃墟から完成体への変化」という2つの変化過程と言えるだろう。この面から考えると、ある廃墟になってしまった建物は、解体して新築の計画が始まった瞬間、すぐに完成体（新築）になるだろう。そうすると、この瞬間から、まだ廃墟へ変化中の廃墟体と新築の完成体の間に巨大な隙間が出現し、大きな断片化が不可逆的に生まれることだろう。

逆に、最初に建築を廃墟（ずっと廃墟へ変化中のモノともいえる）として認めて設計し、時間という概念を最初から最後まで一貫して通し、廃墟と完成体を明確に分けず、両者が並存する状態で設計したら、ある瞬間の建築ではなく、長期的に適合している空間の形式を提示する可能性があるだろう。

2−3. 形体的・心理的断片

形態の断片は表面的、記憶の断片は裏面的だと言えるだろう。実際に、この二者は時間軸における位置の差異から解釈したら適合させることができると考えられる。

つまり、空間いわば建築の手段により、上に述べたような形体上の断片性を改善できるだろう。同時に、心理的な断片の改善も期待されている。

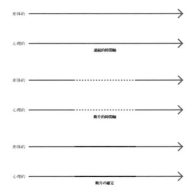

2-4. コンセプトの発展

時間が経ち、成熟した街並みは何十年と残る。

津波により、住宅は壊され、基礎の遺構しかない。

将来的には、公園の土は乱暴的に既存の住環境の文脈を隠していく。

一方、住宅だった頃の風景は記憶に残り、仮想で公園の一部を撤去し、元々の住宅の基礎を見せ、この上に新たな建築を建設し、混在の形式を実現。

---

3. 流転

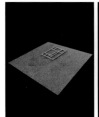

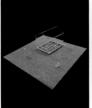

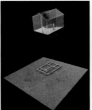

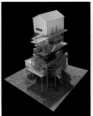

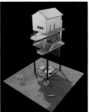

水没によって、建物の上部を解体され、布基礎の遺構しか残らない。

遺構から建物の完全体への補強イメージ。

時間的・物理的な距離感を実感し、シンボリックに建築のマッスを最上に上げる。

小さなキューブによって、建築のマッスが脱構築的に分散される。

津波によって下の木造の部分をもう一回壊され、上のボリュームがそのまま存在する。

元々の建築の姿を分解の間に何回も見え隠れさせ、混在態を実現。

鉄骨の柱によって、上部のボリュームが支えられる。

---

4. 立面イメージ

5. 断面図

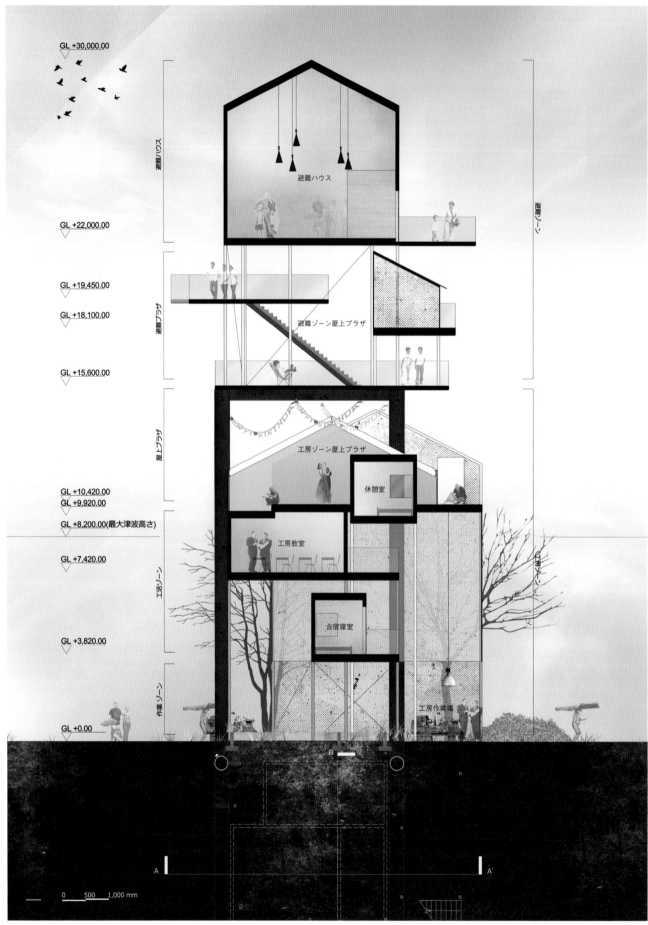

GL +30,000.00

避難ハウス

避難ゾーン

GL +22,000.00

GL +19,450.00

避難プラザ

GL +18,100.00

避難ゾーン屋上プラザ

GL +15,600.00

屋上プラザ

工房ゾーン屋上プラザ

休憩室

GL +10,420.00
GL +9,920.00

工房ゾーン

GL +8,200.00(最大津波高さ)

工房教室

GL +7,420.00

合宿寝室

GL +3,820.00

作業ゾーン

工房作業場

GL +0.00

A   A'

0   500   1,000 mm

ユニット2長手A-A'断面図

6. 構成分析

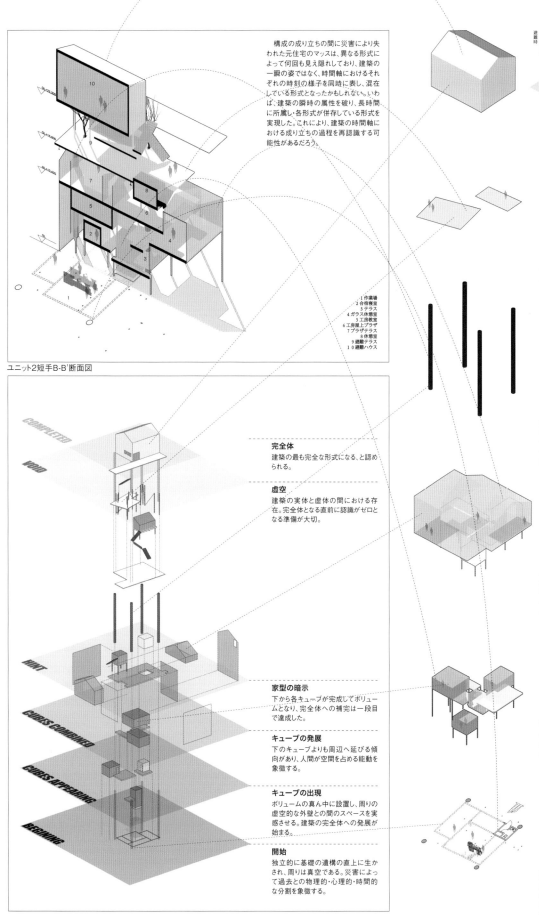

構成の成り立ちの間に災害により失われた元住宅のマッスは、異なる形式によって何回も見え隠れしており、建築の一瞬の姿ではなく、時間軸におけるそれぞれの時刻の様子を同時に表し、混在している形式となったかもしれない。いわば、建築の瞬時の属性を破り、長時間に所属し・各形式が併存している形式を実現した。これにより、建築の時間軸における成り立ちの過程を再認識する可能性があるだろう。

1 作業場
2 合宿寝室
3 テラス
4 ガラス休憩室
5 工房教室
6 工房屋上プラザ
7 プラザテラス
8 休憩室
9 避難テラス
10 避難ハウス

ユニット2短手B-B'断面図

意識的構成分析図

完体
建築の最も完全な形式になる、と認められる。

虚空
建築の実体と虚体の間における存在。完全体となる直前に認識がゼロとなる準備が大切。

家型の暗示
下から各キューブが完成してボリュームとなり、完全体への補完は一段目で達成した。

キューブの発展
下のキューブよりも周辺へ延びる傾向があり、人間が空間を占める能動を象徴する。

キューブの出現
ボリュームの真ん中に設置し、周りの虚空的な外壁との間のスペースを実感させる。建築の完全体への発展が始まる。

開始
独立的に基礎の遺構の直上に生かされ、周りは真空である。災害によって過去との物理的・心理的・時間的な分割を象徴する。

空間的構成分析図

避難ハウス
津波の時は避難場所として使われ、一般的に住民の集まる場所として利用することが期待される。

テラス
元建築のマッスがランダムに全体に散られている。

鉄骨の柱
杭基礎によって支えられる四本の鉄鋼の柱。上の安定性を保ち、ある程度の構造の強さを見せている。上部の避難場所を支える。

虚空の外壁
ガラスまたはアルミネットによって構成され、元の建築の形態を提示する。キューブとの間に隙間を生かしてきた。

木造のキューブ
ほぼ完全に独立し、ある程度の構造の弱さを表している。個室として使われている。

基礎の遺構
元住宅の基礎によって空間のマッスを提示。工房の作業場は基礎の直上に位置し、このエリアの記憶を感じながら記念的な作業が続くことを期待。

新宿駅改造計画

山田 陽平
Yohei Yamada

武蔵野美術大学大学院
造形研究科
デザイン専攻
布施茂スタジオ

新宿駅の建物は半世紀近く経過したことによる老朽化がみられ、「新宿グランドターミナル」という駅舎の建て直し計画を含む一帯の再開発構想が検討されている。本提案は、この「新宿グランドターミナル」構想に対するパラレルな提案である。新宿に対するサイトスペシフィックな提案であると同時に、都市と建築の関係や都市の空間性・公共性に主眼を置き、広く都市における建築の在り方を提案することを主題とした。

新宿駅はいくつもの建築が集合した、無数の空間の断続する全体像である。このような空間体験や全体形式は都市空間の質である。現状の新宿駅は土地の権利問題や建設時期のズレがつくり上げた偶然の付け足しによる複雑な集合体である。この断続と偶然の空間性という都市的な質は継承し、しかし、それを偶然ではなく意図的な計画の建築としてつくることはできないだろうか。集合体であることと要素の断続を「コラージュ」に見立てた。コラージュされている要素（建物）同士がその間に挟まれた空間を形成するような「相互作用」を形態のルールとした。さらに建物ごとに建設時期をずらすことで繰り返し更新することが可能なオープンエンドな形態形式とした。

線路の上空に巨大な人工地盤による新たな動線を設け、そこに寄り添うようにいくつもの建築を順次配置した。リテールが最も主要なプログラムではあるが、敷地の巨大な平面を生かしてコンベンションセンターを最上部に乗せることを新たに計画した。いくつものプログラムが混ざり合ったハイブリッドの建築であるが、一つに統合せずに集合体として成立させることで、建築に都市を内在させる計画とした。

introduction
空間について

「都市」と「建築」、言葉で便宜的に分けられるが、それらの境界は実空間に現れていない。外部空間と内部空間を分ける気密ラインが都市と建築の境界のように働くとしても、公共的な建築の内部空間はまだ都市空間であるはずだ。通過という空間の使われ方は都市空間の質の一つであるが、淀みのような溜まることのできる場は、現代ではほとんどが建築空間となっているように感じる。建築は強固に目的的であるため、都市と建築の境界が明瞭になればなるほど、都市空間は通過の空間となり、建築空間は滞留の空間として住み分けがされてしまう。従って、都市と建築の境界をなくすことが必要である。それは建築を都市そのものとして計画することである。

形について

都市空間と建築空間の乖離について述べた。この要因に対する別な視点として、形について考える。建築が強固に目的的であることは同時に都市空間に自律の強いオブジェクトとして配置することを助長する。建築のオブジェクトとしての側面は、外側のヴォイドを規定し、都市空間を創出するためにあるべきだ。都市空間が基本的にヴォイドであるのならば、そのヴォイドの形（あるいは輪郭）を規定することも建築に求められているはずだからである。このことから、都市空間と建築空間の双方が絡み合うような造形を用いる。これによって、都市に融和した建築を構想する。

都市と建築の空間的境界が無く、それでいて建築のオブジェクティブな在り方が都市空間を創出する。都市空間と建築空間は連続した公共空間として絡み合う。都市と建築のあるべき関係性としての提示を試みた。

concept
① コラージュ的な全体像
② 群造形　相互作用による集合体
③ タイムラグ、metamorphosis

都市の形態
都市的に建築を設計する、あるいは、建築的に都市を計画する

都市の空間性やその成り立ちを設計に落とし込むことで、都市と建築の境界を溶かし、連続する空間として計画する方法を考える。都市は形として捉えることのできない概念的な拡がりであるが、空間として私たちが認識できる確かな実体としても存在している。都市空間が建築との関係性によってどのように表出しているのかを考察することで、「都市の形態」の特徴・ルールを定義し、コンセプトとして建築設計に適応する。これにより、建築は都市と同化した存在として、都市は建築計画の延長として、「都市的に建築を設計し、建築的に都市を計画する」ことができるのではないだろうか。

考察

「都市」は建設を繰り返すことによるオープンエンドな形態システムである。都市を構成する「建築」は建設、竣工、利用、解体・補修という一連のサイクルがある。このサイクルはそのまま都市の新陳代謝となるが、都市空間ではその時間差が建物ごとに異なる偶然の隣り合わせとなって表れている。都市の全体像は、都市を規定する指向性よりも、偶発的な断絶の集積（ときに意図的な断絶）がつくり上げた集合体として考えられるだろう。

断絶、偶然の隣り合わせ、集合体、時間差、繰り返される建設、新陳代謝…、都市と建築の関係を考察することで、いくつかのキーワードが浮かび上がる。これらを設計に反映できるよう整理し、本提案では3つのコンセプトへと集約した。

建築は機能的に外せない目的が始めにあるため、コンセプトは目的に対する応答を強化するように運用するべきだろう。本提案では駅舎を絶対的な目的として、そこに参加するプログラムや場所のつくり方に対しコンセプトを重ねることで、都市的様相を建築として設計することを試みた。

①コラージュ的な全体像

複数の建築の集合体として計画する。新宿駅舎は既に、幾つもの建物の集合として全体像が形成された都市の様相を持った建築である。再開発にあたり、この継ぎ接ぎの全体像という特徴を引き継ぎながら、それでいて確固たる新宿駅という全体性を獲得する方法が必要である。このような継ぎ接ぎと全体性の関係を、コラージュに見立てることができないだろうか。コラージュ的な全体像のつくり方によって、個々の表現がバラバラでも空間的な連続により全体性も併せて獲得できるのではないか。また、その空間の質は都市空間に近いものになると考えた。

②群造形　相互作用による集合体

前述のコラージュ的な全体像を構築するために、テクスチャーの操作だけでなく、形態にも個の自律性と全体への参加の両義性を持たせる方法を考える。ここで、都市から建築を構築する方法として槇文彦氏が提唱する群造形理論を参照した。この理論では、Compositional Form／Mega-Structure（Form）／Group Formという集合体の典型が提示されている。私はここに、Interactive Form（相互作用造形）という型の追加を提案する。これは形態を、並び合うもの同士でより直接的に干渉させることによって、断絶した自律性の強い形の間に強制的に関係性を生じさせ繋いでいく方法である。具体的には、複数の形で囲んだ内側に別の形態を浮かび上がらせるようにボリュームを抉るような操作が考えられる。同時に、建築の内側での活動を断面的に発露するよう計画し、内側でも活動が見る見られるの関係となる。このような関係が至る所で発生すれば、閉じ込められた建築と都市の関係性を壊すことができると考えた。

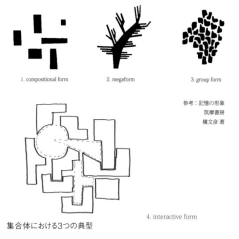

1. compositional form　　2. megaform　　3. group form

参考：記憶の形象
筑摩書房
槇文彦 著

4. interactive form

集合体における3つの典型

③タイムラグ、metamorphosis

建設から解体までのサイクルがズレることで生まれる表現をコラージュとして取り上げたが、このズレ自体も計画的に用いることの可能性を考える。1期、2期、3期と工期が分かれることを、段階を経るごとに姿形が大きく変わる形態表現として、昆虫に多く見られるmetamorphosis（完全変態）に見立てることができるのではないかと考えた。生物のこの変身過程を成長と捉えることが多いが、単に形態変化をすることで環境や生物的な目的に最適な形を選択した結果とも言えるだろう。この場合、施工段階の分離による途中段階は未完成ではなく、あくまで有機的に完成像が変化する形態のバリエーションの1つとして考えられる。また、オープンエンドな形態システムとして捉えることもできる。繰り返される建設行為によって都市が新陳代謝（metabolism）をするように、建築は絶えずmetamorphosisとして変身し、その時のコンテクストや目標に適合する形を選択し続ける。

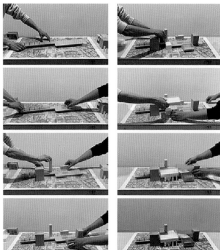

3つのコンセプトを考慮した上で、雑多な材料で組み立てながら行ったスタディーの記録。解体する建物と新設する建物の位置や形状などを大まかに検討した

ゾーニング

航空写真にスケッチを描き込みながら平面計画を検討した。地上では西武新宿駅とバスタを結ぶように、線路上空に自由通路となる人工地盤を配置する。人工地盤は、バスタから代々木駅へと伸びている「サザンテラス」に接続する。新宿駅の真上を全て歩行者の自由通路とし、この人工地盤を囲いながら集まるように一つ一つの建物を配置していくことで、多様な都市活動が繰り広げられる場所を目指す。配置する建物は、既存解体の順序を踏まえながら、段階的にそれぞれの形を決定した。また、断面的なゾーニングとして、広大な平面を生かした巨大な施設を最上部に設置することを考えた。

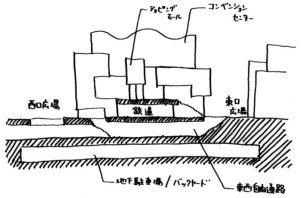

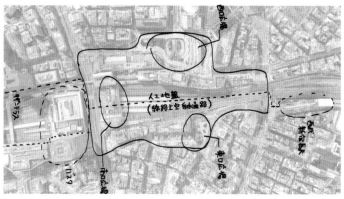

phase1

　第1期では既存建物を残し、施工中も駅舎として機能させる。また、代々木方面からサザンテラスとして新宿駅の南口駅舎まで伸びていた人工地盤を延長し、大きな主軸となる動線を計画する。今後解体される周囲の百貨店からテナントを受け入れる施設として、人工地盤に沿うように線的なモールを配置している。また、人工地盤は設備共同溝としての役割を兼ねることで、今後追加される建物と接続し全体像を形づくるシステムとして構想している。

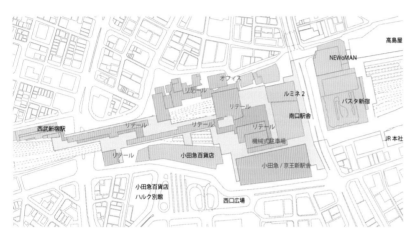

phase2

　第2期では東口のルミネエストを解体し、新しい商業施設を配置する。これは人工地盤上へのメインアクセスを兼ねるため、周囲の回遊も巻き込んで大きくまちが変化するきっかけとなる。また京王百貨店を解体した跡地には、小田急電鉄と京王電鉄の新駅舎を整備する。駅舎は地下までの巨大な吹き抜けの構成であり、地上部分はガラスのカーテンウォールが囲む透明性の高い設計とした。視覚的に乗り換え動線を明瞭化することと、地下の駅ホームまで自然光が届くよう計画している。

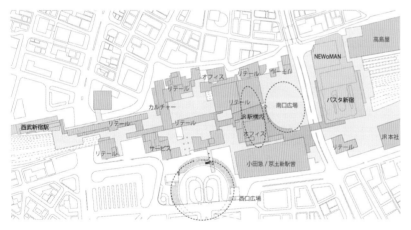

phase3

　第3期では周辺の既存建物が全てなくなり、人工地盤も大きく拡張されている。これまでの南口駅舎を無くし、JRの駅構内を現在の位置の北側へずらすことで、南口広場が新設される。この他の大きな変更点として、坂倉準三建築研究所の設計による新宿駅西口広場を改修する。この広場は実質的には通路であるため、広場としての空間性を追加することを考えた。2000年に完了した耐震補強で追加された耐力壁は、地下への採光と視線を遮るものであったため、当初の設計理念を著しく壊す操作であった。スロープ自体を補強し自律構造とすることで、地上の穴を拡張することを計画する。これによって耐力壁は取り外され、広がった穴の外周部分に広場を整備した。

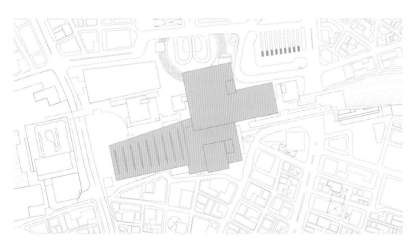

phase4

　第4期は、これまで建ててきた建物の上部に覆いかぶさるように巨大なボリュームを載せた。敷地の広大な平面を生かしたプログラムとしてコンベンションセンターを配置。既存の地下駐車場を拡張することで、搬入・搬出用のバックヤードとし、荷物を一時的にプールできるようにする。展示空間は大きく3つのボリュームに分割されるが、内部は展示可能面積約3万2000㎡の一続きの巨大な空間となっている。これは東京ビッグサイトの半分強の大きさである。先に建てた建物の一部を改修し、人工地盤中央にアプローチを配置した。またショッピングモールがコンベンションセンター内部に貫入していたり、広場や周辺都市に面するように大きなテラスや開口を設け、間接的に内部の様子があらゆる場所で断片的に見えるよう計画した。

1. JR 駅コンコース
2. 南口広場
3. JR 駅案内所
4. コンベンションセンター_ アプローチ
5. イベントスペース
6. テナントエリア
7. 西武線改札口

plan +10500

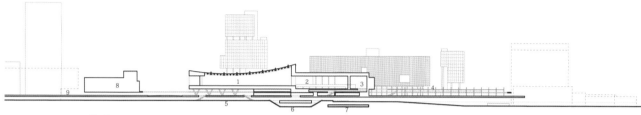

1.コンベンションセンター_ 第1展示エリア　2.コンベンションセンター_ 第2展示エリア　3.コンベンションセンター_ 展示室入り口　4.テナントエリア
5.JRプラットホーム　6.JR駅コンコース　7.地下東西連絡自由通路　8.バスタ新宿　9.サザンテラス_ ペンギン広場

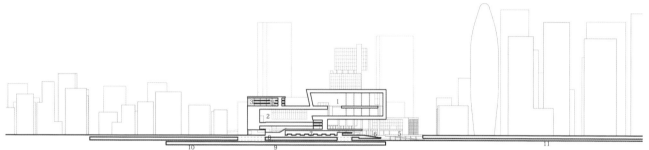

1.コンベンションセンター_ 第3展示エリア　2.コンベンションセンター_ 第2展示エリア　3.コンベンションセンター_ カンファレンスエリア
4.テナントエリア　5.西口広場_ 車用スロープ　6.西口広場　7.JRプラットホーム　8.JR駅コンコース　9.バックヤード　10.地下駐車場　11.地下自由通路(至東京都庁舎)

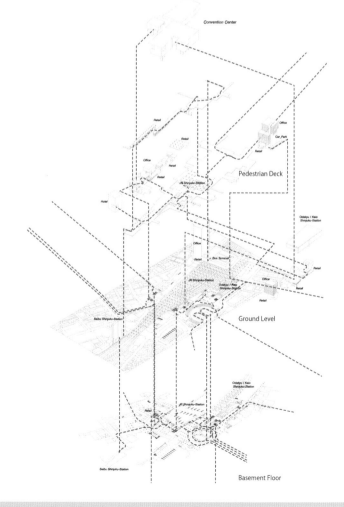

西口広場改修のイメージ

人工地盤上のイメージ

ショッピングモールとコンベンション
センターのイメージ

駅のホームから人工地盤をみるイメージ

或る街の小さな際

不安定な都市の暴露とゆらぐ日常

早坂 覚啓
Akinori Hayasaka

明治大学大学院I-AUD
理工学研究科
建築都市学専攻
Manuel Tardits 研究室

本設計は、東京都北区滝野川における「小さな際」の考察と介入行為による人々の日常へのゆらぎを考える思考実験である。

解像度を上げてまちを注視してみると、まちの要素同士の衝突によって、ごくごく小さな摩擦のような状態が見受けられた。それは古くからの環境の痕跡でもあり、人の記憶や身体的な感覚に残る風景の豊かさを生み出す。例えば竣工時期の異なる線路によって生じる三角敷地（ヘタ地）、寸法や形態の似ている痕跡を駐車場に転用した例、不整形地形に直行グリッドをトレースすることでかえって起伏の際立った土地などが挙げられる。異物感を醸し出す一方で、両者の本来の持ち味だけではなしえない現象、もともとそれぞれで完結性を持てない不安定な要素が並び、その摩擦のように現前する場所。そうした都市の要素間の摩擦により生まれた状態のことを「小さな際」と呼ぶ。色々な解像度で同じまち中に散見できる「小さな際」への設計行為によって、そうした事実を暴き、人々の日常へゆらぎを与えるような設計を考える。

それぞれに、それぞれの日常の揺らぎをデザインしていったとき、やがてはその周辺の人々の日常のみならず、このまちの定義ごと少しずつゆらいでいくのではないだろうか。

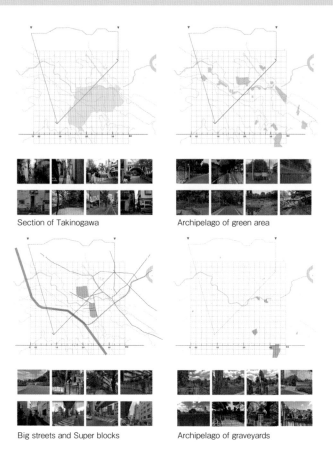

Section of Takinogawa

Archipelago of green area

Big streets and Super blocks

Archipelago of graveyards

Haruki Murakami and "in-between small situations"

村上春樹の小説には、「小さな際」が登場する。 数は決して多くないが、主人公は空虚さと不快感を伴う主題として現れ、物語を展開する重要なポイントとなる。 村上自身は、高度成長期に共感の期間を過ごしたため、「都市計画」に基づく土木構造には、私が推測する非互換性の感覚があったと考えられる。例えば「羊をめぐる冒険」では、まちに戻った主人公がかつての海岸線に防潮堤が残っているのを見つける。しかし、埋め立て地と海の代わりに広がるのは高層アパートである。主人公は役に立たなくなった干潟に座り、埋め立て地に向かってビールの缶を投げる。これらの外部オブジェクトは、過去と他の世界と現在（実）の間のノードを形成する。さらにそこでさまざまなイベントが発生するのが一般的である。外部オブジェクトは常にストーリーの構造と発展をサポートする重要な役割を果たしている。それは「小さな際」の特性そのものである。「小さな際」は、たとえそれが都市計画の異物であっても、この世界で不可欠な存在であり、常にイベントやストーリーを生成する。言い換えれば「外部」であり、世界のいたるところにあり、「その他」である。村上は、「中間の小さな評価」の本質を正確に説明している。

64 "in-between small situations"

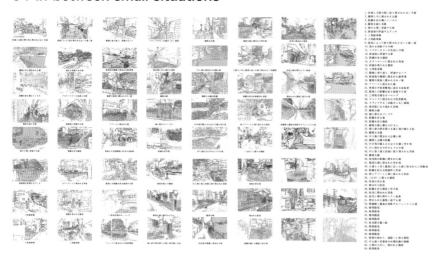

Classification of situations

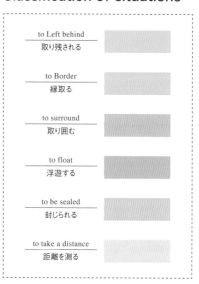

to Left behind 取り残される	
to Border 縁取る	
to surround 取り囲む	
to float 浮遊する	
to be sealed 封じられる	
to take a distance 距離を測る	

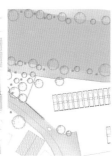

計画から取り残された三角形の敷地

レベル差を埋めるために浮遊した駐車場

壁のように機能する線形空間

水路の浚渫によって生まれる封じられた空間

誰かが管理する取り囲まれた場所には、ごみ捨て禁止などの看板が立つ

等高線のように要素が配置され、物理的・精神的距離を感じる

Each location and Noise supply factor, Reason for noise generation

Noise supply factor	Reason for noise generation		
	useless	trace	amputation
Natural objects	to Left behind	to be sealed / to Border	to Left behind / to take a distance
Civil engineering structures	to Left behind	to take a distance / to float	to be sealed
Private property	to Left behind / to surround	to Border	to float / to take a distance
Cultural property	to surround	to Border	to take a distance

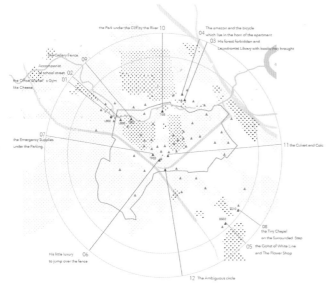

Selected sites and elements on both sides

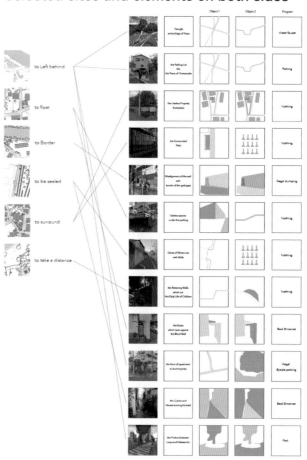

Case1 チーズのような
サラリーマンのジム

川沿いの遊歩道と車道との幾何学的なズレによって、取り残されたチーズのような三角形の敷地。そこに小さなジムを設計する。この場所では、設計時にも敷地内にできてしまう複数の余白を人が食うのか、モノが食うのかということを考えた。この場所と周辺の構えは人とモノにより揺らぐ。

Case2 通学路の伴奏者

この場所は、ケース1の敷地の向かい側にある、川沿いの遊歩道のための休憩スペースである。ケース1と同じ生成原理によって取り残された不定形な敷地。ここには水栓があり、ガードレールに囲まれている。道路を横切る水路を見る限りでも、この場所には、かつて水に縁があった場所であるのだろう。

Case5 白線のゴーストと無人の花屋

壁のくぼみは、白線の続く先に、かつて道があったことを想起させる。この場所に、無人の花屋を計画する。並べられた花は、ゴーストへの供養なのだろうか。

Case6 塀を飛び越える彼の少しの贅沢

かつて高密度の住宅地であったこの場所に、駐車場のあるアパートが建てられた。ポリカーボネートの屋根をかけ、光が差し込む空間は、彼の2畳の贅沢である。

Case7 駐車場下の防災倉庫

駐車場下の暗い空間が使われずにある。周辺に複数立地する学校のために、防災倉庫としての機能を挿入する。

Case8 小さな礼拝室

造成された土地に奇妙な隙間ができている。Case5の花屋とともに、墓参りをする人のための機能として礼拝室を設計する。

Case3　彼の禁じられた森と彼らの持ち寄り図書館ランドリー

　この場所は、シャッターを閉めた商店のオーナーが所有する敷地である。現在は柵で囲われ、木々が生い茂る。周辺環境を見ると、単身者用のアパートと一軒家が多い。これらの住宅群との関わりの中、この場所が新たな物語を紡ぎだす語り手となる可能性を感じた。そこで、特に単身居住者のニーズが高いコインランドリーと、選択の待ち時間に利用できるような図書館の機能を挿入する。

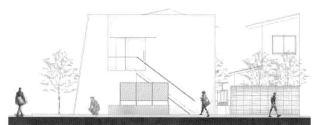

Case4　アパートの角に住まう自転車とAmazon hub

　アパートの敷地の角に、自転車が違法駐輪されている。まるで、アパートから生えたツノが自転車を狩猟しているかのようだ。十分な駐輪スペースのなかったアパートは飢えている。飢えたツノに、自転車と宅配ボックス・野菜直売ボックスを設置する。自転車は住まいを手に入れる。アパートのツノを拠り所に、モノと人の関係をつなぐ場所となる。

Case9　ギャラリーフェンス

　ここでも奇妙な隙間ができている。水栓にまとわりつくようにごみが住み着くこの場所に、子どもたちが製作したアートを展示できるギャラリーを設計する。

Case10　保育園と公園をつなぐ階段

　崖の下にある公園で遊ぶ子どもたちのために、保育園から直接アクセスできる階段と、休憩所を設計する。

Case11　暗渠を彩るゴミ捨て場

　かつて音無瀬川へ流れる小さな川だったこの場所へ、モノや人の振る舞いを受け止める屋根を設計。粗大ごみ置き場の機能を持たせる。

Case12　曖昧な円環

　都市の空地となっていた高架下に、人のための歩道橋とデッキを計画する。モビリティの接点でしかなかった場所も、日常の転換点として機能する。

Movement yet stillness, design of the new Harajuku station

Miao Si

明治大学大学院I-AUD
理工学研究科
建築都市学専攻
Manuel Tardits 研究室

T he design tries to challenge one of the most mundane programs. In this case, the Harajuku station is chosen.

There is a plan to rebuild this station in the future anyway. The site is in a very interesting condition. The Omotesando St and Takeshita St directly lead to it. The first one is known for its luxury shopping experience. The second one is famous for its livelihood and almost chaotic feeling. The west side of the site is Meiji shrine which is planted with big trees up to 22 meters or even higher. The design tries to use the principles and techniques discovered in the research and apply as much as possible. In general, it aims to achieve the purpose that even if people are not using the station or even the other programs such as shops in the proposal, they can enjoy the walk in the proposed design and gain some peace of mind.

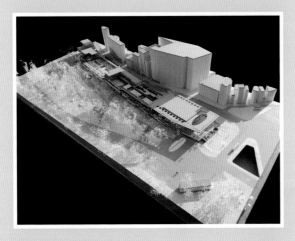

Intension and site selection

Stillness is a subjective experience that is constantly felt by the experienced meditator. It is also felt by athletes who have peak experiences and people who hike in nature. This experience can contextualize the mind and gives us a moment of recuperation, after which we gain a sense of calm and new perspectives. This is an experience also felt in the far east classic gardens, as well as in some contemporary buildings. This thesis explores the principles of instilling this subjective state.

If one can only have the stillness experience in the museums or the libraries, then the experience can only benefit a very limited number of people. This design chose a train station as the site because now it can benefit its various of users daily without them even realizing it. Especially Harajuku station's site condition has a lot of potentials to be discovered and integrated. The Meiji Shrine on the west side offers a great amount of greenery. Takeshita St is busy and chaotic. Omotesando St is famous for its luxury shopping experience.

Bridging meditation-induced and architecture-induced stillness

Although there are many styles of meditation, a method based on my personal daily practice developed by reading and learning from Zen monks is simplified below:

1) Situate yourself in a place with minimal outside distraction.

2) Concentrate on the object the focus(e.g. breath, overall relaxed sensation, divine image), while constantly letting go and dis-identifying with arising thoughts and emotions in each moment.

3) Gradually identify with the background of silent stillness from where all thoughts and emotion arise.

Based on these three steps in meditation, three corresponding strategies are generated for instilling stillness:

1) Block or override the outside world. Similar to avoiding distraction in meditation, architecture can also block or filter outside distractions with its own devices.

2) Offer a series of experiences composed of anticipation, variation, and composure to lead one into an explorer role.

3) Redirect one's attention to the attributes of stillness: silence, stability, contemplativeness infinitude, eternity, perfection, incomprehensibility, non-attachment, and self-containment.

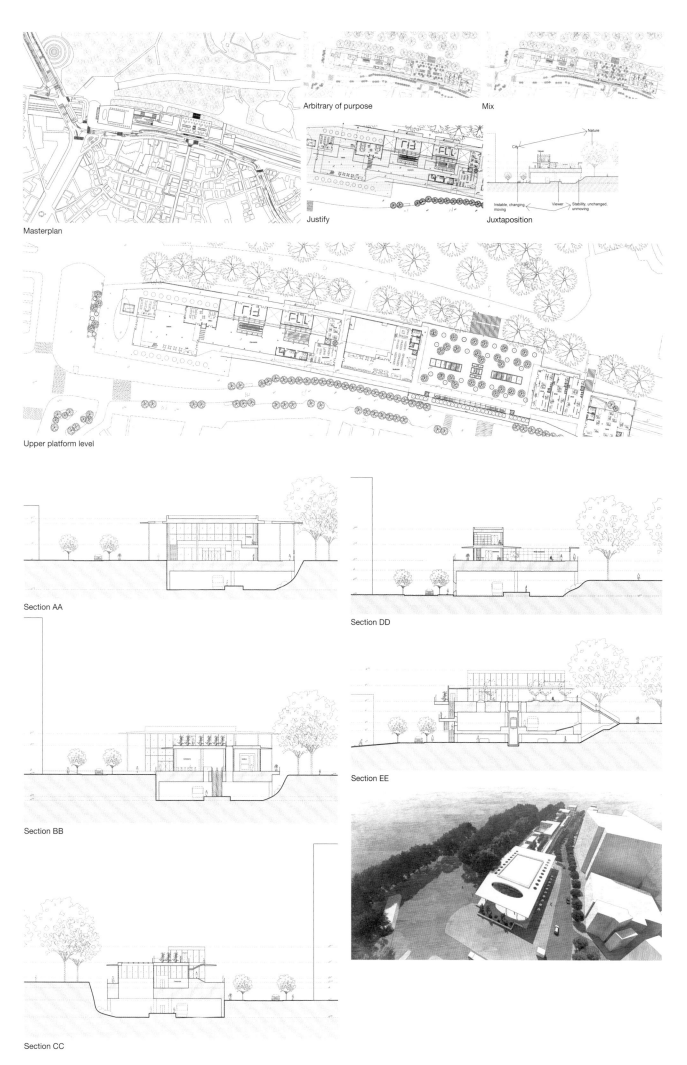

Masterplan

Arbitrary of purpose

Mix

Justify

Juxtaposition

Upper platform level

Section AA

Section DD

Section BB

Section EE

Section CC

Surrender, reject and insert

All the volumes arrange themselves in horizontal fashion and remain lower than the background screen of about 22m trees. The new building itself surrender to the existing nature. A wall is established to reject the Takeshita St. But circulations are also arranged for going up and crossing the wall to see what there is behind. An open plaza is behind the wall and its trees merge with the trees in the shrine. An upper platform is inserted into the urban fabric. Below the upper platform is the train platform and on top of it is programs. Programs include not only the train station functions but also a book store and some shops. There is continuous roof cover all the walking paths on the upper platform. They invite people to come by their form and a sense of protection. Under the roofs and other platform areas outside, there is no specific program. One can call them urban landscape which gives people comfort to explore. Connections are provided at different spots of the site, which connect previously separated areas and mix different groups of people.

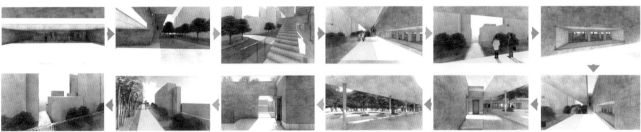

The contemplative walk from Takeshita St to the upper plaza

Embed, share and justify

The overall design does not consider programs as only concrete one. Here there is an invisible program called the contemplative program as one can experience in a Zen temple. From A to B, there are always turns and different framed view are offered for quieting the mind. The concourse not only opens to the green but also opens to the gallery at its side and the books shelves in the bookstore at its end. In this way, it can share their intrinsic stillness atmosphere. The turns after which a tranquil view is revealed are justified by using the ticket machines, the convenience shop, and circulation devices to the train platform.

Circulation-Anticipate, vary and compose

For anticipation, in the circulation experience, there is always something of interest arranged at the end turning point. After turning, there is always a surprise of change of quality of space, which is "vary". Great attention is put to framing light and giving an experience of water because they can give a sense of composure and balance the constant change during the walking experience.

Framing-Invite and receive

Light and sky are framed and invited to trigger a moment of pause. Even on the train platform level, light can enter form both the above upper platform and the street side. The shape of light and sky is considered. Sometimes a rectangle, sometimes a circle or oval, sometimes a slit. The receiving surface of the light is also considered. Not only a stone wall or a concrete floor welcomes them, so could a reflective pool of water. The green of the shrine is also invited as a view. But they are not always fully revealed. In the alternation of revealing and hiding, their value can be rediscovered and revalued the viewer who takes them for so long.

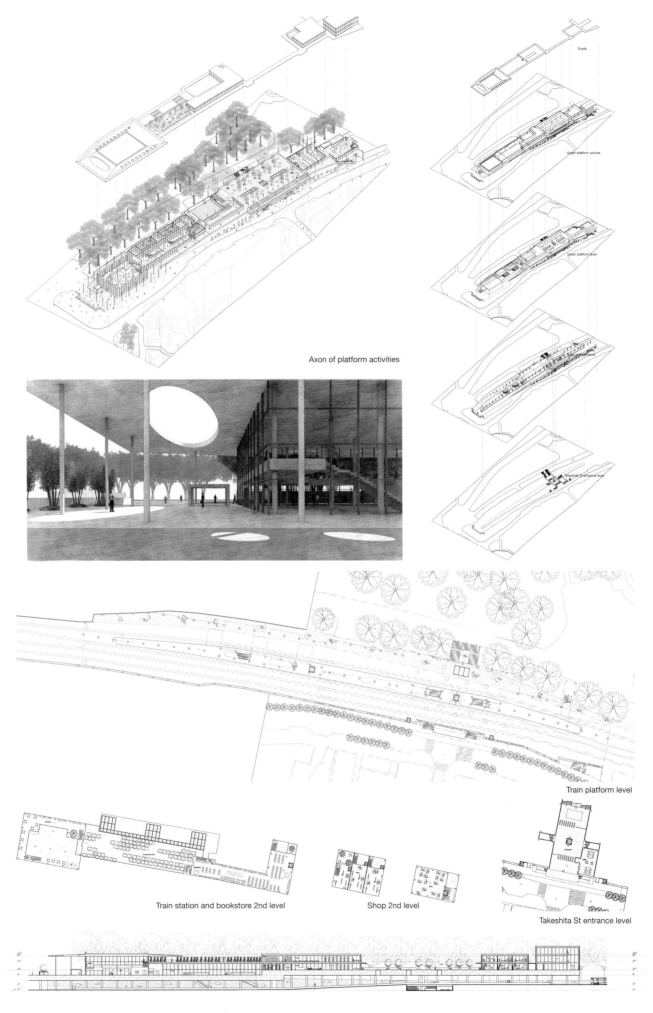

Axon of platform activities

Roofs

Upper platform volume

Upper platform level

Takeshita St entrance level

Train platform level

Train station and bookstore 2nd level

Shop 2nd level

Takeshita St entrance level

Section FF

活道領域

「職住近接」の建築モデル提案

大滝 航平
Kohei Otaki

明星大学大学院
理工学研究科
建築・建設工学専攻
建築意匠・設計研究室

戦後より進めてきた「職住分離」生活の問題が顕在化している。通勤時間が増大し、家庭事情より家を離れられない人が増え続けている。これに対し「働き方改革」という言葉が一般化し、フレックスタイムやテレワークなどの制度が導入されている。そこで住空間や職場が近接している「職住近接」の生活スタイルを提案する。その空間を実現するため、「中間領域」に目を付けた。歴史的側面で日本と西欧におけるつながりの空間である「中間領域」を比較・考察しながら、現代建築における「中間領域」の調査も行った。その調査を踏まえた上で、選定敷地を品川宿周辺とし、品川宿の今と昔を読み解き、次世代の生活スタイルを実現するまち・建築の在り方を模索した。

　計画の第一段階として、ボリューム・密度検討から行った。敷地周辺のモデリングを行い、いくつかの特徴のあるまちを当てはめた。そこから簡単なルールの抽出を行い、プログラムに反映させた。その結果、周辺のまち並みに馴染むランダムなボリュームを造成した。第二段階では、周辺のまちと繋がりを持てるようにするため、機能を補填しあえるような用途の検討を行った。第三段階では、目的空間である「部屋」と移動空間である「道」との空間構成を考えた。「部屋」や各機能は移動空間である「道」を介して繋がっている。しかし未来的にはすべての機能が曖昧に繋がっていくと考えた。そこで各機能の専有面積を最小限にして、そのほかを共有空間である「活道領域」と名付けた。

　「活道領域」は移動空間であると同時に、生産や消費を行う活動空間でもある。シーンによって流動的に変わる空間。この「活道領域」こそ、今後建築の大部分を占めていく空間になっていくのではないかと考えた。

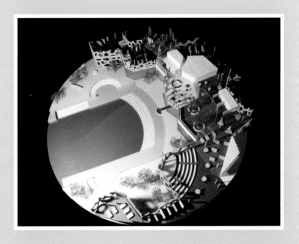

選定敷地

　敷地は、「品川宿」として発展してきた東京都港区北品川一丁目を選んだ。「品川宿」の面影を現在も残し続けている品川商店街をはじめとし、新幹線の停車駅として東京の「サウスゲート」の役割を担う品川駅、ビジネス街を象徴する超高層ビル群など特徴的なまちを形成している。敷地西側には、築50年程の都営アパートとその足元に都営バスの車庫があり、東側には桜の名所として地元民に愛される豊川稲荷がある。南側は船溜まりがあり、そこに面して戦前の木造住宅群が残っている。

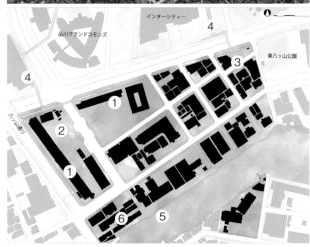

1.都営アパート／2.都営バス車庫／3.豊川稲荷／4.歩道橋／5.船溜まり／6.木造住宅群

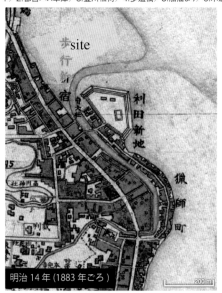

明治14年（1883年ごろ）

設計プロセス

都市軸の可視化

　この敷地には超高層街の中央を駆け抜ける品川セントラルガーデンの「緑の谷」と、運河からくる「水」の軸線がある。さらに、超高層街の「ビッグスケール」から品川宿の「ヒューマンスケール」との境界になっていることも読み取れる。そこで、ビッグスケールからヒューマンスケールへの「緩衝地帯」としての機能が必要だと考えた。そのため、緑の谷を受け止める「広場」を計画する。水の軸線に対しては、かつて品川浦にあった「水辺の空間」を計画する。

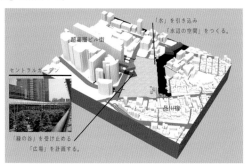

建築スケール検討

　超高層街の「ビッグスケール」から品川宿の「ヒューマンスケール」への「緩衝地帯」としてのスケール検討を行う。まち同士を繋ぐ大きな視点で検討するため、デジタル空間で周辺のまち並みを再現した。そこにセームススケールで世界の都市を下敷きに作成したボリュームを当てはめる事で、まち並みの「密度・高さ」関係のバランスを確認した。

　スケール検討より「ヴェネツィア」の「密度・高さ」が周辺のまち並みとあっていると判断した。そこで、ヴェネツィアと同じ密度の建築を設計するため、ヴェネツィアを下敷きに作成したボリュームの数をカウントし「220」という数字を算出した。また高さは品川宿との高さ関係を最重要視しながら法規を含め考慮し、最高高さを「30m」と設定した。

アメリカ ニューヨーク　　スペイン バルセロナ

タイ クーロン・バン・ルアン　イタリア ヴェネツィア　中国 九龍城

ボリュームの造成

　ヴェネツィアの雰囲気を残しつつ新しい建築を設計するため、「コンピュテーショナルデザイン」の手法を採用した。「Grasshopper」上でボロノイ図から立体を作成する簡単なプログラムを組んだ。

　まず初めに、階数を「0〜10階」で階高「3600」の立体を敷地内に「310個」作成するように数値を設定した。そこから、敷地境界により完全なボロノイ図が描けなかったもの、「12m」に到達しなかったもの、高さ「30m」を超えてしまったものを除去し、最終的に「220個」の立体物を造成した。

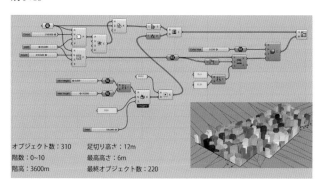

オブジェクト数：310
階数：0〜10
階高：3600mm

足切り高さ：12m
最高高さ：6m
最終オブジェクト数：220

縦動線の検討

　造成した立体を一つのまちと捉え、効率的に運営していくために、「縦導線」となる建物を設定する。これを「ムービングコア」と名付けた。「ムービングコア」は階段やEVなどの縦導線を担うと同時に、EPやPSなどの設備的縦導線も担う。「ムービングコア」の場所を法規より "14階以下の場合「60m」以内に2つ以上の避難経路が必要" ということから、60mのサークルを敷地内に描き敷地内すべてをカバー出来るように10棟を設定し、さらにアクセス面などを考慮し2棟追加した計12棟をムービングコアとして設定した。

　ムービングコアを骨格として、その周りに付随している建物を「機能」を担う場所として「シータワー」と名付けた。シータワーの1階〜5階までを商業スペースとして、ショップやオフィスなどが入る。6・7階は住居スペースとしてシェアハウス型の住居が入る。

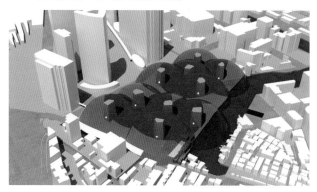

立面デザイン

　縦導線を担うムービングタワーは、「上がり下がり」の動きから立面のデザインを「縦ルーバー」とした。縦ルーバーにすることで「階段」の場所が明確になり目印としても使われる。機能を担うシータワーは、この土地がもともと海だったことから、水面のようなデザインとした。場所の記憶を立ち上げる事で、「品川浦」と「船溜まり」を知ってもらうきっかけになる。

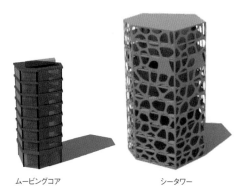

ムービングコア　　　　シータワー

用途検討：起爆剤

　品川駅は近年、羽田空港の国際化・24時間化やリニア中央新幹線の始発駅整備などの計画をうけ「特定都市再生緊急整備地域」や「国際戦略総合特区」に指定され、地域のポテンシャルが高まりつつある。この状況を踏まえ品川区は、北品川を含む品川・天王洲アイル駅周辺を広域活用拠点としてまちづくりビジョンを提示し、まちづくり機運が高まっている。品川宿商店街では、外国人が「感動」した場所やお店をまとめた「感動マップ」や、「まち歩きマップ」などを作成している。

　そこへ、さらなる観光客増加の起爆剤として「水上バス」の発着所を提案する。品川とお台場・浅草を繋いで利便性を高めるとともに、乗り換えなどで通過してしまう観光客が品川駅からまちへ出るきっかけになることも期待できる。

A-A´断面イメージ図

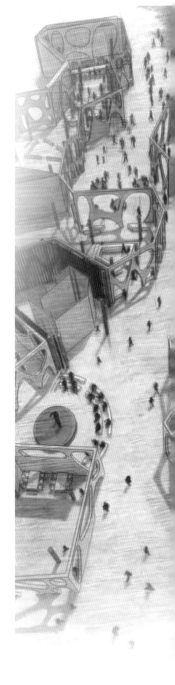

鳥観図

7階「活動領域」イメージ

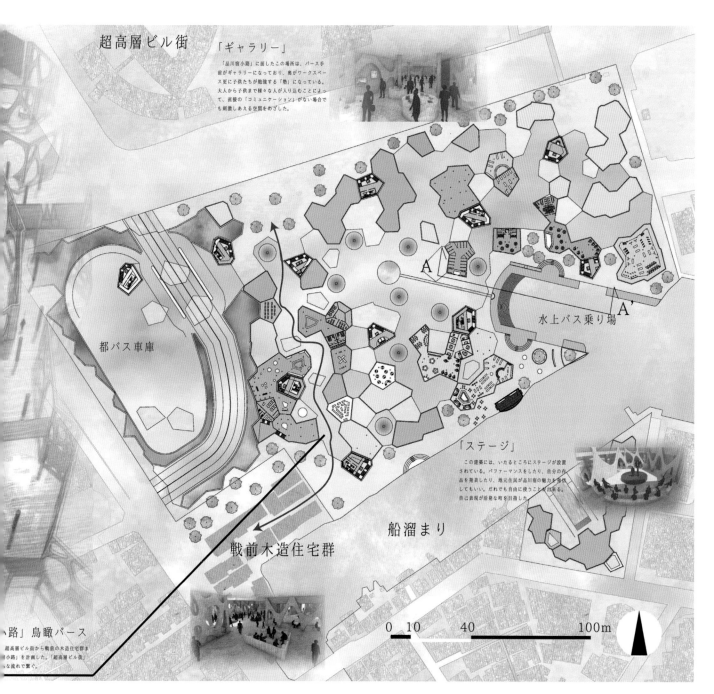

超高層ビル街

「ギャラリー」

「品川宿小路」に面したこの場所は、パース手前がギャラリーになっており、奥がワークスペース更に子供たちが勉強する「塾」になっている。大人から子供まで様々な人が入り込むことによって、直接の「コミュニケーション」がない場合でも刺激しあえる空間をめざした。

都バス車庫

水上バス乗り場

A

A'

戦前木造住宅群

船溜まり

「ステージ」

この建築には、いたるところにステージが設置されている。パフォーマンスをしたり、自分の作品を発表したり、地元住民が品川宿の魅力を発信してもいい。だれでも自由に使うことが出来る。自己表現が活発な町を目指した。

0 10 40 100m

「小路」鳥瞰パース

超高層ビル街から戦前の木造住宅群まで「小路」を計画した。「超高層ビル街」〜な流れで繋ぐ。

2階平面図 　　　7階平面図 　　　8階平面図

　2階〜5階はアンテナショップ、貸会議室、サテライトオフィスなどが入る。各機能の専有面積を最小限にしている。その他の大部分を占めるのが「活道領域」と名付けた共有空間である。各機能の区切りはなく、すべてがシームレスにつながっているので、訪れた人は冒険者のように探検しながら建物内を巡る。

　5階〜7階は住居階。下層階同様、各部屋の専有面積は最小限とし、約8㎡程度となっている。これは、この家一つで完結することを想定していない。東京に実家をもつ学生や若いサラリーマンなどの独身者、郊外に週末ハウスなどを持つ人の利用を想定した。家を郊外に所有しつつ都心に部屋を借りるイメージになっている。このような生活スタイルをとることで、現在深刻な社会問題となっている通勤時間から解放される。

　大部分を、共有空間である「活道領域」が占めている。キッチンでも大小さまざまなものがあり、一緒に食べる人数や混み具合をみて選択しながら使う。机やイス・ソファも多くの種類があり、その時の気分や人数によって選ぶことが出来る。活道領域においてある棚は、住民たちが自由に装飾していく。非常に広いシェアハウスでも、コミュニケーションのきっかけになることを期待している。

しなる建築

木村 寧生
Yasuki Kimura

早稲田大学大学院
創造理工学研究科
建築学専攻
古谷誠章・藤井由理研究室

現代の建築は堅すぎるのではないか。建築を利用する人間も、建築が置かれている地球環境もやわらかく動的である。そこで衣服のようにやわらかく動的な建築を考えてみる。ここで「しなり」という物理現象に着目する。「しなり」は外力を可視化する性質を持つ。その性質を建築に応用することで、「しなる建築」を計画した。「しなる建築」は、訪問者の身体行為を可視化し、その行為を知覚認識可能とすることで、訪問者の身体感覚を刺激するものである。これまで建築の世界では「たわみ」と呼ばれ、ネガティブに捉えられてきた「しなり」をポジティブに捉え直すことで、身体と空間が物質の性質を介してインタラクティブな関係性を構築できる建築である。本計画は、身体と建築の関係性について考察した人物である荒川修作の「建築する身体」とモホリ＝ナギの「触覚板」を下敷きとした計画であると言える。

「しなる建築」を考えるにあたり、基本形態モデル、反復形態モデル、立体構造モデルと段階的にモデルを作成した。それぞれのしなり方を分析し、その分析を基に家具スケールと建築スケールの提案を行った。さらに特にリング型を選定しマテリアルを与え、5層に積み上げて建築化した。

しなりの物理学的性質

　物理学的にしなりを見ると、しなりとは、あるモノが外力によって反るように弾性変形することである。また断面二次モーメント、ヤング係数に反比例する。そこで模型を作成し、同じヤング係数（材料）で異なる断面二次モーメント（断面形状）の材料の比較と同じ断面二次モーメント（断面形状）で異なるヤング係数（材料）の材料の比較を行った。

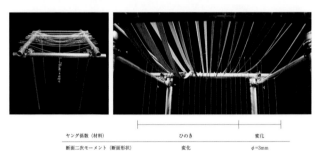

ヤング係数（材料）	ひのき	変化
断面二次モーメント（断面形状）	変化	φ=3mm

基本形態モデル

　しなる材の形状。固定箇所、しなり方、接合方法によって整理することで基本形態モデルを作成した。

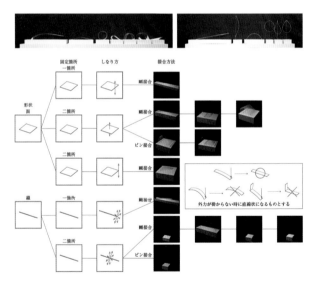

反復形態モデル

先の基本形態モデルを面的に反復させることによって8個の反復形態モデルを作成し、しなりの分析を行った。分析を基にマテリアルを与え家具スケールでの提案を行った。

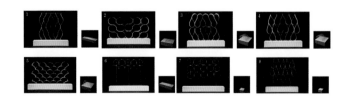

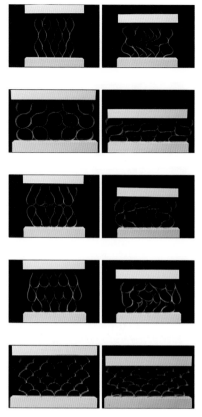
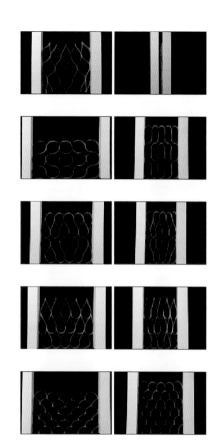
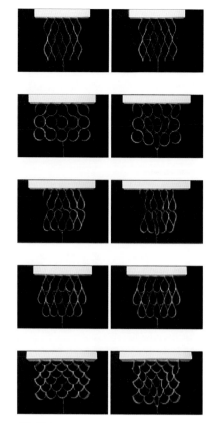

下に押す

・複曲率のモデル（1, 3, 4）は、部材のしなる
方向が二者択一となり、全体としても左右非
対称にしなる

・単曲率のモデル（2, 5）は、部材は左右対称
にしなり、全体としても左右対称にしなる

左右に押す

・部材も全体も対称にしなる

・モデル1は、部材の厚みまで潰れる

・単曲率のモデル（2, 5）の方がモデル1以外
の複曲率のモデル（3, 4）よりもしなりが大き
い

下に引く

・モデル1は、しならない

・三角形に引張力がかかり、その辺の直線と変
形前の長さの差異が大きいほどしなりが大き
くなる

家具スケールでの提案

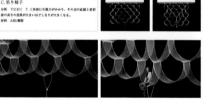

立体構造モデル

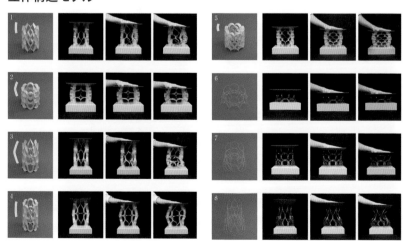

先の反復形態モデルから8つの立体構造モデルを作成
し、しなり方を分析した。これらの立体構造モデルを使
うことでしなる建築をつくることができる。

・複曲率のモデル（1, 3, 4, 8）は、部材のしなる方向
が二者択一となり、全体としても左右非対称にしなる

・単曲率のモデル（2, 5, 6, 7）は、部材は左右対称
にしなり、全体としても左右対称にしなる

・複曲率のモデル（1, 3, 4, 8）は、単曲率のモデル
（2, 5, 6, 7）よりも変位が大きい

・部材が面状のモデル（1, 2, 3, 4, 5）は、接線方向
で変形が主である

・部材が線状のモデル（6, 7, 8）は、接線方向、法線
方向ともに変形する

・部材が面状で単曲率、かつ層に分別できるモデル
（2, 5）は、外側にむくりや
すい

・モデル1以外の部材が面状
のモデル（2, 3, 4, 5）は、
しなりが連鎖し揺れやすい

部材が面からなるモデルは、そのまま丸めると反りかえってしまう。

したがって直線状に積みあがるように計算し、部材の形状をあらかじめ湾曲させた。

しなる建築計画

立体構造モデルの分析をもとに3つの建築を考える。そのうえでモデル2
（リング型）を選定し、計画を進め、5層の建築を計画した。

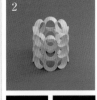

分析 3. 複曲率のモデル (1,3,4,8) は、単曲率のモデル (2,5,6,7) よりも変位が大きい。

分析 5. 部材が緯状のモデル (6,7,8) は、接線方向、法線方向ともに変形する。

分析 7. モデル1以外の部材が面状のモデル (2,3,4,5) は、しなりが連鎖し揺れやすい。

モデル1はしなりの変位が大きく、身体の位置や人数の多さ、その分布などに特に反応してしなる建築となる。

モデル8は法線方向にもしなるため、寄り掛かる、押す、引く、ぶら下がるなどの行為に特に反応してしなる建築となる。

モデル2は揺れやすいため、走る、跳ぶなどの行為や、風が吹くなど、突発的な力の変化に特に反応してしなる建築となる。本計画では、このモデルを選定しさらに計画を進めた。

立体構造モデルから建築へ。

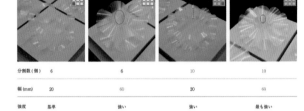

分割数 (個)	6	6	10	10
幅 (mm)	20	60	20	60
強度	基準	強い	強い	最も強い
分析		(特に内側の) 曲率が大きくなる	径が小さくなる	最も曲率が大きく、径が小さい

リング型の分割数、幅の分析

$$x=2a-(a\pi-2a)1/2=(3-1/2\pi)a$$

リングの円周と幅が一定であることから、変位が計算できる

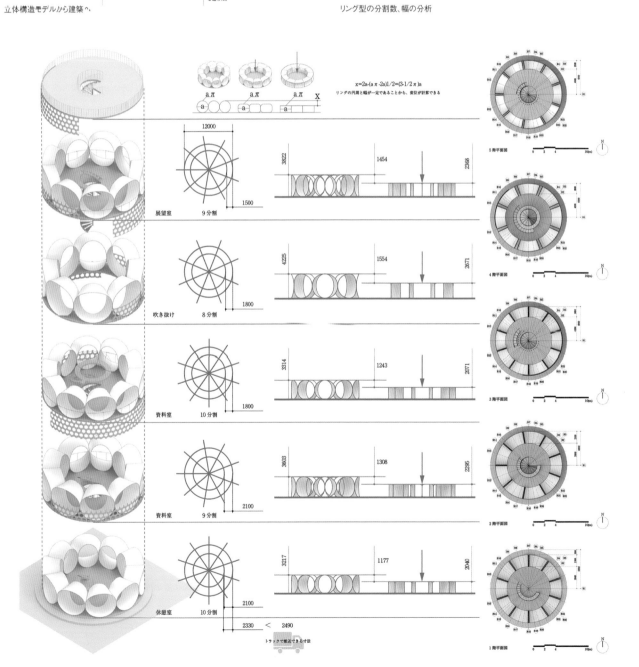

展望室　9分割

吹き抜け　8分割

資料室　10分割

資料室　9分割

体憩室　10分割

2330 ＜ 2490

トラックで搬送できる寸法

5階平面図

4階平面図

3階平面図

2階平面図

1階平面図

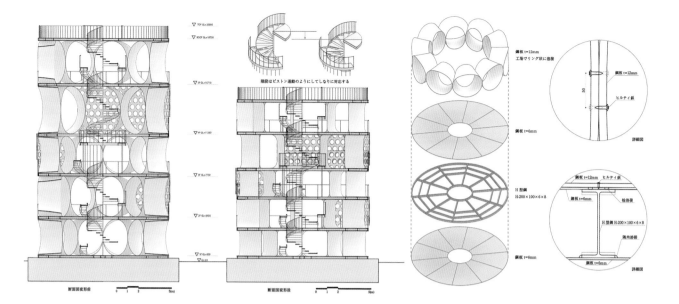

断面図変形前　　　0 1 2　　50(m)

断面図変形後　　　0 1 2　　50(m)

階段はピストン運動のようにしてしなりに対応する

鋼板 t=12mm
工場でリング状に溶接

鋼板 t=6mm

H 型鋼
H-200×100×6×8

鋼板 t=6mm

鋼板 t=12mm

ヒルティ板

詳細図

鋼板 t=12mm　ヒルティ板

鋼板 t=6mm

検溶接

H 型鋼 H-200×100×6×8

隅肉溶接

鋼板 t=6mm

詳細図

身体感覚を刺激するしなる建築

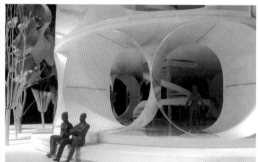

鉄のリングをくぐり抜けて建築に入る

移動するとスラブが数センチ傾き、足の感覚が意識される

こどもが跳ねると建築がゆっくりと揺れる

螺旋階段をのぼって上にあがる

パンチングメタルの重なりが変化し、差し込んだ光が揺らめく

風に煽られて建築が揺れると、風の強さと自分の重さを相対化できる

スラブ自体もしなるものやアーチ、ドーム型などさまざまな発展可能性を持つ

歌川広重「東海道五十三次」における
エレメントのバトンリレーの手法化とその応用

湯之上 純
Jun Yunoue

早稲田大学大学院
創造理工学研究科
建築学専攻
古谷誠章・藤井由理研究室

「そ」れぞれのエレメントが周囲の建物と連なって、読み手の認識を何度も書き換える」歌川広重が55枚の冊子として手掛けた東海道五十三次を読んだときに感じた空間体験を設計に応用することで、ぶつ切りになった都市を認識の中で紡いでいくことができるのではと思い、修士設計のテーマに選んだ。

作品の構図をつくるエレメントのうち、「別のエレメントの一部のみを見せて奥行きを示唆するもの」を「object」と分類、「見えない断片を読み手の頭で補正させるもの」を「subject」と分類した。さらに、55枚の移り変わりの手法を【板付き】【アテ残し】【はけ】【フェードイン】【フェードアウト】【配置換え】【明転】と名前をつけ、7つのパターンに分けた。

都市空間に散らばるエレメントも五十三次のようにobjectとsubjectの関係がないだけで、これらの関係へと編集する建築を計画することで、周囲を間接的に変えていき、「都市を人が体験するのではなく、人が能動的に都市を発見し体験する」そんな世界を描く端緒になるのではと感じた。

東海道五十三次について

特徴①

主題である道は最小限に、実際ないものも加え脚色しながら、さまざまな人物が繰り広げる出来事をあらゆるエレメントの配置関係のみで空間を記述している。

「No.50 庄野・春之雨」

特徴② 連番での編集行為について

No.1「日本橋」で正面の大名行列が、No.2「品川」で最終尾だけ描かれ、遠景に映る集落の風景が、No.3「川崎」では水平の構図をつくる舞台となる。このように、個々の作品以上に、作品間の関係性が意味や内容をつくっていく。

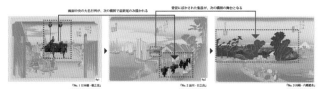

画面中央の大名行列が、次の構図で最終尾のみ描かれる　　背景にぼかされた集落が、次の構図の舞台となる

「No.1 日本橋・朝之景」　　「No.2 品川・日之出」　　「No.3 川崎・六郷渡舟」

特徴③ 認識の上書きについて

No.17「由比」とNo.47「亀山」のように、連番を超えてエレメントが引き継がれ、読み手に固有の認識をつくっていく。これを踏まえ、街道が描く「一本の時間軸を超えて、読み手の認識を連作の中で何度も書き換える」という描き方をしている。

「No.19 由比・薩埵嶺」　　「No.47 亀山・雪晴」

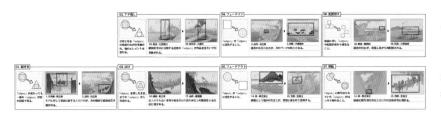

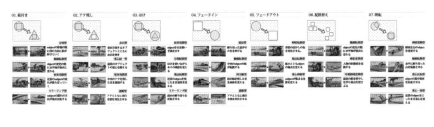

エレメントのバトンリレーの手法化

「東海道五十三次（保永堂版）」のエレメントを「object」「subject」に分け連絡の連なり方を分析した。「板付き」ではobjectが変わっても一部のsubjectが別の位置に残る。「アテ残し」では、目印となるsubjectの性質のみが引き継がれ、他のエレメントは変わる。

バトンリレーがつくる副次効果について

連番を超えて、一部のエレメントが引き継がれ認識を上書きするような描き方が55枚中48か所見られたため、上書きの際に行われる空間の変化を26パターンに分類整理した。以上から、「距離や時間を超えて、読み手の認識を上書きする」描き方をしている。これらの分析を通して、設計の際にはエリアに散らばる同じエレメントに対して、異なるシークエンスで建築が関わることで、ぶつ切りになった川辺の風景を認識の中で紡いでいく。

分析

　それぞれの絵の中の要素を分析し、object「別のエレメントの一部のみを見せて奥行きを示唆するもの」、subject「見えない断片を読み手の頭で補正させるもの」と分類。55枚の連なり方の分析を行う。

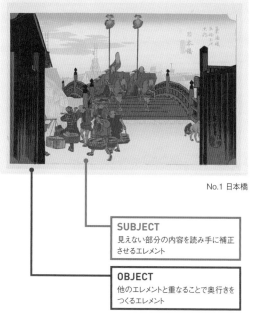

No.1 日本橋

SUBJECT
見えない部分の内容を読み手に補正させるエレメント

OBJECT
他のエレメントと重なることで奥行きをつくるエレメント

敷地について

site／神田川流域沿い

計画について

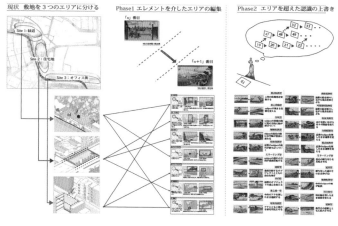

かつての神田川

今では川の風景は都市生活の裏に隠され、ぶつ切りになっている

擁壁を伝う植物を見ると「奥に川がある」とわずかに感じ取れる。五十三次のようにobjectとsubjectの関係がないだけで、川を想起できるエレメントが無数にある

Site1／川を背にするオフィスビル

　用途はショップとオフィス。神田川と大通りに挟まれた幅7mほどの細長い敷地である。タイトな敷地に対し、無骨な躯体は大通りに対してテナントを形成し、川側を裏動線にとり、水道橋からの抜けはビルの裏側が並び、ビルが川と大通りを遮断している。設計により生まれたヴォイドから川のエレメントが垣間見え、周囲の空隙は川を想起させるobjectとなる。

配置図兼1階平面図

中に入ると全貌が見え、objectとsubjectをすり替える

橋から隠れる船着場へ近づける　首都高に対して全体像を隠し奥をつくる　工事跡の鉄骨を躯体へ複写する

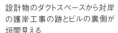

大通りから垣間見える室外機を引き込む　護岸沿いの工事跡とつなげる　首都高に対して全体像を隠し奥をつくる

設計物のダクトスペースから対岸の護岸工事の跡とビルの裏側が垣間見える

周囲のビルがつくる空隙は、川を認識するobjectとなる

Site3／斜面沿いの緑道

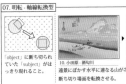

07. 明転 - 軸線転換型

「object」に断ち切られていた「subject」がはっきり現れること。

10. 小田原・酒匂川

11. 箱根・芦ノ湖

遠景にぼかす水平に連なる山が次の構図で近景に垂直に構図を断ち切り場面を転換させる。

等間隔に植えられた緑道から内部に入った途端、周囲の環境を断ち切り、動線先の風景のみ切り取る

建築がobjectとなって植物がsubjectとなる。一様な風景の中で、objectと周囲の木々を比較しながら緑道を渡る

遊歩道を調整する基壇を反転させる　向かいの防波堤からの眺望をとる　首都高に対して全体像を隠し奥をつくる

対岸の遊水空間の複写　護岸前の木々を囲み庭とつなぐ　手すりからはみ出す緑道を延長させる

Site2／高架に隔てられた住宅地

　敷地は江戸川橋駅の対岸にある住宅地。首都高や歩道橋、護壁、高層マンションなどに囲まれ、周囲から分断されている。それぞれの視点から異なる断片が切り取られる住宅において、「アテ付き」を用いて、各視点から見えるエレメントを引き込んだり、引き込まれたりして構成する。単体ではなく、周囲のobjectとsubjectを識別し、何かに擬態するようなこの住宅では、敷地を超えた広さと奥行きを生む。

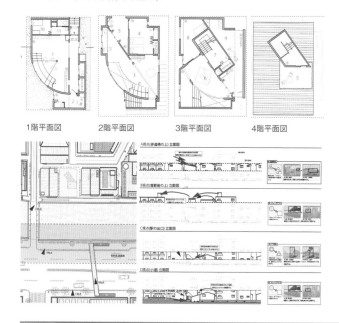

1階平面図　　2階平面図　　3階平面図　　4階平面図

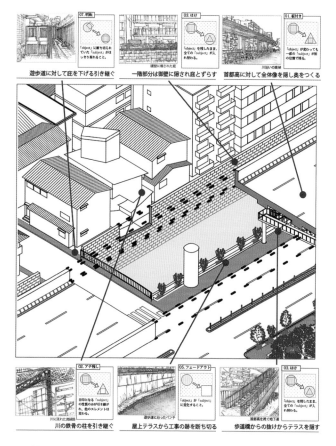

遊歩道に対して庇を下げる引き継ぐ　　一階部分は御壁に隠され庭とずらす　　首都高に対して全体像を隠し奥をつくる

川の鉄骨の柱を引き継ぐ　　屋上テラスから工事の跡を断ち切る　　歩道橋からの抜けからテラスを隠す

計画物単体ではなく周囲のobjectとsubjectを識別し何かに擬態するように住まう

護壁に面する道側に対して、GLを下げ目線の位置に川の「subject」を切り取る

エリアを超えた認識の上書き

　3つのエリアに散らばる同じエレメントに対して、異なるシークエンスで建築が関わることで、ぶつ切りになった川辺の風景を認識の中で紡いでいく。

帰り道、階段から見えていたビルの裏側が川になっていたことに気づく。大通りと川がこんなにも近くにあったことを思い出した

児童図書館で本を読んでいると、目線の先に堤防と暗渠が視界に入る。ここもかつては川だったことを思い出す

洗濯物を取り込む際、家の前に建つ首都高の足元から護岸工事の跡が見える。この川もあのビルたちに続いているのだろうか

駅から出ると堤防と首都高の奥に、住宅群の軒が切り取られている。以前見た東屋の対岸には、同じような軒が連なっていたのかもしれない

服を買いにショップに行くと、店の奥が川に開いている。普段は見ないが、川がこんなにも近くにあったことが分かった

Chapter 3 研究室紹介

本設計展は、各大学院および各研究室における
情報交換や議論の場になることを目的の一つにしている。
本作品集においても、各研究室での活動やプロジェクトを紹介する。

Laboratory Feature —

宇都宮大学大学院 地域創生科学研究科 社会デザイン科学専攻 建築学プログラム

※2019年4月 再編・統合

安森亮雄 研究室

MEMBER	指導教員：安森亮雄／学部4年生 4名／修士1年生 4名、2年生 2名／博士 1名
MASTER'S DESIGN SCHEDULE	1年：設計課題、研究室のプロジェクトに参加、研究テーマの検討・予備調査、建築学会参加、大学間交流ゼミ、12月 中間発表（1年次） 2年：修士設計または論文の展開・本調査・設計、12月 中間発表（2年次） → 2月 修士設計または論文の提出、最終発表会
PROJECT	「大谷石の建築と町並み」「とみくら みんなのリビングプロジェクト（空き家活用）」「釜川プロジェクト（空地活用）」「大学キャンパスのコモンスペース」 http://yasumori-lab.jp/

研究と設計を行き来する

他大学から安森亮雄研究室に進んだ学生に選んだ理由を尋ねると、「プロジェクトの会議から参加して、地元の人たちと協力しながら設計・施工まで進めていくというのは他の大学ではあまり聞かず、興味を持ちました。家具という小さなスケールから都市という大きなものまで横断して取り組めるのも魅力でした」という答えが返ってきた。この言葉にあるように、安森研究室では地域に根差したプロジェクトをベースに、都市空間に関わる研究から家具の製作まで、活動の幅が広い。

安森研究室では主に次の4つのテーマに、研究と設計の両面から取り組んでいる。地元の建材である大谷石（おおやいし）の建築と町並み。地方都市の空き家と空き地。小さな都市空間としての大学キャンパス。そして地域産業のも

のづくりの空間。一見バラバラのように思えるが、「それらのテーマには、実は共通して"建築と都市の関係性を探る"という背景があります。建築意匠の研究室として、研究と設計をお互いにフィードバックさせながらプロジェクトに取り組んでいます」と安森先生は言う。「フィールドワークでまちに出て調査と分析をして、それに対して今後どうしたらいいかを設計・デザインする。逆に、設計している際の疑問や課題をリサーチすることもある。研究と設計の両方を行ったり来たりすることが大学の研究室の面白さです」。

"完成がない"プロジェクト

安森研究室が現在取り組んでいるプロジェクトの一つが、「とみくら みんなのリビングプロジェクト」だ。キャンパスの近くにあり、以前はタバコ屋や駄菓子屋を営んでいた「とみくら商店」が空き家となったため、2年ほど前から改修に取り掛かった。これは安森先生が会長を務める宇都宮空き家会議や地域自治会などとの協働によるプロジェクトで、一昨年は内部空間の改修、昨年は外部の改修を行い、今年は活用していくフェーズを迎えた。

修士2年の松本大知さんは1年から本プロジェクトに携わっており、「設計から施工まで自分たちで考えながら形にしていきました。改修の現場では図面を描くだけではわ

1｜大谷石の集落調査。今年で5地区目になる。　2｜大谷石の建物のタイポロジー
3｜とみくらみんなのリビング。2019年度グッドデザイン賞。

からない面白さがあり、作業中に起こる想定外の事態や形ができていくことで見えた新たな気づきから、さらなるアイデアが生まれることもありました」と語る。セルフビルドでやっていくなかでいろいろなアイデアが生まれ、学生たちも会議に参加し意見交換をするなど、地域の人たちと関わることでコミュニティも生まれていく。安森先生は「学生と教員と地域の人たちが関わることで、新しい仕組みや実際の空間ができていくことに価値があります。単に実務経験というだけではなく、活動自体が新しい建築の価値観やつくり方になっていくことが大事です」と話す。

現在、本プロジェクトは活用段階に来ており、コミュニティデザイン学科と一緒に活用方法について研究しながら、空間づくりも並行して行っている。「つくりながら、使いながら考える」というように、利用者からのフィードバックも生かしていく。「地域の交流の場を想定していましたが、"外のベンチが喫煙場所になっている"という話を聞くなど、自分たちが予期していなかったことも起こりました」と松本さんが言うように、実際に使われることで気づくことは多いという。「自分たちでつくることで建物への愛着も湧いてきます。使いながら、つくっていくサイクルには"完成がない"。建築する行為には棟上げや建前など昔から地域の祝祭的な意味合いもあります」と安森先生。演奏会や食事会といったさまざまな企画も現在進めているという。

都市スケールの風景から
身体スケールの居場所まで

7年前から、安森研究室は宇都宮市内を流れる釜川周辺のまちおこしプロジェクトも続けている。今年は「カマガワヤード」という、川とその周辺の駐車場などを対象とした宇都宮市の社会実験に携わっている。6月のプレ実験では、川沿いの手摺をカウンターに変換し、広場に人が集まるイベントを開催。修士1年全員でアイデアを出し合って小屋も設計をした。予算や費用のやり繰りや、施工を簡単にできるよう工夫することに苦労したという。「最初は1人1案ずつ出し合い、可能性を探っていき、実現性についてもアドバイスしながら絞っていきます」と安森先生は言う。「都市のなかを流れる釜川のポテンシャルは高く、ここが回遊動線になると人の動きも変わってきて面白い」というように、新しい都市の風景の出現が楽しみなプロジェクトだ。

都市空間の可能性を探る一方で、家具のデザインと製作も安森研究室では行っている。「大学のキャンパスは小さな都市」ととらえ、以前より校舎の改修や新校舎の設計も行っているが、現在取り組んでいるのは校舎のなかの家具。栃木県産の杉を使い、人が集まってくるような家具をつくりレイアウトも考える。「身体スケールを考えられるの

4｜カマガワヤード（釜川活用の社会実験）における手摺カウンター。
5｜かまがわ川床桜まつり。川床をデザイン、毎年恒例の春の行事として定着。2015年度グッドデザイン賞。
6｜宇都宮大学陽東11号館コモンロビー。建物の基本設計とともに、県産杉集成材による家具もデザインした。

が家具の面白さ。家具や建築のデザインは、実は"人間の振る舞いの形"が元になっている側面があります。最も身近な居場所の実感を得られるのが家具づくりです」。

安森研の学生たち

安森研究室の学生たちに話を聞くと、「もともと家具に興味があり、今後は人に快適な環境づくりを身に付けていきたい」という声や、「プロジェクトに携わり、まちを活性化する可能性を感じました。卒業後も自分の研究を生かしていきたい」という声も。冒頭の学生の「安森研究室を選んだ理由」もそうだが、研究室選びから将来進みたい道まで筋道が通っている学生が多いことが安森研究室の特徴である。大学の研究室だからこそできる貴重な経験と、将来を見据えて邁進できる環境がここにはあるのだろう。

神奈川大学大学院 工学研究科 建築学専攻

中井邦夫 研究室
（建築計画研究室）

MEMBER	指導教員：中井邦夫／アシスタント 1名／学部4年生 10名／修士1年生 4名、2年生 2名／交換留学生 4名
MASTER'S DESIGN SCHEDULE	1年：研究室の活動に参加、研究テーマの検討 2年：6月 テーマ決定 → 11月 中間発表 → 2月 修士設計の提出、最終発表・審査会
PROJECT	「BA／横浜防火帯建築研究」「愛媛県内子町木造コンビニプロジェクト」「House Nプロジェクト」

数多くのコンペやプロジェクトに挑む

「学生たちには研究室のさまざまな活動を通じて、自分が何に興味関心があるのか気づいてほしい。気づくことでモチベーションになります」と中井邦夫先生が話すように、中井研究室では数多くのプロジェクトに取り組んでおり、機会があればコンペにもどんどん挑戦している。「逗子市第一運動公園のプロポーザルコンペ」では次点、「浅草文化観光センター設計コンペティション」では300点ほどの応募作品のなかから7選まで進むなど、実績も多数。「住まいのリフォームコンクール」で優秀賞を受賞した築60年の木造住宅のリノベーションでは、設計だけでなく解体から一部施工まで研究室で行った。「結果に関わらず、学生にとってコンペへの参加は良い経験になり、自信にもつながります」。

タイミングが合えば、中井先生が共同主宰する事務所の仕事にも関わることができる。過去には修士の学生が実施図面まで描き上げたこともあり、意欲的な学生にとっては、実務に近いところまでトライできる機会もある。ただし、「研究室の活動を押し付けることには抵抗があります。ま

ずは、学生が何をしたいのかを自分で決めることが大切です」と中井先生は話す。

防火建築帯の研究で
都市建築のタイポロジーを認識

中井研究室がここ数年注力しているのが、「BA／横浜防火帯建築研究」だ。防火帯建築とは、1952年に施行された耐火建築促進法に基づいてつくられた「防火建築帯」を成す建物のことで、帯状に建設して防火帯をつくり、都市の不燃化を目指すというもの。同法はすでに廃止となっており、横浜に500棟ほど建てられた防火帯建築のうち現存するのは半分以下で、「それらも放っておくとどんどん壊されていくので、記録するという意味もあり研究を進めています」という。

そこで、記録のために中井研究室では、本プロジェクトで調査・研究した内容を冊子としてまとめている。3〜4ヶ月かけて、建物一つにつき一冊にまとめ、すでに第16号まで制作した。「意匠論として、とりわけ建築の構成学の研究として取り組んでいます。古い住宅地図を参考にしなが

1｜逗子市第一運動公園プロポーザルコンペ案（鈴木アトリエと共同）（2010）
2｜浅草文化観光センター設計コンペ案（NODESIGNと共同）（2009）
3｜富久町の家（2013）
4・5｜富久町の家を解体施工する学生たち

6｜桜山の家（NODESIGNと共同）（2012）
7｜富山県魚津中央通り名店街活性化計画のプレゼンテーション（2016）
8｜BA／横浜防火帯建築研究（2015〜）
9｜House Nプロジェクト（2017〜）

ら、学生たちが現地で写真を撮り、実測して図面も描きます」。冊子の編集もまずは学生たちに内容をまとめてもらい、その後、中井先生がチェック・修正を加えていく。「防火帯建築は、戦後の復興建築としては歴史に埋もれてしまった存在ですが、改めて見直すとそれぞれの建物がとてもユニーク」であり、学生たちが学ぶことは多いようだ。

　防火帯建築のリサーチは大学院の授業としても行っており、2016年には富山県魚津市で調査。学生たちが「まちの活性化計画」を作成し、地元の住民たちにプレゼンするという内容で、市から助成金も出た。「意匠論の研究でもあり、リノベーションや再開発の提案でもある。それらが連動したプロジェクトでした。これも研究室で冊子にまとめました」。

　防火帯建築の研究を通じて、学生たちに「都市建築のタイポロジー」を認識してほしいと中井先生は言う。「京都の町家のように、建築デザインだけれど個別の作品ではなく、集合することで街並みをつくっていくような、タイポロジー的な発想が日本には根付いていません。それを理論と実践の両方でやっているのが本プロジェクト。都市建築のタイプを分類し、そのタイプから建築デザインを考えていきます」。その意識を学生たちに持ってもらいたいが、「そこにこだわりすぎるのもダメで、タイプを認識しつつもそこから逃れて自由を得ることも大切」だと中井先生は説く。

研究室の活動から
自分の好きなことを見つけ出す

　現在進行中の活動としては、「木造コンビニプロジェクト」に着手し始めた。愛媛県内子町の山奥に木造のコンビニを建てるというプロジェクトで、地元の林業経営者が神奈川大学の先生と知り合いだったことから、偶然巡ってきた話だという。「オーナーからは木を使って面白い建物を建てたい、地域の拠点にしたい、まちの魅力を伝えるギャラリーなどもやりたいといった要望をいただいています。基本はコンビニなので、まずは柱無しのワンルームでどのような架構にするのかを考えているところ」であり、学生たちがさまざまなバリエーションの模型を制作している。木造建築の参考として、アントニン・レーモンドの教会の模型をつくり、自分たちの案と比較するなど多様なアプローチからデザインを探っているようだ。修士の学生は、「実務につながる設計を考えるのは初めての経験で、実際にものをつくるイメージが掴めます」、「実施のプロジェクトではどういうところでつまずくのか、学生のうちに知っておけるのは貴重な体験です」と感想を語ってくれた。

　また、中井研究室が取り組む活動のなかで非常に興味深いのが、「House Nプロジェクト」だ。「何年も前から続けていて、学生たちに代々引き継がれています」と中井先生が言うように、研究室の作業場には数多くの住宅の模型が並んでいる。「学生たちが自分の好きなことや、熱中できるものを見つけられるようにさまざまな機会を提案していますが、このプロジェクトもそのキッカケの一つになればと考えています。学生たちが興味を持って本気になれるスイッチを押し続けるのが私の役目」と中井先生は語る。中井研究室で学ぶ学生たちは、さまざまな研究やプロジェクトに取り組むうちに、自分が本当に熱中できるもの、進むべき道を見つけ、社会にはばたいていくのだろう。

芝浦工業大学大学院 理工学研究科 建設工学専攻

建築・環境設計 研究室
（原田真宏研究室）

MEMBER	指導教員:原田真宏／学部4年生 11名／修士1年生 6名、2年生 6名／研究生 1名
MASTER'S DESIGN SCHEDULE	1年:研究室の活動に参加、研究テーマの検討 2年:7月 テーマ決定 → 10月 中間発表 → 2月 修士設計の提出、最終発表・審査
PROJECT	「寺院での展覧会プロジェクト」「神奈川複合施設プロジェクト」

学生同士で課題を出し批評し合う

研究室に入って天井を見上げると、たくさんの建築模型が貼り付けられている。「うちの学生はみんなチャレンジング。自主性に任せて、自分たちのやりたいことをさせています。天井の模型は学生同士で行っているゼミ活動の一つです」と原田真宏先生は言う。原田研究室では、隔週で学生が自分たちで課題を出し合い、模型やスケッチを持ち寄ってお互いに批評する「SYU-MAI」というゼミを行っており、そこでつくられた模型が天井に貼り付けられていく。

SYU-MAIは2008年の研究室開設当初から続いており、「出題する視点と評価する視点を養うことでレベルアップにつながる」という。「順位を決めてWEBで公開もしています。課題はさまざまで、"コーヒー牛乳"のように建築に関係のない言葉から形をつくることもあります。原田先生からはWEBで結果を見て、たまにコメントをもらうぐらいで、教えてもらうことよりも自分たちで学んでいく方向性でやっています」と学生が言うように、原田研究室は学生たちが自主的に活動できる環境があるようだ。

プロジェクトで本当の建築と出会う

一方で、「毎年一つは実施、または実施に近い社会的なプロジェクトをやります」というように、原田研究室ではさまざまな現実のプロジェクトに携わることができる。現在取り組んでいるのは、原田先生が設計した寺院で開催される展覧会の展示プロジェクト。もともとは木造の本堂があり伝統的な建物であったが、原田先生のデザインにより近代的な寺院に建て替わったため、その過程を振り返るというテーマで写真展が催される。その会場構成を原田研究室が行うことになった。

学生たちが計画から施工まで携わるというプロジェクトであり、「自分たちで寸法をとり、模型をつくってスタディをします。今は1／1のモックアップで展示の規模をスタディしようという段階」だという。「展示の配置は先生からの指示もあるけれど、自分たちでもいろいろな案を出します。つくり方も多くの部分を任されていて、"こういうつくり方はどうだろう"と先生からアドバイスをもらい、そこから何を素材とするかを皆で考えます。10万円という予算のな

「寺院での展覧会プロジェクト」
1｜展示スタディの様子
2｜円環状に吊られる32mのロール紙
3｜竣工に至る2年間、約1万枚の写真が印刷された
4｜人力でなめらかに廻る
5｜現場で自ら組み立てる

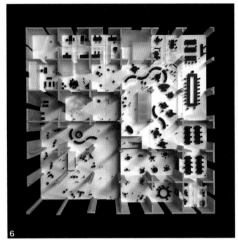

「神奈川複合施設プロジェクト」
6｜空間の粗密をつくる柱壁
7｜構造体と空間広がりとトップライトの変化

かで試行錯誤しながらやっています」と学生たちが言うように、原田先生からヒントをもらいつつも学生たち自身で考えていくことを試みている。

　原田先生はこの展示会のように、一流のクリエイターと出会える場をつくるなど、デザインの最前線と触れ合う機会を研究室に持ち込むようにしているという。「実作でなければ経験できないことがあります。実施のプロジェクトでは予算や時間のリミット、施主の要望などがあり、それらを全て調停するような形でデザインしなければなりません。全ての要素・条件を満たさなければならないというシビアなところで、デザインの意図のようなものを見つけ出せるかどうかが建築の最も面白いところです」と原田先生は言う。「それを体験できると目端が利いてきて、次の課題への取り組み方が変わります。学生たちに建築が成立するために必要な条件と背景を知ってもらい、その上でビビッドな建築にトライしてほしい。研究室のプロジェクトでは、本当の建築と出会う場を提供したいと考えています」。

　2018年度は、神奈川県に実際に建つ複合施設のプロジェクトに取り組んだ。3階がオフィス、2階はギャラリーとオフィス、1階はギャラリーとジムというコンプレックス。十字柱の腕が伸びていくとその空間を覆っているかのように感じられるなど、「空間のような環境」から「場所のような環境」になっていくグラデーションが表現されている。「モノがつくる場所性、意味がつくる空間性というものがあります。モノの周囲に広がる場所には雰囲気があり、そこを読みながら人が何をしたいと思うかを考えます。建築が持っている場所と空間の重なり合いを意識的にデザインしているプロジェクト」だという。「モノがつくり出す場所に沿って、人々のアクティビティやインテリアなどを配置していく」ことを意識しながら、学生たちも一緒に考えた。また、ギャラリーには美術作品が展示されるため、アートについてもリサーチを行い、作者の思想についても理解を深めていったという。「時間の使い方や人の労力の配分の仕方な

ど、プロジェクトのマネジメントもデザインの一部だと実感しました。原田先生は"時間もデザインの一つ"と言いますが、実作のプロジェクトでそれを体感しています」と話すように、学生たちは実施のプロジェクトに関わることで多くの糧を得て、成長しているようだ。

　「実施の本当の建築家のレベルまで持ち上げる、高負荷のトレーニングでなければ意味がありません」と原田先生は言う。「世界の建築のレベルを知ることで、自分に足りないもの、通用するものは何かを認識することができ、建築の最前線への自分の今いる位置からの射程が計れます。将来のために、自分の才能に気づき、見極めることは修士の2年間でやっておかないといけないのです」。

価値観や考え方を広げ最前線に飛び立つ

　「大工道具が多い研究室かもしれません」と言うように、研究室のなかを見回すと学生たちがつくった家具が見られる。「自分の場所を自分でつくる喜びを失うと、建築の美味しさは半分」。もともとものづくりが好きで、家具づくりに興味を持ち取り組む学生も多いようだ。また、コンペに出展する学生が多いのも原田研究室の特徴の一つ。「学内だけで学習しているとそこで閉じてしまいます。ただし、コンペに出す出さないは各人の自由です。プロジェクトに関わりながら、自分のやりたいこともでき、両方について先生からフィードバックが得られる。そして価値観や考え方を広げていけるという環境がここにはあります」と、学生たちは原田研究室の魅力を語ってくれた。

　原田研究室では毎年、研究室のOBが訪れて1年間の成果をプレゼンする「収穫祭」を開催している。「1年の間で皆に自慢できることを何か一つやり遂げてほしい」という原田先生の想いから生まれたイベントだ。本研究室から巣立った学生たちは建築の最前線へと飛び立ち、大きな実りを抱えて、またここへ戻って来るのだろう。

昭和女子大学大学院 生活機構研究科 環境デザイン研究専攻

杉浦久子 研究室

MEMBER 指導教員:杉浦久子／学部3年生 12名、4年生 11名／修士1年生 1名、2年生 0名

MASTER'S DESIGN SCHEDULE 1年:研究室の活動に参加、1月テーマ決定
2年:7月 中間発表 → 1月 修士設計・論文の提出、最終発表・審査会

PROJECT 「大島サイト・リノベーション」「大地の芸術祭 越後妻有アートトリエンナーレ」

始まりはせんだいメディアテークでのコンペ

今年で27年目を迎える杉浦久子研究室の歴史に、せんだいメディアテークのコンペの話は切り離せない。早稲田大学の古谷誠章先生が杉浦先生の恩師にあたることから、本研究室の学生もせんだいメディアテークのデザイン・コンペティションの手伝い（杉浦先生は謙遜して"お邪魔"と言う）をすることとなった。コンペでは上位三位に入選したことから、仙台で磯崎新氏による最終面接を受けることになり、結果として、一等の伊東豊雄建築設計事務所に次ぐ、二等に選ばれた。研究室の学部4年直前の学生たちにとって大きな刺激となり、これをきっかけに1994～95年頃からさまざまな活動を行うことになったそうだ。杉浦先生は当時を振り返り、「卒業設計や修士設計、論文などの学生の考えたアイデアは学内で評価されるが、それが社会に活用されるわけでなくお蔵入りしてしまうのがすごくもったいないと思っていました。ところが、学生との実施前提のコンペ参加は、研究室が社会と繋がったように思いました。学生と実際的な設計活動ができると思ったのはここでの体験がきっかけです」と言う。ここから杉浦研究室の実施コンペ参加や学外展示作品などの多様な社会活動が始まることとなった。

南京玉簾を使った竹のパビリオン

研究室では「サイト・リノベーション」活動と称して場所の利活用を目的に人と環境の関係性を考え、各地に仮設的

1｜南京玉簾の構造を生かしたアーチの一部分
2｜2017年秋の学園祭にて展示された「竹の弧・石の個」。大島での展示前に、無風状態で立たせる検証を行った

交流空間をつくってきた。その中のメインプロジェクトの1つに2003年から行っている「大地の芸術祭 越後妻有アートトリエンナーレ」（以下、「大地の芸術祭」）がある。これは越後妻有で三年に一度開催される国際的な芸術祭で、アートによる地域再生として国内外より注目を集めている。2017年から2018年の「サイト・リノベーション」活動は、南京玉簾を使った竹のパビリオンシリーズとなった。さらに2018年は、「大地の芸術祭2018」の制作に加えて、愛媛県の今治市・大島にて地元住民とともに、大島のカレイ山の上に実験的パビリオンをつくることとなった。

本研究室では毎年1から2のプロジェクトが進行しているが、先生は主に指針を決めファシリテーションを担当している。実現可能性の有無や、部外者からどう見えるかについて学生にアドバイスはするが、ゼミ内コンペのようなものは行わず、杉浦先生と皆で考えて案を出して1つにまとめるようにしている。「大島サイト・リノベーション」においても2016年当初、学生との話し合いの結果、石の産地故に大量に余っている石を活用して展望と休憩ができる公園をつくるという案を考えていたが、大量の石を運ぶには現地の住民が高齢化していることもあり難しそうであった。

そこで、2017年には別案を考え実験を行った。石だけでは空間をつくることが難しいため上物をどうするかが課題であったが、お金は掛けられない。そこで、大島では真竹も生えすぎて竹害となっていることと、山の上への運搬に対して軽量であることの有利性から、この真竹を材料として使うことを決めた。その後は研究室にて竹の組み方を考えることとなり、ネットや本などのさまざまな資料を調べた結果ジョイントがデザインのポイントであることに気付く。大島の現地の条件を読み込み、大アーチを簡単に製作でき撤収の際にもコンパクト化できるジョイント方法をさまざまに検討した結果、2017年夏に南京玉簾のシステムを応用した、

最初の竹の大アーチ実験を大島で行った。

そこから南京玉簾システムを使った竹のパビリオンのスタディが始まり、2017年秋に昭和女子大学の学園祭、秋桜祭でスパン8mから6mの大アーチ13本で構成したパビリオン「竹の弧・石の個」の実験展示を行った。その後、2018年夏には大島でこの大アーチ20本で再構成し住民と施工した。この際には構造家・佐藤淳氏や研究室の協力を得、安全性の検討も行えた。2018年「大地の芸術祭」においても同様のシステムによる片持ちで、しな垂れる形式とした「森ノウチ」パビリオンを山の森に制作した。現地で調達可能な細い竹を大量に使い、95本の片持ちで構成した直径7mのもの2基、67本の片持ちで構成した直径5mのもの5基の計7基を森の休憩スペースとして住民と学生らで制作・設置した。いずれもハンドメイドによるブリコラージュ的手法で制作している。院生がまず主導し、学部3、4年生が主体的に動いた。試行錯誤しながら大島で施工をした際にはアーチの大きさ、「大地の芸術祭」では繊細さなどにこだわり、さまざまな改良を加えた。竹のプロポーションの比率は実際の南京玉簾を参考にして統一したが、紐や竹の種類、パーツの長さやパーツの本数を変えるだけで、アーチの表情が全く変わる面白さを発見。現在でもさらに軽量化とハンディ化を進めたプロジェクトが進行中である。

モチベーションが生きるための糧となる

「学校を卒業することは最低限のことで、そこから自身の興味や関心を高められるのが一番良いと思います。モチベーションがあれば問題解決できることも、モチベーション

3｜2018年夏、大島での「竹の弧・石の個」の展示
4｜「竹の弧・石の個」の施工の模様。アーチの大きさや風雪にどこまで耐えられるかという実験を兼ねていた

がないと、やらされているという気持ちが強くなりハッピーではないですね。好きでやっている、というのは素敵です。何を行っていても、好奇心と疑問が大事。体験の中から自身のマイテーマを見つけられるよう指導できることが理想ですね。ただ、制作中は修行僧のような気持ちにはなりますね（笑）」と杉浦先生。実際に「大地の芸術祭」では約12,000ピースの竹の加工や穴あけ、ひもを結ぶ作業があり、スケジュール管理も含めて大変だったそうだ。

一方で修士1年生の伊藤綾夏さんは、「大変な作業をこなしているからこそ、完成した時の達成感やいろいろな人に見てもらえる喜びはひとしおです」と話した。さらに大島で制作・設営を体験した学部4年生の齊藤眞子さんも、「3年や4年の時期にみんなでイチから完成まで1つのものをつくりあげることを体験できたのは杉浦研ならではです」と言う。

本研究室では考えたアイデアを住民に見てもらい、良くも悪くも評価されることを大切にしている。特に「大地の芸術祭」には地域内外の人、国内外の人、ありとあらゆる人が来場するため現場で多種多様な意見が交わされる。自分たちがつくったものに対してダイレクトに意見が聞けることは、これから設計を志す学生たちにとっても貴重な経験だ。この社会的な実体験が杉浦先生の話すモチベーションの糧となり、これからの未来を担う学生たちがさまざまな問題と向き合う際には、それらを解決するための糧にもなると言えるのではないだろうか。

5・6｜大島と同時進行で施工が行われた「森ノウチ」
7｜「森ノウチ」の展示

千葉大学大学院 園芸学研究科 ランドスケープ学コース

環境造園デザイン学領域

※2020年度より園芸学研究科が改組となり研究室も変更となるため、
環境造園デザイン学領域を紹介しています

MEMBER	指導教員:三谷徹・章俊華・池邊このみ・木下剛／学部3年生 12名、4年生 15名／修士1年生 20名、2年生 21名／博士 6名（内、留学生 27名）※2019年12月現在
MASTER'S DESIGN SCHEDULE	1年:研究室の活動に参加 2年:4月 テーマ決定 → 7月 中間発表 → 2月 修士制作・論文の提出、最終発表・審査会
PROJECT	「庭園と都市を結びつけて研究活動」「グリーンインフラデザイン」「高齢化社会における都市緑地の特性」など

アジア圏の庭園にて調査活動

環境造園デザイン学領域は千葉大学の園芸学部・緑地環境学科に所属している。本学科は3つの分野で構成されており、1つ目は計画デザイン系の分野、2つ目はランドスケープサイエンスやエコロジーといった分野で、3つ目は緑地が人の健康に与える効果などを専門的に学ぶ分野である。計画デザイン系の分野は、デザイン系、地域計画系、管理マネージメント系に分かれており、そのうちの計画デザイン系に属するのが本領域となる。

例えば、三谷徹先生と章俊華先生が十年ほど続けている活動のひとつに、アジア圏にある庭園のリサーチがある。これは、アジアの中心であった中国からその様式庭園がどのように各国へ伝播していったかのリサーチである。2011年ごろから、まず中国の幾つかの庭園を工学部建築学の先生とも組んで3年くらい研究し、次に韓国へと移動してさらに3年程度調査をした。「まだ世界的に研究の少ない韓国の別墅という山の辺に建てられたヴィラを対象に、学生たちと

現地調査をして、測量した内容を図面にまとめて学会などへ発表しました。韓国の後は、ベトナムのガーデンハウスという、仏教系の思想を反映した別邸の庭の様式の調査に着手しています。そして次は日本という話になっているのですが、本州などではなく南の島々を見に行こうと計画しています。また、意匠と歴史は表裏一体なので、歴史もドクターの学生と地道に調べています」と三谷先生は話す。

次回からは科学系の先生とも組んで、森林構造解析や3Dレーザー測量を応用してゆく予定だという。最新の技術によって広範囲のデータ分析が容易に行えるようになったため、それを日本の伝統庭園の植栽デザイン研究に生かせないか考えているそうだ。つまり、今までは植木職人が培ってきた技術と勘で行ってきたことを、デザインとして図式化できないかを研究するのだ。「日本の庭園デザインは単純なものではありません。樹木と枝や葉の総合的な編集から空間ができるのですが、それは自然と呼応して現れてくる形なのです。そして台風などがあるとすぐに失われるような形でもあります。それは、集積体でとても動的で、確率統計的に

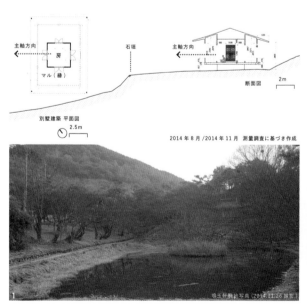

1｜三谷先生と章先生による研究活動「アジア圏庭園調査」で、韓国の別墅にあるヴィラの研究をまとめた概念図（金睿麟さん作）と現地写真
2｜「アジア圏庭園調査」にてベトナムでの調査の様子

表記するような空間構造なので、それをもう少し空間言語にできないかが私個人で長年抱えている興味です。しかしこれらは、教員個人の研究で、環境造園デザイン学領域では、必ずしも教員のテーマに学生みんなで取り掛かるということはせず、学生は各自が興味を持ったテーマに取り組んで、それに対して私たちがアドバイスするというスタイルです」と三谷先生は言う。そのため、本領域は主体的に活動する学生が多く、フィールドワークだけでなく、コンペにも多数参加している。特に、毎年参加しているのが「日比谷ランドスケープデザイン展」である。千葉大学を含む関東の五大学（工学院大学・多摩美術大学・東京農業大学・武蔵野美術大学）でランドスケープを教えている教員たちが発起人であり、各大学の卒業制作や修士制作の優秀作品を集めてコンクールを開催。昨年度の『JIA関東甲信越支部 大学院修士設計展』で優秀賞を受賞した山崎ひかりさんも昨年度出展し、ここでも最優秀賞となったそうだ。

また、ゼミでの活動の前半には、ハイデッガーなどの空間論やその他評論を読むようにしており、今年度はポストモダンの評論家チャールズ・ジェンクスの著書でゼミを行った。通常は本を読むことで、文章による伝える力を養うが、本ゼミでは、それを直感的に伝わる絵や概念図に直す練習をしている。家庭教師になったつもりで、中学生でもわかるように絵を描いて説明するよう指導しているそうだ。

多角的な視点が育まれる

三谷先生が17年前に千葉大学で教員として着任された当時は、小野佐和子先生と共同で指導をしていた。三谷先生の専門はランドスケープの設計だが、小野先生は江戸時代の庶民の庭を長く研究しており、専門分野が異なる教員同士が一緒に教育を担当することで、三谷先生にとっても非常に良い刺激となったそうだ。そして、小野先生が退官された後にランドスケープの意味論を研究している章先生が着任したことで、また異なる視点や発想に気付かされているという。また、同じ環境造園デザイン学領域に所属し、都市レベルの大きな緑の構造を扱うデザイン論を研究してい

る池邊このみ先生や木下剛先生とも一緒に学生の指導に当たっている。「一緒にやっていてすごく面白いです。お互いに異なる視点での研究を行っているので理解できない部分もあり、ごく近い領域の章先生の発想や視点でも、興味が尽きないです」と三谷先生。一方、章先生は「デザイン学領域のスタイルは、学生が本当に自由に発想し、学生のできるところまで教員は応援するだけで、特にこうしなさいという指導はしません。学生は『メディア』の役割を担っています。学生がいなければ、このように教員同士が何か学術的なことを話し合うということはないので、ゼミや学生指導というきっかけがなければ、教員同士が専門分野について話すという機会はありません。そういった機会が得られるの

3｜修士作品の展示風景

は学生のおかげですね（笑）。やはり学生が主体となることで、初めて研究室というものが成立して、我々も恩恵を受けているのです」と語る。これらの言葉からもわかるように、教員と学生がお互いに刺激し合うことで、豊かな発想が生まれているようだ。三谷先生は東京大学で建築を学んだ後、アメリカに留学してハーバード大学でランドスケープを学んだ経歴を持つ。当時の造園系では形と空間について語る人が非常に少ないなか、建築で培った形とデザイン、空間の在り方などをランドスケープへ展開する方法を、この17年間試みてきた。他分野を学んできたことで養われた柔軟な思考や多角的な視点が学生にも影響を与え、自由で新しいアイデアが学生とともに教員からも生まれているようだ。

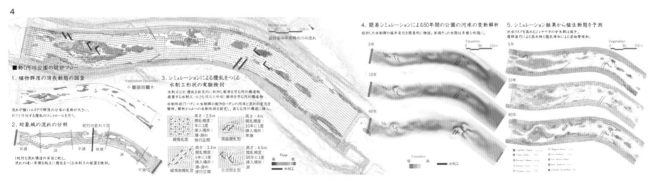

4｜2018年に優秀賞となった山崎ひかりさんの作品「森になる川の還り-桂川下流における動く河川公園の設計提案-」

筑波大学大学院 芸術系

※2020年4月 改組

貝島桃代 研究室

MEMBER	指導教員:貝島桃代／学群4年生 2名／修士1年生 2名、2年生 2名
MASTER'S DESIGN SCHEDULE	1年: 4月研究題目、計画 → 6月中間発表 → 11月中間発表 → 2月中間発表 2年:5月中間発表 → 6月中間発表 → 10月中間発表 → 1月修了研究提出、最終発表会・審査会 → 2月茨城県つくば美術館展覧会
PROJECT	「茨城県立こども病院の院内環境改善活動」 「宮城県石巻市水産業担い手センター事業」 「石巻市桃浦 浜づくり実行委員会 浜の学校」「もものうらビレッジ」

アート・デザインによる病院環境改善

貝島研究室では、ゼミや講義と並行して、研究室単位で複数のプロジェクトに取り組んでいる。茨城県立こども病院の院内環境改善活動はそのひとつで、2014年4月に発足した同病院職員らによるワーキンググループに参画し、年度ごとに異なるテーマで活動を展開している。2018年度は、院内の子ども用トイレに対するデザイン提案をテーマとした。「子どものときは、トイレって何となく面倒で、行きたくないと思ってしまう。生活リズムのなかでは必ず行かなくてはならない場所だけど、病院のトイレは殺風景なんですよね。だからアートやデザインによって、行くとちょっと楽しい、愛着のわく空間にしたいと思いました」(貝島先生)。

筑波大学芸術系では2003年から、筑波大学附属病院をはじめ、さまざまな病院でアートやデザインによる環境改善に取り組んできた。大学のこうした活動に病院が関心を持ったことをきっかけとして、筑波大学と県立こども病院との連携が始まったという経緯がある。「一番の遊び盛りの子どもでも、患者として入院している間はなかなか病棟から出ることができません。その病棟を少しでも楽しい空間にしたいと、病院の職員の方々は思っています。しかし個人単位で改善提案を出すことは難しい」と貝島先生は話す。学生を含めた話し合いを通して、ワークショップを企画。過去には、季節に合わせたハロウィンの飾りを子どもや職員らで制作し、病棟のプレイルームに展示した。ワークショップにより、プレイルームの活用が促進されるなどの変化が見られたという。

身の回りの資源に目を向ける

2011年の東日本大震災直後からは、宮城県石巻市を中心に復興支援にも取り組む。石巻市桃浦の住民と協働し、「牡鹿漁師学校」により地域で活躍する漁師の育成を進めてきており、これが数年前には石巻市から業務委託を受けた一般社団法人フィッシャーマンジャパンと漁協職員と、水産業担い手センター事業に発展した。研究室の学生は、漁師学校で使用する教科書を制作した。はじめは数ページの資料だったが、年数を重ねるにつれ厚みを増し、2016年にはひとつの書籍として発行に至った。漁師へインタビューをした記事や、各漁法を写真と図で解説している。「実際に、新しく漁師さんがまちに入ってきていて、その方たちがどういうことを感じているか、一方で雇い入れた側の漁師さんにもどのような変化があったかをヒアリングしました」(貝島先生)と、持続的な支援の仕組みが回り始めている。

漁師学校による担い手の育成とともに、地域住民と地域外住民との交流を図るプログラムも展開。桃浦に、「もものうらビレッジ」という宿泊交流拠点を計画、ここにアトリエ・ワン設計の管理棟(メインハウス)が建てられた。2017年に開催された「もものうらビレッジ サマースクール」

1｜筑波メディカルセンター病院エントランスホール「ひのきこまち」(2016-2018)
2｜第6回アートカフェ「あふれるカフェ」、筑波メディカルセンター病院(2017)

は、メインハウスを宿泊場所として、1週間の間に新たな宿泊棟（タイニーハウス）2棟の建て方や屋根施工など木工事に、設計者の若手建築家チームと地域の工務店、大工とともに取り組む内容だった。

　研究室でのこうした活動の狙いについて、貝島先生は「私自身の関心としては、建築デザインはもちろん、それを取り巻く環境そのものが産業化によって変化を遂げている点にあります」。「例えば牡鹿半島では、昔は山から伐採してきた木を使って地元の大工さんが家をつくるということが当たり前に行われていて、そうして建築や都市が発展した時代もありました。しかし今は、自分の家の裏山に木が生えていても、それを使うことができない、身の回りの資源から遠ざかった社会になっている。このような社会の中で建築に携わる学生たちは、周囲の資源を利活用する可能性を、設計時に自身の考えの内側に持っていてほしいと思っています」。もものうらビレッジでは、サマースクールで建設したタイニーハウスも含めて宿泊場所として提供し、桃浦の山と海を楽しみながら、地元住民が実践してきた暮らしの知恵を学ぶことができる。「復興支援にあたっては、学生たちも地元で大切にされてきた暮らしや、コミュニティのあり方を感じたのではないでしょうか。コミュニティの話題は、都心部でも共通することです」と、貝島先生は復興支援から得られる学びについて語る。

豊かになるための方法を見つける

　貝島研究室の活動は"理論と実践"だ。「行動しながら考

え、考えながら行動する。これは、私自身のタスクでもあります。例えば木造住宅に携わったときには、大工さんから教わることがたくさんあるんですよね。それが圧倒的に面白い」と貝島先生。一方で学生たちの活動の集大成となる修了研究における制作・論文に対しては、「大学院で知識も興味も深まってくる頃は、何をつくるべきか一番迷う時期でもある」と指摘する。自分で敷地やテーマを設定しなくてはならないので、「自分の深めてきた関心と知識・スキルのズレが大きく表れてくる」（貝島先生）という。では、設計に迷いが出てきた学生に必要なものは何か。貝島先生の答えは、「覚悟を決めること」。「建築は1つのものをつくって終わりではありません。1つできたらまた何か問題が発生することもある。完璧な回答はほとんど誰にも出せないでしょう。だからこそ、『これでいく』と決めたら思い切りが必要です」（貝島先生）。

　建築をめぐる環境へ、理論と実践の姿勢で踏み込む貝島研究室。その先に学生たちが得るのはどのようなものだろうか。「資源を、どれだけ持続可能な形で享受しながら暮らすことができるか。周辺環境とつながることができたとき、"豊か"だと言えます。学生には、豊かになるための方法をいろいろと見つけてもらいたい。そこで建築の学問が生かされるといいなと思います」（貝島先生）。今回設計展に出展した原田多鶴さん（P.108）の提案はまさしく、地域の森林資源を生かし、循環させることを目指したものだった。貝島研究室の学生たちは、それぞれのフィールドで周辺環境と設計とのつながりを模索している。

東京藝術大学大学院 美術研究科 建築専攻

金田充弘 研究室
（構造計画第1研究室）

MEMBER	指導教員:金田充弘／修士1年生 4名、2年生 2名／博士 1名／研究生 2名／助手 1名
MASTER'S DESIGN SCHEDULE	1年:研究室の活動に参加、研究テーマの検討 2年:6月 テーマ決定 → 10月 中間発表 → 12月 修士設計の提出、講評会 → 1月 修了制作展示
PROJECT	「光恩寺弁天堂計画」「漆の茶室プロジェクト」「デジタルアーカイブプロジェクト」

アナログとデジタルの行き来で見える リアリティ

　金田充弘研究室では，現代の技術を積極的に取り入れながらもアナログとデジタルの2つの側面から、よりリアルなプロジェクトに取り組んでいる。学生は金田研究室を選ぶ理由として「コンピューテーショナルデザイン」に興味があり、アナログとデジタルを行き来しながらプロジェクトを進めることに魅力を感じているようだ。

　現在は、故・六角鬼丈氏が群馬県邑楽郡千代田町で携わっていた弁天様を祀るためのお堂を設計する「光恩寺弁天堂計画」が進行中で、2年ほど前に六角氏に誘われて金田研究室として関わり始めた。クライアントがいて、デザイナーとともに考えていく、さながら構造事務所の仕事に近いリアルなプロジェクトと言えるだろう。当初は、六角氏のドローイングなどのイメージを模型にし、六角氏と研究室で対話していくかたちで進めていた。そのプラットフォームとしてGrasshopperやRhinocerosを使って設計を行っており、アナログなドローイングとデジタルを横断しながら、アナログとデジタルを相互に「翻訳」するような作業を繰り返した。また、お寺側からは木材の直線材を、六角氏側からは曲面表現を使いたいという、クライアントとデザイナーの要望に基づいて設計を何度も練り直しており、日々デザイン案が増えていったという。

　現在は大まかな方向性が決まり、より具体的な完成に向けて動いている。金田研究室の学生たちは基本的に3Dモデリングを中心として提案を行うが、表現方法にも現実的な戦略があり、デジタルだけではなく模型も制作する。模型は3Dモデリングのように情報量が多いわけではないが、小さな模型だけでなくスケールアップした模型もつくり、光の取り入れ方の確認や、仕上げ材を検討するのに役立てているようだ。さらに、1/1スケールでも制作するなどスケールも行き来しながら、さまざまな角度からデザイン案を検証している。学生も、「最近ではVRなどの表現方法もありますが、モノとして見た時の見え方は模型にしてみないとわからないことが多いです。そこは、アナログとデジタルを行き来することで補完しています。手間ではあるのですが、なるべく模型はつくるようにしています」と言うように、デジタル技術とアナログ技術を融合しながら、新たな実現可能性を模索し続けている。

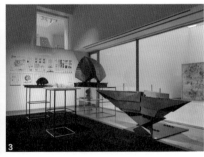

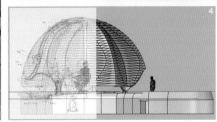

1｜VRでのスタディの様子
2｜お寺でのプレゼンテーションの様子
3｜SDレビューでの展示の様子
4｜手書きのドローイングと3Dモデリングの融合

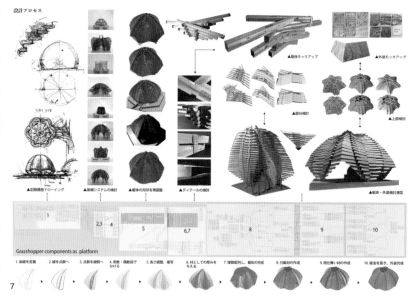

設計プロセス

▲初期構想ドローイング ▲架構システムの検討 ▲躯体の形状を微調整 ▲ディテールの検討 ▲躯体モックアップ ▲外装モックアップ

▲部分検討 ▲上部検討 ▲躯体・外装検討模型

Grasshopper components as platform

1. 曲線を定義 → 2. 線を点群へ → 3. 点群を線群に分ける → 4. 奇数・偶数段で分ける → 5. 長さ調整、複写 → 6. 材としての厚みを与える → 7. 複数配列し、躯体の完成 → 8. 付属材の作成 → 9. 雨仕舞い材の作成 → 10. 鋼板を置き、外装完成

5｜弁天堂の部分モックアップ　6｜ゼミの風景　7｜弁天堂の設計プロセス

他にも、宮城大学教授の土岐謙次氏とともに続けている漆の研究がある。その一環で、漆で茶室をつくるプロジェクトが同時に進行中だ。江戸時代の建築図面と言われている「起こし絵（現在で言うペーパークラフトのようなもので、平面図と立面図で構成された折り畳み式の立体図面）」を共通の記述言語として、茶室の「起こし絵」から茶室らしい要素を抽出し、茶室の原型をつくることが目標である。学生たちは、東京藝術大学図書館所蔵の50枚の「起こし絵」から畳の大きさや開口の数などの平均値を算出し、プログラミング技術による3Dモデリングで「最も茶室らしい茶室」を具現化した。統計的な平均値のため、畳の寸法や開口の位置や数に不自然な点が出てくるものの、全体としては不思議と自然に見えてくる。このプロジェクトでもデジタルとアナログを行き来することで、新しいリアリティを炙り出そうとしている。

デジタルアーカイブの公共性

2019年3月まで行われていた、東京藝術大学のキャンパスをデジタルアーカイブ化する「デジタル藝大プロジェクト」に引き続き、現在は「デジタルアーカイブプロジェクト」に取り組んでいる。これは劣化が進む近現代建築のアーカイブ化を目的としており、まずは解体が進む菊竹清訓氏設計の「旧都城市民会館」を対象として、3Dレーザースキャナーによって点群データを採取した。このプロジェクトでは、スキャンして作成したデジタルデータを一般に公開し、さまざまな用途で利用することを想定している。公開するにあたり、デジタルデータの加工の段階やどの程度の範囲での利用を想定するのかといった、現代技術の公共性に対して思考することも金田研究室の一つのテーマである。

またこのプロジェクトは、クラウドファンディングにより

活動資金が2日間で集められたことでも有名だ。このような資金集めの手法でも話題性を生むことで、建築に興味がある人や地域の人たちに、もう一度地域の財産として建築を見直してもらい、建築の保存を考えるきっかけとなるプラットフォームの展開方法にも積極的に取り組んでいる。デジタルアーカイブをオープンにする方法は、研究の一貫としてトライアンドエラーを繰り返しながら続けており、研究分野の裾野を広げることにもつながっていくようだ。

学生とともにリアルなプロジェクトを育てていく

前述のように、リアリティのあるプロジェクトを学生たちとともに行う金田研究室での指導方針を、金田先生は次のように語る。「リアルなプロジェクトを研究室に持ってきたら、あとはなるべく学生たちに任せています。しかしプロジェクトを育てていくことも大切なので、最小限は口を出すようにしています。やはり学生たちには自由に考え、提案してほしいと思っていますし、実際にさまざまな提案をしてくれています。もちろん、行き詰まっている時にはヒントを与えて、難問に対しても積極的に挑戦するよう促しています」。このように、学生の自主性を高めながら、プロジェクトの指針を与えているようだ。

構造家の研究室であるが、構造事務所に進路を決める学生は少なく、大半が設計事務所へ就職するらしい。「計算することだけが構造の分野ではないです。実際につくってみて、"これでは10年もたないよね"といった感覚を得て、実現可能かそうではないのかを判断することが本来の構造設計です」と語る金田先生の考え通り、本研究室でのリアルな経験が学生たちに多くの視座を与えているのだろう。

東京藝術大学大学院 美術研究科 建築専攻

藤村龍至 研究室
（建築設計第1研究室）

MEMBER 指導教員：藤村龍至／教育研究助手：山川陸／修士1年生 5名、2年生 5名／博士 2名／研究生 3名／交換留学生 1名

MASTER'S DESIGN SCHEDULE 1年：研究室の活動に参加
2年：7月 テーマ決定 → 10月 中間発表 → 12月 修士設計・論文の提出、最終発表・審査会

PROJECT 「コーヒースタンドの洞」「ちのかたちの洞」「収玄寺プロジェクト」「笠間プロジェクト」「子どもアートWS」

研究室の「かた」

東京藝術大学では、研究室に所属するのは修士1年生からである。藤村龍至研究室では修士1年生で共同作業でものづくりに取り組み、修士2年生ではそこで学んだことから独自のテーマを見つけ修士制作へ取り組んでいく。「研究室に所属していきなり本を読んで、歴史の話をしても学生は飽きてしまうので、修士1年生では体を張ってものづくりをし、修士2年生で頭を使って理論や方法論の整理をしてから、社会に出てもらおうと意識しています」という藤村先生の考えに基づいている。2016年に発足した藤村研究室は今年で4年目を終え、研究室の「かた」が定まってきたところだという。

共同設計から考える

2018年秋から3期で進めているプロジェクトとして、鎌倉の長谷観音の近くにある収玄寺の敷地内で、住宅として使われていた建物をカフェにするという「収玄寺プロジェクト」がある。

当初は実験的な共同設計のスタイルで始められた。まず修士1年生10名を5班に分けてそれぞれが改修案を考案する。それらの案をクライアントに見せて、どれか1つを選ぶのではなく、それぞれの案に対してフィードバックをもらう。その後、2人ずつ5班のチームを構成して、さらに5人ずつ2班に再構成する。そうやって徐々に班をひとつに統合して、最終的には10人全員の案をひとつに統合した最終検討案を提出。クライアントの意見の聞き取りを行っていくうちに「路地と庭をつなぐ」のが鎌倉らしさを考える上で重要だということに気が付いた。「解くべき課題は最初に設定するのではなく、それぞれの案を生み出す過程で何度もスケッチするうちに出てきます。例えば、入り口をどこにするとか、動線を最小化するとか、さまざまなアイデアがこの最終案の中に散りばめられています。それが共同設計の強

みです」と藤村先生は話す。

2期目は現場の進捗とともに家具の制作に取り掛かっており、茨城県取手市にある「共通工房」にて作業を行った。ここには木材加工、金属加工、塗装など専任の先生がいるため、学生の案に対して使用する板の厚さや脚を傷つけないようにする細工などの具体的なアドバイスも受けられる。アドバイスをもらって家具を制作する過程でそれぞれが探求するべきテーマが明らかになる。そして、自分で設計から完成までを経験することで、三面図からディテールまできちんと描けるようになるという。

3期目は引き渡しのあとの使い方調査やその過程で足りなくなったもの、制作した家具の不具合から原因を考察し再設計と再制作を行っている。不具合に向き合うことで、再設計する過程で曖昧だったデザインやディテールについての考え方がより明確なものになる。

そのほかに、茨城県笠間市からの委託で道路空間の活用を検討する「道路空間デザイン研究（笠間プロジェクト）」では、道路を挟んだ敷地にモニュメントを制作するため、道路空間のスピード感や3方向の道からの見え方などを考えつつ、収玄寺と同じく実験的な共同設計で検討を進めている。昨年度は笠間市長に2案をプレゼンし、これから実施設計に進む予定だという。

クラフトとAIのあいだで

藤村研究室では、2018年から「ポストデジタルデザイン」と「ポストスプロールシティ」という研究テーマを掲げるようになったそうだ。これらのテーマは、デジタル技術の進歩を踏まえた現代版のものづくりの在り方を模索すること、縮小していく大都市の将来像を提案するという内容で、この分野については研究室の2名の社会人ドクターがそれぞれ、「情報意匠論」と「持続可能な計画住宅地」というテーマで研究している。2人の博士論文によって研究内容が体系化されることで、徐々に研究室の活動の視野が形づくら

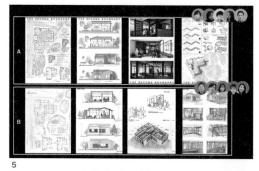

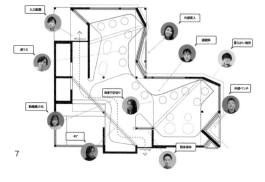

1｜「コーヒースタンドの洞」2018。ダンボールでつくる連続体
2｜「ちのかたちの洞」2018。紙のチューブ構造がつくる連続体
3｜「収玄寺プロジェクト」2019。窓辺のテーブルがつくる連続体
と制作家具
4・5・6・7｜「収玄寺プロジェクト」にて各メンバーのアイデアを統合
していくプロセス。最終案には全員の意見が投影されている

れつつあるそうだ。

　ものづくりを通して設計の基礎を鍛え、そこから理論を
導き出す。それらを住宅の改修と家具制作、ワークショップ
などの多様な活動を通して実践している藤村研究室だが、
そこにコンピュテーショナル・デザインの技術を加えること
で、新たなデザインの可能性を探っている。東京藝術大学

では「世界を変える創造の源泉」というキャッチフレーズを
掲げているが、AIの台頭により業界の根本的な在り方から
変容しつつある建築業界で、多角的な活動を広げる本研究
室が、世界を変える創造的なデザインを見せてくれるのは
そう遠くない日かもしれない。

東京電機大学大学院 未来科学研究科 建築学専攻

日野雅司 研究室
（建築設計）

MEMBER	指導教員：日野雅司／学部4年生 6名／修士1年生 13名、修士2年生 11名
MASTER'S DESIGN SCHEDULE	4月〜12月 テーマ決定・エスキス・中間発表 → 2月 修士論文および修士設計提出
PROJECT	「甲州市のまちづくりプロジェクト」、「大地の芸術祭 越後妻有アートトリエンナーレ」、「興野町住宅リノベーション」

スタジオコースにおける実践的なデザイン

東京電機大学の大学院修士課程では、修士論文を見据えた「研究コース」に加え、デザインを学ぶ「スタジオコース」が設けられている。スタジオコースはさらに「建築デザインコース」「構造デザインコース」に分かれ、日野雅司研究室に所属する学生は全員「建築デザインコース」で設計課題に取り組んでいる。現在、建築学科の意匠系教員は、設計事務所を主宰して実務に携わる日野准教授、環境デザインにも造詣の深い能作文徳准教授、コンピューテーショナルデザインに詳しい小笠原正豊准教授の3名で、それぞれの得意分野を生かしながら指導にあたっている。

日野准教授が主に担当するのは、修士1年前期の地域づくりデザインスタジオ「甲州市のまちづくりプロジェクト」だ。勝沼ワインなどで知られる山梨県甲州を対象敷地として、地域の課題を発見し、デザインにより解決することを目指す。もともと建築学科の非常勤講師に甲州市出身の方

がおり、まちづくりの相談を持ちかけられたのがきっかけ。精度のある提案をするために、2018年度からスタジオコースの課題に取り入れた。「構造デザインコース」の学生と共同でグループをつくり、建て替えやリノベーションの際の耐震補強なども考慮した、実現性のある建築を提案する。

1年目の2018年度は、斜面地に宿泊機能を含むコンプレックスを課題とした。宿泊機能以外のプログラムは各自が考え、例えば、農作物が豊かな山梨の特色を生かした農業の物流施設をつくる案や、東京から車で1時間半という距離に着目し、ファミリー層を対象とした子供が学ぶ施設をつくる案など、バラエティのある提案が生まれた。

その成果物を甲州市に発表したことで、学生のデザインによりできることを具体的に共有した。2年目の2019年度はより実践的に、行政のまちづくりの対象地区を敷地に設定した。甲州市役所のある塩山駅周辺は、塩山温泉などの観光資源があるにもかかわらず、賑わいがあるとは言い難い。そこで現状をリサーチし、まちの活性化について考え

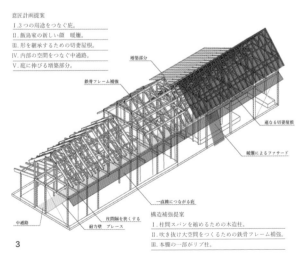

意匠計画提案
Ⅰ. 3つの用途をつなぐ庇。
Ⅱ. 飯島家の新しい顔 暖簾。
Ⅲ. 形を継承するための切妻屋根。
Ⅳ. 内部の空間をつなぐ中通路。
Ⅴ. 庭に伸びる増築部分。

構造補強提案
Ⅰ. 柱間スパンを縮めるための木造柱。
Ⅱ. 吹き抜け大空間をつくるための鉄骨フレーム補強。
Ⅲ. 本棚の一部がリブ柱。

1〜3｜修士1年前期のデザインスタジオ「甲州市のまちづくりプロジェクト」では、A〜Fの6班がそれぞれ提案を行った。1はC班の「ENZAN VINES ROAD」、2はE班の「ENZAN PARK IN PARK」、3は「魅せる文化財 〜飯島家住宅 リノベーションの提案〜」

る。学生の案がすぐに実現するわけではないが、土地のポテンシャルを可視化させることも目的のひとつだ。

学生は6グループに分かれて取り組んだ。塩山温泉の温泉街に着目した案や、近隣の商店街を活性化する案、文化財として登録されている江戸時代の町屋を改修して地域の拠点にする案などが提案され、甲州市役所で発表も行った。市は学生の取り組みを歓迎してくれており、市役所で展示会も開かれた。

学生たちは積極的に現地に赴き、調査を行った。塩山駅前で開催される朝市に模型などを展示し、まちの人から意見を聞いたグループも。「さまざまな人の意見やアイデアを編集するのが建築設計の仕事ともいえるので、まちでのリサーチから学生は多くのことを学ぶことができていると思います。甲州市へ継続して提案し続けることで、実際のプロジェクトにつながるといいですね」と日野准教授は言う。

プロジェクトで人々との対話を深める

新潟県十日町市・津南町で2000年から行われている「大地の芸術祭 越後妻有アートトリエンナーレ」。2006年に空き家を改装して作品とした「小出の家」をその後も少しずつ修理しながら、トリエンナーレの年はもちろん、それ以外の年もワークショップや展示を行っている。前身の山本圭介研究室からプロジェクトを引き継ぎ、日野研究室として、2018年と2019年に出展している（いずれの年も、共立女子大学堀啓二ゼミと協働）。

2019年も昨年同様、藁で縄を編み、アートワークを行った。そのほか、「ガラス瓶を使った風鈴」「光をテーマにしたランタン」を来訪者と共につくり、展示に加えていく。学生にとってはアートについて考える貴重な機会となり、地元の人とのやり取りから、まちづくり的な要素も生まれる。実際に制作をするために試行錯誤したり、他大学と共同で円滑にプロジェクトを進める方法など、学ぶことは多い。

他にも、東京都住宅供給公社（JKK東京）から集合住宅の改修を受託されたプロジェクトを、建築・都市空間研究室（積田洋研究室）およびTDU設計事務の松永講師と協働で取り組んでいる。北千住駅近郊の興野町住宅（1958年竣工）は1LDK、25〜27㎡の住戸で、現在は高齢者の一人暮らしが多い。今後、既存住棟を長期活用するために、若年層や子育て世帯の入居促進を図ることがリノベーションの狙いだ。今回改修を行う4戸のうち、2戸は隣接する住戸を1つの住戸として、ファミリー向けの間取りに変更することが求められている。

空室を見たり、住民の公聴会から公営住宅の現状を聞いたりして、17人の学生が提案を行った。「モノとしての建築

の形にこだわる案と、住民のライフスタイルを考慮する案の2つに大きく分かれて興味深い。本当は両方を考慮しなければならないので、それらが絡み合っている案が出てくるといい」と日野准教授。8月に公社の方も同席した審査会が行われ、実際に採用する案が決定した。10月には設計完了し、工事は2020年の予定である。

設計にフィードバックできる研究活動

2019年で2年目を迎える日野研究室。「研究室でも実務寄りの活動をやっていきたい」というように、建築設計を志望する学生が研究室に所属している。設計での就職は修士を取得しておいたほうが有利なので、大学院に進む学生も多い。

「甲州市のまちづくりプロジェクト」を構造デザインスタジオと合同で行っているのも、実務で活躍できる学生を育てたいという思いから。日野准教授自身、実務で構造事務所や設備事務所と協働し、その中で生まれてくるデザインのアイデアが多いと言う。「甲州市」や「JKK」のように現

4｜越後妻有 大地の芸術祭の里に出展した「おもいをなう」。縄ないワークショップも開催した

実の敷地で、クライアントに相当する相手がいることも有意義だ。さまざまな人たちに話を聞きながら設計をするのも、実務という意味では大事な視点である。

実際のものづくりは数年単位で進むことが多い。1/4期〜半期でデザインを完成させなければならないスタジオコースと違い、研究室では継続的な設計活動が積み重なっていくと良いと考えている。例えば修士論文であれば、研究室のテーマの蓄積がクオリティにつながっていく。修士設計でも同じようになることが理想だ。

研究としては、建物が完成後、住人や使う人の満足度、建築の使われ方、設計者の意図がどれだけ実現しているかなどをリサーチしたいそうだ。具体的には自らが設計に携わった「陸前高田市立高田東中学校」（2016年竣工）を調査し、「設計の意図が実現しているか」「評価をどのように設計へフィードバックできるか」について明らかにしたいという。設計者だからこそできる、実務に役立つ教育や研究をこれからも模索していく。

東京理科大学大学院 理工学研究科 建築学専攻

岩岡竜夫 研究室

MEMBER 指導教員：岩岡竜夫・片桐悠自／学部4年生 9名／修士1年生 13名、2年生 11名／博士 3名／外国人研究生 5名

MASTER'S DESIGN SCHEDULE 1年：4月テーマ仮決定・調査開始
2年：4月テーマ決定 → 10月中間発表 → 2月修士論文・修士設計提出

PROJECT 「アルヴァ・アアルト生誕120周年記念 国際シンポジウム＆展覧会の会場構成」「スリランカの共同住宅計画」「ネパール・バイオトイレ・プロジェクト」など

建築デザインの解読と実践

岩岡竜夫研究室では、建物のスケール（大きさ）やモジュール（単位空間）に関する調査をベースとして、建築物、外部空間、まち並み、集落、都市空間などにみられるデザインの解読を試みている。それらの研究は、修士論文や学位論文としてまとめ上げることを視野に進められるが、博士課程の大学院生の研究テーマと連動させることも多い

という。共同研究にすることで研究に厚みや広がりが増すことはもちろん、学生の縦のつながりができることも利点だ。

2019年度は3名の博士課程の学生が三者三様の研究を行っている。「現代建築における正方形平面の設計論」として幾何学をテーマにしていたり、「地形と建築との関係」として都市的なスケールも含めたサイト・スペシフィックについて調べている。もう一人はやや実践的な視点で、最新の木質建築の研究をしている。

また、岩岡先生は東京工業大学坂本一成研究室出身で、学生時代から住宅について様々な調査を行ってきた。設計者として多くの住宅を設計してきた経験を生かし、「住宅」も研究テーマの一つとなっている。例えば、修士課程のある学生のテーマは「住宅の立体的な動線」。多層化する都市住宅において、平面的な動線だけでなく、階段等の縦動線も複雑になってきた。それらの動線が住宅全体の骨格を成しているのではないかという視点から、現代住宅を分析する。他にも「住宅や建築の外観」という研究テーマがある。外観のかたちと内部空間のかたちが、意図的に異なる建築がある。そのずれた間の空間（「ポシェ」「ポケット」とも呼ばれる）がどう使われているかについて、住宅を対象に調査する。

研究を書籍やブックレットとしてまとめることにも意欲的だ。岩岡先生が共著者として関わっている「図」（東海大学出版部刊）の編集にもゼミ生が携わっている。最新4巻「建築のスケール」では、「正方形」や「円形」といっ

1｜アアルト展の会場設営の様子
2｜竣工したアアルト展会場（撮影：山田新治郎）

た形の似た建築を国内外を問わず同じスケールで並べる。ページにはQRコードが記載されており、Google Map上の各建築作品にジャンプできるのは興味深い。近年、PCやウェブ上の建築情報では掴みきれない「スケール」を補完することもねらいだ。

そうした調査研究と並行して、実際の設計活動を展開し、新しい建築空間の創造にも挑戦している。近年では、大学院生と一緒にスリランカの集合住宅を設計（2020年度中に竣工予定）。

3｜インドの階段井戸を巡る視察
4｜利根運河でのまちデザインゼミ

また、2019年3月に日本建築学会建築博物館ギャラリーで開催された「アルヴァ・アアルト生誕120周年記念 国際シンポジウム&展覧会 - 内省する空間 - アアルトの図書館と住宅」の会場構成を担当した。具体的には、様々な大学による模型の展示用テーブルを製作したり、展示の方法やレイアウトに対し学生たちが知恵を絞った。

世界の学生との交流を通して

岩岡研究室では国際交流にも力を入れている。これからは国際社会で活躍する人材を育てることが大事だという東京理科大学全体の志向とも重なっている。4年程前から海外の大学と交換留学の機会を設けており、2019年にはフランス・リール建築大学にゼミ生を1名派遣し、先方の学生が3名、岩岡研究室に所属している。デンマークやフランス・パリの大学との交換留学の実績もある。

建築学科で企画された国際ワークショップについても、岩岡研究室が窓口となって受け入れ、ゼミ生がコーディネートすることが多い。英語でのやり取りやアテンドなど、慣れない対応は大変だが、そこから様々なことを学ぶことができる。2019年はリール建築大学から学生が15名来日し、日本人10名程と一緒に「茶室」をテーマに設計に取り組んだ。片桐悠自先生によると、「これまで、リール建築大学（フランス）、西安建築科技大学（中国）、青島理工大学（中国）、ノヴィサド大学（セルビア）などで海外の学生と建築ワークショップを開催しました。今年はベオグラード大学で開かれた『国際美学会』にも学生を連れて行き、修士の学生2名が意匠論を英語で発表した」とのこと。

2018年と2019年はインドとの国際交流も。アジアなどの若者を日本に招く支援を行う「さくらサイエンスプラン」（文科省）という国際交流事業に採択されて実施されたプロジェクトである。2018年はインドのチトカラ大学の人たち

と階段井戸（Step-well）の調査をおこなった。階段井戸のいくつかは再整備されて世界遺産になっているが、手つかずのものも多くあり、それらの再整備は今後の課題であるそうだ。さらに2019年10月にはインドのチトカラ大学から先生や学生を理科大に招き、「日本とインドにおける＜水＞をめぐる環境遺産の現状」と題する国際シンポジウムを開催した。階段井戸の紹介をはじめ、岩岡先生が取り組む、静岡県三島市の湧水を活かしたまちづくりの事例を取り上げ、水環境の再生について議論を交わした。

水を巡るまちづくり

理科大野田キャンパスも利根運河に隣接し、水のある風景の中に所在する。2019年の「まちデザインゼミ」では、岩岡研究室の企画により、野田市・流山市を対象に、運河がつくったまちを歩いた。

「まちデザインゼミ」は、北関東を中心とした5大学（東京理科大学／岩岡研究室、宇都宮大学／安森亮雄研究室、前橋工科大学／石黒由紀研究室・若松均研究室、信州大学／寺内美紀子研究室、日本工業大学／小川次郎研究室・足立真研究室）による大学連携の合同ゼミとして2014年発足した。年1回、企画校を持ち回りで担当し、各大学が立地する地域での特色を活かしたワークショップ・議論を展開する。意匠系研究室の学生たちの情報共有・交流の場ともなっている。

水は、私たちにとって大切な資源であるとともに、一方で大きな災いの元凶でもある。水との関係を構築することは人類の歴史の一つであり、その役割を担う施設が土木建造物や建築物であるといえる。「防災の問題はもちろん、歴史ある土木遺産を再活用することも大事です。水は様々なまちで大事になってくる要素なので、これから研究を進め、実践的な提案をおこなっていきたい」と岩岡先生は考えている。

東京理科大学大学院 理工学研究科 建築学専攻

垣野義典 研究室

MEMBER	指導教員:垣野義典／学部4年生 10名／修士1年生 13名、2年生 6名
MASTER'S DESIGN SCHEDULE	1年:4〜9月 学校や図書館等の調査研究 → 10〜1月 コンペやデザインワークショップ参加 2年:6月 研究テーマ決め → 9、11月 中間発表 → 1月末 修士論文および修士設計提出
PROJECT	「鎌倉市の保育園改修構想」「北欧やオランダの学校建築調査」「横浜市の酒屋改修」

空間と行動の関係を読み解き、設計に生かす

建築計画学を専門とする垣野義典先生は、「建築空間と人間の行動の関係」を主な研究テーマとしている。人間の行動を調べることで建築空間を読み解き、そこから生まれる設計理論を用いて、新たな建築を提案することがねらいだ。「学校」は、子どもたちの活動がアクティブで、人間と建築の関係がもっとも顕在化しやすい。さらに、日本各地で統廃合が進んだり、建物の老朽化によって建て替えが相次いでいる。教育指針も年々変革され、それに伴った建築が求められているといった様々な理由から、調査の必要性を感じているという。

2018年度は、研究を実建築へと発展させる試みとして、10名ほどの学生とともに保育園の改修構想に携わった。依頼を受けた鎌倉市の保育園では、すでに園舎の改修にあわせて園庭の使い方を検討していたところだった。既存の園庭における時間ごとの人の動きを追ってプロットし、良い面／悪い面を洗い出したり、参考になる事例、例えば、子どもが自ら遊びをつくる「冒険遊び場」を訪れるなどしてリサーチを重ねた。それを踏まえ学生たちはアイデアの提案を行なったが、そのまま実現されるのではなく、関係者が発想を広げていくきっかけとして、これからも対話を続けていくそうだ。

北欧・オランダの事例から学ぶ

北欧やオランダの学校建築について調べることも、研究室のメインテーマの一つだ。垣野先生は、アアルト大学（旧ヘルシンキ工科大学）の客員研究員として、フィンランドに3年住み、魅力的な空間をもつ学校や保育園の研究を行なってきた。理科大で教鞭を取るようになってからも毎年、学生たちをオランダや北欧に連れて行き、彼らはその成果を学位論文にまとめている。垣野先生は、「海外調査では日本と比較する目が養われたり、当たり前だと思っていた常識に疑問を持つことができる。学生たちの研究へのモチベーションも上がる」と考えている。

具体的には、オランダの組織設計事務所Atlier Proが設計した学校建築の調査（2018年）やオランダ現代建築を代表する建築家の一人であり、学校建築を多く手がけるヘルマン・ヘルツベルハーの最新事例の調査（2019年）を行なった。現地では、家具の高さなどの「実測調査」、先生や生徒の動きを5分ごとにプロットしていく「行動観察」、関係者への「ヒアリング」、現場の「写真・動画撮影」などに時間を費やす。

調査に携わった修士1年の坂田晴香さん、藤田正輝さん、栗原就さん、学部4年の大山絵梨さん、角祥平さん、赤羽希望さんによると、「2020年から日本の小学校にアクティブ・ラーニングが導入される。その先進的な事例がオランダにあると仮定して、調査を行いました」とのこと。オラ

1｜Atlier Proの学校建築調査結果
2｜ワークスペースで学ぶ子どもたち
（Atlier Pro設計）

ンダの学校には、2～3人が集まることができる小さなワークスペースが用意されていたり、教室の壁が開閉可能だったり、自由な授業が行える仕組みが空間に用意されていたという。

「片廊下型の普通の小学校で学んできたので、自由なプランで授業が行われていることにびっくりした」「調査は2週間ほど。海外なので一発勝負という緊張もあった」というのが実際に調査をした学生たちの感想だ。

他にも、2019年はデンマーク・コペンハーゲンで公園の調査も行なった。対象とした「Superkilen」は、2012年につくられた全長約750メートルの細長い公園。建築家のビャルケ・インゲルス率いるBIGのほか、ランドスケープデザイナー、アーティストによって協働でデザインされた。この公園があるエリアは宗教、文化、習慣が異なる60国もの人種がひしめき合って住んでおり、元々は移民間の摩擦や紛争が絶えなかったが、「設計者が丁寧に住民との対話を重ね、公園が計画されたことによって、時間帯、エリア、アクティビティによって様々な人たちがすみ分ける多文化公園へ変貌したことが興味深い」と垣野先生。日本も多文化化し、これから移民が増えることも考えられる。建築が社会問題を解決する仕組みを検証し、その方法論を日本にフィードバックしたいという。

3｜Superkilenにてヒアリング調査

「化学反応系まち建築」その研究と実践

安齋幸太郎さん（修士2年）の実家は、横浜市にある酒屋である。通常業務として酒類の販売や配達もするが、店先が地域の老人たちのおしゃべりの場になっていたり、小学生が駄菓子屋の代わりのようなっていたり、まちの拠点として大事な役割を果たしているそうだ。その魅力を拡充して、改修しようというプロジェクトを2019年4月から、研究室で取り組んでいる。5人ほどの学生がコアメンバーとして関わり、安齋さんが修士設計としてまとめる予定である。

垣野先生は、まちの中で本来の機能を拡張した場を提供し、新たなコミュニティを確立している建築を「化学反応系まち建築」と呼んでいる。3年ほど前、当時住んでいた日暮里に、パン屋と本屋とカフェが合体した「ひぐらしガーデン」（設計：サポーズデザイン）というお店があった。午後のある時間帯には、店外にママチャリが並び、庭で小さなこどもが遊ぶ。保育園のような雰囲気を漂わせる不思議な建築だと感じたのがきっかけだ。

学部4年の朱泳燕さん、山口結莉

4｜喫茶ランドリー

亜さん、金子俊耶さんは、「化学反応系まち建築」の実態を卒論でまとめるべく、調査を進めている。その事例は、コインランドリーでお茶や読書ができる「喫茶ランドリー」、店主の音楽好きが高じて、コンビニでDJイベントやレコード販売をするようになった「レコードコンビニ」、青森県黒石市で銭湯を改修して、イベント開催やまち歩きの拠点とした「松の湯交流館」、建築事務所の一角を食堂として地域に解放している「社食堂」など。建築専門の雑誌では情報を思うように収集できず、SNSを使って該当物件を探しているという。「建築家は建築だけでなく、使い方も提案します。建物の使われ方を調べることによって、自分の設計にも活用したい」と彼らは言う。

「学生にはいくつかのテーマを紹介するが、自分で興味があることを見つけてもらいたい。ネタを出すけれど、具体的なことは指示しない」と垣野先生。学生の自発性を誘導し、彼らに伴走することを心がけている。建築計画は、設計をした後の使われ方を研究の対象とする。空間がどう使われるかは、学生たちが卒業後、実務に関わるときに必要となる情報だ。これから設計をしていく上で必要な種を、学生たちに蒔いていきたいと考えている。

2019年11月1日から垣野先生はオランダに移り住み、デルフト工科大学で学校建築の共同研究をスタートさせている。期間は2020年7月31日まで。アクティブ・ラーニングの先行例をはじめ、オランダの学校建築の本質を骨の髄まで捉えるつもりだという。オランダ滞在中、研究室の定期的なゼミは、遠隔でWeb会議形式で行う。2020年5月は、オランダで研究室の学生たちと合流し、「街のリビングルームとしての図書館」研究を行う予定だ。

東京理科大学大学院 工学研究科 建築学専攻

郷田桃代 研究室

MEMBER　指導教員:郷田桃代／助教 1名／学部4年生 11名／修士1年生 6名、2年生 6名

MASTER'S DESIGN SCHEDULE　1年:研究室プロジェクトへの参加、修士設計または修士論文のテーマの検討
2年:4月 テーマを確定、設計スタディや調査分析の実施。週1のゼミで順に成果を発表、討論→8月 中間発表会→2月 提出、最終発表会

PROJECT　「海外における都市型住居集合の調査」「宇宙居住に向けた基礎研究」「大森駅山王地区まちづくり活動」「深川資料館通り商店街まちづくり活動」大学院生国際ワークショップ「TEST Island」

建築設計者として都市を調査・分析する

　都市空間を研究対象としている郷田桃代研究室では、2005年からヨーロッパやアジア圏の都市で、都市型住居集合の調査・研究を進めてきた。スペインのバルセロナや中国の上海など複数の街で調査を継続的に行っているが、2018年は世界遺産にも登録されているポルトガルのポルト歴史地区において、景観をテーマに現地調査を行い、数年前から続けてきた調査結果と合わせて研究成果をまとめた。

　「私達の研究室では、フィールドワークによるデータ収集と、そこで得た情報を数理的に分析することを重視しています」と指導教員の郷田先生は話す。ポルトの街はドウロ川北岸の丘陵地帯に広がるが、調査ではまず土地の傾斜データをGIS（地理情報システム）に載せ起伏を可視化した。そして、一戸一戸の建物の敷地形状や高さを調べ上げGISで解析。これにより土地の起伏が建物の住居の計画や形状にどのような影響を与えているかが見えてきた。また、特定の地点からの街の見え方を調べ、ある地点からは、街のランドマークとなる建物が別の建物に隠れて見えないといったことにも着目し、観光という観点から街並みが美しく見える場所や条件を探った。さらに、こういった景観の研究を進める一方で、観光化が進み住民自体が減少しているという街の課題に対し、空き家となる建物をどのように改変し活用するかも研究対象に組み入れた。

　「景観というと広く捉えられがちですが、街並みをつくる要素は一つひとつの建築です。それぞれの建築がどのように作用し合って景観を形成するのかを客観的に調査することで、周辺に与える影響が見えてくるのです」と郷田先生。あくまで建築設計者の立場から建築そのものを考えその集合体として都市を捉えることが研究室の方針だという。

研究室のプロジェクトと学生の研究が一体

　こういった研究室での活動は修士設計や卒業設計にも生きてくる。2018年度に卒業した修士学生の一人は、傾斜地における人工造成された土地（人工大地）のプロトタイプを創り、それを横須賀の敷地に当てはめ集落の更新方法を提案した。その学生はポルト地区の調査に直接は参加していなかったが、学部生の頃から渋谷の街並みの調査に携わってきた。渋谷はポルト地区同様、傾斜地に街が広がっており、研究室のゼミではポルト、渋谷両チームの研究発表や議論を一緒に行うことが多かった。それぞれの調査報告や議論に参加することで、自身の研究の基礎となる情報や知識、視点を得るに至った。「研究室での研究やプロジェクトはそれだけで完結するのではなく、学生の卒業設計や修士設計、修士論文といった個人の研究と一体的に行いたいと思っています」と郷田先生は話す。この他にも大森の道路拡幅計画に関わってきた学生が、修士論文でそのプロジェクトをテーマにし、拡幅後の建物の収益性をシミュレーションするなど実際のプロジェクトに関わったからこそ論じることのできる実務的な部分にまでも踏み込んだ。

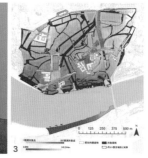

1｜ポルト歴史地区対岸からの景観
2｜ポルトガルでの調査風景
3｜ポルト歴史地区景観解析_歴史的建造物の可視領域図

4｜大学院国際ワークショップTEST ISLAND 講評会
5｜大学院国際ワークショップTEST ISLAND 学生による提案図面一部

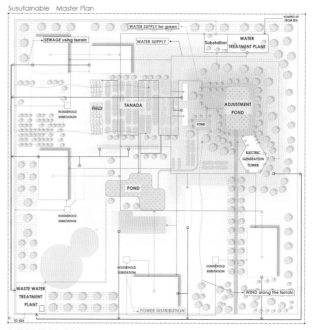

Susutainable　Master Plan

ENERGY CIRCULATION

TT ISLAND:GS
(re)DEVELOP ISLAND URBAN

5

2050年の実験都市や宇宙空間も研究対象に

　フィールドワークやデータの数理的分析を得意とする郷田研究室だが、2018年はこれまでとはひと味違うプロジェクトにも携わった。大学院では、スペインのラスパルマス大学からジンタイラ教授を招聘し、東京湾の中央防波堤の埋め立て地に新しい都市を開発するという国際ワークショップを開催。参加は有志で郷田研究室からは6名の修士学生が参加した。他の研究室の学生合わせて総勢15名で、「オープンスペース」「アーキテクチャー」「サスティナビリティ」「モビリティ」の4テーマに分かれて2050年を想定した都市計画を作成。「モビリティ」では自動運転やドローン、「アーキテクチャー」では3Dプリンターによる設計・施工といった最先端の技術で近未来的な都市を描いた。「ワークショップに参加することで建築だけでなく私達の生活に関わる最新の技術を知ることができますし、フィールドワークを前提とするいつもの研究室の活動とは異なり、埋め立て地という何もない土地から都市を計画する機会を得ました。初めての試みで当初は戸惑いましたが良い経験になりました」と参加した学生は話す。まずは「サスティナビリティ」のグループが埋め立て地に街や建物の基礎となる地盤を決め、そこに「オープンスペース」のグループが建物やランドスケープの配置を提案。それをもとに各グループが案を作成した。街には水力や風力など複数の自然エネルギーを活用した発電を行うタワーや、自動運転車やセグ

6｜大森山王まちづくり活動

ウェイで昇る高層ビルが建つ一方で、ランドスケープのグループによる林や棚田が広がる。案はまだまだ改良の余地があるもの、2019年の秋にはラスパルマスで展覧会を実施し、日本の学生がスペインへ行き、同じ課題に取り組んだスペインの学生と議論を交わす予定である。

　「2018年はこの国際ワークショップの他に宇宙ステーションを対象とした研究もスタートしました。単純に言えば宇宙ステーションにおいてどのような室内空間が最適かということですが、コンパクトな空間を求めないといけませんし、かといって単に狭いだけだと宇宙飛行士の健康状態や活動に影響します。実際の宇宙で生活する映像から図面を描き起こしたり、宇宙飛行士の活動を分析したりといったことをする一方、カプセルホテルや漫画喫茶の個室など地上の狭小空間を調べ、狭小空間のアイデアを探っています。宇宙という言葉だけ聞くと日常とかけ離れたような印象を受けますが、テーマは狭小空間であり、設計者、特に都市の建物を設計する者にとって重要なテーマです」と郷田先生は話す。

　世界遺産である古い都市から2050年の都市、そして宇宙まで、時空を超えて研究のフィールドを広げる郷田研究室。ただし、フィールドワークに基づいて情報を集め数理的に分析して、一つの建物の在り方を考えるという方針は変わらない。地に足の付いた研究と建築教育を実践している。

東洋大学大学院 ライフデザイン学研究科 人間環境デザイン専攻

櫻井義夫 研究室

MEMBER	指導教員：櫻井義夫／学部3年生 12名、4年生 13名／修士1年生 1名
MASTER'S DESIGN SCHEDULE	1年：研究テーマ確定 2年：4月〜8月 調査研究 → 10月 中間審査 → 　　　1月 論文課題申請と梗概提出 → 2月 修士論文および修士設計提出
PROJECT	「アドルフ・ロースの模型制作・展覧会」「ローマ大学とのワークショップ」

プラハでロースの模型を展示

「装飾と犯罪」という言葉でも知られる、モダニズム移行期の建築家アドルフ・ロースが生まれた今日のチェコ共和国。その首都であるプラハにある、ロースの最後の住宅作品とされるヴィンターニッツ邸にて、ロースの建築模型を展示する展覧会が開かれた。この模型を制作したのが櫻井義夫研究室の学生たちだ。

櫻井研究室では2017年度より、ロースの建築の研究と模型制作のプロジェクトを進めており、2019年3月、ついにプラハでの展覧会の開催に至った。「制作した模型の数は29点。そのうち厳選した13点を船便で送りました」と櫻井先生は話す。「学生たちにとっては、模型を梱包して海外輸送するという作業も初めてで、苦労していたようです。しかし現地では、オープニングセレモニーでプラハの市長や地元の建築家の方々が来場するなど、一大イベントになりました。学生たちも一人ひとりと話をして交流できたようで、苦労したことも含めて大変貴重な経験になったと思います」。

意見交換からフィードバックを得られる場

櫻井研究室のプラハでの滞在期間は約1週間。そのなかで、展示のレイアウトを始め、手作業も含めた全ての活動を学生たちが担った。会場であるヴィンターニッツ邸の模型を制作したこともあって、図面上で模型の配置計画も練ってあった。さらに、現地到着時から意見交換を重ねたうえで最終的な構成が決まったという。また滞在中、学生たちはヴィンターニッツ邸に宿泊。自分たちで模型をつくったロース建築の空間を実際に生活の場として体感し、数日間を過ごすという経験もできた。

展覧会での現地の方々のレスポンスは好評だったようで、「ロースの作品はこれまで、公開されているものがあっても、実際はインテリアだけしか見られないといった状況でした。そのなかで、この展覧会によって"ロース建築の全体像を見ることができた"という高い評価を得られた」という。「ロースのつくる住宅空間はどのように構築され、どのように人間スケールとマッチしているのかを目の当たりにでき、"なるほどこうだったのか"と皆が疑似体感できる機会となりました」。

1｜ヴィンターニッツ邸での学生による設営作業
2｜プラハ市長を交えたオープニング

一方で来場者からは、「CGによるウォークスルーでの表現・展示は考えなかったのか」との指摘も。これに対しては、「まずは模型で一気に空間を把握できることを目指しました。上下の関係性や空間がパズルのように組み合っている様はウォークスルーではわからないため、その辺りを意図しています」と回答した。「展覧会をやってみて反省点もいくつか出てきました。模型の根本的なつくり方から維持管理の仕方、指摘のあった表現の方法もそうです。図面などの資料パネルや模型をつくる過程の視覚化、ウォークスルーなども表現手段の一つとして今後考えたい」と、次に向けた課題も出てきている。

3｜テレビ番組の収録　　4｜講演会の実施
5｜撤収後のミュラー邸見学

また学生たちにとっては、「海外で文化的背景の異なる環境のなかで、仕事としてのプロジェクトに学生の立場で関われたことが一番重要です」という。「多くの人たちと交流して、意見交換や意思疎通をするなど、自分の考えや気持ちが伝わる実感を持てるような活動になってほしい」と、櫻井先生は本プロジェクトへの想いを語る。「学生たちには、現地に行って人の顔を見たら必ず話しかけるよう言いました。多くの人たちとの交流の"場"に慣れて、それを自分のものにする実感が得られると自信になります。現地の方々にお礼状を書くことや、季節ごとのグリーティングを送るなど、礼儀も大切です」。学生たちはそれらを概ね実践しており、本プロジェクトを通じてしっかりと成長できているようだ。

2020年にはロースの生誕150年を迎えることもあり、生誕地であるブルノとプラハ市内、ウィーンのチェコ文化センターと3箇所での展覧会の開催を予定している。「他の街からも引き合いがありますが、開催したことで一定の評価を得られる展覧会でないと意味がありません。意見交換をし、フィードバックを得られる場にならないと意味がない。一方で、日本でも開催したいという考えもあります。研究成果をまとめるという意味でも、活動を抜本的に見つめ直して整備していかなければなりません」という。「現作業量を考えると相当に大変な状況ではありますが、新ゼミ生となった学生たちが熱意を持って参加してくれているので、やり遂げられると思います」と、櫻井先生の言葉からは次の展開へ向けて、学生たちへの信頼と期待が感じられた。

6｜撤収してヴィンターニッツ邸にて記念写真

国境を超えた問題点の把握と、多様性の体験を深める

櫻井研究室では、イタリアのローマ大学とのワークショップの計画も「まだまだ準備段階」ではあるが進めている。テーマは「共同住宅とその周辺環境に関する保全改修計画」。以前、櫻井先生が同大学の街歩きワークショップに参加した際、「ローマの共同住宅群をどう維持管理していくのかという、現在の日本にも共通するテーマが見えた」ことがキッカケだ。「ローマと日本の両方でワークショップを行うことで、国際交流としての意味が発生します。どのように実施するか、資金はどうするのかといった議案を調整するため、学生たちとローマ大学を訪問しようと思っています。来年はこのワークショップを実現し、報告できるようにしたい」。

また、櫻井先生は日常のゼミにおいても、「空間における西洋と日本」を議論の中心としているそうだ。内と外の関係性をどう調停するのかということや、洋の東西を行き来するということを学生たちに意識してもらい、それがプロジェクトに向けた準備にもなっているという。「建築空間・都市空間と対峙したとき、数多くの問題が存在します。それらが国によってどう異なるのか、また国境を超えて共通するものは何なのか、その辺りの全体像が把握しやすいような環境づくりを意識しています。国の区分のない共通の問題点の把握と、文化の違いによる多様性の体験を研究室として深めていきたい」。櫻井先生がそう語るように、櫻井研究室の活動は学生たちを巻き込みながら日々深化しているようだ。

日本大学大学院 理工学研究科 海洋建築工学専攻

佐藤信治 研究室

MEMBER 指導教員：佐藤信治／学部3年生 14名、4年生 13名／修士1年生 6名、2年生 2名（うち1名は海外留学中）

MASTER'S DESIGN SCHEDULE 4月テーマ決定 → 7月現地調査 → 9月進捗状況報告発表会 → 12月学術講演会ポスターセッション・計画系コミッティプレゼンテーション → 1月研究テーマ表題投稿 → 2月本審査・梗概集原稿提出

PROJECT 「秋田県まちづくり合宿（増田町・湯沢市）」ほか

まちづくりの実現性を高めるための下地づくり

2012年から毎年、秋田県の各地で合宿を実施している佐藤信治研究室。「まちづくりワークショップ」として現地調査を行い、最終的に住民や自治体などへ計画案をプレゼンテーションしている。7年目となる2019年は、もう一歩踏み込んだ提案に挑戦した。2018年に訪れた横手市増田町の住民から、ぜひ継続してまちで活動してほしいという要望を受けたことがきっかけだ。増田町での活動を研究室のプロジェクトとして立ち上げ、2019年3月にプロジェクトメンバーによる合宿を実施。研究室全体での合宿は夏に行っていたため、1メートルほどの雪が残るまちの光景を学生は実感することとなった。筋肉痛になりながら雪かきを手伝い、雪国での暮らしを体験した。プロジェクトメンバーである修士1年の山本淳樹さんは「次は地元の夏祭りにも関わりたいと思っています」と話す。住民との交流を深めるとともに、季節ごとのまちの様子を学ぶことが目的だ。

地域に根差した活動のために、現地拠点（サテライトラボ）の設立も進められている。「空き家状態にある建物があって、学生の間でそこがいいのではと話しています。おそらく"内蔵"がつくられていると思います」と山本さん。増田町は重要伝統的建造物群保存地区に指定されており、母屋の中に「内蔵（うちぐら）」を持つ住居が残っている。改修を施しつつ、地域特性を生かしたラボを目指す。

さらに、今後提示していくまちづくり案の実現性を高めるための下地づくりにも取り組む。例えば研究生の渡辺真理恵さんが提案するのは、「新しいバス停標識デザイン」。住民にとっては伝統的な建物のあるまちにさまざまな色合いの標識が置かれている様子は日常の光景となっているが、外部から来た人には不釣り合いに感じてしまう。サイン計画含め、まちに溶け込んだものにできないかと考えている。山本さんは「観光客がこのまちで撮影した写真をSNSに載せて、そこからまた観光客が増えていくモデルを想定したとき、まちならではの景観に不釣り合いなものが映り込んでいるとSNSに載せる写真に選ばれないのではと思います」と指摘する。加えて、「景観に関連して、古くからの建

1 ｜ まちづくりワークショップで、計画案をプレゼン

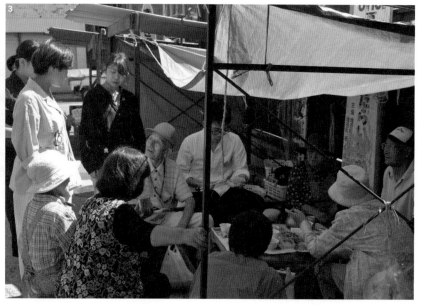

2｜内蔵の調査
3｜増田町で地元住民と交流

物に観光ポスターをたくさん貼っていることも気になっています。でも、外から来ていきなり"このポスターを外した方がいい"と言うことは難しい」と学部4年の西村寿々美さんは話す。前段階として住民と協働した小さな提案を重ね、今後に向けた人脈づくりをしていく。

設計者自らが仕事を創出するために

現在、佐藤研究室で進行するプロジェクトは増田町のものを含め6つ。具体的には、3Dプリンターにより家庭用の防災シェルターをつくる「一寸法師プロジェクト」、コンピュータゲームなどを用いた競技"エレクトロニック・スポーツ"のための「eスポーツ専用スタジアム計画」などがある。秋田県では増田町のほか、湯沢市でのプロジェクトも動き出した。研究室メンバー全員がどれか1つには参加し、これに加えて他大学のプロジェクトやコンペにも参加している状況だ。この3〜4年の佐藤研究室は、研究室内でパソコン作業をしたり、模型をつくるなどの活動が多かったが「おそらくこれからは、フィールドワークやプレゼンのために外へ出て、研究室に誰もいない時間が増えていくと思います」（山本さん）という。また西村さんによれば「打合せが多くなって、メンバー同士で意見を出し合う機会が増えています」。

山本さんは、増田町でのプロジェクトを修士設計の題材

とする予定で、「最近はマーケティングや企業の動かし方に興味があり、建築の外から建築をつくっていくような思考回路になってきています。資金的な意味でもこのプロジェクトが回り始めたら、ゆくゆくは自分の会社を立ち上げて関わっていくことができれば」とも考えている。

このように、自らが取り組むプロジェクトについて聞くと、学生からはどんどん話が出てきて、活動に対する主体性が感じられる。近年のこうした環境について佐藤先生は「現場が何を欲しているのかを探り出すための訓練としては、いい方向に向かっている」と話す。佐藤研究室は従来から、プロジェクトに取り組む際は学年の枠を超えた班を編成していたが、湯沢市のプロジェクトでも増田町とは全く異なる班を組み、縦横のつながりの活性化を図っている。増田町と湯沢市で、班同士の活発な意見交換も期待できそうだ。将来、設計担当者として実務にあたれば、敷地周辺の住民やその建築の利用者など、さまざまな立場にいる人の意見を聞く必要がある。建築をめぐる資金運用を考えることもあるだろう。主体的な活動から、学生たちは実務につながる経験を得ていると言える。

「これからの日本は社会的に縮小していかざるを得ません。従来のように住宅を設計したり、オフィスを設計するような仕事はかなり少なくなると思われます。そうしたときに、設計者自らが仕事自体をつくり出していくことが求められると考えています。そのための訓練として、学生をまちに放り出して、自ら感じ、体験することが将来役に立ってくれると期待しています」と佐藤先生は展望している。

4｜2019年は湯沢市でも合宿を実施。その成果を出展した歴史的空間再編コンペティション2019 第8回「学生のまち・金沢」設計グランプリでグランプリを受賞した
5｜出展作品「なごり雪に涼む」

日本工業大学大学院 工学研究科 建築デザイン学専攻

小川次郎 研究室

MEMBER	指導教員:小川次郎／学部4年生 14名／修士2年生 1名／研究生 1名／協力研究員 1名
MASTER'S DESIGN SCHEDULE	1年:研究室の活動に参加、研究テーマの検討 → 3月 テーマ決定 2年:9月 中間発表 → 2月 修士設計・論文の提出、最終発表・審査会
PROJECT	「カーポート・プロジェクト」「住宅実施設計」「内装・家具デザイン製作」

現実の制約を踏まえ考える

「学部4年から修士まで、3年間みっちりとプロジェクトに関わると"実際につくること"に自信がつくし、"こうすれば実現できる"という経験が積めます」と小川次郎先生が言うように、小川研究室では多くの実施設計に携わることができる。

また、コンペやプロポーザルにも積極的に参加しており、学生一人ひとりが1案ずつ持ち寄るディスカッションを日々繰り返している。集まった案を一つずつ、「これはここが面白い」、「この案の難しいところはここ」といったようにみんなで確認し、可能性を絞り込んでいくことで自然と方向性が見えてくる。「卒業設計や修士設計では世の中にないものを自由に考えるのが面白いけれど、研究室のプロジェクトでは現実的な制約を踏まえつつやっています。そこを意識して考えるトレーニングをしている」という。

プロジェクトへの参加は強制ではないが、自主的・自発的に提案してくる学生が多く、自分が「面白い」と実感したことが研究室の成果として出てくるため、学生たちはそこに影響されながら自身の修士設計・論文をまとめていく傾向があるようだ。フィールドワークに出て、まちの興味深い点、住んでいる人たちの暮らし方などを発見し、それをキッカケに設計につなげていく学生も多い。

プロジェクトでは「表現」から「マネジメント」まで

小川研究室で現在取り組んでいるのは、実在する建築の横に3台用のカーポートをつくるプロジェクト。既存の建物は、設計プロポーザルを経て、小川先生が設計者に選ばれ実現したもの。竣工後に「敷地内に駐車場を増設したい」との要請を受けて、カーポートの設計に着手した。延床面積約2,000㎡の大きな建築が敷地内にメインとしてあり、それとの関係を考えながら、「予算の範囲内でアイデアの提案から図面まで書いてつくってみるのは、学生の腕試しに最適」だと小川先生は言う。「既存の建物を生かしたデザインにするのか、全く新しいデザインを考えるのか、建築的には付属物だからむしろ目立たないようにするのか、大きく分けて3つの考え方があります。学生たちには自分のアイデアがどれに当てはまるのかを意識しつつ提案してほしいと伝えました」。メインの建物の架構を反映した柱を少なくする案や、鉄骨の案、物品を置けるよう鉄筋コンクリートの壁に棚を付ける案など、ゼミでは学生たちからさまざまな提案が飛び交う。小川先生は、綺麗に格好よくつくるにはどうしたらいいのか、建築の雑誌や書籍も参照して自ら学びながら提案するよう指導している。

小川研究室ではアイデアを考えるだけでなく、図面を書

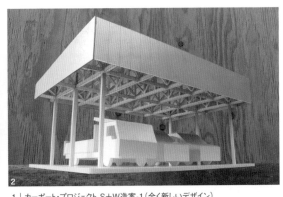

1｜カーポート・プロジェクト S＋W造案-1（全く新しいデザイン）
2｜カーポート・プロジェクト S＋W造案-2（既存の建物を生かしたデザイン）

いたり、自分たちで施工する機会も多い。住宅の実施設計
にも数多く取り組んでおり、「修士になると実際の設計があ
れば図面も書いてもらいます」という小川先生の方針のも
と、作図から確認申請の手伝い、見積のチェックなど実務
に近いところまで経験できる。修士2年の戸井泉さんは、
「模型をつくるといった表現活動だけでなく、企画を動か
すために段取りを考えたり、施主との対話や運送手段の
手配など、将来仕事をするうえで役立つことを体験できま
す」と、さまざまなマネジメントにも学生たちが関わってい
ると語ってくれた。また、住宅の実施設計では内装の塗装
をしたり家具をつくることも多く、小川先生は「プロジェク
トでは自分たちの手でつくることをどこかに取り入れていま
す」という。直近の住宅プロジェクトでは階段を可動式にし
て、人の生活を固定化せず、生活が変化する余地を残すこ
とを試みた。パイプの部材を組み合わせた階段や、単管足
場を組み合わせた日除けなど、既製品を調べてどう組み合
わせるかを研究室で試行錯誤し、自分たちで工夫すること
で、人の生活に馴染む建築を目指している。

　数年前に研究室で内装や家具を手掛けたカフェからの依
頼で、チラシを置いたり貼ったりできる掲示板も製作してい
る。農業用のパイプや廃材を利用して、エイジング加工を
施すなど、「どこにでもある材料で誰にでもつくれそうであ
りつつ、これまでなかった家具にしよう」と考えて試作品を
つくった。以前製作したカフェの椅子も使っていくうちに不
具合が出てくることがある。使用者の感想や意見をフィー
ドバックして、当初のデザインの意図を壊さないよう修理・
改善している。「日常的にいろいろな力が加わるものなので
つくってみてわかる部分もあります。使いながら改善点を
見つけて、研究室のメンバーが変わっても引き継ぎながら
バージョンアップさせています。家具のスケールだと、"こ
のデザインで自分は何をやりたいのか"を突き詰めて考える
ことができます。デザインで考えなければいけないことが家
具には凝縮されているのです」。

3｜eco café MINT 掲示板
4｜eco café MINT イスの修正作業

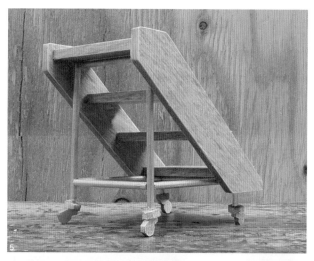

5｜住宅プロジェクト 可動式の階段
6｜住宅プロジェクト 単管足場による日除け

イメージと実感の折り合いを付ける

　「実感を持って取り組んでほしい」、と小川先生は学生た
ちに言う。学生がつくったものに対して「君自身がここに住
めるか、実際に良いものと思って提案しているか」を問い、
「実現して本当に意味があるか、価値あるものになるかど
うかの重要さを認識してつくることが誠実なものづくりだ
と思っています」と説く。「夢物語が面白い場合もあるけれ
ど、そういうものは往々にして中途半端になりがちです。現
実との対応のなかで"こうやればつくれるはずだ"と実感の
持てるものをイメージして、何度も検証しながらつくっても
らいたい。しかし一方で、安易に研究室のやり方を信じす
ぎず批判するくらいでもいいのです。知らない者の強みや
学生ならではの思い切った提案をできるだけ潰さないよう
に、かつイメージだけの抽象的な建築を語るのではなく、実
感と折り合いを付けながらものづくりに携われる環境をつ
くっていければ、と思っています」。

　小川研究室では実施設計や家具のデザイン・施工など、
「実感」を得ながらつくり、成長できるプロジェクトが数多
く待っている。ここで学ぶ学生たちは「つくること」に自信
を持って社会にはばたいていけるだろう。

法政大学大学院 デザイン工学研究科 建築学専攻

歴史・意匠 研究室
（高村雅彦研究室）

MEMBER	指導教員:高村雅彦／学部4年生 14名／修士1年生 6名、2年生 15名／博士6名
MASTER'S DESIGN SCHEDULE	1年:6月テーマ仮決定・調査開始 2年:4月テーマ決定 → 7月中間発表 → 2月卒業論文・卒業設計提出
PROJECT	「都市の基層構造に関する研究」

建築の歴史を考えることが建築の未来を変える

　歴史・意匠研究室を主宰する高村雅彦先生は「設計すること自体が目的ではなく、設計するために何を考えなければいけないかを追求しています」と研究室の方針を語る。都市や建築は、デザイン性はもちろん機能性、社会性、経済性などさまざまな要因が設計の根拠となる。「設計に直結するような手近な周辺環境ではなく、歴史的にどのような解決があるかを考えます。さまざまな地域の都市や建築を地道に調査し、どのように空間が形成されてきたか、いかにデザインが伝えられてきたか、そして人々の暮らしとどのような関係があるかを歴史的な視点から掘り下げて行きます。建築史は建築を考える上での全ての学問の根本にあるとも言え、長いスパンで都市や建築を考察することが建築の未来を考えることにも繋がるのではないか、というある意味根本的な部分に焦点を当てています」と高村先生は歴史を研究することの重要性を説く。

"聖地"と"へり"

　高村研究室が取り組むプロジェクトには代表的なものがふたつある。ひとつは聖地の研究だ。これは7年ほど前から研究室をあげて取り組むテーマで、大阪、高松、広島、金沢、仙台など日本の地方都市を対象に調査している。「2011年の東日本大震災では、いにしえの聖地＝神社は比較的高台に位置していたため津波の被害に合わなかったという後日談がたくさん聞かれました。それは数千年という歴史の中で、津波が到達するラインが人々に語り継がれた結果とみることができます。同様にかつての城下町や神社などの成り立ちに着目することで現在の都市の領域が決められた根拠が分かるのではないかという研究です。実際、調査を進めてみると、"水神"が都市の境界を示すように置かれていたことがわかってきました」。

　近年は人口減少や都市機能の衰退・空洞化が著しく、シュリンキングシティ（縮小都市）という語も頻繁に聞かれるようになった。「都市をコンパクトに機能化しようという動きは世界的にありますが、ではどの程度縮小すべきか、というのが明確ではありません。そこで、江戸の町がどのように都市領域を決められていたのか歴史的経緯を調べることで、現在の都市を計画するための何らかのヒントが得られるのではないかと考えています」。

　もうひとつは"へり"（崖地や台地のへり）の研究である。"江戸東京における地形利用―へりの価値と景観復元"のテーマで研究に取り組む修士2年生の名島拓哉さんは、江戸前期、1657年前後から現在まで、へり地に鎮座する神社21社を対象として調査している。「へり地が重要視されていたことを証明し、当時の景観復元を行うことで、現代の建築や都市計画においても地形を読み込むことがいかに重要かを提示できるのではないかと考えています。例えば、文京区の白山神社はゆるい坂を上がった先のへり地にありますが、現在はビルに囲まれていて、かつての景観を望むことはできません。しかし、平面図に標高データを加えて3D化することのできるソフト（カシミール3D）を使って江戸時代の人々の目線を再現してみると、想像以上に江戸城天守閣の存在感が大きく、白山神社は江戸城と相対する非常に重要な場所として位置付けられていたことがわかってきました」と名島さんは研究の経緯を説明する。さらに、明治時代以降に遷座した神社にも築土神社（千代田区）や東京大神宮（千代田区）のように地形を読み込んで計画されたものがあり、豊かな地形を生かして東京という都市が成り立っていることが示されつつある。

建築の本質を捉える試み

　聖地やへり地のような研究を主とする歴史系研究室から修士設計展へ出展した河原伸彦さんの作品はある意味異色と言えるかもしれない。「"これからの地域圏を想像してみ

1・2｜神田明神（東京都千代田区）㊧と愛宕神社（東京都港区）㊨の参道。長く伸びた階段から、神社が"へり"に建っていることがうかがえる

る─大玉村での活動と建築計画案─"というタイトルからも分かるように、河原さんの作品はデザインで勝負するようなものではないのです。福島県大玉村のコミュニティに自身が入り込み、土や竹、木など土地のモノとヒトがどのように変わっていくかを考える提案です。地域を計画する上で何が重要となって、何が自分の立脚点、ベースになるかを追求しているという点で、まさに高村研究室の立ち位置と合致しているように見えます。何事にも即物的なモノ・コトが優先される現代社会に

3｜近代和風住宅の実測調査の様子
4｜海外での実測調査の一例（インド・バラーナシ）

おいて、効率性を重視せずに社会的な課題を解決しようとする提案は、今すぐ評価されるものではないかもしれない。しかし、建築の本質を何とか掴もうと努力している点は正しいと思います」と高村先生は河原さんの姿勢を称える。

40歳、50歳になった自分が何をしているか考える

「よく学生には30歳の時にどんな仕事をしているかではなくて、40、50歳で何をしているかをイメージすることが重要だと伝えています」と高村先生は語る。「歴史をやっているからかもしれませんが、何事も長いスパンで考えてしまいます。都市や建築も、経済原理に偏った近代的な思考

をロールモデルとするだけでは、新たな世界を創造することはできないのではないでしょうか。社会に出て働き始めると、どうしても日々のことに追われるようになります。特に、構造や設計、施工管理などの現場では技術は日進月歩で毎日が新しいことの積み重ねとなります。ですから、河原さんのように、自分という軸を組み立てるための根本的な本筋を、学生である今のうちにしっかりと掴み取って欲しいのです。今研究していることがすぐに設計に結びつくわけではないかもしれませんが、大学で学んでいる今こそ深く考えて欲しいことでもあります」。建築史を考えることは建築を考えること、そして自分自身の本質を見つめることにも繋がっていくのかもしれない。

前橋工科大学大学院 工学研究科 建築学専攻

建築意匠・建築設計 研究室
（若松均研究室）

MEMBER	指導教員:若松均／学部3年生 8名、学部4年生 6名／修士1年生 4名、修士2年生 1名
MASTER'S DESIGN SCHEDULE	1年:研究室の活動に参加 2年:1月 テーマ決定 → 10月 中間発表 → 12月 予備審査 → 2月 修士設計・論文の提出、最終発表・審査会
PROJECT	「『現代建築理論序説』輪読」

学外コンペに意欲的に参加する

研究室の学生たちによると、若松均研究室には「自由」という言葉がふさわしいそうだ。年間の活動内容は、夏休み前まで毎週ゼミで本の輪読、その後は、卒業（修士）論文、ゼミ合宿を行い、それ以降は、卒業（修士）設計へ進み、各々活動をする。研究室内で必須の主な活動は輪読で、メインとサブの担当者をそれぞれ一名ずつ毎週決めて、読み合わせをしている。ゼミまでに課題の本を全員が読み込むことを前提に、担当の二名が読んだ内容について自分の解釈を発表する。担当者以外も彼らに質問をしたり議論をしたりすることで、理解を深めることができる。

「学生はみんな、課題も模型もすごく頑張りますが、本を読まないので語彙が少ないように感じます。僕らが学生の頃は『新建築』の巻頭論文を読む学生が多かったのですが、今の学生は少し難しめの文章をきちんと読む習慣がないようです。そのため、ゼミでその経験を積めるといいかなと思いました。僕の事務所のスタッフを見ていても、社会人になるとなかなか本を読むためのまとまった時間がつくれないようで、輪読をきっかけに、卒業してからも本を読み続けてほしいと思っています」と若松先生は話す。今年は『現代建築理論序説』（ハリー・フランシス・マルグレイ

ヴ／デイヴィッド・グッドマン著、澤岡清秀監訳、鹿島出版会、2018年）を読んでいる。「JIA関東甲信越支部 大学院修士設計展2019」では本研究室の久保田祐基さんが奨励賞を受賞しているが、輪読で読んだ「生きられた家」が作品の題材となっている（P.40）。久保田さんは設計のためのリサーチとして論文をつくり、そのうえで設計を行ったため、論文と設計の内容が連動したしっかりと論立てられた作品となったようだ。久保田さんの作品は「トウキョウ建築コレクション2019」でも10選に選ばれている。さらに「赤レンガ卒業設計展2019」では現在修士1年の安藤樹姫也さんが最優秀賞、「第6回関東学生景観デザインコンペティション」で修士2年の寺田遥平さんが最優秀賞を受賞したほか、学部2、3年生当時に「毎日・DAS学生デザイン賞」で入選した学生や現在「2019年度支部共通事業 日本建築学会設計競技『ダンチを再考する』」や「TOKYO MIDTOWN AWARD」に応募している学生もいる。若松研究室は全体的に意欲的な学生が多く、研究室の学生の半分以上は学外コンペに出展経験がある。それは、「自分から動きたい人が集まっている研究室なので、自由な環境で好きなことをできるというのが良いんだと思います。先生もいいんじゃない、やってみなよと背中を押してくれるんです」と研究室の学生が話すように、若松先生は学生の自主性を重んじているからだ。卒業制作や修士設計に関しても、事細かなアドバイスはしない。ただ、アドバイスをしたとしても「それを受け入れるかは学生次第」と先生は話す。

若松研究室に意欲的な学生が多いのは伝統のようで、夏休みに開催するワークショップ「関東建築合宿」を立ち上げたのは本研究室の当時の

1｜輪読とともに毎年実施しているゼミ旅行についてのミーティングの様子。昨年は高松で、今年は伊勢神宮周辺に決定

2｜ゼミ旅行用の冊子「均建築」。旅行時に見学する建物の紹介ページもあり、各学生がフォーマットに則って作成している
3｜2019年度のゼミ旅行の様子。岐阜から三重の伊勢・志摩エリアまでめぐり、伊勢神宮なども訪れた

中心メンバーである。今年4回目を迎える本ワークショップは、建築学科の2、3年生を対象に参加者が合宿形式で設計課題に取り組むという内容で、全国から毎年50〜60名ほどの学生が集まる大規模なイベントだ。当時も学生から相談されて背中を押すことはあっても先生から特に細かい指示などはせず、学生らが自主的に企画したそうで、現在も学生主体で開催されている。今の研究室のメンバーも参加し、異なる環境で建築教育を受けてきた他大の学生と共同で設計に取り組むことで、多角的な視野を養う機会となっているようだ。そのほかに、ワークショップ模型制作のイベントなどに参加している学生もいる。「研究室の活動などに縛られず、自分の興味あることに専念できるのがいいなと思って、この研究室を選びました」と言う学生がいるように、本研究室は先生の人柄もあり、フラットで自由な雰囲気が漂っている。

建築作品から設計の理念を受け継ぐ

研究室での活動以外に、若松先生の建築作品から影響を受けることもある。2018年10月に竣工した「大宮のペントハウス」は、大宮駅のすぐそばにある8階建ての建物で、7、8階をオーナーが住居としており、それよりも下の階が賃貸となっている。雑居ビルが林立する地域の一番上の階という少し薄暗い場所ではなく、オーナーにはもっと堂々と住んでほしいという若松先生の想いから、雑居ビルの上に戸建て住宅のようなオーナー住居を設計した。そのほかにも、家びらきに関する考えは2018年6月に竣工した「道場ハウス」からなど、建築と社会との関わり方という点で修士1年の髙木駿さんの卒業設計やコンペ案にも影響を与えたそうだ。

若松研究室は終始笑いの絶えない穏やかな雰囲気で、先生も学生たちには「伸び伸び育ってもらえれば」と笑顔で語る。自主性を重んじているからといって、学生に任せたままというわけではなく、きちんと学生と向き合ってアドバイスをしている。時にはアドバイスに納得せず自分の考えを曲げない学生もいるそうだが、その場合も学生の考えを尊重している。学生たちも先生が背中を押して優しく見守ってくれることで、自分が興味を持ったことに対して好奇心の赴くままに学べ、力を注げているようだ。本研究室では自由で豊かな土壌をもとに、広い視野で物事を考えられ、自ら動ける人材が育まれている。変容しつつある社会のなかで主体的に動いて適応できる人材は、これからの建築業界ひいては日本社会になくてはならない存在となるだろう。

4｜「大宮のペントハウス」 5｜「道場ハウス」

明治大学大学院 理工学研究科 建築・都市学専攻

構法計画 研究室
（門脇耕三研究室）

MEMBER	指導教員：門脇耕三／学部4年生 10名／修士1年生 6名、2年生 6名／博士 1名
MASTER'S DESIGN SCHEDULE	1年：4月テーマ探索 → 10月テーマ大枠決定 → 12月中間発表・テーマ決定 2年：4月調査・研究 → 10月中間発表 → 2月最終発表
PROJECT	「愛知県犬山市のリノベーション」「机プロジェクト」

教養としての「ものの組み立て方」

「構法計画」という研究室名を聞くことはあまりないだろう。門脇耕三先生は「構法を扱う研究室は珍しいと思いますが、学問分野としては構法のあとに"計画"とつくことがポイントで、ものの組み立て方をデザインすることが専門です」と説明する。

ものを組み立てることは、学部4年生が研究室に所属して初めての課題でもある。この課題に対し、2018年度の4年生は椅子を製作した。現在、修士1年生となった鈴木遼太さんは「椅子は、座面を支持するためにいろいろな部材が現れてくるので、部材間に座面を頂点にしたヒエラルキーが生まれてしまいます。そのヒエラルキーを解体して、座面の力を弱くすることをコンセプトに掲げました」と話す。このコンセプトを実現するためには、もの同士の関係・おさまりを考える必要があり、力学的知識や施工の工夫などさまざまな方面から試行錯誤することになる。鈴木さんたちは、重心を誘導するために座面を切り欠いたほか、改良の過程でボーリングピンを脚に採用。猫脚のように逆さに取り付けられているが、座面との接合面積をしっかりと確保していれば接地面はローラーのような形状で良い、という力学的根拠に基づいている。

「このように自らの手でものを組み立てることを、卒業制作の前に取り組みます。日本の大学の弱点だと思いますが、具体的なものを扱う機会が少ない。建築でいえば、部材の断面寸法の感覚が身につかないと、エンジニアリングと設計どちらもできません。材料の性質とその組み立て方は、教養として知っておいてほしいと思います。建築は、工学はもちろん、デザインや哲学など、とても幅広い学問分野と関連します。われわれはこの幅広い分野を等価に扱うことを目指していて、建築を通じてこれらの多彩な分野にアプローチするためには、ものが重要な媒介となる。ものの組み立て方を知ることは、建築の物的でベタな部分はもちろん、観念的でメタなところまで、自在に行き来できるような力を身につけることにつながるのです」（門脇先生）。

学生は「できあがった作品に対し、批評的にほどいていく力がついたと思います（鈴木さん）」「自分の中で、ものの成り立ちのレイヤーが一層増えました。建築の見方が変わり、卒業設計で役立ちました（十文字萌さん）」と、その効果を感じているようだ。門脇先生も「学生は建築を捉える解像度がまだ粗い。壁の向こうがどうなっているかをあまり考慮せず、一般図レベルで話が止まってしまいがちです。しかし、それでは建築の別の側面の面白さを逃してしまう。小さいながらも実大での思考に取り組んだ彼らの卒業設計は、ものがどう組み合わさっているかが考慮されていたと思います」と評価する。

実地でのリノベーションに取り組む

1週間に1回、研究室会議を開催しており、そこでプロジェクトにつながる提案が教員や学生から持ち込まれる。小松素宏さんと佐塚有希さん（修士1年）が現在取り組んでいるリノベーションも、2017年に研究室会議で持ち込まれたことをきっかけにプロジェクト化した。当時、修士2年生だった研究室メンバーの実家が愛知県犬山市で自動車部品工場を営んでおり、隣接する鉄骨造3階建ての建物を買い取ったことから、自身がクライアントの一人としてリノ

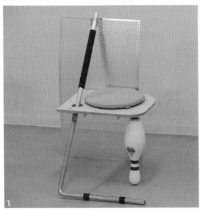

1｜2018年度の4年生が製作した椅子

2・3│「犬山市のリノベーション」施工中
4│「机プロジェクト」製作の様子
5│「机プロジェクト」製作品
6│合同合宿の様子

ベーションを後輩たちに提案した。もとは1階でスナックが営業し、2階がスナックのオーナーの居室、3階が倉庫として使われていた。それを、工場とは違う場所にミーティングスペースがほしいという要望を受けて、1階をリノベーションによりミーティングスペースに、2－3階はクリーニングなどを施し従業員らが寝泊まりできる場所とする計画だ。小松さん・佐塚さんは、先輩から引き継ぐ形で進めており、現地調査やクライアントとの打ち合わせなども学生主体で行う。限られた予算の中、自主施工も取り入れながら8月末の竣工を目指している。「施工者が理解できるような図面を描く機会は学生にとって貴重で、大変勉強になります」（門脇先生）。自分が設計した建築の工程を修士論文のテーマとした、設計と研究が一体となった事例もある。

さらに、ここから新たなプロジェクトも生まれた。コストを抑える目的で、自分たちで設計・施工した家具である。門脇先生は「せっかく家具をつくるのだから、汎用性を持った家具にしようということになりました。研究室で扱うには、家具は規模がちょうどいいなと思っています。素材にじかに触れて、自分でどんどんプロトタイピングできる」と家具製作を通した学びに期待を寄せる。実際に学生は、「脚のがたつきが直ったと思ったら次は天板がたわみ出すなど、図面通りにいかないところに改良を加えながら進めました」（佐塚さん）と試行錯誤した様子だ。また一方で「図面と実験の往復を高速にできたことが面白かったです」（小松さん）との感想を述べる。完成後は、ウェブ上で天板の大きさと高さを入力すると、それに合わせた製作図が無償

配布される仕組みを構築する予定だ。

異分野を通して自身を顧みる

このほか、毎年恒例となっている行事が他大学の研究室との合同合宿である。門脇研究室立ち上げと同じ2013年から始まり、2019年で7年目を迎える。門脇先生から同世代の他大学教員に声をかけて発足した。「世代を軸に分野を超える」ことを目的に、意匠や計画、構法、さらには社会学と異分野同士が集まる。「この合宿では、"自分の研究室のアイデンティティは何ぞや"と問われます。自分の分野を顧みるきっかけになります」と門脇先生はその意義を説明する。直近では2019年5月、一泊二日の日程で神奈川県小田原市にて開催された。2019年のテーマは「料理×建築」。大学混成チームを組み、各チームでひとつ選んだ名作建築を料理で表現することに挑戦した。修士1年の伊藤公人さんの班が選んだ作品は、東孝光氏の『塔の家』。「『塔の家』は、壁ではなく高さの位置関係で区切られています。それを表現するために、茶筒を容器としたお弁当を考えました。ごはんとおかずを交互に、仕切りを用いず縦に詰めますが、詰める際は上から下への味の染み出しも考慮します。意外と、おいしいお弁当になりました（笑）」と、伊藤公人さん（修士1年）は振り返る。

自分の手を動かして学んだ"ものの組み立て方"を入口に、学生は研究室での活動を通して多彩な要素に触れている。建築の枠組みを超えた思考のもと、彼らの建築はつくり上げられるのだろう。

1級建築士

建築系資格の最高峰である「1級建築士」。扱える建物に制限がなく、すべての建築物の設計・工事監理を行うことができます。
試験の難易度は非常に高く、独学での合格は難しいのが現状です。
当学院では"受講生全員合格"を目標に、インタ・ライブ講義による一人ひとりのレベルに対応したきめ細やかな指導で合格へと導きます。

1級建築士コース

- 1級建築士ストレート合格コース※
- 1級建築士学科対策講座※
- 1級建築士ビクトリー総合セット※
- 1級建築士ビクトリー学科対策講座※
- 1級建築士パーフェクト総合セット※
- 1級建築士パーフェクト学科セット※
- 建築士サポートアップ合格セット※

- 建築士ダブルライセンスコース
- 2級建築士合格力養成学科講座付※
  1級建築士ストレート合格コース
- 2級建築士短期必勝学科講座付※
  1級建築士ストレート合格コース
- 1級建築士短期必勝総合セット※
- 1級建築士短期必勝学科講座※

- 1級建築士設計製図
  完全合格対策講座
- 1級建築士設計製図セット
- 1級建築士設計製図講座

※アウトプット強化講座付設定

2級建築士

2級建築士は、戸建住宅のプロフェッショナル。1級建築士に比べて、扱える建物の規模や、用途、構造等に制限がありますが、戸建住宅程度の規模であれば、ほとんどの業務が可能です。建設関連の様々な職種において需要が高く、就職や転職の容易さから、非常に人気の高い資格です。

2級建築士コース

- 2級建築士総合セット
- 2級建築士学科講座
- 2級建築士パーフェクト総合セット

- 2級建築士合格力養成総合セット
- 2級建築士合格力養成学科講座
- 2級建築士短期必勝総合セット

- 2級建築士短期必勝学科講座
- 2級建築士設計製図セット
- 2級建築士設計製図講座

構造設計1級建築士

一定規模以上の建築物の構造設計については、「構造設計1級建築士」が自ら設計を行うか、法適合確認を行うことが義務づけられています。1級建築士の上位に位置するスペシャリストの証であり、構造の世界でのキャリアアップをめざす方は、ぜひとも手に入れておきたい資格です。

構造設計1級建築士コース

- 構造設計1級建築士総合対策講座
- 構造設計1級建築士構造設計対策
  講座
- 構造設計1級建築士法適合確認
  対策講座

設備設計1級建築士

高度な専門能力を必要とする一定規模以上の建築物の設備設計に関して、「設備設計1級建築士」が自ら設計するか、法適合確認を行うことが義務づけられています。設備設計の業務を行う上で、スペシャリストとして活躍するならば、必要不可欠な価値の高い資格です。

設備設計1級建築士コース

- 設備設計1級建築士総合対策講座
- 設備設計1級建築士設計製図対策
  講座
- 設備設計1級建築士法適合確認
  対策講座

建築設備士

「建築設備士」は、建築設備全般に関する知識および技能を有し、建築士に対して、高度化・複雑化した建築設備の設計・工事監理に関する適切なアドバイスを行います。建築士法が改正され、ますます需要が高まっている資格です。

建築設備士コース

- 建築設備士総合セット
- 建築設備士学科講座
- 建築設備士設計製図セット
- 建築設備士設計製図講座

建築施工管理技士

建築工事の施工管理業務に携わる方々にとって、1級・2級建築施工管理技士は必須の資格です。
1級を取得すれば「監理技術者」として、2級を取得すれば「主任技術者」として、業務を行うことが可能になります。

1級建築施工管理技士コース

- 1級建築施工管理総合セット
- 1級建築施工管理学科講座
- 1級建築施工管理短期総合セット
- 1級建築施工管理実地講座

2級建築施工管理技士コース

- 2級建築施工管理総合講座
- 2級建築施工管理学科講座
- 2級建築施工管理実地講座

土木施工管理技士

1級・2級土木施工管理技士の資格は、河川、道路、橋梁などの土木工事において必要不可欠です。1級を取得すれば「監理技術者」として、2級を取得すれば「主任技術者」として、業務を行うことが可能になります。

1級土木施工管理技士コース

- 1級土木施工管理総合セット
- 1級土木施工管理学科講座
- 1級土木施工管理実地講座

2級土木施工管理技士コース

- 2級土木施工管理総合講座
- 2級土木施工管理学科講座
- 2級土木施工管理実地講座

管工事施工管理技士

1級・2級管工事施工管理技士は、冷暖房設備工事、下水道配管工事など、管工事に関する配管設備工事全般における施工計画作成、作業指示、安全管理を行います。昨今では急速に管工事需要が高まり、資格取得の価値は極めて高くなっています。

1級管工事施工管理技士コース

- 1級管工事施工管理総合セット
- 1級管工事施工管理学科講座
- 1級管工事施工管理学科短期集中講座
- 1級管工事施工管理実地講座
- 1級管工事施工管理重点対策講座

2級管工事施工管理技士コース

- 2級管工事施工管理総合セット
- 2級管工事施工管理学科講座
- 2級管工事施工管理実地講座

宅建士

宅地建物取引士は、例年の受験者数が約20万人という、国家資格の中でもナンバーワンの人気資格。当学院の講座なら、初めて宅建に挑戦される方でも、効率的なカリキュラムで基礎から無理なく実力を養成。合格レベルの知識が確実に身につきます。

宅建士コース

- 宅建パーフェクト総合セット
- 宅建総合講座
- 宅建パワーアップ演習講座
- 宅建通信講座

賃貸不動産経営管理士

賃貸住宅管理業者登録制度により、登録業者での設置が義務づけられたことで、ニーズが高まり、受験申込者が近年増加している人気の高い資格の1つです。宅建士資格とも深く関連するため、合わせて取得・保持することによって活躍するフィールドをさらに広げることができます。

賃貸不動産経営管理士コース

- 賃貸不動産経営管理士WEB講座

インテリアコーディネーター

快適で魅力的な空間をデザインするインテリアコーディネーターは、住宅関連業界で人気の高い資格です。当学院の講座なら、基礎から段階的にレベルアップし、確実に合格レベルの実力が身につきます。

インテリアコーディネーターコース

- インテリアコーディネーター1次対策講座
- インテリアコーディネーター2次対策講座

総合資格学院 の本

総合資格学院は「日本一」の合格実績！

JIA
EXHIBITION OF STUDENT WORKS FOR MASTER'S DEGREE 2019

第17回 JIA 関東甲信越支部
大学院修士設計展

発行日　2020年 2月12日　初版発行
編 著　JIA関東甲信越支部大学院修士設計展実行委員会
発行人　岸 隆司
発行元　株式会社 総合資格　総合資格学院
　　　　〒163-0557 東京都新宿区西新宿1-26-2　新宿野村ビル22F
　　　　TEL 03-3340-6714（出版局）
　　　　株式会社 総合資格·······················　http://www.sogoshikaku.co.jp/
　　　　総合資格学院··························　https://www.shikaku.co.jp/
　　　　総合資格学院 出版サイト··········　http://www.shikaku-books.jp/

設計展主催　JIA関東甲信越支部大学院修士設計展実行委員会
設計展協賛　株式会社 総合資格　総合資格学院

編 集　　株式会社 総合資格　出版局（新垣宜樹、梶田悠月、金城夏水、藤谷有希）
デザイン　株式会社 総合資格　出版局（三宅 崇）
写 真　　髙田 繭（P.4〜5、P.6の左、P.10〜11の全面、P.12の下、P.13、P.14の上、
　　　　　P.15〜20、P.21の3以外、P.22〜23）
印 刷　　シナノ書籍印刷株式会社

Printed in Japan
ISBN 978-4-86417-343-8